suhrkamp taschenbuch 1446

Jürg Laederach wurde 1945 in Basel geboren. Veröffentlichungen: *Einfall der Dämmerung* (Erzählungen), *Im Verlauf einer langen Erinnerung* (Roman), *Das ganze Leben* (Roman), *Fahles Ende kleiner Begierden* (Vier minimale Stücke), *Flugelmeyers Wahn. Ein Leben in sieben Tagen;* Theaterstücke; Übersetzungen.

Das abendfüllende Programm dieser Blues-Kompositionen umfaßt kurze und lange, erheiternde und niederschlagende, energisch aufbauende und mühelos niederreißende, schlichte und schlicht aberwitzige, brutale und lässige (sogar gelassene) Geschichten, atemberaubend und wiederbelebend, in zuvorkommend abgezählten Portionen. Die im Titel angegebene Anzahl der Titel ist nur geschätzt. Die den Titel des Buches tragende Kleinst-Story ist echt schlimm, aber Dutzende anderer suchen das nach Kräften wiedergutzumachen. An namhaften Zeitgenossen treten Spinoza, Thomas von Aquin, Justus Liebig, Huldrych Zwingli, aber auch Dr. psych. Förstin, Friedrich Wurlitzer, ein Gerald R. Thirsby, Hermann und die Bundespost, eine gezwungene Oberin, Abraham, schweizerische Hotelgäste, Berlin, Mahler und der Rüstungsexperte Whaleford auf. Unter anderem, unter anderen, versteht sich.

In den letzten Sätzen äußert sich Laederach am Ende des Blues-Abends: »Ich bin diesen Weg nie wieder gegangen und rate eindringlich davon ab. Sonst bleibt nichts anderes übrig.«

Jürg Laederach

69 Arten den Blues zu spielen

Suhrkamp

Umschlagfoto: Bettina Wilhelm

suhrkamp taschenbuch 1446
Erste Auflage 1987

Druck: Nomos Verlagsgesellschaft, Baden-Baden
Printed in Germany
Umschlag nach Entwürfen von
Willy Fleckhaus und Rolf Staudt

1 2 3 4 5 6 – 92 91 90 89 88 87

It don't mean a thing if it ain't got that swing

Duke Ellington

König Habt Ihr die Viehseuche hier gehabt?

Fromme Ja!

König Braucht nur fein fleißig Steinsalz, dann werdet ihr die Viehseuche nicht wieder bekommen.

Fromme Ja, Ihro Majestät, das brauch' ich auch; aber Küchensalz tut beinah eben die Dienste.

König Nein, das glaubt nicht! Ihr müßt das Steinsalz nicht klein stoßen, sondern es dem Vieh so hinhangen, daß es dran lecken kann.

Fromme Ja, es soll geschehen.

König Sind sonst hier noch Verbesserungen zu machen?

Fontane: Die Grafschaft Ruppin; an Rhin und Dosse

ERSTER CHORUS

Skilinie

1 Ein Stuhlkreis im hüfthohen Schnee. Alle sind rechtzeitig zur Eröffnung da. »Etwas weiter rein, Sie sitzen nicht genau auf dem Kreisrand«, sagt der Leiter zu einer vierzigjährigen Frau, die überraschend starre, weitoffene Augen hat: sie nimmt nur ab und zu einen Firn wahr im Gletscherkranz.

2 »Fangen wir an?« fragt der Herr mit der größten Körpermasse, den das Herkommen am meisten angestrengt hat. Sessellift, dann Sonnenbrillen mieten an der Bergstation, durch die euphorischen Skifahrer hindurch, einen weiteren Schneehang hinter der Hütte hoch zum Totem des Alpenvereins, Alu-Stange mit Bronzemedaille, Whympergravur.

3 Die anderen Teilnehmer wirken ausgeruht. Manch einer scharrt leise verdrießlich mit seiner Schuhspitze, welche die Fläche eines mittleren Schmiedehammers bietet, eine Beule in den Karstschnee. Es ist, so fühlt es ein jeder, ein außerordentlicher Ort für ein Gruppengespräch, aber ist es auch der richtige? Das junge Mädchen, unsäglich klein und mager, es dürfte eigentlich gar nicht teilnehmen, es ist noch nicht zwölf, es läßt die hohe Luft in seine schmalen Lungen ein.

4 Auf 2960 M. ü. M. ist diese dünn, sticht, fließt beim Ausatmen in eine feine weiße Wolke angegriffener Turbulenz, die sich erhebt und zu den größeren hellen Himmelsflecken hochsteigt, in die sie einfließt: Ununterscheidbar blau von neuem alles.

5 »Das ist eine gute Idee, laßt uns alle zum Eintritt in die Sache atmen«, sagt der Gruppenleiter. Die starren Augen der vierzigjährigen Staunerin weiten sich noch stärker, aber sie bewegt ihren Brustkorb und pumpt das kalte Zeug ein und aus. Anfangs durfte jeder im Kreis eine, und eine einzige, Auskunft über sich selber in

die Runde geben. Der eine sagte, Ich bin zu fett, drum bin ich müd. Sie sagte bloß, Vierzigjährig. Das Mädchen erzählte eine längere Geschichte, wie es in der Vornacht gefroren habe.

6 Der fette Herr klammert sich an eine Bemerkung, die er schnaufend wegbläst, bis auch er nur noch ein Stummer unter Stummen ist. Die Sonne wirft sich in den körnigen Schnee, die Spitzen des Glitzerns stechen tief in alle hinein. Zwei Hinterbeine versinken, der Mensch kippt, Nachbarn rücken ihn gerade und ziehen ihn präsentabel hoch. »Ich möchte jetzt anfangen«, sagt der Gesprächsleiter, »jemand dagegen?«

Helmsleys Sonntag

1 Die New York Times am Sonntag. Ein von mir bereits anderswo vorgebrachter Einwand dagegen. Man stellt sich auf den vor die Tür geschmissenen Papierbund und ist gleich fünfzehn Zentimeter größer; dies, noch ehe man das erste Wort gelesen hat, welches allerdings, ebenso wie das zweite, dritte usw. verkleinert.

2 Gewisse Hausböden sind so dünn, daß sie unter der z. B. auf einen Klappstuhl geworfenen Zeitung einbrechen und die Zeitung mit sich reißen; seltener: den Leser. Dies geschieht häufig, wird nie vermeldet, immer südlich der 5. Straße. Den Immobilien ist von außen nichts anzumerken; sie gehören alle Herrn Helmsley, der nur selten in der Zeitung steht.

3 Herrn Helmsley gehört ein gutes Drittel des Manhattaner Wohnbodens, und er läßt Emailtäfelchen in den Aufzügen seiner Gebäude anbringen, die sein Eigentum, in dem man als Benützer auf- und abfährt, beim Namen nennen und kurz beschreiben sowie die Form der dafür gewählten privat-rechtlichen Verwaltungsart angeben. Meist handelt es sich um eine Aktiengesellschaft aus lauter Helmsleys, präsidiert von Helmsley, mit einem Kassier und einem Rausschmeißer namens Helmsley.

4 Öfter noch als man von ihm liest, trifft man Herrn Helmsley auf der Straße; diese betritt er nur, wenn ein aus seinem Hotel mitgebrachter Teppich unter ihm ausgerollt wird, hinter ihm wieder aufgerollt. Helmsley ist hochgewachsen und charmant. Bisweilen hüpft er auf und bleibt längere Zeit in der Luft; dann wird der Teppich unter ihm weg nach vorn gezogen, sodaß er wieder an dessen hinterstem Ende in Richtung von dessen Anfang zu gehen anfangen kann.

5 Alle durch die Hausböden, die gebrochen sind, hinuntergestürzten Zeitungen werden unten eingesammelt (ewig kann nichts runterstürzen; jeder Schacht hat seinen Grund) und können von den Menschen, die sie lesen wollen, aber nicht mit ihnen durchs selbe Loch hinabgestürzt sind, später wieder nach oben mitgenommen werden.

6 Sorgsamer werden sie sodann abgelegt, unter Umständen auf zwei Klappstühle aufs Mal. Weiter nördlich ziemt es sich, eine Wiederholung geschehen zu lassen, z. B. die Sonntagsausgabe samt dem *Küchenhocker* nach unten verschwinden zu lassen. Dies ereignet sich, noch ehe man das erste Wort am Sonntag gelesen hat. Erst muß man die New York Times sich holen.

Aktoberfest

1 Muskat in München. Was das heißt, entgeht mir. Die Nußspäne der gigantischen Bierfeile regneten auf die Treppen der Pinakothek.

2 In München sah ich alles und das Gegenteil von allem. Da ich gezwungen war, alles zu glauben, was ich sah, kann jeder und jede sich leicht vorstellen, was für ein Durcheinander in mir nach München steckte; wie in jedem und jeder nach München ein unentwirrbares Durcheinander steckt.

3 München sehen und dann blasé werden. Von München aus krampfen sich die Hirnpfade der paranoiden Münchner ums restliche Europa, das ihnen immer wieder zu einer Schwabinger Brezelwolke gerinnt. In München kann niemals irgendwo eine Verstofflichung des Undurchschaubaren stattfinden, sondern alle Galerien schließen früh.

4 Brettige Lederhosen als Familiensärge, welche mit Gamsbärten bestückte Milchgesichter noch vor deren Konzeption zu Millionen und Abermillionen auswerfen; welche in München Münchner Umgebung produzieren wie Tang im Tümpel, nur fruchtbarer; Ertrinkende in den Laichseen des Englischen Gartens, Münchens fühllose Dauerbrunst, immerhin Ausgelassenheit der vollberuflich sadomasochistischen Intriganten, welche kitzelnd mischen.

5 Von der Geißel des monströsesten aller Dialekte – nur Zürichdeutsch ist schlimmer – durch die Existenz getrieben, die sich immer als eine nichtendenwollende zeigt. Dementsprechend blitzartiges Altern. Kinn zerfällt, Kiefer hängt aus. Molekulare Auflösung während Aschermittwochsumzügen und Blasmusi-Kumpeleien; da mausert München sich zum Lamettenvorhang, der verbirgt, und Fürchterliches.

6 Mal würzen. Es entgeht mir, was Muskat in München sollte. Leider blieb ich allein, da ich es zu genau erkannte.

7 Die vollständig zerstörten Münchner Rentner trafen sich donnerstäglich im Hochsommer zum Eisstangenschieben oder saßen längs der staubigen Pferderennbahnen, wenn sie nicht aus den kurzen, an der Hüfte stark eingeschnürten Glaspullen Milch, einfach geschiedene Milch durch linealgerade Strohhalme saugten, eine durch die welkende Blume deutlich wahrnehmbare Seinskontraktion und Affektverengung aufs rein Bierige, dem pustend bläschenwerfender Schaum die Krone aufwürgte.

8 Meine Reise nach München war als eine bewußtlose geplant. Diese Bewußtlosigkeit versuchte ich durchzuhalten.

9 Aber München, stolz, quixotesk und bestürzend, dringt auch in den energischst aufrechterhaltenen eigenen Zustand, als vorübergehende aber über längere Zeit unfaßliche Lähmung.

10 Bis ich wach und kahl und um Dutzende Jahre gealtert expreß abreiste; wobei es mir auf das Gefährt nicht ankam.

Zürich–Basel no return

1 Gesangsverein, ein Gesangsverein im Aargau. Es liegt zwischen Basel und Zürich und ihm eignet eine geheime Identität. Das Belangvolle an diesem Geheimnis ist, daß es rasch sich preis gibt, aber nur mit der Klausel, gleich wieder ins vertuschteste Mysterium wegsinken zu dürfen. Der Verstand, davon gelähmt, forscht nirgends nach. Ich fuhr spät von Zürich nach Basel zurück. Dazwischen lag Aargau, und, drohte es aufzuhören, schloß sich nochmals etwas Aargau an, welches wiederum aufzuhören drohte. Ich wurde auf der Fahrt von Durst gepackt nach Bier. Kehrte ein. Alle rauchten Muratti-Ambassador und Dickeres, viel Dickeres. Es drängten sich auf: eine Menge auf Köpfen oder an Wandhaken sitzender breitkrempiger Hüte, Taschenuhren, Stumpen, gelbe Zähne, herausgetriebene Gemächte oder spindeldürr; alles paßte zusammen und wirkte keineswegs künstlich eingeebnet, sondern von Geburt auf, also kongenital, homogen.

2 Schauten beim Herumgehen weder rechts noch links, diese singenden Aargauer, liefen in mich hinein mit glasstarrem Blick, ebenso wie sie die Vermutung, aufs Gehör sei man konzentriert, enttäuschten, denn Anrufe, Warnungen, flehentliche Bitten, nicht in mich hineinzulaufen, nahmen sie nicht wahr. Das Singen hatte bei meinem Eintritt in den hinteren Gastraum, der hinter dem vorderen lag, der wiederum hinter der Garage lag, welche hinter dem vordersten Schankraum lag – das Singen hatte bereits aufgehört; letzte Strophe vorbei; es war der gesellige Teil, in den ich geplatzt war mit meinem Durst. Doch, es ging gesellig zu, kameradschaftlich; allerdings geschah nicht viel; dessen Gegenteil, nämlich, wieviel leider wieder einmal geschehe, war Thema der Gespräche; sie richteten sich stets von einem Sprechenden aus an alle, oder aber alle wurden zu Sprechern und äußerten sich vernehmlich über einen einzigen; alles ging auf ungefähre Art vor sich. Einer wandte sich an alle und kündete, daß sie alle gut

gesungen hätten heute. Nach kürzerer Zeit, nämlich etwa einer Stunde, sprachen alle aus, was sie nunmehr wußten: ein Neuer, Langer, Dünner habe den hinteren Gastraum betreten; waren aber von äußerster Zuvorkommenheit; es waren die freien Gesänge jetzt an der Reihe; sie schraubten sie meinethalben etwas leiser. Danke, ihr zwangsseligen Urburschen mit dem melodischen Kern. Wer seid denn Ihr?, fragte mich der zunächst Sitzende, ein hinkender, etwa rochengroßer, sehr flächiger Mensch, dessen Haar soeben aus der Schur kam, gelichtet und die Reste geordnet. Wär sittihr?

3 Gesangsverein, ein Gesangsverein im Aargau bin ich, sagte ich. Und wo si di andere? Verdammt, verflucht, Riesenscheiße des Abendrots, er züchtige mich, der Herr, das drohte zum Konflikt zu entarten. Er hatte ja mit der Frage ganz recht: Wo hatte ich denn die andern? Wir sind sehr sehr viele, erwiderte ich, warten Sie nur, bis die andern kommen, dann singen wir zusammen. Sogleich setzten sich alle manierlich hin und fingen an zu warten. Eine gewisse, beinah naturwissenschaftlich exakte Schublehre der Existenz lehrt uns: das Warten sei ein zielgerichteter und dennoch höchst unbestimmter Zustand. Bei ihnen war er sehr bestimmt und hatte kein Ziel. Das Reden erlosch, und der mit seinem Aufhören drohende Landstrich atmete ein und wurde weit und schimmerte gütig. Wir haben lange zusammen gewartet; ich trank eine Unmenge Bier und brach gegen Morgen, als ein Regen in den Nebel fiel, mit einer inzwischen auswendig gelernten Strophe auf den Lippen auf, schweren Herzens heimwärts zu ziehn.

Äsende Gäste Halle Biel

1 Der Hotelier in Biel ist der Hotelier. Er erreicht die Intelligenzmarke nicht ganz. Er hat eine Frau, die ist die Frau. Auch sie erreicht sie nicht. Es ist Abend.

2 Beim Abendessen steht er links und manchmal auch rechts von der flatternden Schwingtür. Sie steht vor ihm, verdeckt ihn, damit ihn keiner sieht. Er kontrolliert die Ein- und Ausgänge der Kellner.

3 Es gibt Poulet Rôti, und die Ehegatten haben beide den Blick starr auf ihre Füße gesenkt. Hohe Betretenheit hat sie erfaßt, und doch schert die teilnahmslose Welt sich darum nicht, sondern läßt es zu, daß an den Betretenen gebratene Hühner vorbeigetragen werden. Ob dies ihre Gefühle beeinflußt?

4 Die Gäste des Hotels sind zufrieden, allerdings hätten die beiden Kellnerbewacher es lieber überzeugender, das Urteil, indem sie nämlich gern ein Schmatzen hörten. Etwas Luft wird immer mitgeschluckt. Es herrscht aber Beherrschung; so wird auch der Rülpser, der, ausgestoßen, fürs Hotelier-Paar eine erlösende Wirkung bringen könnte, mitgeschluckt. Alle Anwesenden, zufällig einmal zum Übernachten in Biel, der Uhrenstadt Biel am Bieler See, essen vollkommen geräuschlos alles, was ihnen vorgesetzt wird. Die Straße wird um zehn abends gewaltsam zur Ruhe gebracht. Meist gewaltlos.

5 Er hinter ihr, oder sie, vor ihm stehend, heben abwechselnd den Blick und machen einen winzigen Strich auf ein in der Hand hängendes Servier-Organigramm, mit dem sie die Kosten-Nutzen-Analyse anstellen. Dank der nicht erreichten Intelligenzmarke ist es eine stumpfe Waffe im Kampf gegen das verfeinerte Trödeln der Bieler Kellner, welche keine Fremden, nein, alle wieder Bieler sind.

6 Sodann senken sich beide wieder in sich hinein. Die hellhaarige protestantische Scham, verheiratet zu sein und dieses Eheleben beruflich weiter, und nicht einmal zum äußersten, zu treiben, obschon man längst gegenseitig erraten ist. Die Gäste zeigen sich bei der beweglichen Vanille zum Dessert fünfzigfach überrascht.

7 Treppe, zum nicht feuchten, nicht dunklen, nicht engen Zimmer hinaufführend, ist von mittlerer Breite. See ist morgen wieder naß, übermorgen auch. Die beiden schlafen ein Haus weiter, nein, zwei Häuser. Das Huhn hatte zwei Beine und zwei gebrochene Flügel. Der Koch fast hingefallen.

Josef Brühlmann

1 Es gab ein bemerkenswertes Zitat von Brühlmann. Bemerkenswertestes Zitat von ihm, aus einem Gespräch mit ihm, nach drei Stunden, die über alles einherliefen und alles anrührten und einige Teile mitnahmen und andere bleiben ließen – bemerkenswertestes Zitat von Brühlmann dürfte sein ein Zitat.

2 »Ja, wenn man alt wird, vergißt man eben vieles.«

3 Brühlmann war unbeholfen und wirkte nicht nur so. Er brauchte ständig Rat, hielt aber an Gedanken, die ihm ohne eigenes Zutun kamen und die ihn tief erschreckten, hartnäckig fest. Den Inhalt des Zitates hatte er vergessen wollen und sich dafür große Mühe gegeben. Fürs Vergessen gab er sich immer große Mühe. Allerdings hatte er die leidige Angewohnheit angenommen, an das, was er vergessen wollte, laut zu denken.

4 Nach außen war Brühlmann sehr freundlich, wirkte nicht nur so. Es war nur niemand an seiner Freundlichkeit interessiert. Dies wiederum kümmerte Brühlmann nicht, und sein Nichtinteresse am Desinteresse anderer führten bei ihm zu einer gläsernen Fröhlichkeit, die weitab von irgendwelchen wirklichen Anlässen durchsichtig vor sich hinstrahlte. Er nannte sich, ein weiteres Zitat, aus einem Gespräch von fünf Stunden Dauer gewonnen, die sich abermals gleich verhielten wie die vorher erwähnten drei Stunden, er nannte sich mit einem Zitat so, wie er sich nannte.

5 »Ich bin der unermüdliche Onanist meines eigenen Lächelns.«

6 Ein niederschlagendes Zitat. Brühlmann hatte auch es vergessen wollen, aber gewohnheitsmäßig unablässig daran gedacht und es sich halblaut vorgesagt. Manchmal hörte er sich zu. Es geschah, daß er sich nicht überhören konnte. So sehr er diese halblauten

Dinge nur vor sich hersagte als Merkzettel eines vorgeschriebenen Vergessens, so sehr wirkten gerade diese als Merkzettel des späteren Vergessens vor sich hergesagten Dinge gedächtnisstützend und erinnerungsfördernd. Die beiden Zitate, jenes mit dem Alter, das allmählich – aber, im Gegensatz zu Brühlmann, REUEVOLL – vergißt, und jenes mit dem Lächeln, das, weil niemand außen auf einen jemals reagiert, in einem selbstbefriedigenden Akt aus sich selber herausgeholt werden muß, diese beiden Zitate zu vergessen war Brühlmann mißlungen.

7 Anzunehmen, daß sein spätes Vor-sich-hersagen schon inngeworden war, daß diesmal die Merkzettel späteren Vergessens überhaupt nur noch ewiges Erinnern forcierten.

8 Der Inhalt der Zitate traf auf Brühlmann nicht zu, und vermutlich wollte er sie deshalb tiefinnerst nicht vergessen. Äußerlich wünschte er nicht mehr ans Alter oder an den Onanismus seines Lächelns zu denken, aber tiefinnerst, wenn etwas Tiefinnerstes angenommen werden durfte, tiefinnerst dachte Brühlmann ununterbrochen ans Alter, das vergißt, und ans Lächeln, das nichts ist als eine Selbstbefriedigung des Unverlangten, der überall sogleich höchstes Desinteresse erweckt.

9 Aus einem Anflug von Mitleid schreibe ich dies nieder. Man habe Mitleid mit mir, damit endlich etwas Mitleid entstehe, das weitergegeben werden kann. Ohne Mitleid geht nichts weiter, aber das Mitleid hilft auch nicht.

10 Ich führte mehrere Gespräche mit Brühlmann, die mir vollkommen unsinnig erschienen. Sie nahmen mit der Zeit nichts mehr mit, ließen dafür auch nichts mehr auf der Seite, sondern fanden einfach statt, solange sie stattfanden, und waren zu Ende, als sie zu Ende waren. Es gibt viele solcher Gespräche, es gab mit Brühlmann unendlich viele solche Gespräche. Es ist nicht ihretwegen, daß uns das Leben so kurz und vergeudet vorkommt, aber sie tragen nichts dazu bei, unserem Leben einen Sinn zu geben.

Da mein Leben nie einen Sinn gehabt hat, haben mich die Gespräche mit Brühlmann, der im Alter ein Vergessen und im Lächeln eine Selbstbefriedigung befürchtete, nicht gestört, nicht verstört, nicht vom rechten Weg abgebracht, der nie ein anderer gewesen ist als der, mit Menschen wie Brühlmann Gespräche zu führen.

11 Brühlmanns Tag war beim Gruß immer ein guter. Es gab von diesem unentrinnbaren guten Tag keine Abweichung.

12 Sein Gruß war gegliedert in das Wort ›gut‹, das sich, genau nach Tageszeit, einmal zu ›Morgen‹, zu ›Mittag‹, zu ›Nachmittag‹ und zu ›Abend‹ gesellte. ›Gute Nacht‹ sagte Brühlmann nur ein einziges Mal zu einem anderen, der nicht ich war; und das war, als Brühlmann an der Nacht, die sodann jenen ergriff, nicht ganz unschuldig war. Es handelte sich um eine Umnachtung, die auf ein besonders unergiebiges Gespräch mit Brühlmann folgte, in dem Brühlmann vor allem vom Alter, das vergaß, und vom Lächeln, das sich selbst befriedigte, sprach. Auf das Gespräch folgte die Umnachtung des mit Brühlmann über elf Stunden lang gesprochen Habenden.

13 Brühlmann war niedergeschlagen. Höchst bemerkenswerter Mann.

Franz Xaver Gerber

1 Sobald Franz Xaver seine Gerberei auch abends die Häute kochen ließ, kam Reinhard früher nach Hause, da die Bottiche länger kochten, Franz Xaver unabkömmlich bei ihnen stand, und Reinhard günstige Gelegenheiten beim Schopf packen konnte.

2 Am Monatsende, Hilfsgerber Reinhard war entlöhnt, platzte ein Bottich, konnte nicht gestopft werden, das Kochen hörte früh auf, Franz Xaver kam unerwartet nach Hause und wurde von Pauline, seiner Frau, erschlagen.

3 Reinhard, der Hilfsgerber, ihr Liebhaber, der sich in einem Backtrog versteckt gehalten hatte, trat, während Franz Xaver, abgelegt und teilweise enthäutet, noch dampfte, vor sie, Pauline, seine Geliebte. Ehe er begann, beugte er sich über Franz Xaver, nahm dessen Geld aus dessen hinterer Tasche, stellte sich wieder vor ihr auf und sagte Du Frau.

4 Mit entschiedenen, mächtigen Fäusten umspannte er ihre Brüste, quetschte die Warzen zwischen Zeige- und Mittelfinger, seine kurzgefaßten rötlichen Hände fuhren unter ihr Wollhemd, bis sie, unter stoßweisem Mundschnaufen, sich ihm ergab und, geführt von seinem prellenden Bauch, der sich gegen ihren Bauch schlug, rückwärts aufs matratzenlose Bettgestell, welches aus mehreren Messingrohren und kreuzweise verbundenen Spiralfedern bestand, sich stürzen ließ.

5 Ihre rauhe Rückenhaut wurde nicht geritzt.

6 Reinhard machte kehrt, ging zur Küche, in der eine Gerberei im Kleinen stattfand, fleckige Lappen schmorten in Töpfen, um einen Schmutz zu verlieren, den sie nimmer verloren, somit kochten sie einfach im Wasser ohne Anfang und ohne Ende. Reinhard

war ein Niedergeschlagener, und Pauline war eine Niedergeschlagene, welche zusammen zur Fröhlichkeit zu kommen hofften.

7 Reinhard nahm Franz Xavers Leichnam auf die Schulter. Von Franz Xaver fiel verschiedenes ab, Reinhard stopfte es in die Kleider, dann fiel abermals anderes ab, Reinhard stopfte es in Franz Xavers Taschen. Alles war formlos.

8 Mit schwerfälligem und gehindertem Gang schritt Reinhard. Alles an Franz Xaver baumelte oder löste sich auf. Zähne ließen sich frei herumschieben. Durch die Mordslast etwas verlangsamt, aber nicht eigentlich gehindert, zog Reinhard durch die Schneise zwischen den Birnbäumen davon. Pauline weinte stark. Reinhard überkam in der tiefsten Schwere eine Erleichterung.

9 Pauline rückte, während sie Reinhard ausdrücklich zurückerwartete, Kissen und Decken und Töpfe zurecht, steckte ihren großen Zeh in das weite Loch am Fußende des matratzenlosen Bettgestells, dessen Messingrohre dort einen leichten Bogen um die Spiralfedern machten und den Zeh an der Nagelwurzel kühlten. Pauline schämte sich ihres gelblackierten Niednagels nicht, er war tief eingewachsen, und über dem Messinggestell fand nochmals die Gerberei im Kleinen statt, Lederenden tropften gleichmäßig, Pergamente speichelten, von Jackenteilen sinterte es klamm klopfend.

10 Glanz.

11 Wäre nun – hätte sich die Lage so verfahren, daß Pauline zu behaupten anfing – Pauline fing an zu behaupten, eine Leiche, besonders die vom Franz Xaver, die sie längste Zeit auf sich selber oben gefühlt habe, sei doch sehr wahrscheinlich unmöglich so schwer, daß so einer wie Reinhard, Erzknecht und fähiger Häuter, angeblich schlagartig ermattet, mit ihr, der Leiche, auf den Schultern nie habe wiederkommen können, wäre es auch nur gewesen, um in seiner einzelgängerischen Art den Tod seines ihm

zeitlebens vorgesetzt gewesenen Widersachers bei einem brennend scharfen Mirabellenschnaps zusammen mit der Dorfwirtin Amelie, welche Mutterstelle an ihm vertrete, zu feiern – ähnliches fing Pauline zu behaupten an.

12 Mit mächtigen, entschiedenen und vortretenden Fingernägeln erkniff er sich ihre Brüste, bis –

13 – so würde Reinhard die Pauline, da sie ihn ja niemals wiedergesehen, höchstens hinter den Birnbäumen einen von Franz Xavers Strümpfen, halb zu einem verwesenden Soldaten hinzu in ein Moorloch getaucht, aufgefunden und zu Hause ausgekocht habe, einer Wahrheitsverkrümmung bezichtigt haben.

14 – so würde Reinhard die Pauline einer abgefeimten, durch ihr ganzes weitersiedendes Leben hindurch nicht wieder gut zu machenden Lüge überführt haben.

15 Durchaus so; wäre indessen nicht, ehe Reinhard zurückgekommen tobte, die Unsinnigkeit solcher Behauptungen auch der Pauline selber aufgegangen, und zwar dann, als sie die Lage mit der ritzenden, doch längst geregelten Wirklichkeit des weiten Loches am Fußende des Bettgestells verglich, kaum brach der lippenrote Lack in Schuppen von ihrer schnippisch wühlenden Fußspitze.

16 In dem Maße, wie der untergebene Reinhard früher nach Hause kam, wurden solche Vorstellungen der Pauline hinfälliger, und damit deren Gegenteil unabänderlicher; weil Franz Xaver jetzt auf der Matratze lag und rülpste und hervorstieß, Hast du mir nicht einen vernünftigen Letzten, bevor er hinkommt; Reinhard sich, stracks von den kochenden Bottichen kommend, in die Küche setzte, in sich zusammenfiel und leise auf den Tisch trommelte; so lange, bis Franz Xaver eine Flasche am Mund hatte und daran sog; Pauline dem im Messing Liegenden ausgelaugt zuflüsterte, Versteck dich, Lieber, sonst wirst du gesehen, und sonst nichts.

Der Pudel, des Pudels

1 Today, heute früh, zog ein Herr, Beamter bei einer staatlichen Ölgesellschaft, mit langen Armen, unter einem weißen Hut, Tropenhelm, mit schwarzem Pudel, einer Mappe und einem Bambusstöckchen an mir vorüber, von rechts nach links – mein Kopf folgte auf seinem Drehgelenk – auf einer Geraden, die zwei Millimeter oberhalb des Horizontes verlief. Horizont gebildet aus der Oberkante von Rückenlehnen aller im Empfangsraum anwesenden Ledermöbel. Der Beamte des großen Öls verschwand dann links im Fensterrahmen, Fenster mannshoch, und zwar nahe der Öse, wo der Kippschalter für die stillen Rolläden angebracht war.

2 Einzig der Pudel tollte, einem unbekannten Antrieb seiner ihn zweifelsfrei bewohnenden Hundeseele ausgeliefert, von links nach rechts zurück, verschwand dann schwanzwedelnd, leichte Erhebung desselben, nahe der rechten Öse, bei einem weiteren Kippschalter, sprang dann nahe bei der unteren Schraube des Innenthermometers (heiß, 105 Fahrenheit) wieder hervor und rannte auf einer tieferliegenden Geraden seinem Herrn nach; Hund als Prinzip der Black Box zu betrachten, man steht bzw. sitzt da und wundert sich, ohne den leisesten Gedanken, was der Black Box alles entquillt und was sie demzufolge alles enthalten muß, auch in der Gestalt eines Hundes. Der Pudel trug einen zweiten Tropenhelm und ein zweites Bambusstöckchen in der bärtigen Schnauze, die, weil sie zubiß, leicht troff.

3 Der Pudel wackelte mit den Ohren, es war das, wovor sein Herr, der Beamte des großen Öls, sich ängstlich hütete, weil er in alle Dinge, die er unternahm, großen Ernst trieb, sowie höchste Ernsthaftigkeit, sodaß er von sich sagen durfte, Was immer ich tue, es ist berechtigt. Ich hörte noch einen kurzen Pfiff, ein scharfes, larmoyantes Gebell, und bereits drängte sich die starre,

bewegungslos gemachte eisblaue Fläche des kleinen Sees in mein Zimmer. Schlotternd rieb ich mir die Knöchel am Radiator, den ich auf Rädern bereits von Bediensteten aus dem Zimmer gefahren sah. Beim Abendessen sah ich den Beamten des großen Öls bei Tisch. Ich hatte am späten Nachmittag derart gefroren, daß ich für immer auf jede Einnahme von Essen verzichten wollte. Kurz bevor man zum Essen rief mit einem Schlag gegen meine Tür, war ich schon zum Essen gegangen und war der erste im Saal.

4 Der Beamte saß an seinem Tisch, der neben meinem stand, der neben seinem stand, der neben meinem stand. Der Kellner servierte ihm einen Braten, der die Länge von zwei der kleineren Ledermöbel hatte. Der Braten lag in etwas Nassem, das sich, als das große Öl den Braten zum Beschauen hochhob, mit dem schmatzenden Knall zweier gegenläufiger Flutwellen in der Schüssel unter dem Braten vereinigte. Das Bambusstöckchen hing an einer Lederschlaufe, die unter dem Knauf durch ein Loch im Bambus hindurchgezogen war, an einem der Huthaken. »Wo ist Ihr Pudel?« fragte ich. »Hab ihn heute früh bewundert, kann viel, das Tier.« Statt zu antworten, zog der Beamte zwei weitere Bambusstöckchen aus der mitgebrachten Mappe und hob einen Rippenknochen des längst wieder in die Schüssel fallengelassenen Bratens an. Ich setzte mich, um einen besseren Überblick zu erhalten, zu ihm an den Tisch. Er rückte etwas ab von mir, erhob aber keinen Einwand. Das gebratene, angehobene Fleisch fiel zurück und gab den Blick frei ins Innere der Bratenbrust. Es war, denke ich, ein Stück, das zwischen Braten und Kotelett lag.

5 Am Ort, wo ich den Magen vermutete, erblickte ich einen weißen, in der Beulenform etwas mitgenommenen, von Blut und Eingeweiden etwa halb überfluteten Tropenhelm. »Er mochte diese Art von Hüten«, sagte das große Öl, das sich endgültig dem Braten zuwandte. Doch dann fixierte es mich noch einmal. »Und niemals habe ich ihm diese Hüte abgewöhnen können«, sagte der Beamte. »Jetzt tut er's nicht mehr?« fragte ich. Ich war längst nicht mehr gefragt, überbrückte es mit einem dummen Kneten an

der Gabel, nahm, was ich kriegte, und fingerte daran herum. »Ja und nein«, sagte der Beamte bestimmt, »ich glaube es und glaube es nicht. Was meinen Sie? Wollen Sie mit mir Abend essen?«

6 Ich lehnte höflich ab. Ich war nicht mehr geradezu höflich, aber es blieb ein ziemlich echt schweizerischer Anstand, das Gegenteil von Anständigkeit. »Nein«, sagte ich, »ich habe eine Verabredung mit dem Portier.« »Dann sollten Sie eines nicht vergessen«, sagte der Beamte des großen Öls, der halb auf dem Braten lag, »Sie können jederzeit aber wirklich jederzeit mit mir Abend essen. Keine Scheu, ich habe Gesellschaft nicht ungern, das haben Sie gesehen.«

7 Ich aß an dem Abend einen Apfel auf meinem Zimmer, öffnete das Fenster und ließ den See herein, nicht höher als meine Knöchel. Nachts träumte ich von einem Paket Silberpapier, darin bellte es laut und kläglich, dann zog der Pudel sich eine weiße Schürze an, hob einen vierfarbigen Bleistift und bemerkte, Dies ist kein habenswerter Traum. Für den Rest der Woche verzichtete ich auf die Tagessuppen, mit deren Broterbsen ich immer gern gespielt habe. Vielleicht hatte der Ölmann keinen großen Appetit gehabt, und der Braten war in die Küche zurückgegangen. Der Apfel hatte einen nicht wegzubringenden Fleischgeschmack. Eine Woche lang spazierte ich auf allen möglichen Geraden und Kurven, schlief in den Ösen der Kippschalter und fuhr mit einer Bahn auf dreitausend Meter Höhe, über die Vorhänge hinweg. Die Tage waren Plagen, gegen Mittag leicht zunehmend, nachmittags durch tiefen, aber betäubenden Schlaf gedämpft. Dann, nach sieben Dämmerungen, stieß ich auf den Menschen, in der Halle, neuer Tropenhelm mit einem geöffneten Kopf-Hitze-Ventil. »Ich verreise, mein Freund«, sagte er und fuhr mir übers Haar. Er öffnete eine neue, gelblich vertrocknete Hand, ein Finger fuhr mir hinter dem Ohr durch. Am späteren Abend war der Horizont belebter und ließ mich neu ein.

Hôtel Dugroin, Nancy

1 Wieder einmal, auf meinen lustigen Wanderungen, war ich in eine schreckenerregende Absteige geraten. Diesmal handelte es sich um das Hotel Dugroin in Nancy, das ich vorher nicht kannte, und es lag überdies genau in der Mitte. Wie Nomadenschwänze lagen die automatischen Pistolen in ihren Halftern abgeschnallt auf den Tischen herum.

2 Ich machte sogleich eine Reise ums eigene Zimmer und brauchte dafür dreiundvierzig Minuten, die mir von der Direktion nicht zurückgegeben wurden. Ich fand einen Riegel mit Riegelstop, nämlich für die Not, gegen die vielleicht ins Zimmer eindringenden Bewaffneten, die sich meist, sagte man mir, nur einen Strumpf, Brillantine oder eine Unterhose ausleihen wollten; wovon man nie wieder etwas sah, was sie aber jedem Neuankömmling abpreßten.

3 Sie mußten riesige Wäschelager in den Warmwasserduschkabinen aufgehäuft haben. Der Riegelstop arbeitete andersherum als gedacht: er verhinderte ein allzu weites Vorschieben des Riegels, sodaß den Eindringenden immer ihre Chance blieb. Zwischen Bett und Waschbecken erhob sich eine dreckige Scheidewand aus Mica, dem bräunlichen, irgendwie undurchsichtigen, aber dank den dahinter stattfindenden unauflöslichen Schattenspielen denkfördernden Kunststoff.

4 Vom Bett aus sah ich das Waschbecken nicht, meinte aber ein überwältigendes Waschbecken zu sehen. Vom Waschbecken aus sah ich das Bett nicht, meinte aber ein unübertreffliches Bett, sogar mit wem drin, zu sehen. An dieses Bett, das echte, nicht das vorgestellte, war eine elektrische Vibriermaschine angeschlossen, die mit einem Franc in Betrieb gesetzt wurde. Es entstand die Lage, daß ich die Maschine dringend benötigte und fünfzig Francs

gegen einen einwerfbaren Franc wechseln mußte. Ich hörte augenblicklich, wie der Wechsler mit dem Geld, mit dem ich mir mein Geldstück gekauft hatte, fünfzig andere Vibriermaschinen anwarf.

5 Das Alter dieser Maschine brachte es mit sich, daß mit dem Franc, den ich oben einwarf, unten ein Franc herausfiel; nur war der höchst alt und zerfiel sogleich zu grünspanigem Pulver; es reizte zum Niesen und zerstob mit Vergnügen; damit konnte kein Franc mehr eingeworfen werden, und die fünfzig laufenden und von meinem Vermögen gespeisten Maschinen trieben mich zum Wahnsinn; die Vibriermaschinen standen nach fünf Minuten und dreiundzwanzig Sekunden still; die meine schon früher.

6 Ich war bereits nunmehr aufgerüttelt. Ein Schrank stand herum, und eine winzige Ablage machte sich seitlich daran zu schaffen; auf ihr hatte höchstens eine Rasierklinge Platz, aber die Abwehrwaffen mußten griffbereit sein. Ich legte einstweilen den Zimmerschlüssel, der dank dem Riegelstop nicht schloß, da hin. Er trug an sich, wie ein Sache gewordener Sträfling, eine schwere, an eine Kette gebundene Stahlkugel; was ihn zu einer mörderischen Empfangskeule machte.

7 Schwere, tiefes Dunkel spendende, rote Vorhänge gaben, waren sie gezogen, den Blick auf einen Bahnhof frei, in dessen Hallen sich ebenfalls Wäschelager gebildet hatten; enorme Aufhäufungen, Türme ausmachend, die ununterbrochen in sich zusammenrutschten. Die Züge fuhren weich auf, geradezu in den Stoff hinein; die ungeheuerliche Gewalt einer nach Nancy sich werfenden Lokomotive kommt nirgendwo deutlicher zum Ausdruck, als wenn sie in einen Berg grünen Frottéstoff hineinrast.

8 Ich weiß noch, wie ich mitten in diesen Feststellungen, nämlich gerade so, als hätte ich in puncto Absteige eine andere Wahl gehabt, mit dem vollen Koffer die Treppe hinablief; selbstverständlich stand ich bereits unten und wartete auf mich. Dies war

das vorläufige Ende, oder doch, eine Unterbrechung ohne Neuanfang; mit dem hellen Wissen fand ich schnell mich ab; viel zu schnell.

9 Der Speisesaal, ein längliches, stur von der Kochnische mit den Bunsenbrennern bis zu den Kleiderhaken, an welchen die Lammkoteletten hingen, sich erstreckender Raum mit taftgepolsterten Ritzen als Beobachtungs-Schlitzen; enthielt, genau als ich ihn betrat, eine Gruppe uralter nordfranzösischer oraler Landwirte, eine Magd mit wabernder Halsbinde bemühte sich um den Papagei. Du rouge, schrien sie, und abermals, du rouge, nom de Dieu.

10 Die Böden waren alle schräg; in die Ecke glaubte man zu gleiten; in die Ecke, aus der ich soeben aufgebrochen war. Ich hatte jeden Ehrgeiz aufgegeben und mich an einen Stehtisch gesetzt und mich verstrebt gegen das Gleiten auf den tiefsten Punkt zu, an dem alle schon angekommen waren; an der Wand hing neben dem Kleiderhaken, an dem als einzigem ein ausgeweideter Kalbskopf hing, ein zerzaustes Bild von vier rotbefrackten englischen Landedelleuten vor einer bratenden Keule, nach der Herrenjagd, die Erfolg brachte.

11 Auch für deren Hunde fiel etwas ab, nicht aber für deren Pferdeknechte. Dies, nämlich das Bild, fand nicht in Nancy statt; in einer fernen Kolonie; hinten ein Haus im Kolonialstil; mit geneigten Sonnenschirmen und Schattenspendern; die Damen, hochgeschlossen, spielten mit einer Mulattin Remmidemmi; der Papagei bekrächzte die niedergehende Sonne. Ich war durch das einfache Heben meines Gesichtes zu einer Reise gekommen; damit war ich einstweilen am Ziel; um mich, auf hohem Hocker sitzend, auf dem Stehtisch aufstützen zu können, mußte ich die automatischen Waffen, die wie Nomadenschwänze herumlagen, wegschieben.

12 Und schichtete sie in der Mitte des Tisches in ihren Halftern auf einen Haufen. Ehe ich einschlief, sah ich die ganze Bedienung unausgeschlüpft in einer Larve weißlich in einer Flüssigkeit pul-

sen. Auf verstreuten Spielkarten lagen die Landwirte auf dem Rücken, teils erschossen, teils vergeistigt. Die Frühstücksmarmelade im Dugroin in Nancy ist tiefgrün, ein von weit unten heraufgeholter leukämischer Auswurf; brüchig war das Gebäude, um ein Haar erlebte ich das Durchbrechen eines Fichtentragbalkens, und die Glasplättchen des siebenarmigen Leuchters klangen gegeneinander;

13 ich lebte mehrere Tage und viele Landwirte lang in der Hoffnung, die Zimmerwände würden schon nicht über das Bett hereinbrechen; mehrmals schoß es ins Schloß und trotzte mir einige Strümpfe und Brillantinedosen als Lösegeld ab; in allem Gleichmut, hinter dem die vollkommenste Nicht-Teilnahme wirkte, angeregt verärgert schmierte ich mir Brote und Notizzettel voll und spürte, wie sich vernichtungsbereites Selbstmitleid in mir sammelte; es beglückte mich und wollte hervorbrechen in einem Höhepunkt selbsterniedrigender Taten; habe sie alle, alle unterlassen, um gleich groß zu bleiben wie zuvor. Hatte übrigens die Absteige sorgsam ausgewählt, um mich, via Umweg übern letzten Platz, zum Gewinner an Ort und Stelle zu machen.

14 Eine Schubkarre fuhr mich weg nach Metz, ich soll dabei gesungen haben. Ferne Schüsse. Ich glaube, ein Bandenkrieg befand sich in der Phase seiner Entscheidung; so verborgen entkam ich aus dem schönen Dugroin, das für seine Gastlichkeit ich weiterempfehle.

La Chen

1 Die Umgebung des Nabels, sagte er, sei völlig kraftlos. Hingegen sei der Nabel verschiebbar, wenn er mit dem Daumen hineinfahre und mit dem Daumen im Nabel einen Kreis vollführe. Dieser Kreis, sagte er, oder dieser Daumen im Nabel könnten über den ganzen Körper gezogen werden, und der Nabel komme bereitwillig überallhin mit, er folge dem in den Nabel gesteckten chinesischen Finger auf dem Fuß. Unermeßlich viel Haut, sagte er, sei auf Vorrat da vorhanden, eine Form gebe es nicht, dafür Gehorsam und ewiges Nachfolgen. Es, sagte er, sei beruhigend, dazu noch müsse man – Tao sei Dank – nicht alle Möglichkeiten wahrnehmen, sondern man könne auch nichts tun und warten, ohne daß man eine Gelegenheit ergreifen müsse, die dann, wenn sie zu ergreifen sei, bereits herangekommen sei. Sehr oft, nämlich in der Hälfte der Fälle, geschehe aber das Falsche, von den Chinesen Nuja genannt.

2 Der Körper, sagte er, werde zerfallen, um ihn sei es auch nicht schade, denn er zerfalle, wenn man zwanzig sei, wenn man dreißig sei, von vierzig rede kein Chinese, man rede aber allgemein bis neunzig. Der Nabel aber, als Teil des Körpers, bleibe eine höchst unterwürfige Öffnung; das Ungebärdige werde ohnehin an den Anus, von dem man nichts wisse außer seinem Fleiß, abgeschoben. Der Nabel komme überallhin mit, begleite den Finger auf seinen abenteuerlichen Streifzügen über die teils glatte, teils mit rasierten Schweinsborsten veredelte Haut. Der Nabel könne dann, sagte er, durch Herausziehen etwa des Daumens, der in ihm gesteckt habe, an den alten Ort, ungefähr über der Leber, zurückgeschnellt werden. Er nehme gern die alte Form in der Formlosigkeit, den alten Platz in der Ortlosigkeit dieser verelendet aufgedunsenen Körpertopographie wieder ein.

3 Erst dann, sagte das frühere Mitglied der Achterbande, stelle er jene starken Pulsationen um den Nabel herum fest, die ihn im Schlaf immer, kaum ziehe er sie sich über den Körper, die Bettdecke wegschnellten. Unheimlich, sagte er, er fasse es nicht, und die Bücher faßten es auch nicht. Dann nämlich, schloß er, erfriere er, abgedeckt wie er sei, wenn er nicht »Moisai« gebe – womit er eine naheliegende Vorsicht zu meinen schien –, und sein Erfrieren sei jetzt gut, es sei gut so, es geschehe ihm recht, er habe dies immer so gewollt, nun könne man dies auch von ihm wollen. Nicht daß mit seinem Erfrieren ein höheres Ziel verbunden sei, das Ziel stelle sich erst lange nachher heraus, in etwas mehr als der Hälfte der Fälle, ein Nuja werde auch zu ihm gesprochen. Einer weniger, sagte er, bedeute fast gar nichts, und eigentlich könne noch keine Erleichterung darüber empfunden werden; nicht einmal das. Wenn aber alle so verführen wie er, und er stecke den Daumen gleich nochmal hinein, dann seien mit der Zeit auch mehr an der Reihe, und dann »wird man sehen«, was, verschwieg er, aber es erheiterte ihn stark.

Wiffie aus Polen, jetzt New York

1 Mit Wiffie im Battery Park. Sie erzählt ihre katholische Jugend, polnisches Auswanderertum, nie konvertiert, immer praktiziert habend, aber sie haben's hier zu nichts gebracht als zu was Mittlerem.

2 Ihre Mutter strengte sich an, um eine saubere Zweiteilung der Welt zu erreichen, bis es ihr ein unwillkürlicher Reflex wurde. Den Vorstellungen des Bösen wurde mit einem gezielten Schlag nachgeholfen; als Kind begriff Wiffie das Böse rasch. Bei ihr überlebte die scharfe Trennung in Gut/Böse.

3 Von dieser scharfen Trennung kam sie nicht mehr los. Kaum hatte sie mich kennengelernt, fing das Rechenzentrum an sich zu drehen, um meine Lage im System zu orten. Wiffie saß verkehrt auf der Bank, hielt die Beine die Rücklehne hoch; das war noch gar nichts; neben uns saß ein malaysianischer Yogi, der stand geradewegs und immer auf dem Kopf und leckte langsam an einem roten Eis.

4 Ein schweres Polizeiboot fährt auf dem Hudson an uns vorüber und legt am Pier an. Mannschaft mit schwarzen Kappen strömt an Land, alle polnischer Abstammung, nicht doch, irischer. Wiffie sagt in diesem Augenblick, Ich möchte vor allem von der Zweiteilung loskommen; als ich jünger war, versuchte ich vor allem das Böse zu tun, das ich jetzt aber strikt unterdrücke; dies sollst du als eine mir eigene Entwicklung ansehen, denn darauf bin ich selbst gekommen; es ist nicht so, daß ich damit den Wünschen meiner sehr weit weg lebenden Mutter entspreche.

5 Ich würde dir nie vorwerfen, daß du deiner Mutter gehorchst, sagte ich. Am Vorabend war es vierzig Grad heiß gewesen, und wir hatten versucht miteinander zu schlafen, waren aber vor

Körpernässe aneinander fortwährend abgerutscht; keine Umklammerung fing. Sie hatte ein kurzes Militärhemd getragen, das sie plötzlich auszog. Ich hatte mich neben einem kleinen Ventilator sodann in die Hocke gesetzt und ihre Brüste bewundert. Das ärgerte sie so, daß sie rückwärts sich auf die Matratze fallen ließ und augenblicklich einschlief. Ich hatte nicht schlafen können, sie aber auch nicht mehr berührt.

6 Ich bin, sagte Wiffie, immer im System gewesen, höchstens daß ich rot statt schwarz wählte, jetzt aber wieder schwarz statt rot wähle, aber deswegen keinesfalls mit meinen Eltern gleichgesetzt werden möchte, die ich verabscheue, obschon auch sie schwarz wählen. Ach, du Gutiguti-Bösibösi-Typ, sagte ich, mußt du denn dauernd die Grenze mitm Lineal durch die Gegend ziehn?

7 Eine leichte Brise fängt sich in den Blättern der hohen Bäume, die mir ihren Namen erst verraten müssen. Die Blätter sind so hart und trocken, daß sie gläsern in eine starre Trauer hinein klirren. Sex, frage ich. Früher schon, sagt sie, jetzt ist's allerdings irgendwie reguliert und ich darf dran nichts ändern, sonst bricht mein System. Das wär ja gut, sage ich. Du bist auf der falschen Seite der Linie, aber nur gerade just sehr knapp, sagt sie. Danke, Wiffie.

8 Aber komm-komm, regulier das nicht soo : wie der Fahrplan des Krematoriums, das die Aschen nicht durcheinanderbringen will. Sie liegt mit dem Oberkörper flach, von dem Banksitz wegstehend in die freie Luft, die in ihrer leichten, dichten Masse durch die Zeit saust. Ihr Rücken liegt mit dem unteren Teil auf der Banksitzfläche, Arsch im Winkel zwischen Banksitz und Rückenlehne, beide Beine ragen, der Rückenlehne folgend, steil in die Luft. Sie sitzt wie auf einem gekippten Zahnarztstuhl und definiert mich als das knapp, aber ziemlich absolut Böse.

9 Wer ist denn der Liebe, frage ich. Er kommt selten, sagt Wiffie, und wenn er kommt, krampfe ich mich zusammen und alles fährt aus mir heraus, Husten, Schweiß, Durchfall, Beine geben nach,

aber das verstehst du nicht: er ist der Richtige. Ich fühle eine Art Auftrag, ihn anzunehmen an meines Nächsten Statt. Ich bin aber auch ganz schön nah, sage ich. Nah auf der falschen Seite, erwidert sie, auch wenn du natürlich noch Tausende Meilen vom realen Antichrist weg bist. Aber dadurch, daß dir die innere Grenze fehlt ... Wurde mir nie beigebracht, werfe ich ein. Der malaysianische Yogi scharrt, auf dem Kopf stehend, mit einer Hand im Kies des Laufwegs, und ein Ice-Cream-Wagen rollt auf ihn zu und übergibt ihm ein braunes Nuß-Eis, das er korrekt (Kornett nach unten) hält und leckt. Dies also ist dein Lieber, sage ich. Und: Heiß heute, wenn auch gedämpfter. Hörst du das Klirren der Ahorne und das schwappende Nagen der Kleinwogen an New Yorks Uferfundamenten? Nein, sagt sie, ich höre nichts.

10 Die schwarzen, vom Polizeischiff ans Land gegangenen, Kappen polnischer oder irischer Abstammung kriegen eine Freistunde und zerstreuen sich im Park, fallen zum Teil, wo sie gerade stehen, und stapeln sich halb-übereinander zum Sonnenbad.

11 Wiffie ist tief in ihr Yoga versunken. Es stellt nur eine Parodie dar, ist aber selber gefunden und mit einfachsten Mitteln durchgeführt. Schau, wie ich koche, fühl mit, wie ich brodle (ich höre es nicht einmal in ihrer Stimme), und falls du es nicht fühlst, so, weil ich auch dies schon unterdrücken muß. Aber du mußt doch nicht!, brülle ich sie an. Das Böse, seufze ich gleich darauf, ach tätest du nur ein bißchen was Böses mit dir, und dann mit mir. Eine der Kappen kommt her und bittet mich um Feuer und schaut ihre in die Luft stehenden Beine an. Das Feuer wird der Kappe abgelehnt; ich rauche nicht, und Wiffie erreicht in ihrem Yoga ihre Handtasche nicht.

12 Es geht um den baldigen Bruch meines Systems, sagt sie, ich halte daran noch kurze Zeit fest, dann breche ich es. Jetzt, frage ich. Zu früh, sagt sie. Das schwere Boot legt ab und läßt die Mannschaft eine Stunde am Ufer, im Park. Eine zu spät zur

Konferenz kommende Wolke jagt vor der Sonne durch und läßt uns für zwei Minuten in tiefe Dunkelheit stürzen.

13 Und dann: Bringst du mir bei, wie man ein Stück schreibt, das heißt, noch lieber ein Drehbuch. Ein Drehbuch, frage ich, aha, ein Drehbuch. Sie: Stücke schreib ich selbst schon lange, das kann ich, elektrische Maschine. Und: Schaust du mir ein paar durch, ja? Ich: Ich korrigiere prinzipiell alles, aber alles gleich ungern.

14 Dann taktiere ich mich wieder ans Hitze-Thema heran. Und, wie treibst du's mit deinem Lieben, ist's munter, ich meine, hat er etwas davon. Die Schwarzweiß-Methode siegt, stöhnt sie. Mittlerweile speit die Südlinie Hunderte und Aberhunderte von Spaziergängern aus, alle gleich angezogen, nämlich ›praktisch‹ angezogen, also alles viel zu groß, hängt ihnen weit um die oralen Körper herum, die sich von morgens bis abends grenzenlos vollstopfen mit billigem Unterschicht-Zeugs, gebrannten Nüssen, Mais, porzellanartigen Kandis-Produkten. Der Park ein riesiger, flutender Mundgeruch.

15 Den Manichäischen gehört die Welt, ahem, wenigstens das Bett in der Welt. Ich neige mich zur Seite, um an einem Feuerwehrmann auf Landurlaub vorbeizusehen. Die Verrazano-Brücke sehe ich nicht, aber die kann man auch eigentlich nicht sehen, doch darum will ich sie unbedingt sehen, vielleicht auch nur des Namens wegen, nominalistische Geilheit, welche den Dingen mit tollen Namen Schönheit zuschaufelt. Wir sollten nochmals in die Nähe deines Ventilators kommen, sage ich. Du hast keine Ahnung von meinem schlechten Gewissen, sagt sie, es ist, als wäre ich ständig beaufsichtigt.

16 Von dieser bigott-armeetüchtig eingerichteten Marine-Insel draußen startet ein Sikorski. Hinterer Stabilisationspropeller als Kreis aus verblauter Luft sichtbar. Hier: Geruch nach Asche, Haaren, geschälter Rinde, Innenseite. Sie: Ich habe gestern meinen Lieben übrigens verloren; wenn du schon drauf beharrst; es

hat sich offenbar eingeengt angefühlt für ihn, und dann hab ich gedacht, ich kann mich ihm nicht länger zumuten, und hab ihn weggeschickt, konsequent, ja? Hat er dir gehorcht, frage ich. Tausende Füße schaben wie kleine Schleifwerke am Wegkies. Ja, sogleich ist er weggelaufen, er sah vergnügt aus, sagt sie und visiert über ihre Schuhspitze einen Ahornwipfel. Ich mache ein halbes Nicken; aber jetzt fahre ich dem höherfliegenden Helikopter nach, da sollte man sich den Hals schon umdrehen. Als mich die Hitze zurückholt, sitzt eine dieser irischen Kappen neben ihr und hält ihr leise die Knöchel reibend die Hand.

Miller an der Bleecker

1 Die Bleecker Street läuft vollkommen quer durch alle anderen hindurch, und sie trägt keine Numerierung. Damit gleicht sie mir, der ich dies schreibe. Ich bin die Bleecker Street, was sich auch dadurch ausdrückt, daß in mir einige Konzerte stattfinden, unverständliche Musik. Ich bin auch wiederum, glaube ich sagen zu können, *nicht* die Bleecker Street, weil ich ein Wolkenkratzer bin, und die Bleecker Street hat bisher an ihren Rändern keine Wolkenkratzer zugelassen. Aber auch ich bin nur einer auf Abruf; kein Zweifel, daß die drei wichtigsten Menschen in meinem Universum, ich meine Gott, zweitens einen literarischen Kritiker im Ruhrgebiet, drittens den Aufsichtsratsvorsitzenden von Texaco, weil ich eine Todesangst vor dem Erfrieren habe – kein Zweifel, daß zumindest die drei wichtigsten Menschen diesen Wolkenkratzer in Kürze abbrechen wollen; ich habe sie allesamt ihr Dynamit und ihre Stoßzünder ins Untergeschoß schleppen sehen. Also muß ich mich panzern gegen Angriffe, und das ist es, was ich soeben getan habe. Mit dem körperlichen Wächter Miller, dem zwar ruinierten, aber schlagkräftigen Body-Guard habe ich mich gegen Gott, den Kritiker und Texaco zusammengetan; wir haben Übereinkünfte getroffen; alles wird gut gehen. Für kurze Zeit, in meiner Straße stehend und mit dem Body-Guard ein Roastbeef-Sandwich essend, fühlte ich mich wie mit Lebenskräften ausgestattet. Nun mußte aber Mr. Miller, mein Beschützer, weiter, soeben hat er mich verlassen; ich werfe die von ihm zurückgelassene Sandwich-Ecke zur offenen Tür eines Schuhgeschäftes hinein und laufe los; bin plötzlich allein und verliere die Richtung, weil ich nicht mehr gesteuert werde, sondern mich selber leiten muß. Was ich soeben für eine halbe glückliche Stunde beiseite lassen konnte, ganz fremdgesteuert!, wie erholsam!, wie kräftebringend! – dieser doch bitte ewig währen wollende Jungbrunnen, das willenlose Werkzeug eines andern zu sein, versiegt mir jetzt! Sogleich geht die Umgebung, nämlich die

Bleecker Street, die ich bin, auf meine Notlage ein, die Bleecker Street versteht mich immer, immer macht diese Umgebung, bei meinen Schwierigkeiten, Ausweglosigkeiten und den ebenso ausweglosen Erfinderwegen zur Entrinnung derselben »bis zum Ende des Kanals«, eine plakatartig-farbenfroh-brüllende Fröhlichkeit bereit, von der ich zehren kann; ja, wir sind verbündet, ich und die Bleecker Street, unser Pakt wurde damals ratifiziert, als ich schwermütig wurde und als Antwort der Himmel und die Skyline sich sofort verdunkelten: da stand der Pakt fest, nämlich daß sie auf mich reagiert, die Umgebung. Jetzt gerade möchte ich die Plakatfarben der unentwegt vor sich hin brüllenden Bleecker Street fahl werden lassen, indem ich mit äußerster Anstrengung zum Bewußtsein zu kommen versuche, daß ich, nun der Body-Guard Miller weg ist, zum Scheitern verurteilt bin und zweifellos von den drei wichtigsten Menschen in meinem Leben auf eine krumme Weise hingerichtet werde, dereinst, sobald sie die Affäre platzen lassen; Gott, indem er glaubhaft macht, daß ich seit der frühen Pubertät nicht mehr zu ihm gebetet habe, oder dann, indem ich den angetauften Glauben verleugnete, der Kritiker, indem er beweist, daß ich das Ruhrgebiet wegen der schwer atembaren Luft seit drei Jahren nicht mehr aufgesucht habe, aber trotzdem immer industriefeindliche Gedanken hege und dabei rot werde, und der Vorsitzende von Texaco, indem er einfach den Hahn zudreht, der zu meinem Zimmerofen führt, der gleichzeitig auch an kein Atomkraftwerk angeschlossen ist, sondern höchstens vom Versprechen einer in eine Solarzelle führenden Steckdose lebt.

2 Und jetzt, wo ich richtungslos geworden bin auf der Bleecker Street und wo ich der willensstarken Führung Millers, die entschwand, nicht Eigenes zur Ablösung nachfolgen lassen kann, da zerbricht der schöne Pakt mit der aufs angepaßteste auf mich reagierenden Umwelt an der harten Wirklichkeit, sowie an meinem unerbittlichen Willen, sie ganz klar zu sehen, um zur Verteidigung meiner weiteren Handlungsweise gerüstet zu sein. Ein brauner, länglicher, mit abstehenden Kringelhaaren verzierter

Hund drückt eine unverhältnismäßig große Wurst aus seinem Darm, und die ihm auf dem Fuße oder auf dem Darmausgang folgende junge Dame mit den vorstehenden Elendswangenknochen holt ein A-4-Papier aus ihrer weichen Handtasche und wikkelt die Wurst in das A-4-Papier und steckt es weg; gleich darauf kommt, Schritte punktieren einen schmachtenden Ledersong auf die Gehsteigdellen, ein Schwarzer daher, dessen Sonnenbrille auch in der Dunkelheit fest auf seinen Nasenflügeln klebt, zweifellos, um ihn zu maskieren, denn er ist einer meiner drei Verfolger; vermutlich mit Papierleim haben sie dem vorgeschobenen Incubus die Brille angeheftet, und kurz vor seinem Lederfuß entdecke ich, daß sich das Pflaster der Bleecker Street geöffnet hat; einige Armierdrähte streben im gähnenden Loch in die Höhe, das oben von einem runden Gitter abgedeckt wird; der Gehsteig der Bleecker Street öffnet vor einem Schuh ein Auge, und unter dem Gehsteig, tief im armierten Untergrund, werden eine Taschenlampe und ein dunkelmetallen-rembrandtähnlich schimmernder Helm sichtbar, »schlamm dich nach Florida, bitte Kiefer zu!«; dies brüllt offenbar mein zweiter Verfolger einem ihm nachsetzenden Alligator zu. Profanes Stimme wird hörbar, wie er dieses große Tier für Eigenvalue in der Kanalisation herumjagt. Wie ich genau nachschauen will, trifft mich das aus dem Schuhgeschäft wieder herausgeschleuderte Sandwich an der Schläfe; sie rächen sich, alle, für meine Geringfügigkeiten; noch wärmt die Sonne, die an einem Himmel steht, der auf meine dunklen Empfindungen nicht eingegangen ist; »Miller!«, schreie ich, »sie greifen an, setzen Sie Plan 4 mit der Variante ›Kampf im Lazarett‹ in Operation!«, aber ich habe dem mir entschwundenen Body-Guard nichts mehr beizufügen; allein ich weiß, was ich allein wert bin. Vollkommen quer laufe ich ohne Numerierung durch alle anderen hindurch und muß ihn, meinen Herrn und Beschützer, unter höchstens vier Millionen anderen wieder herausfinden. Er hat es mir möglich gemacht, meine Kindheit zu verlängern, schwach zu bleiben, nicht hinzuschauen und alle Drohungen abzuwehren: Das ist die Suche wert, auch wenn er nicht mehr gefunden wird. Der Alligator ist jetzt aus dem armierten

Loch gekrochen. Vor ihm davonlaufend denke ich, vielleicht ist sie genau richtig, diese von meinen Gespenstern bespukte Trabrennbahn in eine verlorene Geborgenheit. Das Glück, am ganzen Körper auf ewig nicht beschädigt zu werden.

Showel mit Frau

1 Bis auf zwei drollig-turbulente Flaumknäuel waren sie nackt. Er führte sie in sein Badezimmer. Es war mit himmelblauen Seidenbahnen verkleidet. Hatte Drachenköpfe als Haken, an welchen die Handtücher hingen. Sie erblickte in der Ecke neben der Wanne eine rötliche Wäscheklammer, die einen Beutel mit Watte hielt.
Habe ich Ihnen schon gesagt, daß ich Ihnen was sagen möchte? fragte sie.
Nein.
Wie sah das früher aus? fragte sie.
Das Badezimmer? Elend.
Ich brauch jetzt diese Klammer, sagte sie.
Weiß nicht, dachte er und nahm den Wattebeutel, um ihn von ihr weg zu werfen. Sie sollte ihm nachjagen. Durch die Milchglasscheibe drang etwas Helligkeit. Sie bekam einen außerordentlichen Reiz in die Nase und war gekitzelt, drückte sich die Nase mit zwei Fingern zu und nieste geräuschlos.

2 Gesundheit. Wohl bekomm's.
Sie schneuzte sich in die Watte. Sie würde ihm Fragen stellen, jetzt war der Augenblick. Er hatte es nicht gut gemacht, also kamen da Fragen.
Hat Ihnen mal jemand erzählt, wie dieser Ort vor Ihnen aussah? fragte sie.
Nie. Nie hat einer mir das erzählt.
Aber Sie haben doch mit Ihrem Vorgänger gesprochen? fragte sie.
Um Gotteswillen. Wann hab ich zum letztenmal überhaupt mit wem gesprochen.
Und Sie wohnen an diesem Ort, ohne zu wissen, wie er vor Ihnen ausgesehen hat?
Ja, hm, Hilfe-Hilfe, was soll ich denn sonst tun? Rumlaufen und Geschichte betreiben?

Das ist also alles flach in Ihrer Vergangenheit, stellte sie fest.
Na, die geht aber ran.
Dies kurz vor dem zäsursetzenden, teil-finalen Hammer. No chance, Feststellung, getroffen von ihr, die sich Watte in die Ohren stopfte. Was trug sie hinter dem Flaumknäuel? No chance, Punkt, Abschnitt.

3 Er hatte diese Geschichten vom Showel gekannt. Warum sie wieder ausgraben? Er hatte sie aufgerissen, aber in anderer Annahme. Und dann war es ja keine Vorschrift, sie aufzureißen.
Was Sie da sagen, interessiert mich wenig.
Reichte ihr, indem er den Spiegel aufklappte und ins Kästchen griff, den zweiten Wattebeutel. Sie riß ein Handtuch vom Drachenkopf.
Chinesisch, fragte sie.
Weiß nicht. Rötlicher Haken jedenfalls. Das sehen Sie ja.
Hat Ihnen das jemand aus Asien mitgebracht? fragte sie.
Nein. Kommt aus dem Warenhaus. Aus der Woche der Chinesischen Drachenköpfe für Handtücher. Dies war vor der Woche mit den Afrikanischen Kleintrommeln, zehn Tage vor der Friteusen-Action. Von den Trommeln hängt eine im Wohnzimmer, dort, wo's zusammengeschoben ist und still staubt. Die Friteuse in der Küche, drittes Regal von unten. Ich war damals schon dort . . . im Warenhaus meine ich.
Sie ließ Wasser laufen, hielt die Hände darunter, benützte die Seife, rieb sich die Arme bis zu den Ellenbogen. Chirurgisch; Vorbereitung auf tiefen Griff tief in die Bauchhöhle vielleicht.

4 Zuviel Seife sollten Sie nicht brauchen! Das letzte Eck nicht! Ist für morgen früh und für mich!
Grund zu desperatem Entsetzen allemal. Äußerste Höflichkeit. Bitte Wirkung zeigen.
Er blieb ihr gegenüber entsetzt und äußerst höflich. Eigentlich passen wir gut zusammen, haben nur am Anfang etwas hastig.
Sie war empört. Er überwachte sie. Er war knausrig mit der Seife. Höchst unerwartet.

Ich werde mich in Ihrem Sinne bemühn, sagte sie. Biß.
Es ist nur, ja doch nur, weil ich eben dann keine Seife mehr habe nach dieser hier.
Was dachte sie sich zu dieser Frage?
Und was früher hier in diesem Badezimmer geschah, das wissen Sie natürlich auch nicht, stellte sie fest.
Aber natürlich nicht. Da geschah dasselbe, nix nämlich.
Ehrlich, ich habe keine Ahnung, habe niemals einen danach gefragt, ich hätte es Ihnen gleich gesagt, wenn ich's wüßte.
GEWUSST hätte, verbesserte sie.
Es herrschte, unter ausgerollten Stoffbahnen, höchste wertpfennigzählende Kleinlichkeit. Er beschloß, eine Tat zu tun. Klappte den Spiegel nochmals auf, schüttete sich eine Shavelotion in die Hand und klatschte sich die Hand ohrfeigend auf die Wangen und verstrich es, verstrich es, verstrich es.

5 Na, gewaschen werden sie sich hier haben, alle die hier gewesen sind bisher. Vermutlich hatten sie auch mehr Seife als ich. Kommt ja vor, daß man auf Vorrat klaut.
Das behob seine, angesichts ihrer Gewöhnung an den Ort, wachsende Verlegenheit nicht.
Jetzt wo das Licht wegging, weil später Nachmittag war, geriet der Baderaum in eine Düsternis, die den Bimssteinen neue Poren schlug. Sie sah, wie die falschen Rubine der Drachenaugen sie anstarrten. Die Hänger reflektierten alles.
Was immer Sie wünschen, ich willfahre mit der mir eigenen Niedrigkeit.
So sprach er und rückte Seife und Tuch zurecht. Hängte alles sorgfältig an seinen Platz, blies den Schaum von der Seife, neben der blanken Wanne. Die hatte sie zum Glück nicht gebraucht, die ganze zerfledderte Watte war schlimm genug. Die Klammer des Beutels klemmte er in ein Drachenohr und hängte den Beutel daran auf. Die vorstehenden Spitzen riß er aus und Papierkorb. Fürchterliche gebrauchte Ohrstäbchen, Hunderte im eigenen Schädel abgebrochen verblieben, andere Hunderte glücklich herausgezogen und abgeleckt.

Sie haben ja nicht alle Hilfsmittel meines Badezimmers in Anspruch genommen. Wär's aber denn vielleicht sonst noch etwas gewesen?
Man müßte ihm nahelegen, mich einen Augenblick alleinzulassen, dachte sie. Laut sagte sie:
Nein, nichts mehr. Ich hab mich in den Sachen getäuscht, aber das sind ganz gute Sachen, hach, diese Sachen. Ich brauche nichts.
Alles brauch ich, verbesserte sie sich tiefinnerst, aber bei ihm darf ich nicht zu anspruchsvoll sein, er ist dann am vernichtendsten, wenn er, wie er androht, willfährt.
Darf ich Sie heimbegleiten? Die drei Schritte?

6 So fragte er fast zuletzt. Das meiste war überwunden und alles Unsichere lag schon so weit zurück, daß es gerade noch zu einer, von abgründigen Hustenanfällen und stechenden Kreuzschmerzen begleiteten, attischen Heiterkeit reichte.
Es sind keine drei Schritte. Sondern zehn Minuten zu Fuß. Es ist schrecklich kalt geworden und hat geschneit inzwischen. Ich zöge es im Interesse Ihrer zerbrechlichen Gesundheit vor, wenn Sie zuhause blieben und mich nach meiner Ankunft zuhause zum mutmaßlichen von Ihnen errechneten Zeitpunkt anriefen, um sich zu vergewissern, daß es nicht notwendig war, mich zu begleiten, indem Sie sahen, ich würde es alleine schaffen.
So sprach sie. Peinlich genau. Das hatte er aber vorausgesehen. So verdunkelt war er auch wieder nicht.
Ich meine tatsächlich, daß ich Sie drei Schritte weit begleiten will.
Sagte er kurz, ging in drei Schritten zu seiner Wohnungstür, öffnete sie und gab ihr zum Abschied seine große weiche Hand.

7 Sie kannten sich seit einiger Zeit. Es war eine schwer befindliche, oder vielmehr solipsistische Liebesgeschichte geworden. So sind alle, in vielen geht es aber gemeistert zu. Er wohnte noch in seinem billigen Hotel in einer Suite. Sie hauste in einem billigen Zimmer in einem der besseren Viertel, umgeben von der reichhaltigen Haushaltgerätstaffage, welche vor allem Suppenschüs-

sel- und Herumliegendes-Geschirr-Atmosphäre um sich verbreitete. Als er eines Abends zum täglichen Treff zu ihr heim wollte, fand er sie vor der Haustür auf dem Gehsteig, auf ihrem Kunstlederkoffer sitzend. Was ist jetzt wieder los, fragte er. Sie schwieg. Was ist denn jetzt du lieber Himmel wieder los, fragte er.

8 Man hat mich hinausgeworfen, sagte sie. Aber das darf man doch nicht, nicht dich hinauswerfen, sagte er nach reiflichem Abwägen. Weil ich gestern abend spät Lärm gemacht habe, weil ich nämlich ganz aufgedreht habe, sagte sie. Ich will und werde mit dem Hauswart sprechen, sagte er. Wieso haben Sie sie hinausgeworfen, fragte er ihn dann. Sie hat sehr laut mit einem geschlafen, sagte der Hauswart, und das dulde ich nicht in meinem Haus. Aha, sagte er, naja, aber Sie haben doch einen Grund, das wenigstens kann ich verstehen, ich dachte mir, Sie hätten nicht mal einen Grund, aber jetzt haben Sie doch einen Grund. Besteht sie, klagt sie, macht sie jetzt was Dummes, fragte der Hauswart. Sie sind ein schlimmes Vieh, sagte er. Ich bin gern ein Vieh, ganz einverstanden, und der Hauswart lehnte sich in der grau gestrichenen Waschküche im Erdgeschoß, wo die Unterredung stattfand, etwas zurück, verlagerte das Gewicht seines ansehnlichen Körpers auf einen der metallenen Waschtröge und barg sein steinernes, zum Wimmern bringendes, Antlitz in etwas da hängender, trocknender Unterwäsche des vierten Stockwerks.

9 Er ging durch den Flur, in dem die Geranien standen, wieder auf die Straße hinaus, wo sie noch auf dem Koffer saß und »Pépéja« las, ein verschwenderisch buntes Magazin, in welchem mit schweren Rüstungen behängte Frauen um den gelbbraunen Meteoriten von Kabsu kämpften. Der Meteorit entglitt ihnen immer wieder, und soeben hatte Hilpha, die dreibrüstige Anführerin – deren dritte Brust als Auflage für ihre Laser-MP diente – den Bewacher des Meteoriten ins Sandsteinlabyrinth gelockt, damit er dort eine Schrift entziffere. Das Magazin war ihr sogleich entrissen. Dies war keine Pépéja, dies war die Straße. Du hast mit einem geschlafen, sagte er, stimmt das? Ja, stimmt genau, sagte sie, sogar ein

Abendessen habe ich ihm gekocht, Reis, Kartoffeln, Spinat und Joghurt. Wieso hast du mir das nicht gesagt?, fragte er, ich hätte es wissen müssen, nicht um es zu kommentieren, sondern um irgendwie auf dem laufenden zu sein, so nämlich übergehen mich die Umstände. Du hättest es vielleicht nicht gern gehört, sagte sie. Und jetzt sitzt du da auf deinen Koffern, ich habe die halb zerrissene Pépéja in der Hand, und das Vieh hat dich hinausgeworfen und besteht überdies noch darauf, sagte er.

Hilf mir, o hilf mir, den Kofferdeckel ganz zu schließen, sagte sie, bisher hatte ich keine Zeit dazu. Er drückte mit ihr zusammen den ledernen Rumpf, der nur durch Riemen zusammengehalten wurde, so zu, daß der Inhalt nicht mehr zu der Deckelritze herausquoll. Welche Aufregung, sagte sie. Er ließ die Arme hängen und hielt den Kopf etwas schräg und der Unterkiefer hing ihm leicht debil herab. Folge mir, sagte er. Sie gingen in den geheizten Wartesaal der vereinigten Bundesbahnen und lasen die liegengebliebenen Zeitungen. Aus seiner Tasche holte er Pépéja und schlug sie nach dem großen Kreuzworträtsel auf. Sogleich stieß er auf die Geschichte vom Kapitän, der Esbjerg Richtung Norden verlassen hatte und in Südgrönland bereits einen Eisberg gerammt hatte. Er lachte. Sie saß auf ihrem Koffer und trank ein durch die letzte Ritze herausgefallenes Cola; wo es draußen doch schon kalt genug war. Die Bank im Warteraum war zu kurz für zwei. Er konnte ihr, als er sich gesetzt hatte, keinen Sitzplatz anbieten. Mit wem wars denn diesmal, fragte er. Sie schwieg und versuchte über seine Schulter etwas vom Magazin zu erhaschen, damit sie sich nicht so langweilte. Sie sollte sich aber ja langweilen, also schlug er die Hand auf die Seite, die sie gerade eben lesen wollte. Wer wars? Sags mir, drängte er, jetzt sehnlich-wortkarg. Rausgeschmissen hat der mich, das zebragestreifte Riesenschwein von Hausverwalter, schrie sie. Er hat es mir lange erklärt, erwiderte er. Wann schneidest du's ihm ab, fragte sie. Ich schleife meine eckigen Kanten, sagte er, dann ist er an der Reihe.

11 Rausgeschmissen hat er mich!, schrie sie und klammerte sich seitlich an ihn, sodaß er beinahe von der Bank fiel. Er packte sie an den Hüften und stellte sie gerade hin, in einem geringen Abstand zu sich selbst. Ihre Rache würde weiterwüten, vielleicht würde sie einen Mord von ihm verlangen, ging ihm durch den Kopf. Er erstarrte. Passanten wünschten den Warteraum zu betreten, kaum aber fiel deren Blick auf die beiden, blieben sie vor der Tür stehen, wenn sie nicht bereits früher beschleunigt hatten und am Warteraum vorbeirannten. Für den Rausschmiß hatte dein Verwalterschwein natürlich einen guten Grund, sagte er. Sie warf ihm einen Blick zu, der ihn auf der Stelle tötete, den er aber dank seiner ozeanischen Immunität überlebte. Seltsamerweise rührte sie sich nicht, aber hätte sie sich gerührt, würde er sie wieder in demselben Abstand von sich in den Warteraum gestellt haben. Dieses Schlafen ein Grund?, fragte sie lauernd, wieso denn ein Grund? Das fragst du noch?, meinte er ernüchtert. Höchste Arbeitsscheu empfand er, wenn es um diese Debatten ging. Auch mich trifft es schließlich schwer, sagte er, nicht daß ich ihn, den anderen, beneiden könnte, ich fühle mich ganz einfach nicht mehr auf der Höhe deiner Informantentätigkeit. Auf diesen Vorwurf reagierte sie, wie er es ihr mit seiner Beugung des Nakkens, welche diesen geduldig senkte und »das Senken« meinte, zu verstehen gegeben hatte. Vor ihren ungeschundenen Augen riß er die papierne Hilpha am Kopf leicht an. Jetzt verstehe ich dich, sagte sie. Aber verstehst du auch das Prinzip unseres langen Lebens, fragte er. Er vernahm ein leichtes Knirschen, das, als würden die graufahlen Kiesel in einem Transportsack neu gelagert, ihren Schwenk und Meinungswechsel anzeigte.

12 Selbstverständlich geschieht mir mein Rauswurf recht, sagte sie. Das ist es ja, was mir der Wart des Hauses sagte, merkte er an. Und überdies fühle ich mich schuldig, ganz scheußlich schuldig, sagte sie.

Das ist schon besser! atmete er auf und ergriff ihre Hand, um durch tätigen Beistand die von ihm hervorgerufenen Folgen ihrer Selbstabwertung lindern zu helfen, als körperlich begrenzter Ubi-

quitärer, als liederlicher, fühllos männlicher Gottvater mit geächtetem Zwergengefolge.
Und dann bin ich ja gleich sofort rausgeflogen. Da hab ich ja meine Strafe, und nicht die schlechteste.
Ja ja, sagte er, allerdings finde ich schon, daß dir ein bißchen unrecht geschehen ist. Das tiefe Problem liegt allerdings nicht darin, daß du keine Wohnung mehr hast, sondern darin, ob ich dir verzeihe.
O ja bitte, tu's doch, rasch verzeihen, sagte sie. Wenn man ihr nicht die Daumenwurzel konstant auf den Adamsapfel drückte, holte sie gleich Atem, gedieh und wurde frech.

13 Bisher habe ich immer an die zwar leichtlebige, aber einsehbare und verläßliche Liebe geglaubt, welche die wahre sei, sagte er, nun aber ist mein Glaube etwas erschüttert. Das tut mir aber schwer leid, Komma, du bist ein so liebenswürdiger Mensch, sagte sie freundlich. Ihm wurde warm ums Muskelgewebe, darin sein Herz klopste. Noch zögerte er und hielt, was kommen mußte, protrahierend hinausgeschoben drohend in der die beiden vom Zoff gebeutelten Antlitze mild umspülenden eitrigen Nachtluft. Noch zögerte er. Dann betrat er ihre Gärten. War es ... ein älterer soignierter Herr mit Kneifer? fragte er. Sie blieb stumm. War es ... ein jüngerer, aber dennoch strebsamer Angestellter, unselbständig bürgerlich?, fragte er. Sie schwieg. War es ... einer von diesen langhaarigen in braunes Leder gehüllten Burschen im engen, viel zu kurzen Trikot?, fragte er. Da war die Frage auch schon undringlich, denn wenn er sich selbst ansah, wußte er, daß die mit unbedingtem JA beantwortet werden mußte. Vor lauter Konzentration auf das Detektivische hatte er Pépéja aus der Hand verloren, sie hatte es aufgehoben und stak schon mittendrin. Es war der Hauswart, mit dem's sehr bunt war, sagte sie. Der Hauswart?, fragte er ungläubig. Beim zweiten Mal wollte ich nicht mehr, und er hatte so'n komisches Badezimmer mit den ganzen Hängern, und kaum sagte ich Nein, so flog ich raus, er saß völlig nackt an einem kleinen Ecktisch und rubbelte eine Totalkündigung aus sich raus. Erpressung! Den werd ich! brüllte er,

dann drängte er, erzähl doch etwas genauer. Ach laß doch, sagte sie, las weiter. Aufgesprungen sah er, daß sie die kurze Bank besetzte. Der Kapitän hatte den Eisberg vor Grönland also gerammt und wurde vom Helikopter »Fritjof« der thule'schen Küstenwache gerettet. Er nahm sie mit in die Suite in seinem billigen Hotel, wo er ihr das Dreieck hinter der vom erdnahen Hängesofa gebildeten Diagonale zuwies. Gleichzeitig nahm er ihr ein Zusatzzimmer im selben Hotel. Letzteres zwei Stockwerke weiter oben. Er war jetzt wieder solipsistisch. Der Bequemlichkeit halber durfte sie ihre Eßvorräte bei ihm lagern. Dafür lieh er ihr zwei Tonnen Comics aus, die nur ganz wenig weit transportiert zu werden brauchten. Die Mahlzeiten nahmen sie gemeinsam ein. Wenn kein Zug anzukommen drohte, hielten sie sich im Warteraum der Station auf. Dort wurde auch um halb eins wochentags in sehr bezähmbarer Jähheit gevögelt. Es schleppte sich, entlegener Bahnhof, Pfiffe, Keuchen, dahin.

14 Nach fünf Jahren so oder ähnlich – eher so, eher ähnlich – erzählte er ihr die Geschichte aus dem Kopf fertig. Die Zimmerpreise waren geringfügig gestiegen. Obgleich er improvisierte, um sie bei Laune zu halten, las sie ständig auf einem der bebilderten Papiere das Muster gegen.
»Der Kapitän pflügte also die hohe See, die Wellen schlugen über seiner niedrigen Barkasse zusammen, die Wassermassen flossen wieder von Deck, salztrocken hob sich der hohle Pfuhl auf den Kamm der nächsten Woge, wartete da gefügig, bis der Kapitän seinem Körper wieder Rückenlage gegeben hatte, um hinabzustürzen. Ratten, wer redet da von Ratten. Der Kapitän stets aufrecht auf Füßen, und die Barkasse war, Unterganges wegen, von oben bis unten, von vorn bis hinten mit Schmierseife eingerieben, damit sie wasserabstoßend wurde und nicht sank, oder doch, wenn sie sank, vom Wasser nicht berührt wurde, und der Kapitän addierte Wechselkurse, rutschte dabei vom Bug zum Heck und zurück, flegelhaft-unbeteiligt, spreizte die Zehen von den Füßen weg, damit die Stand- und Rutschfläche noch etwas größer wurde.«

Das versuchte sie nachzumachen. Zog die Schuhe aus und kam aus dem Dreieck hinter der Sofadiagonale hervor. Betäubende und für sie gichtig verrenkende Schau! Spreizte die große »Daumenzehe« von der kleineren »Zeigezehe« ab. Ehern stand sie sodann und wollte Küßchen. Auf die »kleinste«.
Bei der Ringzehe geht's am besten, die kannst du unheimlich weit abspateln, bis es nicht mehr geht, und dann geht es genau noch zwei Zehenbreit, sagte er, der Kapitän jedenfalls hat die Ringzehe von der Mittelzehe abgespreizt.

Kapitän hatte jedenfalls, als die ersten Eisklumpen um ihn trieben, einen Rübenkuchen aufs Dach des Steuerhauses gelegt, und der Rübenkuchen glänzte so unterm Polarlicht. Wir sprechen diesmal nicht von Ratten, sie haben das blinkende Schiff längst verlassen, sondern von einer neuen Art, einer ausdauernden und, gemessen am üblichen Säugetierstandard, einer nachmals legendär natternhaften Tierart, diesen Showels, eben. Wozu sie wieder ausgraben, die pummeligen Unleidlichen mit der spitzen, keilartig sich nach vorn bohrenden Schnauze? Kapitän jedenfalls pickte und klaubte und kratzte im Vorbeirutschen – bitte glaub jetzt nicht, so'n Sturm höre plötzlich auf – von der weiß zuckergelierten Oberfläche des Rübenkuchens. Unvermittelt rutscht der Steuermann von der Kombüse her, kracht gegens Steuerhaus und sieht diesen unbeschreiblichen Kuchen im aufkommenden Nordlicht gebläht blinken. Was haben Sie denn da, Käptn, fragt er. Och nur so, nix Echtes, für mein Geburtstag, sagt Kapitän, und dieser, och, Geburtstag fällt heute ganz allgemein auf einen Feiertag im weitesten Sinne, denn in drei Tagen (den Rübenkuchen hab ich jetzt schon hier, zum Aufbewahren, weil ich in drei Tagen nicht wieder runterkomm zum Bestellen) in drei Tagen bin ich fünfzig Jahre zur See. Ist er eßbar?, wollte der Steuermann wissen. Da rutschte auf breiten Wasserbrettern der Schiffskoch heran, mit dem Schmierseifentopf und mit dem breiten, mit dem schweren Masttau an seiner Brust angebundenen Auftragpinsel, und der strich den Rübenkuchen von oben bis unten, von vorn bis hinten mit der Schmierseife ein, gegen Wasser und Salz und

Wind. Natürlich ist er eßbar!, schrie der Koch, der den klebrigen Auftragpinsel in einer Topfscheide aus Walbein versorgte. Der Sturm toste und peitschte die Eisberge in die Kursgeschwindigkeit von Liniendampfern hinauf. Warten Sie mal!, schrie der Koch durch das prasselnde Brausen, ich schneid Ihnen gleich ein Stück davon ab!

16 Sie hing an seinen Lippen. Ein winziges Speichelbläschen in der rechten Mundecke, zuäußerst, brachte er mit einem ebenso winzigen Saugen zum Verschwinden.
»Ich möchte auch zur See«, seufzte sie.
»Du kommst auch sicher noch auf die See«, meinte er, »ich will dir nur einen ersten Eindruck geben.«
Der Kapitän, der immer von vorn nach hinten – bugspriet – dann besanwärts – und zurückrutscht, läßt, als sich ein Wogenkamm über ihm auftürmt, plötzlich einen Schwarm rotäugiger weißer Showels, die er in der Tasche seines grauen Südwesters am Leben erhalten hat, auf den Rübenkuchen los. Die Tiere sollen seinen Festakt fressen. Die weißen Showels, kraft ihrer spitzen, verästelten und griffigen Klammerpfoten, haken sich wie elektrisch betriebene Drillschrauben in die Schmierseife und knabbern. Ihre Augen fallen auf die Rosinen gleicher Farbe, ihre Schwänze schlagen sie, am Rübenkuchen hängend, fürs Gleichgewicht tief ins Marzipanmark mit der künstlichen Zwiebackfüllung. Mann, ich werd fimmlig, murmelt der Schiffskoch, rutscht weg und schlägt gegen einen Ladekran. Der schöne Kuchen!, ruft der Steuermann vom Vorderdeck aus zum Steuerhäuschen, warum machen Sie ihn kaputt, Skipper? Der Kapitän hielt sich gegens Rutschen am Maschinentelegrafen fest und lachte, steigerte sein Lachen zu einem Gebrüll, das eine Reihe von Brechern lang andauerte, nur unterbrochen wurde, wenn er sich einige angeschwemmte und auf dem Rübenkuchen erschlagene Showels aus den Zähnen fischte und sie ausspuckte oder runterschluckte.

17 Das hätt ich wollen sehen, seufzte sie.
Ein Speichelbläschen rechts brachte er mit demselben Saugen

zum Eintreten in den Mund, kappte dazu ein am Morgen nicht wegrasiertes Barthaar zwischen zwei Fingernägeln, legte es auf die Handfläche und schob es ihr vors Gesicht, zog es gleich zurück und wischte sich das Blut von der Wange.
Auf der See da möcht ich sein.

18 Ich nehm dich mit, das nächste Mal. Aber dort geschah es doch, genau so wie gesagt. Alles, was ich dir sage, stimmt, bis auf den Koch, der grundsätzlich nur zu deinem Amüsement auftaucht und nicht ernst zu nehmen ist. Daß nämlich der Kapitän, ein gewinnender, mit Miesmuscheln gespickter Herr höheren Alters mit breitem, als Fischernetz ausrollbarem Penis und mit einem sprachlos-klappernden Augen-Tick, der auf eine seltene Sole-Neurose zurückzuführen war, die er als Kind in einem zu heiß aufgegossenen Klein-Gesundheits-Bad sich angeeignet hatte, zusammen mit der Zwangsvorstellung eines spiegelglatten und weder durchs Gebell eines Hundes noch durchs schnaubende Schwimmen eines Drachens aus der Ruhe zu bringenden Meeres – daß dieser Kapitän, noch immer gegen den nachgebenden Maschinentelegrafen sich lehnend und die naschenden Showels auf dem Tellerrand hin- und herjagend, das Schiff rück- und seitwärts in die Brecher scheuchend, mitten in der zerbissenen und über Deck geschwemmten Schmierseife vor Lachen brüllte, sage ich, wobei ich noch eine Woge nachsende und ihm den Mund nochmals voll proteinhaltiger Showels mache, die er ausspeien muß, als wären's ihm modrig gewordene Worte, die Showels lasse ich mit dem, was von ihnen übrig ist, am Rübenkuchen, den Koch aus seiner Bewußtlosigkeit aufkommen und gleich von neuem in Ohnmacht sinken; jetzt wird er im Rucken hin- und hergeschwemmt als parasitäre fremdverschuldete und einen Zentner schwere Decklast.

19 Gib's ihm, gib's ihm!, schrie sie, als die Ansteckung auf sie übersprang; was ein Wunder war, aber wenigstens eines von befristeter Dauer.

20 Erstens habe ich keinen Hunger und dann wird der Rübenkuchen jetzt von Menschen auch gar nicht geschätzt, und mein Jubiläum der halben Zentenarfeier ist erst in drei Tagen und die Showels verrecken mir bis dahin in der Tasche, wenn sie nichts unter die Zähne bekommen, und ihr beiden – Koch und Steuermann, beide angesprochen!, pendelten rascher denn je – ihr beiden aufgeschwemmten, verfinnten Blutwürste neidet den armen Tierchen ihren kärglichen Imbiß auf dem Dach des Steuerhäuschens! Nach anfänglichen Beteuerungen, sie täten das auf keinen Fall (Augen der Showels waren matschige, unruhig schwappende Rosinen, etwas breiter und höher allerdings, und in der Iris schwamm jedem ein zerbissener Riegel Salz), donnerte eine kurze Sturzflut von Nordnordost heran, die gedrehten Taue stöhnten, Koch und Steuermann, beides Schattenbrünftige – amüsiert dich nicht wenigstens Koch, jener Dicke mit der soßenweißen Mütze und der schlachtblutgesprenkelten Karohose? – wurden unversöhnlich vor Wut und gerade dadurch besonders linkisch. Vergaßen die Gewichtsverlagerung, trieben die Barkasse ins Ärgste. Den Rübenkuchen wollten sie, er sollte ihnen erliegen, ehe die Showels damit aufgeräumt hatten.

21 »Du neunmal geschwänztes Vorschiff mit dem nickenden Glanz am Schwanz!« fuchtelte der ungreifbare Steuermann und biß einem Showel den Kopf ab und aß den mitsamt einem Segment Kuchen, den der abgebissene Kopf des Showels schon im Mund hatte. »Du hasts gut, du greifst zu. Gewissen ist es halt gegeben!« sprach der ebenso flüchtig hingehauchte Koch zerknirscht; Hunger war ihm vom Gesicht abzulesen, sowas kroch in den Blick, der rückwirkend den Kuchen, den er erfaßt, neu beleuchtet. Steuermann ballt warnend die Faust, er verleibt sich den Rest ein, während Kapitän hilflos am Maschinentelegrafen hängt, dessen Hebel gleich unter der Last des aus der Natur gekippten Körpers bricht.
»Was da halt so auf See passiert«, meinte sie.
Es ist aber auch die HOHE See, du freundliche Gestalt.
»Da ist natürlich so etwas schon möglich«, sagte sie, »bis aber

freilich dann schon auf die Showels, die gehen zu weit, die ersöffen einfach, etwa so, wie ich das täte.«
Tust du aber nicht, du Erscheinung.
»Für mich wär's das Beste«, seufzte sie, ganz in den Downswing-Depressionen des jahrelangen Schiffskoches.

22 Doch ich komme zum Ende: Der Koch verschwindet in seinem öligen Dreckloch und bäckt dort eine so überaus ausladende Schlagrahmtorte, daß die Showels unverzüglich in die Kombüse trippelten, den Kapitän bitterlich schluchzend zurückließen. Es sei nicht der Augenblick, so der Steucrmann, durch ausgedehntes ältliches Männerflennen die Salzwassermassen des Meeres noch zu vergrößern, und der Kapitän saugt seine Enttäuschung ein, richtet sich auf, fuchtelt mit der Hand in der Luft, Hand spannt sich um den abgerissenen Telegrafenhebel, der beinah noch den Motor befehligt, beinah. Gießen Schmierseife auf die Wogen, alle zusammen gießen alle Schmierseife, die sie noch haben in der öligen Küche. Damit werden die künftigen Rübenkuchen zu den künftigen Zentenarien nicht mehr wasserfest sein können. Eine Decklatte sprang plötzlich hoch und schleuderte den darauf stehenden Steuermann in den schwarzen, ihn einsaugenden Dunkeltrichter des Sturmhimmels: Die Ladung war feucht geworden, handelte es sich doch um bengalischen Reis an Currysoße, die Barkasse kriegte Spalten. Blitzschnell zogen sich alle die Schutzhelme über, weil dies ihnen die erste Lösung zu sein schien. Sie sanken zehntausend Meter tief in den Philippinischen Graben. Willst du noch mehr?
»Es hat was Aufregendes, was so untendurch läuft, eine unterleibige Irritation«, sagte sie.
Jetzt hatte er zwei winzige Bläschen in beiden Mundwinkeln. Mit atemloser Spannung verfolgte sie, was jetzt geschehen mußte. Er sog die Bläschen an. Und er hatte recht. Allein ein so unbedeutendes Einsaugen war auf die Dauer fast unerträglich spannend.
»Da! Ein Showel! Sofarückseite!« kreischte sie.
»Ich bin der Koch, bin der Koch«, beruhigte er und zerdrückte es

mit Finesse und einer Kreatürlichkeit, die ein unzerreißbares zoologisches Band zwischen Opfer und Mörder spannte.

23 Sie wohnte jetzt definitiv in seinem Zimmer. Das andere, zwei Stockwerke höher, hatte er aufgegeben, ohne sie zu fragen. Vielleicht war es der Wunsch nach Nähe, vielleicht die Gewißheit, sie ohne in der Nähe liegendes Nebenan-Refugium ertragen zu können. Endlich hatte er auch ihre Verbannung hinter das Sofa aufgehoben, in einem feierlichen Akt, mit zweimaligem Anstoßen. Sie war es jetzt, die schmollte und trotzte und meist hinten blieb, vorn ging die Diagonale durch, und überschritt er die, empfing ihn ein solches Pfeifen, daß er buchstäblich zu nichts wurde. Vernichtet zog er sich zurück, drehte ihr den Rücken zu und wünschte sich das Sofa weicher und nachgiebiger – trotz seines Durchhängens blieb es marokkanisch hart –, damit sie sein ruhiges, selbstbeherrschtes und unbeteiligtes Hopsen auf den Spiralfedern in seinem ganzen, gebieterisch widerfedernden Ausmaß hätte sehen können.

Die Stadt verfügte bereits über eine Untergrundbahn mit sechzehn Stationen. Über die Benützer ging der Scherz, sie grüben sich die Tunnels und führen anschließend in die fertiggebauten Stationen hinunter, um endlich auf ihr eigenes Niveau hinunterzukommen; was ihnen aber trotz stundenlanger Rolltreppenfahrten in die geheizte Vorhölle der angeritzten Erdrinde nicht gelinge.

Die Eßvorräte nahmen den größten Teil des Zimmers ein. Neben der sich bemerkbar machenden Butter und den getürmten Äpfeln blieb fast nichts übrig, wo man sich ergehen konnte. Der Warteraum der Station war in Ungnade gefallen, nachdem zunächst ein, dann mehrere andere Passagiere sich durch ihre abstoßenden Blicke nicht mehr hatten verjagen lassen und sich gleichfalls um die kurze Bank kabbelten.

24 Es roch durchdringend nach geöffneten und nach dem Essen nicht mehr zugemachten Erdnüssen. Ihre Erdnüsse, selbstverständlich. Er aß sowas nicht, leckte nur kurz daran herum und legte es

dorthin, wo er es hergenommen hatte. Sie kam zurück, warf die Tür in den Rahmen, schob ein nasses Hemd weg.

Wo bist du gewesen? Weg, schon wieder weg?

»Wie nett, daß dich mein Wegbleiben beunruhigt. Auch sonst kümmerst du dich sehr um mich«, sagte sie mit dem einnehmenden Tonfall, von dem er sich mehr, immer mehr wünschte. Die Fenster standen offen. Im Hof brüllte ein Kind, tobsüchtig und gellend. Wahrscheinlich geschlagen, alle schlugen ihre Kinder ununterbrochen: damit etwas davon haften bleibe. Die Vorhänge blähten sich in einem sanften Luftzug zu Glocken und verdeckten manchmal seinen Fixationssessel, umspülten seine Brust, sodaß sein schwächlich vermuskelter Oberkörper aus dem Stoff herausragte und auf die Wand aufgenagelt wirkte.

Wo bist du gewesen? Dort, wieder dort?

»Glaub nur nicht, daß ich dorthin gehe, um dein Interesse auf mich zu ziehen. Daran liegt mir nicht das geringste. Weißt du überhaupt noch, wie ich dich wahrnehme?« – und er weiß gar nicht mehr, DASS ich ihn wahrnehme, dachte sie.

Und . . . hatte er's? Hast du's gekriegt? War's das Gewünschte? So zog er die Worte in die Länge, um Zeit zu gewinnen. Nur war die schon gewonnen; es handelte sich eher darum, jetzt wieder welche zu verlieren, um den angehäuften Gewinn loszuwerden und nicht im großen groben herumstehenden Zeithaufen steckenzubleiben.

»Aber natürlich. Hast du geglaubt, ich würd's nicht kriegen? Was du schon glaubst; füllt keine Lade. Und weißt du, was ich getan habe?«

Das wollte ich dich soeben fragen. Freue mich deshalb umso stärker, es aus deinem Mund zu hören. Zu meiner Überraschung sagst du's mir auch noch, du Fischblütige.

»Das soll wohl heißen, du hättest's mit dem Brecheisen aus mir rausgeholt, wenn ich's nicht freiwillig gesagt hätte.«

Wenn du's mir aber sagen willst, unverstellt sagen.

»Aber zufälligerweise, reiner Zufall, kannst du mir glauben, absolut reiner Zufall, nichts dabei (– wozu dieses stampfende

Bestehen, die trübe Insistenz, die durch ihn hindurchfloß wie durch porösen Kalkstein, wozu denn war er selber da, sich selber ließ er wohl besser einstweilen für Jahre beiseite –), aber gerade justament da, wo du mich fragtest, wollte ich es dir sagen, was ich getan habe und weiter vorhabe. Ich hab mir erst gesagt, alles ist verloren – na, ›alles‹ ist wohl übertrieben – wenn ich diesmal nicht das Rinnsal von Willen aufbringe, es dir zu sagen, nämlich, was da so los ist, und darum sag ich's dir jetzt: Ich war, ja, dort.«
Und, was hat der da gesagt, verstockter Brocken?
»Wolltest du mich noch was fragen?«
Nein. Sitze auf Fixationssessel. Gips am Kinn, aber Kinnlade hängt dann nicht. Er hat es dir sogleich gegeben, nicht? Seit kurzem machen sie weniger Umstände. Ich erinnere mich, früher, da, als du im Badezimmer, da war's anders. Ich hab dich selbst mal hingeschickt. Zuerst fällt es mir schwer, erst mußt du deine verdammte Garderobe imstand halten, damit du nach was ausschaust. Sodann finde ich nichts mehr dabei: nicht ich: ich nicht: ha ha. Und heute macht es dir soviel Vergnügen, daß ich langsam selber auf den Geschmack komme.
»Jetzt ist ja wohl deiner Ansicht nach der richtige Moment, mich ans frühere Zappeln zu erinnern«, biß sie ihn, »das muß mir ja große Freude machen. Übrigens will der drunten an der Drehtür die Miete, Schildkappe, Reithose, so'n komischer Portier.«
Wunderbar! Kind!
So rief er und drehte seinen Fixationssessel, in dem ein vernikkelter Elektromotor ansprang. Sie bemerkte seine abgewetzte Hose, die Muffigkeit ihrer Vorsaisonfarbe (Alberta-Ocker), die Zersessenheit jeder Vorkriegsbügelfalte.
Machst aber auch zu allem eine Szene, hach du Breilein.
Konnte nichts leichtnehmen, dabei waren die Lagen zusehends einfacher, wenn er sich nicht mehr bewegte. Sie hatte ihre Ruhe und weite Gebiete des letzten Zimmers für sich. Nie mehr kam er bis zu ihrer Bücherwand, um Storm oder Trollope überspannt zu streicheln. Nicht noch einmal die ledernen Rücken!
»Also keine Frage mehr«, stellte sie mit der Bestimmtheit fest,

die Unterschriften mündlich leistete und Daten in Stein hauen konnte.
Wolltest mir dein Unglück vorhalten? Meine, daß es dir weh getan haben muß, aber mich interessieren deine Gedanken nur dann, wenn du dich am Geländer festhältst und vielleicht – ich rate aufs mißratende Geratewohl – dabei ängstlich pfeifst wie ein in die Enge getriebenes weißes Showel.

26 In seinem alten Zimmer (es ging hinten auf die Fahrradständer hinaus) war er einmal zum Bücherbrett getreten und hatte einen Band aufgeschlagen, dessen blauer Einband vor jedem Öffnen sorgfältig angedrückt werden mußte. Sie hatten sich kaum kennengelernt, so, wie es auch bleiben sollte. Las die Seite:
»Haben Sie schon davon gehört? Hier steht, daß der tierische Magnetismus eines toten Körpers bewirkt, daß ein Druck schräg von der Seite einwirkt. Deshalb werden Gehren und Fugen eines Sarges abgeschrägt. Ich wette, das wußten Sie nicht.«
»Lassen Sie mich nochmals ins Badezimmer? Die Hände?« bat sie.
»Wenn Sie mir versprechen, mir Seife für morgen übrigzulassen, ja.«
»In diesem Fall ist Ihre Lektüre aufschlußreich«, sagte sie.
»Er redet auch noch vom Einhauen der Nägel ins Holz«, erklärte er.
»Zweifellos«, ermutigte sie ihn.
»Da ist schon was los mit ihm. Sonst nicht.« Er war begeistert wie sonst kaum je.
Vor Lesen hatte er vergessen, sich zu setzen. Atmend.
»Setz dich doch«, sagte sie, »am ehesten sehr weit von mir weg.«
Auf seiner sachlichen Stirn bildet sich eine strenge gelehrte Falte. Draußen holte einer sein Fahrrad, bückte sich, um sich die Hosenklammern anzuziehen, wußte nicht mehr, mit welcher Hand das Fahrrad halten; das er dann ratlos losließ, so-

daß es vor dem Ständer zu Boden fiel. Erschüttert, aber doch versiert in diesen glücklosen Beobachtungen, setzte er sich. Es geschah nicht weit von ihr, und tierisch biß sie ihn kurz, bis Blut kam.

27 Die Falte war aus seiner Stirn geschwunden. Einbrüche suchten das Hotel heim, deren Urheber da zu wohnen schienen. Ihm geschah es, ab und zu einen bei ihr zu finden. Das Diebesgut war abermals nicht eigentlich weggenommen, nur innerhalb des Zimmers verrutscht. Seine Fahrbahnen ließ man ihm, er wurde darauf geschwinder und in den Kurven geübter und im Bremsen raumsparender und im Ölen der Achsen unabhängiger.
Sie hatte den Fuß über die hohe Trennungslinie gehoben und ließ ihn auf die Serien-Bücher, die den Wall bildeten, sinken. Ihre Zehenabdrücke fügten der unwandelbaren Titelgraphik etwas Menschliches hinzu; das Menschliche ist immer zum Verwechseln ähnlich; den möglichen Gewinn buchte er aus seiner differenzlustlos gewordenen Seele oder deren Vorhöfen ab. Sie ließ jetzt etwas Wasser laufen, genug, um eine Fingerspitze hineinzutauchen, mit der sie sich aufsässig-genäßt einen, den linken ihrer kleinen Tränensäcke unterm Auge befühlte.

28 Er hatte einen längeren Vortrag über die Materie an sich gehalten, an eine ›unbestimmte‹ Öffentlichkeit gerichtet; aber doch wohl eher an den Leder-Typen im zu kurzen Trikot, der das letzte Mal zwei Schallplatten ins andere Ende des Zimmers hatte mitlaufen lassen. Er haßte ihn dafür, aber seine Fahrbahn war kurz vor dem Ort, wo die Platten jetzt lagen und zweifellos von diesem vorsätzlichen Typen mit dem Saphir kreuz und quer zerschnitten werden würden, mit grünlich wirkenden Serien-Romanen verstellt. Es waren die vorderen kleinen Räder des Fixationssessels, welche diese Romane nicht überfahren konnten, wiewohl er immer wieder, hinten bei den großen Rädern sich antreibend, erbittert Anlauf holte und hineinfuhr. Standen die Romane am Morgen, wenn die beiden anderen sich erhoben, jeweils in einer mehr oder weniger sauberen Reihe, so hatte er sie, wenn er von

seinem letzten verzweifelten Angriff auf die Barriere zurückrollte und eine Art Filzhaube über beides, Fixationssessel und sich selber stülpte, in eine unartige, reizaufschiebende, leicht pathogene und letztlich – der einfache Knigge entschied's am trautesten – ganz außerordentlich inakzeptabel deplazierte Ordnung gebracht. Auf seinen Telefonanruf nach unten hin schaffte sich die Leitung einen Hund an, zur Bewachung. Der Leder-Typ lag so äußerst schmalhüftig auf ihr und schien, wenn sich sein Gesäß konkav spastisch nach innen zu biegen anfing, Samen literweise in sie hineinzuschießen. Der Fixationssessel hatte an der ›hohen‹ Aufhänge eine Salzwasserinfusion, deren dünne Leitung ungebraucht nach unten hing und an welcher er in solchen Augenblicken – nicht einmal mehr gegen die ihn wegzementierende Bücherwand anfahrend – säuerlich und halsstarrig, aber tief gebrochen sog.

29 Der Vortrag an die Materie an sich war nicht schlecht gelungen; niemand hatte zugehört, also hatte niemand weggehört. Ihre Existenz schien ihm ohne weiteres bewiesen. Mehrere runde, saubergekleidete und über sämtliche schwangeren Königshäuser des Erdballs unterrichtete Hofwaschfrauen nahmen die Hofwäsche ab und versorgten die Klammern in großen weißen Känguruhtaschen, die sich ihnen tief unter dem Nabel ausbeulten. »Bleib!« schrie eine Mutter, aber da war dem tobsüchtig gellenden Kind die Flucht schon geglückt. Der neue Hotelhund hatte am Morgen ihre Zimmervorräte vertilgt, und man durfte den ›Schaden von der Monatsrechnung abziehen‹. Er fuhr sich zunächst an Diderot heran, der ihm mitteilte, was légère Geschwätzigkeit sei. Dann Voltaire. Auch Voltaire hatte irgendwo recht, insbesondere da, wo er gegen den teuflischen Rousseau war. Es hatte noch niemals jemand solche Leuchten angezündet, um die letzte, endgültige Phase der Finsternis hereinbrechen zu lassen über die armen Kinder.

»Auch der Würfelzucker ist weg!« schrie sie dazwischen. Der Leder-Typ suchte ihn. Stand dann vor dem Fixationssessel und fragte, Ham Sie ihn gessen? Kehrte zurück zu ihr und suchte ihn auf ihr.

30 Die Hofwäsche hing längst wieder. Die Leitung hatte den Hund im Hof nunmehr angebunden, wo er die Wäsche, die Fahrräder und alles weitere, was anfiel, bewachen solle. Selbstverständlich dachte die Leitung nicht daran, den Hund weiterhin das Hotel bewachen zu lassen. Wiederum war es höchst ungeschützt vor den frech coolen Zugriffen, doch mußte in der Leitung der unausgesprochene Gedanke geschlummert haben, daß ein Hund nur das bewachen kann, was er im Notfall selbst in der Schnauze in Sicherheit bringen kann. »Das Mistvieh!« Sie hatten sich alle drei laut und kreuzbrav geärgert; was der nun eigentlich im tiefsten animalischen Grund beschäftigungslose und sensorisch auf den Dackel gekommene Hund mit einem fleischigen, lange vorbereiteten und ziemlich rituellen Speisefurz beantwortete. Das Kind bestieg ein Fahrrad, das bedenklich schwankte. Der Hund biß sogleich ins Kind, das nun endgültig tobsüchtig wurde. Darauf hatte es gerade noch gewartet, um es der Welt endgültig zu geben. Genau ins Knie, geschah ihm recht. Seine Existenz wurde so bewiesen. Der Hotelhund sah klar. Sie war in den Hof gestürzt und stand vor einer bleifarbenen Wasserlache, in der eine Raupe schwamm. Der Typ zupfte sich am Gürtel und holte seinen anthrazitenen Meteoriten aus der Tasche und jonglierte damit. Aus dem Fixationssessel sprach er über tierischen Magnetismus.

31 Dann beugte er sich vor und packte einen seiner Stöcke. Sie stand an ihrem Fenster und sah in den achtbaren Morgen hinaus. Einige Bauarbeiter hatten den Hof betreten, mit einem schmalen Brett auf den Köpfen, Hände hochgehoben, wirkten wie ein Trupp eingepanzerter regennasser Hirschkäfer mit hochgereckten Zangen.

»Wenn ich nur wüßte, wo du dich hinentwickelst. Der Trikot-Fan weiß es offenbar. Ich tu's nicht, das ist alles.«

Er rollte eine Umdrehung nach vorn, blockierte dann die Räder.

»Hat es dir gefallen, daß ich nicht durchkam? Fast wär ich auf den Mund gefallen, meinen breiten Mund, aber schließlich bin ich ja

durchgekommen, das heißt, ich hab mich weise zurückgezogen, ich meine, ich bemerke diese Wälle gar nicht, ich habe andere Ziele.«
»Welche?«, fragte sie. (Man mußte sie zum Showel machen, anders ging es nicht, pfeifen mußte sie. Aber dann: ihre unheimlichen Erholungsfähigkeiten.)
»Eine ätherdurchtränkte Ecke in einer sauberen, weißen Apotheke. Ein so großes und ruhiges Ziel, daß ich rückblickend den Eindruck habe, als hätte ich mein ganzes Leben darauf hingearbeitet. Um mich lauter saubere, weiße Ärzte, ich bin ihr einziger Patient, dazu serviert man mir einen Fünfuhrtee mit einer parallel geschnittenen Zitrone. Erst gestern den Entschluß gefaßt, dafür härter zu arbeiten. Wegen dir und dem anderen da, genau weiß ich's nicht, aber es lohnt sich.«
»Aber ja«, sagte sie, empfänglich für die Unterschwünge.
»Er tut's ja neuestens, ohne daß du ihn dazu aufforderst.«
»Wozu fordere ich ihn auf?« fragte sie.
»Hinzugehen.«
»So dumm ist er nicht, daß er mir gehorcht.«

32 »Ich frage so dumm, um endlich eine längere Antwort zu erhalten«, klagte er, »du redest um die Sache herum. Du bist in einem Gebäude gewesen, einem weißen sauberen hochgelegenen Raum, und ich möchte, daß du mir sagst, was es war.«
»Wo war ich? Ich war in der Apotheke. Willst du das wissen? Komm, ich mach dir einen Tee.«
»Mit Zitrone und den Gerinnungsmitteln!«
»Diese Ausflüchte; schämst du dich nicht?«
Und schon schämte sie sich. Sie wußte aber nicht, wie das ging. Er versuchte im Fixationsstuhl so streng wie möglich auszusehen. Es gelang ihm, etwas, sogar viel Gebrechlichkeit verschwinden zu lassen.
»Mann, bist du aber stark«, sagte sie.

33 Wenn sie sich jetzt, von den Füßen her geduckt kommend, auf ihn setzte, dann brachen ihm die Knochen weg. Als er einmal die

Arme gerade von sich streckte, als sei er ein hartgewordener, am Boden liegender Verkehrspolizist mit dem hauptberuflichen Geh-Geh-Wink und dem Stop-Stop-Wink und dem fächerhaft wedelnden »Oï oï, langsam wart ab«, griff er in etwas Weiches. Es ließ sich zu einem Klumpen zusammenballen. Er zog es auf dem Rücken liegend zu sich heran, hob es sich vor die Augen. Der andere hatte das Trikot zusammengeknüllt und war aus dem Zimmer. Allerdings sah er ihn, hob er die Augen, rittlings auf ihr sitzen und ihr den hydraartig verästelten Nacken ficken, wobei die vielen Zaumzeuge jedes ein Gebiß fanden, lauter dröhnende Köpfe über ihm.

34 »An deiner Stelle würd ich über so viel Kinderei wenigstens rot werden.«
Schon errötete sie und fühlte sich kindlich. Die Jahre schwangen zurück, er stand vor ihr, riesig, und sah auf sie herab; war stark, und sie fühlte sich zuhause, wenn er sprach; in der Ecke zwischen den Vorhängen und dem Wäschekasten lauerte der neue Typ, das geile Biest. Bis auf zwei drollig-turbulente Flaumknäuel war er nackt und wusch sich mit einer schweren grauen Seife die immer länger herunterwachsenden Bartkoteletten.
»Ihre Haare ... das Morgenlicht spielte in ihren Haaren ... kindisches Licht zupfte sie im Gesicht. Sie mußte niesen wegen dem Licht hier, das Licht kroch ihr die Atemwege hoch.«
Den Hofhund gab es noch. Er hatte zum Militär eingezogen werden sollen. Sie ließen ihn »Schwerkrank« schreiben. Jetzt hatte er einem Fahrrad den Reifen durchbissen und wartete aufs Abendessen.
»Genügt dir das?«
Yes, my little chickadee, du darfst in deine Ecke.

35 Er rollte rasch nach vorn, wieder zurück, ein Weberschiffchen, und stoppte das Rollen mit dem Anziehen der Bremse, deren Bügel oberhalb des linken Rades herausstand. Die Ärmel seines Pullovers waren über dem Hemd nach hinten gerutscht, sodaß er bunte Manschetten trug. Er hob die Arme, um die Ärmel gegen

seine Handgelenke zu ziehen und anständig auszusehen, rutschte, lag dann mit dem Bauch auf dem Fixationssessel, auf dem Trittbrett kniend.

»Natürlich, Liebste, ich meine auch nur, daß meine und seine Haare . . .«

»Eine oberflächliche Ähnlichkeit, sowas muß man leugnen«, sagte sie.

Die Ärmel seines Hemdes waren mittlerweile auch nach oben gerutscht, sodaß er zwar bunte Manschetten trug, diese aber auch schon bei den Ellbogen lagen. Seine Hände tasteten sich zum jeweils anderen Ellbogen vor. Sie drückte den Bremshebel aus seiner Verstrebung und rollte ihn in die Küche, unter dem pausenlosen »Zieh mir die Ärmel herab, zieh mir die Ärmel!« und strich ihm etwas Butter auf eine Scheibe dunkles Brot, rückte – dies zuerst! – ihn wieder zurecht und gab ihm ein frisches Aussehen mit Klapsen auf die Wangen. Er hatte sich: das jeweils andere: seitlich Umgekehrte, gefunden. Mit Händen, die an den Ellbogen lagen und wie Klammern ein weiteres Hinaufrutschen der Ärmel verhinderten, saß er leicht gebeugt. Sie schloß die Küchentür hinter ihm und sah auf die Uhr und wurde im Abendlicht noch zweimal gesehen.

Der unbekannte Zinnsoldat

Ein Mann kommt unglaublich laut gurrend, aggressiv gurrend, explosiv gurrend bei rotem Licht über die ziemlich dumme, schmale Straße, stößt nochmals so einen Ton aus, bei dem das gespannte Bauchfell bis zur Blase hinuntergezogen wird und dann klatschend hochschnellt gegen die Herzunterseite, gewaltigstes Bauchfell, ärgstens gespannt, allerknallendst hochspringend, nochmals aggressiv gurrend, explosiv gurrend, ein Feuer und Schrecken verbreiten wollender Juli-Täuberich, an meinem Tisch vorbei, der zufällig auf der heißen Gehsteigfläche herumsteht und ganz still ist, grinst verschroben nach unten, zeigt mit dem Finger zurück: »Dies sind meine Freunde«, und stößt, auf ein wackliges dreistöckiges Haus zugehend, einen weiteren, auf alle gemünzten, aus der angeschwollenen Schilddrüse hervorbrechenden Todesschrei aus, während ich meine Gabel mit einem feuchten Geräusch durch ein weißliches Omelett dringen höre.

Rundgalerie

1 Der berühmte Galerist trinkt sich zu Tode; ob er ein Leben danach hat, bestimmt der Zufall; den will er mit seiner neuesten Vernissage noch einmal beeinflussen; dazu hat er selbstverständlich mich eingeladen; wie könnte er anders; ich aber bin an diesem Tag gereizt; ungeheuerlich gereizt; und meine, mir sei über die Leber gekrochen, was über die seine sich schon nicht mehr getraut, ohne daß er nachschenkt; nämlich oben durch seinen beim Ausatmen nur freundliche Worte findenden Mund hinein; ist alles nicht weiter schlimm; ich parke vor dem Kunstmuseum; das drei Sterne besitzt und für seine Sauce Béarnaise auf den Karamelköpfchen bekannt ist; vor dem, der parkt, hat sich ein anderer resigniert aus der Lücke, die er hinterläßt, zurückgezogen; und der, der parkt, verdrängt seinen erpichten Nachfolger; die Struktur ist scharf; etwas mehr davon bitte; mit dem Verdrängen geht es so gut, daß ich unvermittelt, weil zu früh geparkt, viel Zeit habe; das kann nicht gut gehen; noch ist diese Vernissage nicht eröffnet; in welcher das Leben nach dem Tod beschworen werden soll; daß allen die Zeit einfriere und der Limbo, die Vorhölle des privilegierten Provinzbewohners nach Gasthausschluß, erscheine; jetzt muß ich denken; und es bekommt mir nicht: bitte dies gegen mich zitieren; ohne einen Namen auf dem Ankündigungsplakat gelesen zu haben, habe ich mich ins gegenüberliegende Café gesetzt; wär Altenberg Protestant gewesen; ich wär er; senke ich den Kopf, bedeutsam-nachdenklich, wie das meditative Obligatorium es fordert, fährt mir der spitze Ausguß des Zuckerstreuers ins Auge; bereits sitze ich auf einem Barhokker; Schwindelgefühle wie seinerzeit beim Schwindel erzeugenden Fensterreinigungs-Liftwagen oben am Industrie-Hochhaus; dessen helle Kamine von oben viel kleiner ausschauten und farbiger rauchten; Karos aus Gelbbraun-Sandgelb aushauchten; den ganzen Tag bin ich überdies dem Schreiben ausgewichen; meine Methoden werden immer raffinierter; indem sich die Verspre-

chen, mich hinzusetzen und auf der Maschine zu hämmern, mit immer feineren Junktims versehen; zum Beispiel lag heute das Fenster nicht richtig; und für einen, der schreiben wollte, erschien die Birke viel zu weit rechts; es müßte das Fenster verschoben werden in der Fassade; oder die Birke in der Grasfläche; und beides würde erfordern eine ungeheuerliche Arbeit; die einem, der ihr ausweicht, nicht zuzumuten ist; nicht einmal als Ersatz; bereits war ich bei der Anstellung von acht Maurern fürs Fenster und fünf Gärtnern für die Birke angelangt; feine, aber schwierige Vorbedingungen; das lastete schwer auf mir; ich kann mich bei Nichterfüllung meines Wunsches nach ordentlich geleisteter eigener Arbeit nur mit den größten Aggressionen noch hinsetzen; dazu ist selbstverständlich nunmehr sogar das Feindbild zerstört; da kann in allgemeiner Ermüdung auf keinen mehr eingeschlagen werden; weil keiner mehr in den Sinn kommt; nur noch Freunde; wer regelt mein Bewußtsein; wer verdient daran; daß es so ist; wer hilft mit Kontrollen nach; überdies hat es auch noch immer recht; wer spricht von Dämmen; wenn das regelmäßig bereits ausgetrocknet ist; ehe man sich seiner bedient; innerer Nil und inneres Ägypten; wäre Sterilität besser?; kurzum; wer regelt mein Bewußtsein; das anders kann, als ich es will; die Sprache ist leicht angegriffen; bestimmt doch; weil der kommende Gastgeber sich zu Tode trinkt; deshalb doch; in identifizierender Anteilnahm; entfalle mir jetz beim Denke die Endunge vo alle Wörte; das Ende der deutschen Sprache ist gekommen; das einzige, was mir jetzt noch bevorsteht; schau an; eine neue schöne Tischlampe; schnurrt ein; Endungen; nur noch sächliches Geschlecht soll alles haben; was mit das Liebe und mit das Liebe zu das kleine Gegenstand in das kleine Leben zu tun hat; ein mit winzigen braunweißlichen Dampfblattern überzogener Kaffee wird mir serviert.

2 Rücke ich Ellenbogen rechtes, stoße ich hinab braunes Bierbrezel; was fallen tut auf das Boden und bricht; knirsch ein Zupfen am Ohr bringt mich auf den richtigen Weg zurück; Arm auf der Bartheke zur letzten Ruhe legen; was soll mein Denken heute; scheuche ich bereits die handlichen Zucker-Ein-Tasse-

Portionen aus ihrer arrangierten Ruhe; Alles was ich tue und sage, tue und sage ich aus schlechtem Gewissen über das, was ich tue und sage; meine Aktivitäten sind reine Kompensationsaktivitäten; ohne daß mir gesagt wird; was ich kompensieren muß; lieber dann doch Mund auf und Hochprozentigen hineinschütten; besonders wenn die Wahl zwischen mehreren guten Marken möglich; die öffentlichen und die kommerziellen Brenner denken an jeden Geschmack; so auch an meinen; sonst bleibt noch immer der jurassische Privat-Brenner; Herr über die eigene verschämte Destillation; vor seiner Hütte ruhig im Schatten sitzt er; kann nicht mehr anders als ruhig; Es muß diese unbändig hochkriechende Lust auf Alkohol mit der Liebe zusammenhängen; doch habe ich alle ökonomischen Triebzusammenhänge längst vergessen; will sagen, verdrängt; will sagen, sie haben sich dünngemacht und sind zerflossen; vergessen; entsetzlich; Zuckerstreuer samt seinem spitzen Ausguß auf den Tisch flachlegen; seine Bedrohung verkleinern; in laute Klagen ausbrechen; aber wie verhält der Klagende sich zu seinen Klagen; freut er sich; oder ist er ergriffen vom hausgemachten Entsetzen; nun in den Klagen auch schon drinzustecken; wann endet das deutsche Präsens? alle Endungen kontrahieren; es ist der Sprach-Wahn; der mich nicht mehr losläßt; von ihrem Ende her rollen sich die Wörter aus; verkleinern sich; immer mehr Bedeutungen in immer weniger Silben zusammengedrängt; führt zu Explosion; Weltuntergang; Wittgenstein nämlich schon stellte fest; daß komplexe Vorgänge wie Brückenbau sich durch Anwendung einfachster Vokabeln wie ›aufi‹ oder ›abi‹ zur Zufriedenheit aller Passanten erledigen lassen; nur; naturfolgerichtig heißt ihr Ende Detonation; die von meinen gesunden Augen – jedes sein eigenes Bild – wahrgenommene Szene präsentiert sich ohne Erscheinungs-Ambitionen; es ist eine ungeschwollene Belle-Vue auf Leerstrände des sitzengebliebenen Seins; alles leicht schmuddelig; aber umfangend; das Mobiliar ersetzt die Mutter; kaffeehäuslicher Urschmutz; und zwar in homöopathischer Dosis; Erlebnis-Spülicht in Millilitern; beileibe keine unerträglichen Kübel voller gesehener und doch nie versuchter Abenteuer; da sei Gott vor; zwei Weißhaarige sitzen einige schmale Tische weiter; von denen einer – Scham – sein Gesicht hinter der hocherhobenen Tasse verbirgt; der andere mißbraucht seine wichtigtuerische Pfeife; ein an sich unerträgliches Requisit; hier aber dienlich; zum Schmauchen und Saugen; dieser da kann auch beim Ausatmen saugen – Zirkusnummer – mach es vor; gut so; jetzt atme ein; kannst auch da saugen: jeder Zoll ein wieder rückgebildetes uraltes; in die Grund-Aspiration schwerer rauchender Brüste geratenes Kind; ständig nun diese an mich zurückgeworfenen Befehle der Umgebung: »Sei nicht besser als das; was du siehst;« – »Paß dich wenn nicht an; so doch irgendwie ein;« – »Noch ruht; was du siehst; gleich aber geht es zum Angriff über; wehe;« Oder kürzer: »Hier wirkt das stolze Basel;« Der Kleinstaat; so denke ich; um die nationalen Kategorien nicht zu kurz kommen zu lassen; der Kleinstaat benimmt sich auch in seiner äußersten Nordwestecke als heruntergekommener Feldwebel; seine Lieblingscharge; eine Charge; in welcher er in jedem seiner Stücke gewissermaßen als Statist eigener Ereignisse nochmal auftaucht; ein Spieß des eigenen Willens ist der arme Staat; der diesen armen Untertanen samt hunderttausenden anderen armen Untertanen hervorgebracht hat; alle adelt er übrigens unermüdlich zu Souveränen; ein absoluter Herrscher; ein König wider Willen ist jeder dieser armen Untertanen; und geschieht ihm etwas, so steht er an der Quelle des Geschehens; alles was die politische Umwelt an Befehlen übermittelt, stammt auf Umwegen vom armen Untertan; der als Souverän sich das aufbürdet, was er als armer Untertan beklagt: komplexer ward politischer Masochismus nie definiert; unverschämter nie als Vernunft kaschiert; die Bierbrezel auf dem schmalen wackligen Tisch muß angenagt sein; die weiße Füllung dringt durch die festgebackene Oberfläche hindurch; das ist eine alte Bierbrezel; eine uralte Bierbrezel; Schlacht bei Murten; ja; Schlacht bei Murten; wenn ich bitten darf; der zweite Weißhaarige ist inzwischen – Opfer seines verderberischen Bestecks – mit seinem ganzen Körper in den feinen Rauchgang der Pfeife hineingeschlüpft.

3 Und die Pfeife hielt sich, von seiner Hand körperlos gehalten; in der Kaffeehaus-Luft; stürzte aber genau dann, als auch die sie haltende Hand durch den feinen Rauchgang in die Pfeife hinein verschwand, vor dem anderen Weißhaarigen auf den heißen Schinkentoast, auf dessen Teller; dieser andere Weißhaarige schämt sich wenigstens und bleibt hinter seinen Vermischten Nachrichten verborgen; Ausdrücken will ich auf diesen Umwegen, daß es derselbe Atem ist, der in allen Lungen gleichzeitig bleischwer lastet; und solche ehrbaren Individuen, welche viertausendachthundertmal im Tag in ihr tiefstes Lungen-Selbst saugend und aspirierend dasselbe einlassen wie alle anderen ... solche die Luft als Kollektivgut verbrauchenden Individuen separieren sich dann heuchlerisch noch mit ein paar Sperber-Zwischenwändchen vom Rest ab; das nennen sie »meine Wohnung«; oder »mein Abteil« ... derselbe kollektive Atem somit, der gebraucht und verbraucht wird.

4 Verwitternde Lungenbälge ziehen die tötenden Dämpfe aus dem Rauchgang, in dem der ganze Mensch steckt; der eine Weißhaarige ist so flach, daß er sich ohne eine Erhebung zu bilden auf die Zeitungsseite legen könnte und nicht bemerkt würde; der andere ist so dünn und liquid, daß er seine Pfeife in den Rang eines ständigen steuerpflichtigen Wohnsitzes erheben kann; sogar die hellen Kamine neben dem Industrie-Hochhaus wirkten daneben reinlich; inzwischen muß sich der berühmte Galerist zu Tode getrunken haben; die Vernissage kann beginnen; langsam stehe ich auf; doch nunmehr wirklich nur noch langsam.

5 Mein Vorwärtskommen ist ein zögerndes geworden; es sieht keine Aussicht mehr auf Erfolg; nur das Lallen geht noch schnell; vielleicht holt mich ein der Tod der Sprache; der macht meinem Wahn ein End; zum bisherigen Personal hinzu; zu allem hinzu tritt nun das unvermeidliche Jung-Paar ein und setzt sich an einen noch schmaleren Tisch; die herablassende Arroganz, im Koitus befangen zu bleiben, während man das Café betritt; der nouveau style dieser Jung-Paare; die leiden am Wagemut der einander auf

ewig Habenden; er mit zwei dreieckigen blonden Schnurrbärtchen beidseits auf der Oberlippe; selbst ein Seehund müßte kondolieren; nur ganz eigens ausgelesene Haarscheren dringen zwakkend in diese feinsten Hautritzen noch hinein; von einer dunklen – Weitsicht – Hornbrille wird der Steilhang der Stirn überschattet; ein gewichtiger fazialer Brocken; ungeheurer Gesichtskarst mit zwei Brauentheodoliten, die das Antlitzvermessungsamt dort hat stehen lassen; sie, jene, die ihn begleitet; will sagen, wie selbstverständlich begleiten muß; will sagen, keinen Widerspruch jemals üben darf; will sagen, mitgeschleppt wurde mit der brachialen Gewalt seines nach alter Männerart tief in ihre Vulva geschobenen Penis, den er überhaupt nicht mehr herausziehen will, ob in Straßenbahn, ob in Café, ob auf der Brücke, sie steht einsam in ihrem Kleid da; dieses hellgrüne, von unsäglicher Frechheit besessene Kleid ist so weit, daß ein Körper keine Aussicht hat, es jemals zu füllen; einsam muß er sich fühlen in ihrem Kleid; darüber ist ihr Gesicht so spitz geworden, daß es nach vorn schneidenförmig zuläuft; erlitte sie aus seelischer Überanstrengung einen Kollaps, einen regelrechten Kollaps mitten im Café, dann würde ihr nach vorn fallendes Gesicht wie eine fallende Axt den schmalsten aller Tische entzweispalten; dieser Kollaps ist aber nicht zu sehen; vorerst fühlt sie sich nur grenzenlos einsam; er merkt es nicht, sonst würde er ihr sein Beileid ausdrücken, daß ihr Gefährte soeben gestorben ist; tut der aber nicht; es liegt etwas Haarsträubendes, zutiefst Haarsträubendes im Anblick, der sich an diesen Tisch gesetzt hat; ich habe ihn erst nicht bemerkt, den Anblick; eine unendliche, nach allen Seiten überquellende, end- und gestaltlose Qual, und unter der Tischplatte bleiben sie ewig koital verbunden; ein fürchterlicher, grauenvoller Nachteil für sie; sie löst, ganz klein in ihrem riesigen, vor Rüschen schäumenden Kleid, das nur noch Verpackung ist; sie löst unter jedem mutmaßenden Blick sich auf; alles sein und werden ein Neutrales und Infinitives bei ihr, das Mädchen, das Frau, das Persönlichkeit, so unbestimmt sein alles an das Figur, auch das Brezelkauen, das Schweigen, das Vorbringen von einsilbigen Kommentaren wie ›ja‹, ›ja, schon‹, ›wenn du meinst‹, ›vielleicht‹ oder das rhetorisch geschickte und taktisch immer angebrachte, die schweizerische Sprache in sich vollkommen enthaltende ›Hm, ah, so, ja‹; was die höchste semantische Verdichtung ausdrückt, die jemals in einer Sprache zustandegekommen ist; einschließlich des von Wittgenstein bereits observierten englischen ›I‹; alles sein so banal, daß nur Ausdruck ›banal‹ übrigbleiben für das Unbestimmte, das mit Partner tut, was ich ohne Partner nicht tun kann; Paar auch nicht weiß, wohin es gehört, nämlich in ein anderes, viel strengeres, strafferes Kleid ohne jede Rüsche, aber ganz übersät mit Nähten; das ganze Jung-Paar schwebt jetzt hemmungslos; und beide winken mir mit erhobenen Brezeln zu, auf welche sie Zucker streuen; die beiden Weißhaarigen, denen nichts entging, haben sich hinter ihren jeweiligen Gesichtsschutzattrappen nach rückwärts gelehnt; zwei Beine jedes Stuhls schweben in der Café-Luft; wird nicht gut gehen; ich schaue auf die Uhr; Zeit zum Abbruch der von mir ausgehenden Freundlichkeiten; die Weißhaarigen starren zur Decke; es gibt da mehr zu sehen.

6 Nunmehr bin ich natürlich bereits in fusionistische Abhängigkeit von einem Leben nach dem Tod geraten, existiere nicht ohne es; es wäre zu fürchterlich, wenn man sterben müßte und dies, nämlich dasselbe, sodann nicht mehr erleben dürfte; was würde aus einem ohne diese Umgebungen?; komm, güldner Tod, aber bitte bring dasselbe; ob er auf mich zukommt?; der Galerist strebt ihn auf dem schnellsten Weg an und hätte ihn bereits erreicht, stände die Leber nicht wie ein Fels; die Zirrhose muß eine Falschbezeichnung sein; tatsächlich lautet so der Name einer Therapie, steht zu vermuten; dann wären die Vernissagen die Krankheitsanzeige; ich sammle fieberhaft Kleingeld; bei allen Automaten bin ich sonst aufgeschmissen; muß mir alles, was ich brauche, aus den Wänden herauslassen; alle Vitrinen sind hier anzapfbar; diese unentwegt entgegengestreckten Geldeinwürfe; da kommt Verständnis, verärgertes, für die beiden arroganten Jungindividuen auf, die sich auf ihre einsam irgendwo angewachsenen Unterdrückungswerkzeuge verlassen und ihr Leben an sie ketten; soeben, in diesem Augenblick, fällt das letzte Glück von der inzwi-

schen im Grasfleck verschobenen Birke; die Birke verschob ich, das Fenster in der Fassade ließ ich stehen; jetzt bin ich ohne alles und jegliches; tiefblaue durchsichtige Aschenbecher, durch deren Wände hindurch ich gebeugt diesen bis zum steinharten Gleichmut ausgetrösteten Kaffee-Ort, ehe er noch stechender wird, in den Farben der verborgenen und stillen, gefräßig und vernichtungswütig sich selber genügenden Tiefsee sehen kann; die Vernissage hat begonnen; auf zum vollendeten Trinker; in die Galerie, vor die Gemälde, bitte, zeigt mir endlich den Künstler.

Gustav Steinweg

1 Bei Gustav ist von Geburt an alles falsch. Alles ein einziger Irrtum, das weiß er inzwischen. Er ist der geborene Versager, die Schabracke aller Roßtäuscher, der einfältige Schibboleth aller Larvensammler.

2 Er ist sozusagen blind, versteht sich. Er ist sozusagen ein Tier, ein Kind, eine Frühstufe, über deren Mißlingungsgrad verächtliches Schweigen liegt.

3 Er ist weder intelligent noch philosophisch, höchstens abgehalfterte Fantasien suchen ihn heim, im ungünstigsten Augenblick. Das ist ihm Gewohnheit. Er ist ein Romantiker, disziplinlos, oft heulend vor Selbstmitleid, damit findet er sich ab.

4 Wenn ich zu Gustav etwas über den Fanatismus seiner anderen Museumskollegen sage, nennt er mich einen vulgären Faschisten und erzählt, wie er nachts im vergangenen Frühling die hartschwarzsteifen Pappmachéhüte der Guardia Civil auf sich zumarschieren sah.

5 Sie erschossen ihn gleich, auch da nichts Neues, ich unterbreche den Träumer. Der bedroht dann sogleich mich und sagt, er werde mich mit eigener Hand erwürgen. Und die zweite bleibt dir frei für sonstwas, sage ich. Mit der arbeit ich dann an mir, jawohl. Besucher, welche die von ihm bewachten Bilder beschädigen, kann er, sagt er, nicht anzeigen oder der Kasse unten übergeben.

6 Bestimmt werde ihn das Museum erschießen, oder dann plane es das. Gustav ist nicht zu halten, aber seine andauernd die Beendigung träumende Fantasie träumt wohl den Wunsch nach ihrem eigenen Aufhören. Auf daß Gustavs Dinge endlich Ränder kriegen, Rahmen.

7 Hinweise auf die ungeheure und unzurücklegbare Distanz zwischen Basel und den Pappmachéhüten sind vergeblich. »Die stopfen dich aus und stellen dich an den Eingang neben die Postkartenständer!« Damit hat er sein bisher Schlimmstes auch schon wieder übertroffen. Gut geht es ihm heute, Fettlebe.

8 Selbstverständlich begleitet ihn seine Kette schwerster Irrtümer durchs Leben, das er sich verkürzt, wo er kann. Aber, er denke ja schon durchaus. Er habe Augen auch am Rücken, er sehe eigentlich nur noch durch diese; so meutert er gegen das Museum, seinen alten Arbeitgeber, und schmäht die liebevoll aus der Prähistorie hergezerrten Asservate. »Bin lieber beim Saurier als beim Poussin!« Was er sagt, sind nur Worte, bleiben nur Worte. Er ist vielseitig einsetzbarer Mehrzweckwächter.

9 Über seinen augenblicklichen Zustand erfahre ich nichts. Er ist eigensinnig fixiert auf alles, was er für wichtiger als diesen hält. Wichtiger als was? Sie seien daran, ihn zu kriegen, wenn er jetzt nicht verreise und eine falsche Adresse hinterlasse. Schon seit Jahrzehnten übe er denselben Griff. Aha, Sie treiben auch Bluschblusch? Nein, er springe auf einen Zug auf, der massiv an ihm vorüberdampfe, jedesmal einwenig schneller. Anfangs oft auf den Bahnsteig gefallen, jetzt aber die Handgriffe und das Trittbrett immer erwischend.

10 Wohin denn? Ja so, nach oben, in die Berge wolle er, hinter den Bäumen wolle er sich verstecken. Ob es dort noch Bäume gebe? Ja schon, überall Bäume, das sehe er von hier aus. Ob er nicht glaube, die Hüte, die ihn so schon nachts fänden, würden ihn auch hinter seinen Bäumen finden?

11 Ab, los, he, weg von hier, und hat sich bereits gesetzt und heilt sich über den Moment hinweg mit Essen, einem Wurstsandwich, einem Stück Schwarzwäldertorte, einem Kaffee mit Krem und einer bis ins steinerne Abweisendste gesteigerten Unansprechbarkeit.

12 Träum anders, Gustav. – Die Kubisten habe ich heute rasch durchgesehen und finde sie so so, verstehe sie schlechter als noch vor einem Jahr. Beim Ausgang muß der Drehtür-Effekt, der den Hinausgehenden immer wieder zu einem Museums-Betreter machen will, vermieden werden. Beim Ausgang, den Postkarten desselben Sujets, mich umdrehend sehe ich Gustav steif vor dem mächtigen, diesmal dumpfen Hodler stehen, bemüht, nicht störend zu zittern.

ZWEITER CHORUS

Thomas von Aquin

1 Ein älterer, ziemlich dicker Mann, wenig Muskelgewebe, der keine Haare mehr hat bis auf zwei sehr buschige Koteletten, die seine Schläfen-Bärte sind.

2 Ist unsichtbar, bleibt unsichtbar, kann nicht gesehen werden im Betrieb, es interessiert sich auch keiner für ihn, aber das stimmt wiederum nicht, viele sind gleich fett wie er, die Koteletten tauchen in niedrigerer Frequenz auf, sind also schon eher die ihn wegdifferenzierende Zusatzeigenschaft (Aquin) und aus seinem Büro dringt immer gegen elf ein lautes Bellen.

3 Morgens ist er aber, wie immer, ohne Hund zur Arbeit erschienen, es handelt sich um eine sogenannte Arbeitsbeschaffungs-Arbeit, welche keine Arbeit mehr ist, sondern bloß noch eine aufrecht erhaltene Stelle, an der er die ihm definierte Arbeit, deren Definition man vergessen hat, ausüben darf, aber die Grundwichtigkeit seiner Arbeit besteht darin, daß er eine Stelle hat, sonst hätte er nämlich keine, also könnte er mit Leichtigkeit, höchster Leichtigkeit einen Hund mitnehmen an seine Arbeit, tut er aber nicht. Wie immer ist er ohne Hund zur Arbeit erschienen, dennoch bellt es ganz natürlich und entspannt um elf, etwa eine Viertelstunde lang.

4 Der offensichtlich nicht in den Betrieb eingeführte Hund ist des Bellens ziemlich unkundig, denn etwa um 11 h 15 wird das Bellen heiserer, und die Heiserkeit klingt dann schon weniger hundehaft. Zumindest scheint es den herbeigelaufenen Zuhörern so, von denen sich keiner an einen jemals beim Bellen heiser gewordenen Hund entsinnen kann, außer, dieser hätte viel stärker und aggressiver gebellt als das Bellen, welches sie in ihrer um das Schlüsselloch der Tür geballten Menschen- und Lauschertraube vernehmen können. Der Blick durchs Schlüsselloch ergibt aber

nichts, fällt auf den Vorhang und auf einen Teil des Luftbefeuchters, sodaß ›man‹ stehen bleibt und weit über 11 h 15 hinaus mithört.

5 Mit der Zeit kommt heraus, daß der zurückgezogene dicke Mann um elf immer einen Telefonhörer an sein eines Schläfen-Bärtchen preßt und seine uralte, höchst gebrechliche Mutter in einem Heim, in einem Krankenhaus auf der Spezialabteilung oder auf einer ›Station‹ anruft und mit ihr in einer Art Privatsprache verkehrt. Er scheint sich dieser Sprache zu schämen, denn die Tür bleibt während der Gespräche verriegelt. Sehr im Gegensatz zu seiner starken Gêne steht die äußerste Geläufigkeit und die, freilich in den Alltagsniederungen und in der halbhysterischen Gestikulation des unmittelbaren Überlebenskampfes steckengebliebene Virtuosität dieses Sprachgebrauchs, der den perplexen Zuhörern nicht etwa das Bild »gereizter Hund vor seiner Hütte«, sondern das Bild »schäkernder Hund vor seinem Tessiner Ferienhaus« vermittelt. Soll man ihm Fragen stellen? Die Kantine weist ihn als starken, zweifellos enttäuschten Esser aus, der zu jeder Stulle zwei ideelle Stullen Kummer mit hinunterdrückt und sie auch gleich um den Äquator seines Leibes herum ansetzt.

6 Sie sind die beiden letzten Überlebenden einer seit dem 12. Jahrhundert in den nördlichen Niederlanden dokumentarisch nachgewiesenen Familie, die seit Thomas van Pynceleen das Bellen als Familiensprache eingeführt hat. Es hat sich gehalten, die Überlieferung hat durchgehalten, die Erbregel hat sich mit der Reinheit eines Chromosomen-Ixes reingehalten. Die Kinder, alle zunächst dünn und masernbeulig, werden in diesem Code erzogen, so geschah es auch diesem heute älteren Herrn, der sich noch mit sieben, bei seinem Eintritt in die Graf-Hurdalek-Privat-Primarschule nur mit Bellen hat ausdrücken können, seiner Mutter-Sprache, toter Vater selbstverständlich, früher Kriegsdienst, dann Dienst an der Industriefront (Laborexplosionen, brennende Fässer, von der Rangierlok überfahrene und zerfetzte Container), lauter Gefährdungen, Vater daran früh gestorben, er, der

ältere Herr, ausschließlich Mutters Sprache ausgeliefert. Die Primarschule führte einen Schnellkursus durch, als es sich zeigte, daß er an seiner Sprache litt, weil sein ganzes Wesen ihn von seinen Kollegen, den Hunden, ganz entschieden wegdifferenzierte (propria principia accidentium non semper sunt manifesta).

7 Er lernte mühsam, aber sehr rasch, Deutsch nach, hatte aber in der ihm ausgehändigten Bellsprache schon so viele individualgebellte Vokabeln entwickelt, daß er leicht jedem neuen ihm mit dem Masttrichter eingedrängten Deutschwort ein altes, frühkindlich sedimentiertes Bellwort zuordnen konnte, so daß er somit so sehr unerwartet gute Fortschritte in der gehandhabten Amtssprache machte, daß ihm die Stelle im Betrieb offengehalten wurde, Public Relations mit den Ämtern, Betriebsverteidigung gewissermaßen, aber kein Amt hörte ihm zu, da alle den Betrieb sowieso verteidigten, wem also sonst hätte er sollen telefonieren? Es war nicht mehr die mangelnde Co-Essentia mit den Altkollegen, nämlich den Hunden, welche zum Bellen führte, sondern das nichtgelöschte Attachement an die in ihrer Gebrechlichkeit auf ihrer ›Station‹ immer weiterredende Mama.

8 Weil der Mann nach abgeschlossener Primarschule ziemlich allein lebte, oder auch sich jahrelang bei seiner Mutter sozusagen unter dem Tisch aufhielt, oder auch sich nur immer aus seiner tiefsten Einsamkeit zu ihr in die Ferien begab, was alles eine weitere intensive Verwendung der Familiensprache nahelegte – gerade meist auch Monologe wurden in einem hündisch verzerrten, beinahe mondsüchtigen Niederländisch geheult – konnte der Übergang von einer Sprache zur anderen immer schwerer bewältigt werden. In der Kantine: bloß noch auf die Stullen mit dem Finger zeigend und knurrend.

9 Sodaß er an seinem für ihn frei- und ausgehaltenen Arbeitsort selbstverständlich an die deutsche Amtssprache von mindestens acht bis elf gebunden war und sich derart im Zwangskorsett des

Angelernten einschnürte, daß er allmählich – nämlich, als es ruchbar wurde und sich die Trauben vor seiner Tür bildeten – nach einer Viertelstunde bereits vom Bellen mit seiner uralten Mutter heiser wurde, und so nahm das Familiengespräch, das immer über die letzten Tage, das Sterben und die Gruft des Vaters ging, erlosch, indem er zu rasch den Hörer wieder von seinem Schläfen-Bärtchen nehmen, es beenden mußte, so nahm jedes Gesprächsende jeden Tag das Ende der Privatsprache wie auch das Aussterben der urdenklich dokumentarisch belegten niederländischbürtigen Familie überhaupt vorweg.

10 Der kynologische Junkie. In quo sit finis et consummatio huius sermonis (Aquin). Abends legt der oral Regredierte eine elliptische Platte auf, der Tonarm eiert, der Regredierte singt dazu à la Bruce Springsteen: Wer uh die Schönheit angeschaut mit Augen ewm ist dem Tode schon anheimgegeben, Baby.

11 Sic ergo patet. Im hohen Alter die Koteletten eher buschiger noch, aber da war das Haar auch später erst gekommen als auf der sich ihm sorgenvoll bildenden, mittelständischen Tonsur.

Justus Liebig

1 Liebigs »Ich kann nicht!«, Variante »Ich kann einfach nicht!«, Untervariante »Wie soll ich denn können?!«, Nebenvariante »Keiner kann jemals!« – sein »Ich kann nicht« (peux pas, non possum, can't usw.) wird zunächst angewandt in Lagen, in welchen seine Weigerung fähig zu sein, wenn geradeheraus ausgesprochen, Bewunderung erregt, wo nicht mehr: Verehrung, Hingerissensein, Verlust der Vorbehalte, gespreiztes Auf-den-Rücken-Fallen.

2 Einen Sprung vom Zehn-Meter-Turm würde er beherzt ablehnen, wenn ein anderer längst auf den Turm gestiegen und oben angstergraut auf der federnden Sprungbrettspitze stehengeblieben wäre, um nie zu springen, nie zu tauchen, nie zu schwimmen. Liebig hat unbedingt recht, schwach zu sein, und indem er es früher ist, holt er sich einen Überlebensvorteil, den er mit Variante IX (»Wie könnte ich bloß!?«) in zusätzliches, besseres Überleben nicht verwandelt. Im Gegenteil: er hält sich jedem Mitmachen fern; jeder Startschuß zum bös-blasigen Wettbewerb ist ihm eine Nachtposaune. Liebig fällt, knallt es wo, sofort in tiefen Schlaf und würde gern schnarchen (aber: »Kann ich!?«).

3 Dann plötzlich aber, sowie man sich mit wachsender Ehrerbietung an dieses Kannicht gewöhnt hat, kommt es mit derselben Emphase vor einem Tisch mit Sandwiches herausgefahren. Liebig, bis soeben das lebende Maß aller gerade noch menschen- und mannesmöglichen Dinge angesichts unmenschlicher Anforderungen, will jetzt mit demselben Ausruf, der zivilisationskritischen Sinn wollte, bloß ausdrücken: »Diese geschnetzelten hartgekochten Eier mit dem Thunfisch und der geringelten Majonnaise drauf kann ich nicht auch noch verdrücken!«

4 Schade, sehr schade um die solide Reputierlichkeit; um die wehende Aura von klugem common sense in seinem »Ich kann einfach nicht«. Andrerseits: wir gratulieren dem Jubilar, daß er die Wendung, wie er selbst zu sagen weiß, soeben zum fünfhundertsten Mal gebraucht haben soll (»Mal profund, mal seicht«) und jetzt sogar noch an ihrer liebenswerten Relativierung arbeitet. Da müssen wir es selbst nicht tun, liebenswert bleibt er auch so, wenn auch nur noch ziemlich.

5 Manchmal, nicht oft, aber manchmal tritt Liebig, etwa wenn er einen Gang in starkem Regen über eine Wiese ablehnt (Ich kann einfach nicht, dieses Gras, so lang und naß), entschieden zu kurz. Das Bestehen seiner Wendung aber, und ihr Gebrauch – für welchen wir viele weitere fünfhundertmal wünschen – sind Unterpfänder für seine Einsicht ins Maß aller unzumutbaren Dinge. Zudem dient beides ihm als Treibsatz seiner Figur, die nicht kann, wo sie höchstens leise nicht wollen dürfte.

6 Wessen Liebig, diskret rumorend, sich für unfähig hält, davor dürfen auch wir in die tiefste Überlegung versinken, ob wir uns denn noch vorwagen sollen oder uns lieber in seinem Schlepptau miesepetrig-drückebergerisch verkrümeln. Was wir inzwischen, rette sich wer kann, längst getan haben. Alles, aber auch alles liegt jenseits unserer Fähigkeiten; Murphys Gesetz schaukelt gedörrt im Stuhl; ohne es zu wollen ist Liebigs justes »Ich kann einfach so oder so oder auch so oder anders nicht« zu unserem Vorreiter geworden. Wir können einfach nicht, es ist uns alles zuviel geworden, im Maß unserer Schrumpfung wächst es gen Himmel; und am meisten überanstrengt uns das Sprechen darüber, das Springen und Tauchen in es hinein und, uff, püh, das quarkige Schreiben im einstimmigen Fröschechor aller. Kannit. Ende. Verstan? Den? Hängt an eigener Leine, aber spaziert schön.

Baruch Spinoza

1 Im Album war Spinoza ein Falter; das Album ein Kasten, vier Wände, ein Sperrholzboden, ein Schauglas als Deckel, eine aufklappbare Lücke, durch die Spinoza, wäre er kurzsichtiger gewesen, in staubfreie helle Räume entkommen wäre; gestochen ein Falter.

2 So wie die Dinge jetzt lagen, streckte Spinoza seine zwei Fühler mit den Augen an den bebenden Spitzen in die Bücherwände über dem resorbierenden Bade-Teppich, und er zog seine kleinen Lehren daraus, zum Beispiel, Hüte dich vor Wänden oder durchschau sie.

3 Als Sechsfüßer wußte Spinoza vor allem sein mittleres Beinpaar nicht zu gebrauchen, auch das hintere nicht so sehr zu gebrauchen, und gleichfalls das vordere kaum zu gebrauchen. An den Wänden des Albums ragten aufschlitzende Haken heraus, an welchen abgelegte Lese-Westen ungehindert zu Wimpeln verkamen; an welchen gütige Aha-Erlebnisse zu Impromptu-Zitaten »cf. p. 458« sich wandelten; an welchen Insekt Spinoza mit seinem flatternden Herzen aber nie hing.

4 Mit dem Rüssel ließ Spinoza Staub in sich herein, an allen vorspringenden Kanten des Album-Inneren streute er Flügelstaub, Fazetten-Augen erlaubten es ihm, ohne den Kopf zu wenden nach hinten zu sehen.

5 Hinten war auch nichts los. Höchstens eigene Kriechspuren. Höchstens manchmal eine zarte rosahäutige blasphemische Realie. Spinozas Leib war fein behaart, die Furche zwischen seinen Flügeln tief eingeschnitten, kurzum, Insekt Spinoza kam nicht an den Denker heran, vollführte aber tolleren Lärm und war, ziellos, schneller.

6 An seinem Kopf waren zwei Klammern befestigt, durch die Elektrizität in ihn einfloß. War die Elektrizität erst göttlichen Ursprungs gewesen, so entstand sie später aus Kondensatoren, und waren anfangs die Kondensatoren göttlichen Ursprungs, so konnte später die Elektrizität nicht anders, als sich in Kondensatoren zu ballen. Mitten auf Spinozas Rücken, wollte er die Aufzählung seiner Merkmale vervollständigen, öffnete sich eine kreisrunde Aufwerfung, öffnete sich innerhalb einer kreisrunden Aufwerfung ein Vulkan. Es gab eine zweite kreisrunde Aufwerfung, die tiefer in den Körper hineinreichte, aber sie war aus Blut und kein Vulkan.

7 Alles war fein behaart. Als Kellner konnte Spinoza sich nie vorstellen, weil er die weiße frackähnlich geschnittene Baumwollweste nicht kannte, und weil er ausführlich und in allen Einzelheiten, von denen er annahm, es werde nicht viele geben, fürchtete, bei einer abendlichen Serviertour auf der Terrasse vor einem Amsterdamer Kanal bei dichtem Nebel von einem fallenden Laternenmast erschlagen zu werden, Tränen, Tränen in den Augen seiner Besitzerin, die das philosophische Café nicht weiterführen konnte ohne den soeben erschlagenen weißen Kellner, der zu seiner dritten tiefen Aufwerfung gekommen war. Spinoza ließ ihr sein Genital da, Spinoza als Kellner endete in endlosem Schluchzen, das zurückgelassene Genital sah so aus, als wäre es selbsttätig aus dem Kanal gekrochen, und sie, die nicht mehr schluchzte, nannte es ›meine kleine Grachtenhaut‹.

8 Hinten ausgefranst waren Spinozas Falterflügel, aber noch deckten sie die hintere Spitze seines Körpers, dem eine frühe Zange den einzigen Stachel entnommen haben mußte. Spinoza erinnerte sich an die gewaltsame Entnahme nicht, und zu einem Griff an die Stelle, wo der Stachel hätte herausschnellen sollen, reichte seine Sehkraft nicht. Im Gegensatz zu einem Wittgenstein'schen Insektenkörper war der spinozistische auch von seinem Besitzer nur unter Anstrengung des Sehvermögens auffindbar. Darum die starken Stablampen, die seinen Eßtisch erhellten. Er fand – aber

darunter litt er nicht, sondern es war die possessiv-geometrische Voraussetzung seines Insekt-Seins – im Dunkel den eigenen Mund nicht. Dafür fand er im Dunkel auch einen fremden Mund nicht. Aber dafür, und hier der Vorteil, war für ihn kein Unterschied zwischen dem eigenen und einem fremden Mund, zwischen eigenem und fremdem Körper festzustellen. Diese Nondifference löste vieles.

9 Als Spinoza Raupe gewesen war, war einiges mit ihm geschehen. Schweres, keuchendes Ausschlüpfen aus dem früheren Stadium, das aus dem früheren Stadium ausgeschlüpft war, welches aus dem früheren usw., sodann Blindheit über längere Zeit und damit Verzicht, zwangsläufiger, auf den eigenen Körper. Hang zu schleichender Gewichtszunahme; denn der Körper, den sein Besitzer nicht auffand, nährte sich weiter und wollte, sobald sein Besitzer ihn nicht erreichte, aufs Runde, Rundeste zu. Bei Atemnot hatte Spinoza ovoid geöffneten Mund, in den er leicht selbst hätte fallen können, in den er aber nicht fiel, da er sich, wenn er sich nicht hatte, ruhig hielt, zur Vermeidung von Schlimmerem. Es war diese Vermeidung von Schlimmerem eine seiner harmlosen Redewendungen, die alles Schlimmere tatsächlich verhinderte, weil das Schlimmste längst eingetreten war. Ein Teil der Fazetten im Auge schloß sich nach kurzem Öffnen wieder.

10 Sein Leib war unten gerippt und gerieft, beides, gerippt und gerieft. Spinoza sagte nur: gerippt. Ein beweglicher Hornpanzer, der so stark war, daß alles durch ihn hindurchdrang; der Panzer verfügte über eine riesige Kraft der Durchlässigkeit, und so, wie Spinozas Flugmuskeln nur dazu da waren, zerschnitten zu werden und ihr Dasein als Muskeln möglichst rasch zu beenden, so war sein Panzer für die Durchlässigkeit gegeben, und sein Panzer erfüllte seinen Zweck gut. Welt war im unten gerippten und gerieften Leib, und Spinoza flog nicht mehr.

11 Spinozas Kopf war aufgesetzt, nachdem sein Leib der Kopf geworden war, und da war sein Kopf die Mütze des Leibeskopfes.

Dies gehörte zu den Dingen die, als er Raupe gewesen war, mit ihm geschehen waren. Er war in den Zustand höchster Zerlegbarkeit geraten, und der Zustand trat damit ein, daß Spinoza sich zerlegte. Der Leibeskopf trug ein Gesicht, das Gesicht einen Rüssel, woran er kenntlich wurde. Er hatte Mühe, an seine beliebige Zerlegbarkeit zu glauben, bis die Besitzerin des regelmäßigen Cafés ihm den Kopf, ob der auf dem Hals oder vielleicht auf der glatten Falterschulter lag, einfach wegriß, fürs erste abschraubte, zur Sicherheit wegklappte.

12 Ein dünner Hals kam zum Vorschein. In den Grachten schwamm ausgetrocknetes Schilf, das sich vollsog. Vom dünnen Hals weg klappte der Kopf; falls er nicht vom Hals ganz weggerissen wurde und mit dem Hals nichts mehr zu tun hatte! Die Besitzerin überließ Spinoza das Gesicht für seine Serviertouren. Später werde Spinoza alles nachwachsen, und er könne neue Geschenke in die Kanäle werfen.

13 Einen Augenblick lang um Ostern herum, was mehrere Wochen lang dauerte und nicht mehr aufhören wollte, samt rohen und gekochten Eiern in den Fluren und gewaltigen Eiweißschäumen auf den Fluten, wurde sein Hals dünn, an der Stelle, an der sich eine Plattform für seinen späteren Kopf bildete. Spinozas Leib, an dessen feiner Behaarung noch nichts auszusetzen war, spiegelte matt. Er erwähnte ihn jetzt rühmend, nicht anders als rühmend, ohne den geringsten Stolz. Spät abends machte er Besitzerrechte darauf geltend, und die Besitzerin zeigte sich in einem grünen Barchentkleid, unter dem drei ihrer Glieder knisterten. Grün war die Farbe, die sie darunter trug, und in starkem Grün glänzten ihre leider durchaus immer stehenden Brustwarzen.

14 Die Brustwarzen waren für Spinoza nicht das erste, längst nicht das erste. Das starke Grün war einstweilen hinreichend, zumindest solange, bis er sein mittleres Beinpaar zu gebrauchen wußte. Die Besitzerin war an das Café über einen vermögenden Tabakhändler gekommen, der es in Venezuela nur mit dem Gedanken

ans starke Grün aushielt, das er einen »angenehmen, aber doch nicht allzu abseitigen Kontrast« zum wuchernden Dschungel nannte. Während Spinoza servierte, lag die Besitzerin wie im Tod in einem Erker, ein Faden war von Spinozas hinterem Beinpaar, das bis zum ersten Gelenk von einem Schamflaum überzogen war, bis zum zungenförmigen Teelöffel gespannt; der auf ihrer nassen Untertasse ruhte, in der immer eine zungenlange Pfütze vom letzten Getränk blieb.

15 Genau an diesem ersten Gelenk fing auch Spinozas allgemeine Bepelzung an, die sich spärlich aber zäh fortsetzte, von den Gegenden der Scham weg bis in die Gegenden tiefster Gleichgültigkeit, an die er sich längst gewöhnt hatte; wie denn Überraschung seine Sache nie gewesen war; weder fügte er solche zu, noch empfand er solche. Die Bepelzung zog sich nach hinten weiter, wurde allmählich schwächer, ließ die dicksten Stellen des Panzers aus, ehe sie ganz verschwand. Im Gebalge mit Spinozas Nährboden ließ sie sämtliche Haare, hatte sie aber Haare, wirkten diese wie ein schwarzes geronnenes Ejakulat.

16 Das Ejakulat war für die Besitzerin nicht das erste, längst nicht das erste. Spinoza kroch, ob er flog oder schlich, mit dem Staub saugenden Rüssel den Wänden entlang, hinter welchen er, servierte er nicht und hatte sie ihm den Kopf abgeschraubt, das Wetten der Gäste hörte. Die Wetten betrafen ihn nicht, aber er konnte später leicht ihr Gegenstand werden. Froh war er darüber, daß die Wände des mit Bastmatten belegten Hinterzimmers ihm die längst als ›flüssig‹ empfundene Richtung angaben, auf die folgende Ecke zu, auf welche eine weitere Ecke, auf welche eine Ecke folgte, folgte; ließ demnach post und ante actum, was soviel hieß wie ›immer‹, seine vier Beine und Flügel hängen, die beiden nichtgebrauchten ohnehin, und versuchte schmuddeliges Mitleid eimerweise zu ergattern, notfalls gegen Barzahlung in dringend benötigten affektiven Lebensmitteln, Zuneigungen in der Form ›Kaffee und ein Gedanke‹, ›Tee und zwei Gedanken‹, ›Baiser und eine Interferenz‹, ›Apfelstrudel und ein tetralogischer

Schluß‹, ›Kaffee, und, gegen Aufpreis, KEIN Gedanke‹. Es handelte sich um die Spezereien seiner krustigen Zuneigung, auf der die Fliegen schwärmten. Verlangte ein Gast den Gedanken zum Kaffee, war der geschliffen und, während das Kanalwasser durchdringend nach toten Holländern roch, einschüchternd unwiderleglich.

17 Rief Spinoza laut, Baruch, hör mich zum letzten Mal an, es ist höhnische Nachricht von den Linsenschleifern da, so verstand Spinoza kein Wort, nicht zuletzt, weil von seinem Gehör nichts mehr unverknöchert da war. Nur sein jetzt als Gemütlichkeit angesehenes Brummen, welches jenem der frühen Zange glich, die auf einem Kamm hin- und hergeschoben worden war, ehe sie in ihn eingriff, antwortete seinen hinreißenden Bemerkungen, die allesamt logen: ich verstehe dich, Baruch, sag ihnen einen Gruß, sie sollen etwas Sand zu Boden werfen.

18 Die Haare auf seiner Aufwerfung, womöglich dieselben, fanden sich auch unten, dies traf auch auf die Aufwerfung selbst zu, denn bei ihr handelte es sich um genau dieselbe Aufwerfung, die einen Vulkan enthielt und von der Besitzerin als Vulva erkannt wurde. Betrachtete Spinoza sich von vorn, so fiel ihm seine Schlankheit auf, die ihn zu heftigen Selbstzitaten trieb, aber auch, wenn erforderlich, keine allzu heftigen, abwärtsstrebenden Reaktionen auslöste.

19 Spinoza war völlig flach, die Zangen und Beine, fest an ihm angewachsen, weit zur Seite gedrückt, die Flügel mehr neben dem Leib als unter dem Leib, der Panzer nicht ungebrochen, der Kopf auf allem oben und mit einem Häkchen stärker festgemacht als früher. Die späten Gäste sahen ihn auf einer schaukelnden Biergondel, seine Argumente sichtlich gleich scharf.

20 Spinoza beschämend zufrieden feststellend, daß endlich durch seine Aufwerfungen eine Reißzwecke ging, die ihn mit seiner Einwilligung auf begangene Fußböden festlegte, deren Farben er

alle heiß liebte, umso inniger, als seine hoch befriedigten Augen zum ersten Mal die ganze helle, neulich erweiterte Kammer des Albums in sich aufnahmen und leicht verändert nach innen und außen weitergaben; gestochen ein Falter.

Korrespondenz

1 Massenburg stand vor seinem Schreibtisch und legte im Stehen letzte Hand an einen Brief für Ginzing. Es schlug fünf Uhr. Die Gräfinnen verließen die Häuser, aber längst hatten die großen Häuser die Gräfinnen verlassen. Massenburg klebte den Brief zu. Hinter dem Eschenschrank mit Wäsche, dasselbe Zimmer, trat Ginzing hervor, ohne daß Massenburg ihn sah. Als Ginzing Massenburgs Sorglosigkeit gewahrte, zog er sich verlegen in ein Wäschefach zurück, ohne laut zu werden.

2 Massenburg wandte Ginzing den Rücken zu. Massenburg ging allmählich aufs Postbüro zu, betrat es dann doch nicht, sondern warf den verklebten Brief in den Kasten vor dem Büro, als »Hallo Massel!« ihm Ginzing in den Arm fiel. Massenburg umarmte ihn unverzüglich, aber den Brief hatte er bereits eingeworfen. Ginzing sagte, es sei erstaunlich, wie lange heute die Briefe von Absender zu Adresse brauchten. Wenn sie erst mal ewig lange brauchen, sagte Massenburg, dann ist es aus mit unseren stumpfsinnig fickenden Kontakten. Erstaunlich sei, so Ginzing, die langsame Fortbewegung der Briefe. Ginzing überhörte manches. Ich würde vermuten, sagte Massenburg, Ihnen sei nicht entgangen, daß ich soeben einen Brief einwarf.

3 Ginzing zuckte die Schultern. Massenburg umarmte ihn abermals. Ginzing küßte ihn und schlug ihm zerstreut auf die Schulter, bis seine Hand im Pelzmantel versank und gekitzelt wurde. Massenburg war etwas gereizt. Sie mögen wissen, was Sie wollen, Ginzing, ich nehme der Einfachheit halber an, Sie wüßten alles, will sagen, wenn Sie soviel wissen könnten, wie ich Ihnen an Wissen zutraue, das heißt, mehr zu wissen als ich weiß. Das Leben ist ewig, meinte Ginzing, aber ich glaubte, wir seien per Du. Ginzing log eine Empfindung vor, denn er wurde bei abweisendem Verhalten anderer sehr ängstlich. Massenburg war einer der

unumstimmbarsten Nöler des sechsten geistigen Bezirks der Erneuerung.

4 Hören Sie mir zu, fragte Ginzing. Massenburg hörte nicht. Er hörte weg, bis der andere Wirkung zeigte. Ginzing war unsicher. Er mußte Massenburg seinen Trick lassen, oder das Verhältnis glitt in seine finsterste Komplexion. Jetzt hören Sie mir zu, stellte Ginzing fest. Es gibt noch mehr, das ich heute erstaunlich finden könnte, ja, wenn Sie nur etwas Erstaunliches anerkennen wollten. Massenburg wollte nicht. Da Ginzing ihm ein Stück entgegengekommen war, wandelte Massenburg das Entgegenkommen in etwas höheren Selbstwert um. Da stand an der Gehirnbörse ein Käufer, und Massenburg hörte sich ihm »Heut bin ich hundertfünf mehr wert« zuschreien. Das Zusammenzucken des anderen war sein Triumph. Kühl zu genießen; wer wußte, wann der nächste kam.

5 Ich will ja durchaus etwas Erstaunliches anerkennen, damit hatte Massenburgs Stimme einen Ton der Überdrüssigkeit erreicht, der die aufgeschwemmten Schleicher in die Flucht treiben sollte. Massenburg sah es gern, wenn man ihn floh. Genuß, sie sodann zurückhalten. Mach schon, knurrte Massenburg und drückte Ginzing einen gedankenlosen Kuß auf die Schläfe. Leckender Umgang, aber keiner von ihnen hatte einen besseren gefunden. Briefe vielleicht, aber die gingen lange und blieben trocken. So trocken, daß sie noch Stunden später als Stoff dienten, man redete und redete über Briefe, ganz so, als gebe es noch etwas, das Reden lohne. Heute, soeben, vor kurzer Zeit, als du den Brief zuklebtest, fing Ginzing an. Jetzt sind wir per Sie, Massenburg trat in eine neue Phase seines Spiels ein.

6 Heute, vor kurzer Zeit, soeben, als Sie Ihren Brief zuklebten, erklärte Ginzing fröhlich – an ihm prallte es ab, Imprägnierung schützte – da habe ich einen gesehen, der hinter dem Eschenschrank hervorkam und sich gleich wieder dorthin verkroch. Muß, wenn es kein Gestörter war, einer gewesen sein, der seine

Gründe hatte. Hatte er Gründe? Sich zu verkriechen? Haben Sie eine Ahnung, was der von Ihnen wollte? Damit war Ginzing schon wieder halb aus dem Spiel hinaus, das von Massenburg wieder an sich gezogen wurde. Was wollte er von mir? Das frage ich dich, brummte Massenburg, und noch ehe er es brummte, wußte er, daß es nicht sein bester Zug war. Dann kam ihm etwas anderes in den Sinn. Der Sinn gab aber nicht zu, daß es etwas anderes war. Erstaunlich, brüllte Massenburg und küßte Ginzing, diesmal aggressiv, Ginzings Kopf war ihm verfügbar, konnte an sich gezogen werden oder dort gelassen, wo er stand, zwischen hängenden, gemeinen Schultern. Erstaunlich, mein Lieber, was hat der wohl von mir gewollt?

7 Haben Sie Lutcher heute gesehen? fragte Ginzing. Der war's wohl. Er will Sie reizen, hat er gesagt, bis Sie ihm eine runterhauen, aber er nimmt auch was anderes als Runterhauen, er ist allmählich mit allem zufrieden, was von Ihnen kommt, wenn nur etwas kommt. Der alte, kolossale Lutcher! rief Massenburg, leutselig und ewig-eingerastet-wiederholend, Der Kolossale, Lutcher! Der wird mich nicht erregt sehen. Da kann er sich noch so anstrengen, rein in die Esche, hinaus aus der Esche. Rasend vor Wut soll er vorher werden, rein in die Esche, raus aus der Esche, ich lasse mich nicht beirren!

8 Was, wie Ginzing vermutete, Lutcher da von Massenburg erwartete, war ein unsägliches Kompliment, denn indem Lutcher zugab, daß von ihm, Massenburg, nichts mehr kam, tat er ihm den größten Gefallen, denn Massenburg wartete seit Monaten darauf, daß Lutcher zugab, von ihm, Massenburg, komme nichts mehr. Massenburg war an dem Tag auf alles gefaßt, sogar auf ein Gespräch über seinen abgesandten Brief, nur nicht auf die Erfüllung dieses Wunsches nach einem geständigen Lutcher. Lutcher war der allerverhärteste Steifbeinige des neunten Hauses zerebralen Synkretismus-Schlammes. Massenburg jubilierte. Lutcher schien klein zu sein. Sogleich haute sich Massenburg eins oben drauf. Triumphe gegen Lutcher hielt seine Natur nicht aus. Sie

mußte regelmäßig geschlagen werden, und blieben die Schläge aus, mußte er selbst nachhelfen. Stolz: wo sollte er damit hinkommen? All dies weitgehend unbemerkt sich abspielend vorm stumpfen Ginzing, der immerhin die Vermutung geliefert hatte, Lutcher sei bußfertig.

9 Plötzlich hatte Ginzing dennoch etwas mitbekommen. Ganz so, als hätten sie am selben Morgen das Spiel ›Ginzing ist Massenburg‹ nicht gespielt, tat Ginzing, der Massenburgs schweres Atmen unerwiderten philosophischen Anstrengungen zuschrieb, höchst erstaunt und fragte Massenburg, ob er nicht soeben Lutcher gesehen habe, vor einigen Minuten, genau so, wie Lutcher ihm, Ginzing, vor wenigen Minuten vermutetermaßen erschienen sei. Er schlüpft immer wo hinein, von wo er plötzlich ausschlüpft und sich anhängt, egal was geschieht, bemerkte Ginzing. Stumpfer Satz, des Sprechers würdig. Vor einigen Minuten Lutcher gesehen haben oder nicht, dies war abermals ein schreckliches Spiel jener Reihe, die sie beide übereinstimmend die ›Gossamer-Albatros-Zweierserie‹ nannten, nach dem Namen des mit Menschenkraft es gerade eben noch schaffenden Flugapparates, dem es gelang, stundenlang über dem Ärmelkanal nicht abzustürzen, bis der Ärmelkanal verärgert aufgab und sich als überquert erklärte.

10 Kaum ging dieses Spiel los, war auch das nächste angelaufen, es spielte nur selten und war, grob umrissen, die Aufhebung von Ursache und Wirkung auf Primitivstufe. Kaum hatte nämlich Ginzing die letzte Frage gestellt, trat er, ganz so, als sei er verschwunden gewesen wie Lutcher – während er ja, der Frage zuliebe, doch immerhin hatte präsent sein müssen – hinter einer geschwungenen Pont-Alexandre-Straßenlaterne hervor, ein Chaplin, ganz in muffigem ausgezahntem und schlottrigem Schwarz. Massenburg, nicht auf dem Laufenden mehr, welcher Zug zu tun, schrie nochmals verspätet in äußerstem Zorn, Nein, dieser Lutcher wird mich nie wütend sehen! Dafür sorgt doch schon dein bierruhiges Naturell, merkte der dumpfe Ginzing an.

Er lehnte ganz steif und gänzlich immun am Laternenpfahl, ganz so, als sei er Ginzing. Ginzing hingegen stand vor Massenburg und erwiderte dessen Näherungen mit einem sehr feuchten Erwiderer, den er ihm in die Grube unter der Unterlippe klatschte. Dann wartete der Ginzing, der Ginzing war, auf eine Antwort. Infernalische Privatsprachen in breitester Öffentlichkeit, eine Reprivatisierung weiter städtischer Bezirke zum Nutzen Zweier oder Dreier.

11 Selbstredend lehnte Lutcher an der Laterne und wartete. Kleine Freuden, denen er sich anheimgab, treibend, träge Schwimmbewegungen, immer mit dem Strom. Ginzing war verwirrend, Lutcher aufreizend, Massenburg schien zu kontrollieren, aber mit starker Verspätung. Sodann verabschiedete Ginzing sich. Er müsse, sagte er, zur Tageszeitung, eine Annonce aufgeben für einen täglichen Helfer, der ihm den Cointreau entkorken müsse, da es ihn ekle, das Entkorken, erst nach dem Entkorken wisse er weiter, »bis zum Grund, dem Hund«. Lutcher lehnte sich an den Pfahl, der sich stämmig eindrückte, musterte Massenburg träge mit zwei blinzelnden Kateraugen. Ein drittes war seine Krawattennadel, die im Gaslicht schimmerte. Du könntest dazu eine Krawatte anziehen, oder anders, schadet es der Nadel, wenn sie ausnahmsweise eine Krawatte halten darf, oder ist sie eine edle Nadel, die sowas nicht täte. Massenburg wurde vor Hilflosigkeit entschieden. Jetzt beging er schwere Fehler mit der grazilen Leichtfüßigkeit, mit der er sonst nur Nebenbei-Todesurteile sprach.

12 Massenburg ist ein fürchterliches Arschloch, finden Sie nicht auch? fragte Massenburg das Pont-Alexandre-Gaslicht, das mit einem liebenswürdig-atemholenden kurzen Entweichen Meinung markierte. Alles voll Menschen, Massenburg hielt dies für seine nächtlichen Fleischwerdungen. Die Petersilien- und Rettich-Phantome. Aber wir duzen uns doch, kam zu Massenburgs Beruhigung die eingespielte Antwort des Gaslichtes. Natürlich, brüllte Massenburg befriedigt, aber ein Arschloch ist er doch, dieser

Massenburg. Natürlich, brüllte Lutcher, und Massenburg zuckte zusammen. Einer hatte mitgehört, der war nun im Bild. Massenburgs pelzgefütterter Masochismus fand da eine strikte Grenze, wo seine Selbstabschätzigkeit von anderen aufgegriffen wurde und umgedreht in den berüchtigten Glaubensakt: Nichts glauben sie mir, nur, daß ich ein Arschloch bin, dies aber sogleich. Massenburg seufzte so stark, daß der Seufzer furchteinflößende Muskeln bekam, die wiederum genau auf Lutcher ihren Eindruck verfehlten.

13 In der Tageszeitung angelangt hatte Ginzing sogleich aufgegeben. Zuschriften waren keine gekommen, bereits auf die vergangenen Annoncen nicht, bis auf die eines alten Gefängniswärters, der ›Fortsetzung‹ wünschte, einer Schwererziehbaren, die in ihren Vierzigerjahren als Erzieherin ›Anfang‹ gefunden hatte, und einem abgedienten Obersten der Reserve, der Cointreau, was wohl stimmte, mit Bajonett zusammenbrachte und ›eins stechen‹ wollte, erläuternd, daß dabei die Korken flögen. Wann stellen Sie uns ein, fragten alle drei. Alle fragten immer so, kaum gab man eine Annonce auf. Mit einem leichten Schauder hatte Ginzing allen abgeschrieben, dankend, und mit ›nüchtern betrachtet‹ fingen die drei Absagen an. Dann hatte Ginzing sich eine Schachtel Zwieback gekauft, verließ den Laden, eine Apotheke, mit Apotheken-Zwieback, einer in Aufputscher getränkten Backware, die Zerknirschung entknirschte. Prallte zurück, da die Tram unmittelbar neben ihm erbost klingelte. Als wäre ich – dachte Ginzing dumpf, drückte sich zur Seite, erhielt auf den Ellbogen einen Hieb, der seine Zwiebackschachtel zerschmetterte. Und sah in Lutchers hohlen Mund. Unverkennbar die taktische Ausgangsposition seiner Weisheitszähne, und die lockeren Flicken. Da gab es nichts weiter zu sehen, Ginzing war traurig, Lutcher ließ sich gern mitschwemmen, und Massenburg, hatte er die Spielfolge wieder im Griff, schrieb neue Briefe.

14 Es folgten kurze Debatten, welche die Lage klärten, indem sie mit ihr aufräumten. Lutcher war ja nun offenbar beinahe auch von

der klingelnden Tram erfaßt worden. Deren Klingeln war säumig, und durch Säumigkeit desto verärgerter. Welche Fügung, stieß Lutchers willenloser Mund hervor, seine gernegroße Verwaisung unter dem intrauterinen Glauben ans Höhere zudeckend. Hat dir jemand geflüstert, daß ich hier sei? Ach, da hängt ja ein Briefkasten, sagte Ginzing und ging auf Lutcher doch noch ein, mit einem: Ich habe es selbst herausgefunden, als du mich von der Seite her schlugst.

15 Jedenfalls habe ich einen Brief für dich, sagte Lutcher und streckte ihm einen Umschlag hin. Dressiert wie ein Versand-Jagdfalke streckte Ginzing die warme Zunge heraus, zog sie dann, nichts beleckt habend, ein und steckte den Brief in die Westentasche. Dann erinnerte sich die Zunge. Leckte an Lutcher herum, der wiederum eine Menge Briefmarken dazwischenhielt und das Angenehme ins Nützliche überführte. Massenburgs Handschrift, meinte er kurz, der verwechselt immer die Hausnummern, neues Spiel. Weißt du, was drinsteht, fragte Ginzing. Interessiert es dich? fragte Lutcher. Es interessiert mich, aber es kommt nicht an mich heran. Ich verstehe es, aber es ändert mich nicht. Und darum, weil ich verfestigt zu bleiben entschlossen bin, interessiert mich der Inhalt.

16 Ich lese dir vor, was drinsteht, erbot sich Lutcher. Ach, ich war ja dabei, als er ihn schrieb, gähnte Ginzing. Alles längst bekannt, nichts ist der Fäulnis des liegengebliebenen Wortes zu vergleichen. Und, hat er dich in den Umschlag schauen lassen? fragte Lutcher. Frage aus eigenem Antrieb, erstaunlich für sowas Träges, Schwemmendes wie Lutcher. Er hat ihn sich laut vorgelesen, und ich habe zugehört, gähnte Ginzing. Glaubst du, er hätte es gewagt, mir einen Brief zu schicken, ohne daß ich vorher wüßte, was drinsteht? Gefährlich-vertreibendes Klingeln der Tram. Sie sprangen beide zurück. Darauf einen Zwieback, sagte Ginzing. Lutcher kaute schon und wurde fixer. Dies in einem bestürzenden Maße. Alles so zerbröselt, hauchte Ginzing, aber Lutcher hatte den federnden Mund voller Krümel und schluckte.

17 Achtung, Straßenbahn! schrie Ginzing und riß Lutcher wieder von den Schienen. Wieso das?, mich absichtlich davorwerfen!, seufzte Lutcher und trat nochmals vor. Aber nichts kam mehr. Nicht einmal eine spezielle Einsatzlinie. Und unterhalb einer speziellen Einsatzlinie hätte Lutcher es nie getan. Einstweilen trat er zurück und die Frage hatte sich gelohnt. Das Leben ging beinahe weiter. Ginzing trat zum Kiosk und holte sich eine Tageszeitung. Cointreau, fragte die ganz oben, ganz vorn. Verrutschte Annonce, kommentierte Ginzing, heute sind sämtliche Staatsmänner in den Inseratenteil gerutscht. Der Unterschied ist mit würgenden Händen greifbar.

18 Komplex, dachte Massenburg, der allmählich aufs Postbüro zuging. Er betrat es nicht, sondern warf den verklebten Brief in den Kasten vor dem Büro, als »Hallo Massel!« ihm Ginzing in den Arm fiel. Der las begierig, schloß den Umschlag, streckte die Zunge heraus, an der Massenburg die Marke abrieb. Lutcher, kleidsame Verpuppung, stand in seinem ewig-blöden, immerhin winddichten Anorak und titelte, Heute war das aber ein großer Tag mit weißen Tupfern.

Aktenzeichen KFZ

1 Sein Licht in der Nacht spiegelte in der Nässe, und die Straßenbegrenzungen lagen eng zusammen, zu eng zusammen. Am späten Montagabend, Jahr beliebig aber krisengeschüttelt wie immer, mörderischer Nacht-Riß zum Dienstag, der sämtliche Wochentage zu verschlingen drohte, am späten Montagabend kam es an der deutsch-schweizerischen Grenze zu einem schweren Verkehrsunfall.

2 Beim Verkehrsunfall wurde der junge Merder Emil, wohnhaft gewesen in Kleinhüningen in einer Art Loch mit drei Fauteuils, ein Ofer seines emsigen und durchaus nicht leutescheuen Radfahrens. Der Verunfallte beabsichtigte nach links abzubiegen, um meinem vortrittsberechtigten schwarzen Triumph den Weg abzuschneiden. Es gab für dieses Linksabbiegen keinen anderen Grund als die Absicht, meinem Wagen den Weg abzuschneiden.

3 Wer soviel wagte, machte und macht mir Eindruck. Ich opferte ihm ein bißchen Profil. Räderblockade. Kaum Bremsweg, aber zuviel Bremsweg. Es kam zu einer heftigen Kollision, die ich in der Fahrermulde meines Kabrioletts sitzend an den Füßen spürte, an den Füßen zuerst, da vor allem immer die Füße zuerst in eine Kollision verwickelt werden, es wäre denn, man fliegt gesichtsvoran; dies aber teilt sich sogleich mit, man täuscht sich nie; außer, man hat kein Bewußtsein der Sache, wegen ihrer Geschwindigkeit, die stets höher ist als die eigene Geschwindigkeit. Der junge Merder Emil wurde so heftig von meiner Kühlerhaube berührt, daß er wegschleuderte, und er blieb leblos auf der schmalen Straße vor dem Balkan-Grill liegen.

4 Einsicht; Einstich; Tropfflasche. Im Spital zu Sankt Klara, Oberschwester Suzanne; sie hielt ihm den Kopf, den sie nur schlecht erkannte; Krankenschwestern sind dahin erzogen, daß sie, was

sie nicht mehr erkennen, fester halten als das, was sie noch erkennen; Oberschwestern sind dazu ausgebildet, Krankenschwestern in ihren Reflexen zu erziehen; so daß oft die allerunkenntlichsten Behandelten den Schwestern und den Oberschwestern am schwersten entrissen werden können; das Spital zu Sankt Klara hatte eine neue Generation Schwestern zu Entreiß-Schwestern ausgebildet. Sie lagen mit den anderen Schwestern in Fehde. Alle rissen sie an Emil Merder herum.

5 Bei Oberschwester Suzanne, die eine Krall-Schwester war und ein gesundschlagender Berserker, war der Merder, kaum hatte sie ihn zugedeckt und seiner ihn begleitet habenden Tochter die mitgebrachten Lilien aus der Hand geschlagen, den Verletzungen erlegen, welche er bei seinem Verkehrsunfall im Nacht-Riß zum Dienstag aus radtretender Unverschämtheit mit mir erlitten hatte. Auf dem glatten Straßenstück zwischen Spalentor und Webstube geriet mein Triumph, dessen Bleche sich während des Abfeuerns ineinander hineinschoben und breite Luftschlitze freimachten, auf die linke Fahrbahnhälfte. Ich stand außen, auf dem Gehsteig, und sah beteiligt zu.

6 Der Wagen bückte sich, zog sich zusammen, setzte zum Sprung an, geriet in einen Trichterhals von Möglichkeiten, der ihm nur eine übrigließ. Kollidierte frontal und mit trockenem Knall, einer längst fälligen Entkorkung vergleichbar, mit einem flaschengrünen Ford 45 p. H. (post Henry); Blechfalze; Flüssigpfützen; auf dem Gehsteig dachte ich an Henrys geniale Werbezeile zum Model T, für welches Henry gesagt hatte, You can have it any color provided that it's black. Durch den trockenen Aufprall wurden Merder und seine einzige Begleiterin, mit der er von einem Ruderfest kam, sehr schwer schockiert und unterlaufen, gewissermaßen verletzt in die Luft gehoben und oben gelassen; während die Geschwindigkeit bei allmählicher Zerknitterung der Bleche und bei einsamer Explosion einer dürren wegspringenden Nut ungebrochen anhielt.

7 Ich glaube, ich sei im Windkanal für einen Windschlüpfrigkeitstest. Nach dem Zusammenstoß der drei Personenwagen, darunter einer aus Kuweit mit zweihundert mittleren Kannen Öl im Kofferraum und zwei doppelt geführten Hinterreifen – es drangen alle drei Wagen ineinander – auf der Grenzacherstraße zwischen der Theodorskirche und der Bierbrauerei mit den zischenden Malzdämpfen, mußten alle acht Verletzte samt ihren Körpern auf die Sammelstation gebracht werden, wo sie nicht gleich, sondern nach kurzem Warten, auf die Beige gelegt wurden. Quer lagen zehn; längs lagen die zehn folgenden; quer lagen die zehn folgenden.

8 Da mir Zeugen zugesichert hatten, sie würden zusehen, wenn es eintrete, dann aber, bei Eintritt, wegsehen, sagten sie, als sie von Suzanne befragt wurden, ich hätte zwei Taxis blitzartig überholt und bleischweren Fusel geatmet und habe linksaußen neben der vermuteten Sicherheitslinie zum Überholen eines Viehtransportes angesetzt, dessen brüllende Stiere den beiden Taxis zu verstehen gegeben hätten, sie möchten aufsteigen, hätten aber in ihrem Fell keine Tasche fürs Kleingeld. Ich hätte angewandt die Methode: wenn dich der Transport nicht läßt, dann zertritt ihn. Kaum widersprach ich, schob Suzanne mit einer Empörung, die ihr über einen ganzen Vormittag hinweghalf, das Rollbett mit Merder Emil von mir weg, und ich, da ich meinen Blick gesenkt hielt, sprach meine Krankengeschichten eine beträchtliche Zeit lang in die leere Luft; dafür standen die Lilien von Merders Tochter wieder in Sträußen vor mir.

9 Das Malz der Brauerei – so mußte es sein – machte die Mauer, auf die einer zuraste, unsichtbar, bis er davor stand, oder die Mauer schoß plötzlich auf einem Hubpodium empor und an der Hebekurbel stand ein Zähnefletschender mit einem Herz mit schmutziger Schale und faulem Kern. Mit Schwämmen sogen die Kuweitis ihr Öl aus den Rinnsteinen, verkauften den Rentnern die Schwämme als Brennmaterial, Rentner rannten heim und steckten die Schwämme in ihre schwarzen Eisenöfen bei der Kleider-

ablage, beim Hochheben rissen die abgescheuerten Mäntel unter den Achseln. Auf der Unterwäsche hatten sie Lilien eingestickt, auf der Haut auch.

10 Sommerabend. Atmosphäre. Malzwolkenhimmel. Ich hätte, so Zeuge Malfrat, die Gelegenheit wie jeder andere genutzt und sei unmittelbar nach einem trockenen Aufprall, der mir nicht habe entgehen können, mit Wasser in den Augen in einem unbekannten Durchgang verschwunden; ich sei verdampft, denn auf der anderen Seite des Durchgangs kam nichts mehr heraus; dafür verschwand eine Portion, fettes Mahl, aus dem Balkan-Grill. Seine, des Zeugen, Aufgabe liege in der Rekonstruktion, nicht im Gesehen-Haben.

1 Man ließ mich gerichtlich nachmessen. Die Deutsche Industrie Norm maß und stellte vierhundertneunzig Pferde unter der Haube fest; die schnaubten und wollten ihre Ration. Zitat: »Dies ist kein Auto mehr, dies ist eine Pferdefarm, von maniakalischem Cowboy gelenkt, ping pong peng.« Auf dem Rhein hatte sich im Nacht-Riß zum Dienstag, halb eins morgens, als der weiße Mond den Corral beschien, in dem das Gestüt schlief und die vielen Hundert Hengste herbeiträumte, bis sie auf einmal . . . dem Zeugen Malfrat brach die Stimme; ich sah schon Oberschwester Suzanne an ihm reißen und ihn als Beute am Arm durch die Korridore zu Sankt Klara schleifen; es wurde ihm gerichtlich ein Glas Wasser gereicht; mit der Blumenschere schnitt ihm Merders Tochter die Krawatte unter dem Knoten ab und legte sie mir aufs Nachttischchen; you can have it any color, sagte Henry, schnallte sich ab und schwebte freihändig im Cockpit.

2 In seinem Wasser, das zwischen Aufguß und Brühe lag und die Augen des Zeugen ätzte, gestaltete sich ein Verkehrsunfall, bei dem ein Truppentransporter, den unbewaffnete Zuschauer der drei oberen Einkommensklassen einmütig als den Vater des jungen Merder bezeichneten, sowie mehrere dieser Zuschauer umkamen. Denn der in Barcelona wohnhaft gewesene und an seinem

zwanzigsten Geburtstag zu Fuß von Malaga nach Sevilla gegangene (se acaba!) Magaziner Pedro Muller, ein nationalkonservativer Arbeiter, der ein Stück vivisezierten Magen seines Regierungschefs an einem Halskettchen auf sich trug, fuhr auf seinem verladenen Lastkahn, mit Kies zugeschüttet, von der Au her gegen Dornachs Küsten und wurde, wie mir aufgeht zu meinem Schrecken und meiner Befreiung, von meinem entgegenschwimmenden Schützenpanzer überrollt und hingerichtet.

13 Hofmauer. Tuffsteinfugenmoos. Exekutionsschrei. Mein Raupenfahrzeug, der curare-getränkt stechende Moskitoleib, schien dort, wo an der Außenhaut der Klappspaten befestigt war, starke Blutspuren aufzuweisen und unten beschädigt zu sein an der Zementmischmaschine, da Mullers Fingernägel am Bauch gekratzt hatten und sich im Gürtel verkrallten, ehe mein Komando tauchte und alles ... ein zweites Glas Wasser; Anordnung ausgeführt durch Gerichtsdiener; er zittert; wird nicht gefragt; gesteht aber freiwillig: er kann nicht Auto fahren.

14 Übergreifend in die darin verwickelten Personen plus sechs Mitglieder der rein schweizerischen Familie Müller, Vornamen n: nicht eruiert, bestimmt die Großeltern, wahrscheinlich die Eltern, doch wohl ein Onkel, leider nur ein Kind, wurden am spätesten Montagabend, bereits hatte der Nacht-Riß den Dienstag geboren, auf der Rheinhalbinsel beim Männerbad ausgeworfen, und die nackte weiße rippige Brust der Greise ... Das Wetter, Zeuge? So unterbrochen findet Malfrat nur: »Nässe spiegelte, beliebiges Jahr, Masse, Masse.«

15 Erzählen Sie genau, was vorging. Ausgeworfen? Wir weisen Sie gleich ein.

16 Ausgeworfen bei der Badeanstalt wurden zehn ineinander verhängte Personen, ineinander eingedrungen, zentrifugiert, und vom Delta her wurden sie mit Fallschirmen und mit einer letzten Schokoladenkante eingedeckt, denn ihr Ozeanriese stieß trocken

auf meine Patrouille, schaukelte sich hoch und endete im Sturzflug. Verwelkt, stellte Emil Merders Tochter fest und ersetzte, was verwelkt war. Fing sogleich Feuer im Flächenbrand und angstschweißtriefendes Mordio. Züngelflammen. Weißglut. Feuerspitzenlecken. Anlaß fürs Verhängnis war die Entsendung der inländischen Marine, Versagen der Atollkarten, hielten Korallen für Weichtiere und ihre Riffe für große Daumen. Fest gebacken die Zeiger der Kreiselkompasse, öffentlicher Schaum auf den Grundwellen, eine unermüdliche Entleerung des Luftraumes und meines Mandanten, der auf Pintenkehr trudelte und seine Lizenz verlor.

17 Personen, auch fremde, nicht eingeladene, von den Vorfällen nicht verschlungene, wurden gebeten, sich mit mir über das Bezirksamt in Verbindung zu setzen, Vertrauen mit Vertrauen zu erwidern und den Termin der Invasion auf den längsten Tag zu verlegen, wo ich sie, Sicherheitsgurte vom Kinn bis zu den Knien, unter Amtseid nehmen und in einen Pulk fliegender Festungen umbauen würde.

18 Abführen.

19 Nebelverfliegen. Landebahnperspektive. Leitlichtlinie. Ehe sie mich erkannten, waren die Visiere aufgesetzt, klappbar, und sie schnappten zu, das eigene Gewicht ließ sie einklicken ... Stahlwehmut ... diese massiven, hermetisch abgeschlossenen und ihre Insassen allesamt erstickenden Gebilde fuhren dunkle Stoffbälge aus, schoben sich den Münstertürmen entlang in die Höhe ...

20 ... zuversichtlich – so mußte es sein – höchst zuversichtlich unter der Umklammerung pfeifende Protestantenorgel ... die Gebilde ... Insassen erstickt Gesichter an Kabinenfenster gepreßt Augen vor ... sie versandten weniger als zwei Dutzend, das Stadtende herbeiführende, Kugelblitze und blieben bis zum Winterfahrplan drohend über dem Weichbild hängen ... please hit the target, aber warum please? ... dann wagte der erste mehr, entlud sich an

einem Absperrdraht ... in der Nässe spiegelte sich im Nacht-Riß sein Licht ... Straßen unerträglich begrenzt und das alte trostlose Bild kam zum Vorschein ... blätterte ab und das alte trostlose Bild kam zum Vorschein ... blätterte ab, und das alte, trostlose Bild aufscheinend ... blätterte ab, und ich fuhr an die Zapfsäule, tankte verbissen Super voll, steuerte auf die nächste Schwimmweste zu. Sie hatte zu kurze Träger, ließ sich nicht zubinden, atmete aus und wehrte sich und war verbissenes Objekt, als ich grau in sie hineinschlüpfte.

Beim blutigen Jacquin

1 Am Morgen saß er einem fremden Mann gegenüber. Am Morgen saß Jacquin einem sehr fremden Mann gegenüber. Der Morgen war angebrochen, und Jacquin hatte sich ins Büro begeben. An seinem gewohnten Platz saß er plötzlich einem fremden und abweisenden Mann gegenüber. Offensichtlich war dieser auch talentlos. Ganz sicher hatte dieser, ebenso wie Jacquin, kein Talent, auf einen Gegenüber einzugehen. Es war deutlich, daß ihm, ähnlich wie Jacquin, die Eignung abging, mit einem anderen Menschen rasch in eine Beziehung zu treten. Es war nicht nur seine Schuld. Ganz sicher, dachte Jacquin, ist auch meine grundsätzliche Lage mit schuld. Ganz bestimmt, dachte er, ist die Schuld darin zu sehen, daß ich in einer solchen Lage stecke. Ich bin tiefinnerst überzeugt, dachte Jacquin, der andere kann gar nichts dafür, daß ich trotz seiner Anwesenheit allein bleibe.

2 Anders hätte alles sein können. Hätte Jacquins Büroraum Fenster gehabt. Hätte dieser, Jacquins, Büroraum, wie andere Büroräume derselben Firma, Fenster gehabt auf einen Hinterhof oder auf Dächer aus Holz, Schindeln, Ziegeln oder Wellblech hinaus, dann wäre Jacquin etwas Ablenkung geboten worden. Hätte sein mit einer dunkeln Farbe angestrichener Büroraum an den Wänden Fenster gehabt, so würde Jacquin es nicht versäumt haben, über den Verkehr draußen, über andere Menschen, viele kannte er zwar nicht, oder sogar übers Wetter zu sprechen. Mit Fenstern würde er über dies alles gesprochen haben zur Ablenkung; aber ohne Fenster? Weil die Fenster fehlten, bot sich kein Gespräch. Die Fenster waren nicht da. Also konnte kein Gespräch über etwas Außenliegendes begonnen werden. Selbstverständlich fehlten in just Jacquins Büroraum die Fenster. Sie schienen ihn hierher strafversetzt zu haben, ganz ohne Grund war er nicht hier, etwas mußte an seiner Einteilung in diesen fensterlosen Raum schuld sein. Der gegenübersitzende Herr wurde noch etwas

abweisender. Jacquin schrumpfte in sich zusammen. Er fühlte, wie er immer kleiner wurde. Wie er immer schäbiger wurde; das fühlte er auch. Wie er immer schmutziger wurde; das fühlte er auch. Und, wie ein bitterer, trockener Ekel ihm die Kehle zuschnürte, die sich gern zum Fenster hinausgelehnt hätte.

3 Der Fremde saß da, ruckte einwenig auf der Sitzfläche. Ohne von Jacquin Notiz zu nehmen, saß der Fremde, von geringfügigem Rucken ergriffen, auf dem drehbaren Sitz seines hohen Bürostuhles und las ab und zu eine Akte durch. Es war weniger ein Durch- als ein Anlesen, denn kaum hatte er in eine dieser Akten über irgendwelche Motorfahrzeuge hineingeschaut, legte er sie wieder ab. Dieses Fallen der Akte, die der Fremde kurz anlas und dann ablegte, dieses Ablegen der Akte, die der Fremde kurz anlas und dann fallen ließ, dieses Fallen der angelesenen Akte im fensterlosen Raum war das einzige Geräusch, das vom Fremden ausging. Er ruckte ganz leicht, als sei ihm beim Sitzen nicht bequem. Irgendetwas fehlte ihm. Jacquin fragte nicht, was. Der Fremde ruckte leicht; was ihn aber beim Anlesen der Akten nicht störte.

4 Dann fing der Fremde etwas Neues an. Er hatte eine Beige von etwa fünfundvierzig Akten, die etwa zweiundfünfzig Motorfahrzeuge behandelten in genauer Aufstellung ihrer Motorenwerte und Abmessungen, angelesen und mit einem hohlen Knall auf den Tisch fallen lassen, als er plötzlich damit aufhörte. Er hatte ein Repertoire an Beschäftigungen, eigens für dieses Repertoire, für eine Erprobung seines gesamten Repertoires, war er in Jacquins Büroraum gekommen. Jacquin hatte sich bereits für Fenster eingesetzt. Vor fünf Jahren. Kann man da was einbohren, hatte er die Waschfrau mit einem Deuten auf die Wände gefragt. Hier sollte man einen Durchbruch wagen, hatte er ihr, vier Wochen später, also vor fünf Jahren weniger vier Wochen, gesagt. Sie hatte nicht zugehört, zunächst. Dann hatte sie in höchster, in allerhöchster, Gleichgültigkeit einen umfänglichen Eimer ergriffen, zunächst sah es so aus, als wolle sie die Fenster, die nichtvorhandenen, reinigen. Als sie den umfänglichen Eimer

ergriff, kam es Jacquin zum Bewußtsein, daß diese arme kleine vom Leben gedemütigte und vom Leben nie wieder an die sonnenbeschienenen Oberfläche hervorgelassene Frau diesen umfänglichen Eimer unmöglich selber tragen konnte.

5 Nachdem es sich herausgestellt hatte, daß die Waschfrau mit ihrem viel zu großen, silbrig glänzenden und mit dem Tragehenkel klappernden, Eimer keinesfalls die Fenster saubermachen wollte, sondern die schmutzige, graue, trübe und schaumbildende Lauge zur Reinigung von Fußböden in Nachbarsbüros der Motorfahrzeugkontrolle gebrauchte, wußte Jacquin, er würde noch lange Zeit keine Fenster in die Wand geschlagen bekommen. Warum war die Frau ihm gegenüber so gleichgültig? Es mußte sich um seine Art sie anzusprechen handeln; allerdings haftete ihr etwas Dringliches, Keuchendes, Sich-Überschlagendes an, ganz so, als seien diese wenigen Fenster, ohne welche er schon seit Jahren auskam, auf einmal für sein weiteres Leben von Interesse. Die Waschfrau ergriff, ihn vollkommen beiseite lassend, ihren klappernden Eimer und verfügte sich ins nächste Büro.

6 Was lesen Sie denn, wollte Jacquin dem Fremden zurufen, Ein registriertes Auto schaut doch genau gleich aus wie das andere. Sie sollten jetzt nicht an Karrosserie und Aufbauten denken, wünschte Jacquin dem Fremden über den Tisch zuzurufen, das Auto ist eine Wesenheit, strukturell ist jeder Wagen mit dem andern identisch, demnach kann eine Registratur aller vierrädrigen Kraftfahrzeuge des Kontinents unmöglich so interessant zu lesen sein, wie Sie vorgeben. Sie geben, so hätte sich Jacquin gern an den Fremden jenseits des schweren Tisches gewandt, vor, Sie seien an sämtlichen Kraftfahrzeugen des Kontinents interessiert, die nun allerdings bei uns registriert sind; wo sonst? Diese Autos sind aber mehrheitlich dieselben, zumindest in einer Registratur, wo ihre Aufbauten nicht eingetragen werden und ihr Zubehör bedeutungslos wird. Eine solche Registratur sei, so hätte Jacquin gern fortgefahren, die große Einigerin, Gleichmacherin vor dem Herrn-der-Einblick-nehme, eine identitätsraubende Plattwalze-

rin jeder speziellen Eigenschaft, die sonst ein Ding vom andern, einen Menschen vom andern unterscheidet. Bis zu diesem, an den in seinem eigenen Körpergeruch dasitzenden und leise vor sich hin schabenden und lesenden Fremden gerichteten Ruf kam Jacquin nicht, weil er sich, ebenso wie vor fünf Jahren, und ebenso wie vor vier Jahren, und ebenso wie vor dreieinhalb Jahren, und ebenso wie – nach einer längeren Pause der Entmutigung – vor zwei Jahren, und ebenso wie – jetzt wieder regelmäßig anfragend! – vor einem Jahr, und ebenso wie vorvorgestern, und ebenso wie gestern, und ebenso wie gleichentags früh ... weil sich Jacquin, der Kraftfahrzeugsamtsbeamte, in eine einseitige Debatte mit der Waschfrau über die Notwendigkeit seiner ihm bald zu schlagenden Fenster verstrickt sah.

7 Wenn sie jetzt, hatte Jacquin gedacht, auf die Wand zugeht und diese mit ihrer grauen Lauge reinigt, als wären da Fenster, dann ist sie wahnsinnig geworden, o, wenn ich das auch dürfte, ich würde mich augenblicklich aus dem Amt zurückziehen und mir auf der Insel La Réunion einen Bambuszaun um die Hütte bauen lassen; sie, die Waschfrau aber, soll, falls sie irrt und die Wand mit ihrer Spüllauge reinigt, als wären da Bürofenster im Amt, wo aber in Wirklichkeit keine Fenster sind – sie soll augenblicklich weggetragen werden, nachdem man sie gefesselt hat. Dann soll sie in eine bewachte Anstalt kommen und dort sehen, was man mit ihr weiter tut.

8 Die Waschfrau aber, als hätte sie Jacquins ekelhafte und kranke Gedanken erraten, ging, noch nicht einmal achselzuckend oder lippenschürzend, von der Wand, auf die sie gemäß Jacquins Annahme hätte zugehen sollen, weg und verließ sein Büro, um aufs nächste Büro zuzugehen, wo sie den Boden fegte, obschon dort, drüben, weiter oben im Korridor, tatsächlich einige Fenster auf Hinterhöfe, Wellblechdächer, Versicherungsgebäudeaborte, Lebensmittelvorratsräume von Kleinwarenhändlern und auf schlecht riechende Garküchen von verlorenen Restaurants hinaus gingen. Ihren umfänglichen Eimer schleppte sie mit. Sie

versetzte ihn in Jacquins Büro in irgendwelchen Schwung nach vorn, und das aberwitzig große, klingelnde und schwappende Gefäß blieb in diesem Schwung befangen und riß sie, die Waschfrau, in seinem Schlepptau, mit ins nächste Büro. Der Eimer riß sie mit, so groß war er. Sie war so klein im Vergleich zum Eimer, daß sie mitgerissen wurde.

9 Sie kann diesen Eimer, eine entsetzliche, ihr angetane Grausamkeit, nicht selber tragen, dachte Jacquin zutiefst entsetzt und fühlte, wie sich ihm die Haare sträubten. Sie konnte aber, dem Augenschein zum Trotz, der Jacquin immer wieder aufs arglistigste hinters Licht führte, diesen umfänglichen Eimer voller Brühe sehr gut tragen, indem sie sich nämlich teilweise von ihm, dem klingelnden und schwappenden Eimer, selber nachschleppen ließ. Jacquin atmete erleichtert auf, denn nach seinem Gespräch mit ihr, daß es Zeit für ein paar Fenster im Büro sei, um mehr Gesprächsstoff für Fremde zu haben, fühlte er sich so beleidigt wie immer, nämlich wie damals, als er, vor fünf Jahren, es mochten auch zehn oder fünfzehn Jahre gewesen sein, zum erstenmal an sie herantrat und sie vor die Frage stellte, schon damals allerdings in der heimlichen Absicht, ihr Wahrnehmungsvermögen so zu prüfen, wie die Büroleitung, von ihr anscheinend benachrichtigt, durch den Fremden nun seine, Jacquins, Wahrnehmungsfähigkeiten prüfen ließ.

10 Jacquin hatte die Absicht, die Prüfung mit Glanz zu bestehen, worauf ihm, wie er wußte, immer neue Prüfungen gestellt werden würden, welche er alle zu bestehen haben würde, es wäre denn, er hätte gleich entlassen werden wollen und sich zurückgezogen auf die Insel La Réunion, auf welcher er hinter einem dichtgeflochtenen Bambuszaun in seiner kargen, etwa zwei Zimmer großen Hütte weiterleben wollte. Weil Jacquin alle noch auf ihn zukommenden und ihm von der Amtsleitung gestellten Prüfungen bestehen wollte, wollte er jetzt mit der da einen glanzvollen, strahlenden, alle Kontrolldirektoren blendenden und atemlos zurücklassenden Anfang machen; warum nicht mit diesem Frem-

den. Jacquin wünschte ein Exempel an ihm zu statuieren. Ein Exempel nämlich, wie ein einfacher Motorfahrzeugregistrator auf der großen kontinentalen Registratur auf eine ihm aufgegebene Wahrnehmungsprüfung nicht nur alle Antworten findet, sondern auch neue Fragen hinzuerfindet, welche, sodann, nach bestandener ›Frageprüfung‹, in einer neuen, vom Examinanden zusätzlich erfundenen ›Antwortenprüfung‹ das Schiedsgericht, bestehend aus den Leitern aller Registraturdepartemente, in höchste Verlegenheit bringen sollte. Mit blendendstem Glanz bestehen wollte Jacquin diese ihm aufgegebene und gestellte Prüfung, die in Form dieses unförmigen und schlecht riechenden, zerknüllt wirkenden und unausgeschlafen bleibenden Fremden vor ihm saß, in einer Akte nach der andern blätterte, leichte Knälle beim Ablegen der Akten erzeugte, und im übrigen bereits durch ihre dunkle, an der Westenoberfläche kritzlig und aufgeregt gemusterte Oberfläche die Einladung zu versenden nicht müde wurde: Komm, kleiner Beamter, brich aus dem Trott aus und faß endlich die grundlegenden, vor dir sitzenden Problematiken und Teilproblematiken deines Kontinents wacker, unverzagt und entschlossen mit festen, griffigen Händen an, du sollst es nicht bereuen.

11 Jacquin wußte, er würde nichts bereuen. Daß er nichts bereuen würde ... dafür war sein Gedächtnis Garant. Hatte es früher, als er ins Kraftwagenamt eintrat, ungeheure Strecken umfaßt und war es da zu den entlegensten Herholungen widersprüchlichster Tatbestände zu brauchen gewesen, so hatte sich seither, fast freiwillig, bei diesem Gedächtnis eine Verkürzung vollzogen, welche die ferne Zeit die ferne Zeit sein ließ und das Nähere das Nähere nannte, und das Unmittelbare als das Unmittelbare ansah. Widersprechend war das meiste des von diesem in seiner einstmaligen Stärke Wieder-Hervorgeholten gewesen, denn Jacquins Leben hatte nie einen geraden Kurs verfolgt. Dieser Kurs war immer ein unaufhebbar gewundener gewesen, indem Jacquin zwar ständig eine Art harthölzernes Existenzlineal an seinen Lebensweg anlegte (»damit die Rechenschaften am Jahresende

oder bei starker calvinistisch-buchhalterischer Erregung einfacher werden!«), mit diesem Lineal aber nichts zuwege brachte als allmähliche kleine Verschiebungen, indem jenes an dieses Leben angelegte Existenzlineal unter Jacquins Existenz-Hand sogar immerhin bloß ganz unexistentiell leicht wegrutschte, und der Existenzschriftzug des Jacquin wurde krumm, wenn auch immer am Lineal anliegend. Da schien es Jacquin besser, kein Gedächtnis zu haben, oder ein ganz kurzes, und dies, obgleich er nichts zu verbergen hatte, außer dieses Widersprüchliche.

12 Niemand, der Fremde und die Akten zuletzt, fragte diesem Widersprüchlichen etwas danach. Dieses Widersprüchliche durfte geheim bleiben aus Desinteresse. Alle anderen waren an Jacquins Widersprüchlichem, das zudem noch in ferner Zeit steckte, desinteressiert. Er hatte anfangs kurz davon erzählt, aber dann bald sehr wenig nur davon erzählt und schließlich davon geschwiegen. Das Schweigen stellte eine kurze Übereinstimmung her, die allenfalls von der Waschfrau mit ihrem »Dies oder jenes plagt mich, quält mich, tut mir weh« wieder aufgebrochen wurde. Nach dieser kurzen Übereinstimmung mit etwas Desinteressiertem und auch ebenfalls total Uninteressantem, das einst die Welt gewesen war und jetzt bloß noch aus starkem Übertreibungsgeist heraus die Welt genannt werden durfte, nach dieser kurzen Übereinstimmung mit jenem Etwas, sowie nach deren Aufhebung konnte Jacquin zumindest sich an eine Teilproblematik wagen, von der er weder wußte, wie sie hieß, noch überhaupt, ob sie existierte, noch überhaupt, ob so etwas wie Teilproblematik noch vorhanden war. Jacquin wunderte sich. Das Wundern betraf den Fremden. Ob er vielleicht in den von ihm durchgeblätterten und auf den Tisch geschlagenen Akten eine Auskunft über das gewann, was Jacquin in den kurzen Zeiten seines Nachdenkens und den kurzen Fristen seines Interesses und den kurzen Reichweiten seines Gedächtnisses noch umtrieb. Es wunderte sich Jacquin. Den Fremden betraf das Wundern, doch dieser Fremde merkte davon sozusagen nichts. Bisher ließ nichts darauf schließen, daß in diesen Akten, die ja nicht umgeblättert zu werden brauchten –

denn warum überhaupt diese Akten durchblättern, oder: warum überhaupt Akten durchblättern, oder: weshalb grundsätzlich überhaupt etwas zum Durchblättern erfinden? – daß in diesen Akten, wenn sie denn schon umgeblättert wurden, eine Auskunft über die von Jacquin, vielleicht zusammen mit dem Fremden, in Angriff zu nehmende Teilproblematik gefunden werden konnte.

13 Als hätte er Jacquins Überlegungen oder deren Versuch mitbekommen, blätterte der Fremde rascher. Bei jeder neuen Seite pumpte sich sein Nacken leicht auf, da schien nämlich die Wirbelsäule oder der Anfang der Wirbelsäule unter der Haut wegzurutschen, und der von viel Fleisch eingeebnete Nackengrat floß zur Seite, und zwar beträchtlich. Da war das eine Ohr, unterhalb diesem eine eitrige Öffnung, aus der plötzlich ein Stück blutiges Rückgrat herausragen konnte. Da war das andere Ohr, vor diesem eine noch etwas größere eitrige und stärker eingetrocknete Öffnung, aus der plötzlich, ohne daß der fremde Kopf sich rührte, ein längeres Stück desselben Rückgrats herausragen konnte. Ragte ein solches Stück Rückgrat beim einen oder beim anderen Ohr heraus, so beschleunigte sich das Blättern ebenfalls, und mit der freien Hand, eine blieb frei, eine Hand wurde nicht benützt, mit dieser freien Hand führte der Fremde ein Taschentuch ans Ende des herausragenden Rückgrates und reinigte es von Körperresten, um es, wenn es gereinigt war, wieder verschwinden zu lassen, damit es bilde den Mittelgrat hinten am im Fleisch eingebetteten und friedlich vor sich hinwuchtenden Nacken.

14 Der Fremde saß da, ließ diese Knochen spielen und bewegte die Rädchen seines Stuhls auf dem geglänzten Boden, der durchschnittlich geglänzt und seinerseits vollkommen unbeträchtlich war. Von Jacquin wurde noch immer keine Notiz genommen, und Jacquin fühlte seine Fähigkeit, den anderen anzusprechen, nicht kommen. Die Fähigkeit blieb einfach aus; was auch Jacquin entsetzte; diesem Entsetzen half sein Gedächtnis ab, indem es das Entsetzen gleich vergaß. Jacquin fühlte den Punkt des Voraus-Vergessens, wo diese Fähigkeit des absoluten Vergessens Ereig-

nisse vergaß, die noch nicht eingetreten waren. Der Sitz, auf dem der Fremde saß, war drehbar, und es hätte mit dem Teufel zugehen müssen, wenn der Fremde sich nicht bewegt hätte auf diesem Sitz. Es ging nicht mit dem Teufel zu, denn er bewegte sich leicht. Vielleicht kommt mir eine orgiastische Fähigkeit, mich zu ergießen auf ihn, dachte Jacquin, wohl wissend, daß die Natur solcher Beschäftigung, die nur aus Kraftwagen des gesamten Kontinents bestand, ihm verzeihen würde, beziehungsweise auch dies nicht wahrnehmen könnte. Doch, obgleich einsam und für sich und mit jeder möglichen Art Freiheit ausgestattet, brachte Jacquin diese Annäherung nicht zustande. Der Fremde las die Akten spärlicher, holte eine zweite Beige in einer Ordner-Schublade, die Waschfrau erschien kurz, bückte sich vor ihm und nahm einen weißen Fussel zwischen den beiden vorderen Rädchen seines Stuhls auf.

15 Dieses Fallen der Akte auf den Tisch, vor dem der Fremde saß, und der auch Jacquins Tisch war, ein Tisch für eine durchgehende Alphabetisierung, dieses Fallen der Akte, die der Fremde kurz anlas und dann ablegte, dieses Ablegen der Akte, die der Fremde ablegte und dann kurz zur Seite schob, dieses Schieben der abgelegten Akte im hellen, fensterlosen Raum war das einzige Geräusch, das vom Fremden ausging. Jacquin wollte sagen, Etwas leiser bitte. Oder: So wie Sie kratzen brauchen Sie nicht zu kratzen, ich will sagen, nicht *genau* so, wie Sie kratzen. Gleich darauf kratzte der Fremde aber nicht mehr genau so, also blieb abermals nur das Schweigen.

16 Aus dem Nebenbüro und aus dessen Nebenbüro klang das Klingeln des die Waschfrau mit seinem Schwung mitreißenden und in seinem Ausgreifen hinter sich nachschleppenden Eimers, der dort die Reinigungsarbeiten unter Zuhilfenahme der guten, »undübrigensnetten« – so Jacquin – und mit äußerster, wenn auch repetitiver Konsequenz ausgerüsteten Waschfrau verrichtete, nämlich: es wurde sauberer jenes, das schmutziger gewesen war, derweil, in Abwesenheit des Eimers, schmutziger wurde, was

sauberer gewesen war. Es handelte sich um eine Reihenfolge, der endlich auch Jacquins Gedächtnis gewachsen war, eine Reihenfolge, die nur »Zwei« enthielt, ein digitales Aufeinanderfolgen, bei welchem Schmutz und Sauberkeit sich in gleichbleibender Konzentration ablösten. Auf Schmutz folgte Sauberkeit, aber auf Sauberkeit folgte Schmutz und die Behebung des Zweiten war das Erste, nämlich die Waschfrau, welche allerdings nicht nur aus Schmutz Sauberkeit entstehen ließ, sondern inmitten dieser vom Eimer und von ihr hergestellten Sauberkeit bereits selbst wieder als Schmutz wirkte. Sie arbeitete an ihrer eigenen Selbstauflösung, denn, indem sie säuberte und darin ihrem Eimer folgte, wünschte sie sich selbst in ihrer Eigenschaft als Schmutz loszuwerden. War sie sich aber einmal los, war auch das Amt sie los, und ein Einbruch der entsetzlichsten Schmutzigkeit würde unabweisbar. Unabweisbar würde sodann der endgültige Angriff des letzten, höchsten Schmutzes auf die befestigtsten Bastionen des Amtes.

17 Alles hätte anders sein können, wenn Jacquins Büroraum Fenster gehabt hätte. Dasselbe Amt, dieselbe öffentliche Firma, in der Jacquin durch seine unermüdliche Arbeit, nämlich die Beobachtung des Fremden, aus dem etwas Blut floß, aber nicht zuviel, schon bereits nunmehr ganz erschöpft an seinem Tisch saß, den er teilen mußte, und nachdachte über ein orgiastisches Kontaktereignis, dieses selbe Amt hatte eine Reihe Fenster zugewiesen bekommen nach einer Eingabe, und die Fenster waren gleich geliefert worden und allesamt im Hof und in der Eingangshalle abgestellt. Hätte dieser sein in der dunklen Farbe angestrichener Büroraum, in dem auch sämtliche Kraftfahrzeuge des Kontinents zu Gast waren und huldvoll ihre Kennzeichen vorwiesen, an den Wänden Fenster gehabt, so würde Jacquin es nicht versäumt haben, mit dem Fremden über den Verkehr draußen, über andere Menschen, viel mehr als einen kannte er nicht, oder sogar übers Wetter zu sprechen. Man schien ihn hierher strafversetzt zu haben. Sein Vorgänger hatte sich durch Selbstmord durch Erhängen entzogen, war aber bis zuletzt vergnügt geblieben. Dessen

Vorgänger hatte sich durch Selbstmord durch Erschießen entzogen, war aber vergnügt und konzentriert geblieben. Dessen Vorgänger hatte sich durch Selbstmord durch Pulsadernaufschneiden entzogen, war aber konzentriert und zielbewußt geblieben, hatte sogar etwas Gedächtnis sich seinerzeit bewahrt.

18 Jacquin schlief ziemlich gut. Ein neuer Tag war angebrochen, und Jacquin war dabei. Seine Befürchtungen, er werde nicht dabei sein, hatten sich nicht erfüllt. Diese Befürchtungen waren nicht angebracht. Jacquin hatte, ehe er sich in dieser sicheren Lage wiederfand, Entsetzliches mitgemacht. Damals hatte er unablässig gedacht, am nächsten Tag werde er nicht wieder dabei sein. Mitten in seinem früheren Entsetzen aber hatte es sich bereits erwiesen, daß er bei diesen ganzen Tagen immer mit dabei war. Seit er das wußte, schlief er ziemlich gut. Seine Beruhigung bezog sich darauf, daß er bei diesen Tagen mit dabei war. Es waren nicht die besten Tage, aber er war dabei. Es war nicht so, daß er während des Schlafes, wie es ihm tagsüber drohend schien, auf einmal nicht mehr dabei war. Der Schlaf änderte nichts. Im Schlaf blieb sich alles gleich. Da wurde ein alter Irrtum endlich berichtigt. Der Schlaf, während seines Verfließens, berichtigte den Irrtum, er, der Schlaf, ändere etwas.

19 Am folgenden Morgen saß er einem fremden Mann gegenüber. An seinem gewohnten Platz saß er plötzlich einem fremden und abweisenden Mann gegenüber. Es war derselbe Mann. Er hatte sich leicht verändert, war aber noch immer, gewohnheitlich nannte sich das so, »derselbe«. Ganz sicher hatte dieser, ebenso wie Jacquin, keine Fähigkeit, auf einen Gegenüber einzugehen. Es war deutlich, daß ihm, ebenso wie Jacquin, das Talent abging, mit einem anderen Menschen rasch in eine Beziehung zu treten, ebenso das Talent, die Beziehung nicht zu weit zu treiben und sie gleich wieder aufzulösen. Ganz sicher, dachte Jacquin, ist ganz grundsätzlich etwas daran schuld. Ganz gewiß, dachte Jacquin, kommt dies durch ein höchstes Desinteresse zustande. Er examiniert mich, ich lege meine Prüfung bei ihm ab und bestehe sie

sogar noch. Der Fremde war schlanker, entfleischter. Nicht viel. Er hatte Blut verloren. Die Waschfrau war noch nicht da. Es war ihr freier Tag, den sie nie nahm, aber speicherte, so daß viele freie Tage auf der Liste jener Reserve standen, die später angebraucht werden sollte. Ich bin tiefinnerst überzeugt, dachte Jacquin, der andere kann gar nichts dafür, daß ich ihm überlegen bin, o, verzeih mir meine Erfahrung. Aus den Gedanken Worte zu machen schaffte Jacquin nicht. Am folgenden Tag aber durchaus. Am folgenden Tag schaffte er dies spielend. Am kommenden Tag, nach erneutem Schlaf, war dies eine Teilproblematik, die keine Mühe mehr machte. Tiefinnerst überzeugt bin ich, dachte Jacquin, der andere weiß einfach nicht, weil er's nicht liest, und er liest's nicht, weil er's nicht denkt, nämlich, daß ich trotz seiner Anwesenheit meine Arbeit niemals stehenlasse, sondern sie weitertue und ihr, nimmt alles man in allem, gewachsen bin. Ich kann sie. Ich kann es. Nichts kann mich. Um zu enden, ist keine Zeit, ich bleibe dabei. Keine Zeit, zu enden, klar doch. Für einen Entschluß benötige ich Zeit, es ist der Tag, der kommt.

Das Schwierigste von Andrews und Ell

1 Die Neath & Brecon Railway wurde wie die Brecon und Merthyr als nördliche Ausfallslinie aus dem südwalisischen Kohlenfeld erdacht. Mit der Midland-Company war sie mittels der Colbren-Abzweigung und via Brecon verbunden; was der größeren Eisenbahngesellschaft das Erreichen von Swansea erlaubte. Die Midland Gesellschaft kaufte die Neath & Brecon keineswegs auf, sondern diese blieb ein Teil der Great Western Railway.

2 F. K. Hawksworth war, wie sein ehemaliger Vorgesetzter Collet, ein Mann von zurückhaltendem Wesen, der in seinem Leben nur eine einzige schriftliche Arbeit, nämlich seinen Festvortrag zur Hundertjahrfeier der Gesellschaft Der Mechanischen Ingenieure vorlegte, in welchem indessen die Lokomotivenpolitik der Great Western nur in sehr allgemeinen Begriffen gewürdigt wird. Über Hawksworth ist bisher sehr wenig geschrieben worden; bedauerlich, daß hier eine Negativwertung hinzukommt. Unterlagen über den Komplex fehlen, doch die Witwe lebt lang.

3 Viel Lärm wird heutzutage um einen möglichen Pacific-Lokomotiven-Vorschlag gemacht, den Hawksworth vielleicht vorgebracht haben könnte, aber der Lärm insgesamt ist grundlos, da in dieser Angelegenheit nichts bewiesen werden kann. Davon später mehr, nämlich anläßlich des Streitpunktes »Castle«.

4 Hawksworths erwähnenswertester Beitrag zum Dampfsystem der Great Western besteht zweifellos in der »County«, mit den Größen- und Rad- und Spurmaßen 4-6-0, 15 XX,0-6-OPT, der sogenannten Modifikation der 6959 »Hall«-Klasse. Insgesamt weisen seine Beiträge (mündlich) allesamt eine mit der Churchward-Politik des Dampflokomotivenbetriebs übereinstimmende und auf sie hinsteuernde Tendenz auf. Am prägnantesten zeigt dies sich im Design der Heizkessel, wenn auch die 15-XX-Klasse

schon bald einen Geschwindigkeitsregler per außengelagertem Dampfventil eingeführt hat. Hiervon mehr unter dem Punkt »Craft by Hand«.

5 Hawksworth, um ihn ein letztes Mal anzuführen, trug auch die volle Last der Verantwortung bei der Bestellung von zwei Gas-Turbinen-Lokomotiven, welche allerdings erst geliefert wurden, als die Great Western bereits verstaatlicht war, mit dem konservativen Abgeordneten Boynton als entscheidendem Impulsgeber.

6 Der Punkt »Craft by Hand« entfällt. Dafür mehr von Churchward: Der Streit um die 4073 »Castle«, eine auf den ersten Blick mächtig-quadratisch, auf den zweiten Blick aber windschnittig-zierlich wirkende Lokomotive, brachte entscheidende Fortschritte: in der Vergrößerung des Kolbenhubraums. Churchward nämlich hatte vor 1923 einen No.7-Heizkessel in die »Castle« einbauen wollen, und der Heizkessel war seinerzeit für die 47-XX-Klasse geschaffen worden. Dazu mußte er unter der »Castle« das Chassis wegziehen und es durch ein »Star«-Chassis ersetzen. Dies stieß beim Hauptquartier auf wenig Einvernehmen.

7 Die Highland-Eisenbahn hatte ihr Hauptquartier im schottischen Inverness aufgeschlagen. Von da liefen sternförmig die Linien nach Perth (Hauptlinie), Keith, Thurso und Kyle of Lochalsh. Die meisten Linien waren einspurig und führten über lange, steile schottische Steigungen. Der Lokomotivstall war begrenzt, aber gut in Schuß gehalten. Die Highland besaß die ersten englischen 4-6-0's, und hier ist Pinns Buch ungenau, was Cameron mit mehreren ›Corrigenda‹ vermerkt, welche wiederum richtig sind. Vallance legte eine gründliche Studie der Highland in zwei Bänden vor. Die Monographie der Stephenson-Locomotive-Society verbreitet sich über das ganze Feld, Nock fügt noch einige Anmerkungen zur Lokomotiventwicklung bei, die bei Vallances späterer Vergleichender Geschichte wieder hinausfielen. Es folgt die Frage: Was geschah weiter mit Churchwards Politik?

8 Es war die Rede vom Ersatz des »Castle«-Chassis durch ein »Star«-Chassis. Noch ehe das Hauptquartier seine Mißbilligung darüber kundgab, hatte Churchward alle diesbezüglichen Pläne fallengelassen, weil dies eine viel zu schwergewichtige, massive Lokomotive ergeben hätte. Collet hatte Churchward lange zugesehen und löste ihn ab. Collet knöpfte sich den ganzen Komplex nochmals vor und kam gleich dahinter, daß er wesentliche Normierungsprinzipien durchbrechen mußte, wenn er genug Treibkraft erzielen wollte. In einem neuen Entwurf zu neuer Außenerscheinung wurde der Vier-Zylinder-Entwurf der »Star«-Serie beibehalten, aber die Zylinder wurden auf die Maße von 16 Inches × 28 Inches erweitert.

9 Der Rost mit seinem Gitter maß 29,36 Quadratfuß, und ein moderner, mit einem Seitenfenster versehener Führerstand wurde hinten eingepaßt.

10 Verglichen mit der »Star«-Serie brachte dieser neue Typus, der Collets Namen nicht trug, eine um 14% gesteigerte Zugkraft auf, wurde aber um 5,5% schwerer. Die neuen Modelle waren im Dienst äußerst erfolgreich und wurden bis etwa 1950 weitergebaut. Einige »Stars« und »The Great Bear«, wobei es sich um die Churchward 4-6-2 handelte, wurden bei ihrer längst fälligen Renovation als »Castles« wiederaufgebaut. Collet starb früh, noch vor Hawksworth, der indessen auch starb. Die Witwe, eine unscheinbare, leicht erschöpfbare Frau, erinnerte sich, ohne Hawkworths zu gedenken, spontan an die FSI-Lokomotive.

11 Für die Streckenprüfung z. B. einer Fowler-Stanier & Ivatt-Lokomotive wurden, nebst natürlich dem Farnboro-Electric-Indicator und zahlreichen Modellen von Gegendruckbremsen, usw., verschiedene Methoden verwendet. Die einfachste bestand in einem »Allgemeinen Beobachter«, der auf dem Trittbrett oder auf dem Tender mitfuhr. Diese Methode beschränkte sich nicht nur auf die Prüfung von Lokomotiven, sie galt auch für Dampfmobile, Dampfschiffe und Dampfplättemaschinen. Fehlte einem Gerät

der Tender, setzte sich der Allgemeine Beobachter auf den Dampfkessel, wo er isoliert wurde, damit er nicht anbrannte.

12 Bei der Fowler-Stanier & Ivatt-Lokomotive notierte sich der Beobachter nur das Allerallgemeinste auf einen Streckenblock, den er mit einer Klammer am Knie befestigt trug und für dessen Notizen er sich zu seinem eigenen Knie hinunterbeugen mußte. Dies brachte bei plötzlichen Stops, Bremskontrollen und beim Nothalt vor unerwarteten Hindernissen (Perlhühner auf der Schiene, Bär am Signal) hohe Gefahr für tiefe Kopfverletzungen mit sich; falls nämlich der Beobachter – diese menschlichste aller Prüfungsmethoden – sich bückend und auf seiner Knieplatte auf seinen Block etwas notierend, durch das eigene Beharrungsvermögen nach vorn gegen den Rost oder gegen die heiße Kohleneinschaufelungsstelle geschleudert wurde.

13 Einer fiel sogar, zwischen Bristol und Portsmouth – was die längste jemals benützte Prüfungsstrecke war; auf welcher die freifahrenden Lokomotiven kometenähnliche Geschwindigkeiten erreichten; und hinter den steilen Kaminen in ihre ausgestoßenen Dampfbäder eingetaucht daherrasten – einer fiel da, kurz vor Portsmouths Nordrand, wo die Bahnhöfe aus Buchenbohlen bestanden, kopfüber ganz hinein in den Dampfkessel, und sah noch, wie der Block an seinem Knie in Flammen aufging, dann fing sein ganzer restlicher Körper Feuer. Dies war bestimmend für Andrews und Ell.

14 »Unangenehm« steht bei Vallance, dessen Vergleichende Geschichte dafür keinen Vergleich findet. »Dem Vorfall vergleichbar wäre allenfalls die nächst-schwierigere Methode, die im Mitführen eines Dynamometer-Anhängers hinter der tenderlosen Maschine besteht; sie führt nur gerade genug Kohlen für die Testfahrt auf der hinteren Plattform mit sich.«

15 Die wiederum schwierigeren unter den schwierigen Methoden nahmen intelligentere Dynamometer-Anhänger zu Hilfe. Sie

konnten selbständig Kolbenbohrung und -hub bemessen sowie, durch Einsaugen der Dampfwolken in ein periskopisches Rohr, deren Zusammensetzung und damit die Kraft der Fowler-Stanier & Ivatt bestimmen.

16 Andrews und Ell legten erstmals Maßstäbe wissenschaftlicher Gültigkeit an die Prüfungen an und prägten den Begriff »Kontrollierte Streckenprüfung.« Diese schwierigste Methode enthüllte sich dem Betrachter mühelos, sobald er eine zum Halten gebrachte Fowler-Stanier & Ivatt mit einer zweiten, genau gleichen, verkuppelt erblickte. Die zweite Fowler-Stanier & Ivatt stand mit dem Heck nach vorn, die erste mit dem Heck nach hinten, tenderlos beide. Aus der Ankoppelung ergab sich eine vollkommen symmetrische Zugkomposition, eine vorn und hinten gleich brauchbare Junggesellenmaschine.

17 Bei dieser Art von Prüfung, die niemals wissenschaftliche Exaktheit erreichen konnte außerhalb des Papiers, weil keine zwei vollkommen symmetrischen Lokomotivführer und Heizer gefunden werden konnten, wurde der jeweils in der angekoppelten Zusatzlokomotive erzeugte Gegentreibdruck gemessen. Sie zog dagegen an, nämlich gegen die vordere, zum Halten gebrachte. Dies erlaubte eine zusätzliche Prüfung der Kupplungsstärke.

18 Die Prüfung dauerte niemals nur kurz. Die zum Halten gebrachte Fowler-Stanier & Ivatt wurde ebenfalls angeworfen. Nachdem ungeheure Zugkräfte gegeneinander tobten, so daß weder die vordere Maschine einen Zoll voran noch die hintere einen Zoll nach hinten kam, pflegte die Kupplung zu bersten, und wie vom Bogen geschnellt sausten die beiden F-S & I-Maschinen nach Bristol, bzw. nach Portsmouth. Von dort wurden sie ins südwalisische Kohlenfeld gefahren, aus welchem soeben die Neath & Brecon Railway eine Ausfallslinie bot. Beinahe wäre diese von der Midland Gesellschaft aufgekauft worden, doch blieb sie zum Schluß, schreibt Nock (corrigendum), ein Teil der Great Western Railway.

Neuer in Stuttgart

1 Das Einätzen von Staubsorten in vierzig offene Skalpellschnitte im Rücken; bei Reaktion bildete sich ein daumengroßer Buckel, oder der Rücken lief violett an, oder es bildete sich ein graugestreutes Ekzem, das die Hilfsschwester gleich absäbelte mit einer Raffel; gleich darauf raste ein Kilogramm Penicillin in die mit einer darumgewickelten Schlauchschlaufe zum Vortreten gebrachte Ader. Stich ins Weiche des Ellbogens. Am folgenden Tag vierzig neue Skalpellschnitte und neue Staubsorten; diesmal Staub von Tieren.

2 Ein Vorfall, der mich nicht prägte; der auch in der Folge nicht entscheidend geworden ist: als ich vor zwei Jahren aus der Telefonkabine im Stuttgarter Hauptbahnhof trat, war die Zeit weggeglitten, sie war nur auf der Uhr noch zu haben, aber die Uhr hatte ihr Glas verloren, es war ohne Lärm und Aufhebens weggerutscht, als ich telefoniert hatte, und die Zeigerspitzen des nackten Zifferblattes hatten sich im Ärmel meines schweren, mir viel zu schweren und überdies noch einem SS-Offiziersmantel ähnelnden Ledermantels verfangen, und als ich diesen Ärmel zurückschlug, stand der Sekundenzeiger wie eine Nadel senkrecht aus dem Zifferblatt heraus, an seiner Wurzel drehte das Werk ihn weiter, er pirouettierte um die eigene Achse, sodaß man auf seiner Spitze ein Drehrestaurant für Tausendstel Millimeter große Menschen hätte einrichten können; und es verbreitete Entsetzen, dieses emporgebogene Drehen, das auf nichts mehr hinwies.

3 Ich hätte, den Arm auf die Brust haltend, jemand mit der Uhr verwunden können; die Zeit war da natürlich endgültig weg, und als ich mich umdrehte, war auch schon ein rücksichtsloser Schwabe in meine Telefonkabine getreten und füllte sie aus, UND WÄHLTE, ALS WÄRE ICH NICHT DA. Durch ein

geborstenes Seitenfenster fiel ich ins Freie, sicher zu Recht, raffte mich zusammen, hob drohend eine Faust und stieß eine Verwünschung zwischen den Zähnen hinaus in die Bahnhofshalle. Der rücksichtslose Schwabe sprach kurz mit ihr, natürlich mit derselben; kurz darauf stand ich vor der Sekretärin des Oberspielleiters und sagte: »Ich komme zu spät, aber, ist das sicher?« – »Wenn ich Sie so heranschlurfen sehe«, sagte sie, »wie immer zu spät . . .« – »Vom Bahnhof«, unterbrach ich sie, »es ging diesmal nicht gut.« – ». . . dann sträuben sich mir die Primatenhaare auf dem Rücken«, vollendete sie. Ein Lächeln geschah. Also: zu spät. Eilends reiste ich nach Ulm weiter oder nach Augsburg weiter, doch vor Salzburg geschah nichts Neues.

Feydeaus Unvollendete

1 Georges Feydeau, berüchtigter, verschrobener Komödienverfasser Frankreichs, erlitt, wie viele andere keine eigentliche Kunst machenden Künstler, mitten in der Arbeit an einem neuen und gleichzeitig seinem letzten Werk eine Paralyse; Arbeit an einer Komödie natürlich, bei der die Avenues sich in Kurven biegen sollten vor Lachen, beim Poulailler würden die Schutzbrüstungen weggerissen werden vor konvulsivischem Kichern und scheppern-dem Meckern und japsendem Röhren und leichtmetallenem Kekkern, dermaßen voller sexueller und sozialer Permutationen war diese Komödie, welche Feydeaus Paralyse ursächlich begründete, konzipiert.

2 Es warf ein bezeichnendes Licht auf Georges, daß er den Plan seiner Intrige zwar entworfen hatte, ihn aber bereits beim Entwurf verschlüsselt in sein Büchlein eingetragen wußte, sozusagen unlesbar auch für ihn selber; ganz ähnlich hatte der achtzigjährige Victor Hugo seine mit sicherer Altershand ausgeführten Selbstbefriedigungen mit Kreis oder Kreuz in seinem Leibheft verzeichnet, je nach dem Grad ihrer Gelungenheit, und auch er hatte die Zeichen nicht mehr lesen können und erklärte sich endlich als unbefriedigt, enthoben, beraubt. Als Feydeau sich einen dünnen und mehrfach verwinkelten, um sich selbst geschlungenen Cigarillo anbrannte und ihn sich zu weit in den halbgeöffneten Mund gleiten ließ, löste sich der Klebstoff, der das braune Wickelpapier zusammenhielt, das Wickelpapier entrollte sich wie eine zu Boden geworfene Toilettenpapierspule im Mund; mit einem blöden, überflüssigen, winzigen Klappmesser schabte und schnitt Feydeau, der seine Komödie fertigstellen wollte, Wickelpapierenden weg, wo er konnte, gleich war es zu spät, und daß es endgültig fürs befreiend-lichtende Wegschneiden zu spät war:

3 Dies einzusehen ist in der Regel jenem nicht vergönnt, für den es zu spät ist: sodaß er, würde er noch etwas hinzugelernt haben – was nun nicht mehr möglich war – gewußt hätte, daß er die Figur jetzt war, die abzugehen hatte, keinen anderen nämlich hatte der oder das Exit gemeint als ihn. Exits meinen vieles, auch Feydeau war an vielen Exits vorübergekommen, und daß er sie nicht immer auf sich selber münzte, daß er sie vielmehr überhaupt nie auf sich selber bezog, muß die Geschwindigkeit, mit welcher er an seinen vielen Exits vorüberzog, gleichbehalten wenn nicht sogar etwas gesteigert haben. Diesmal also er: welche Überraschung!: angesichts dieser Überraschung geriet es ihm wohl. Nachdem Feydeau, paralysiert, quasi-tot, aber doch nur paralysiert, allerdings auf ewig paralysiert, demnach sozusagen tot, aber doch nur paralysiert und nicht *mehr* – nachdem er auf seinem Schreibtisch-Reißbrett den Intrigenplan unter seiner rasch erkaltenden paralysierten Gestalt begraben hatte, war die Auflösung, das Dénouement, Komödienende, auf dem hinterlassenen Plan noch nicht eingetragen, und mitsamt seinem um sich geschlungenen und fusselnd kokelnden Wickelpapier-Scheiß-Cigarillo hatte Feydeaus amüsante Seele das schlüssige Ende seiner Komödie in die lähmenden Gefilde mitgenommen, aus welchen kein Virtuose wiederkehrt, in welchen jeder Virtuose aufersteht.

4 Die Komödie lag, erste Szenen angebrochen, und verschiedene Kombinatorische versuchten sich seither an ihrer ›rest-losen‹ Fertigstellung, gemäß den schlecht entschlüsselten Skizzen, doch fand kein Kombinatorischer ein Ende heraus, welches jede Figur wieder in die Figur zurückverwandelt hätte, die sie eigentlich war oder am hartnäckigsten zu sein vorgab. Denn im Grund war jede Figur, schon nach der ersten Szene, eine neue Figur, für welche bei der folgenden Szene schon wieder eine neue Haut bereitlag, in die es zu schlüpfen galt als etwas immer lustiger Werdendes, das niemals mehr weniger lustig werden durfte, weil es immer und unermüdlich, mit der ganzen Energie einer sich am Mehrwert abrackernden Sache, noch lustiger und noch lusti-

ger werden mußte, und wenn die Logistik der Lustigkeit darüber zusammenbrach.

5 Was war in dieser Unvollendeten geschehen? Es wissen und es dann beschreiben? Es zu erraten ist genug. Ein angesehener Mann wurde als unansehnlicher Mann angesehen, drei bis vier Sexualnöte wurden mit Mühsal und Forciertheit als Geschäftsausflüge getarnt, eine überreichliche Verwandtschaft fand sich zitiert, breitbeinige knochenkalkige Tanten, schmalhüftige, plattfüßige und spitzohrige Onkels: so viele Menschen umfaßte die Verwandtschaft, daß zuletzt jeder der Kameraden, Kleinrotarier oder Hochprokuristen irgend ein Schwager, Vetter, Neffe oder künftiger Schwiegervater des abschätzig verwechselten Mannes sein mußte; weil die gesamte spritzige Chose, in der die Pfeiler der Vorkriegsgesellschaft, eines hilflos-schwarzreaktionären Kunstgebildes, eben geschäftlich ›mal mußten‹, sich en famille abzuspielen hatte. Das Düpieren oder Frustrieren von Gesellschaftsmitgliedern, die ohne kenntliche Freundschaftsbeziehung zum Mann und Mittelpunkt und Helden waren, durfte nicht stattfinden; erlaubt war nur der Hohn, der die Freundschaftszelle nach innen auffraß, nicht der Hohn, den eine Freundschaftszelle nach außen hätte ausgießen können. Eine Aufteilung der Gesellschaft in Freundschafts- und Familienzellen fand statt, in welchen ein ES nicht mehr recht klappte, ohne daß aber die eingekreiste Lustunruhe aufs Gefüge als Ganzes übergegriffen hätte.

6 So daß zum Beispiel aus dem Umstand, daß auch der Onkel, der zufällig General war und auch ein komischer dazu (seltene, auf dem Exerzierfeld kaum anzutreffende Verbindung), ›mal‹ oder ›ein bißchen‹ oder ›in aller Unschuld‹ lüstern hüstelte, unmöglich auf mangelnde Schlagkraft der aus lauter solchen Onkels zusammengesetzten Armee geschlossen werden konnte: sie hatte Verdun, wo mit pferdegezogenen Mörsern man hinfuhr, noch vor sich, den zerebralen Kreuzungspunkt zwischen Ungeist und Antimaterie. Diese spätere und wenig später bis zum letzten Ei vernichtete Armee wurde von lauter Generälen und Onkel Cocos

geführt, lüsternen Leckern, welche weitab vom Feld, im Salon, in der jeweiligen Zeughaus-Maß-Hose steckend, gezeigt wurden ... was zur Entstehungszeit dieser Komödie schon mehr war, als ein ernstes Stück sich hätte leisten dürfen ... doch woher hätte ein ernstes Stück nehmen sollen einen General, der Coco hieß ...?

7 Feydeau – vor seiner Paralyse selbstverständlich – war, in engem vorgegebenem Rahmen der Detektiv in einer ungeheuer repressiven Gesellschaft, ein Aufdecker in Gestalt eines frivoljovialen private eye, der den Triebverzicht, den er schilderte, zum Treibriemen einer Komik machte, bei dessen Wirken auch Zuschauer, die die Natur dieses Treibriemens nicht kannten, als schrille Lacher (Freud: Aufwandersparnis!) auf ihre Kosten kamen; jeder Lacher allerdings wird am gesellschaftlichen Steueramt vorbeigelotst und liefert dort 90% seiner aufklärerischen Wirkung als Tribut ans Kollektiv zurück; das Kollektiv, bei Feydeau, weiß irgendwie über sich Bescheid; das Individuum nicht über sich; alles was das Individuum, höchst belustigt, vom Kollektiv weiß, ist eben genau, daß das Kollektiv über sich Bescheid weiß. So vermitteln Feydeaus Komödien – vor seiner Paralyse – eine allgemeine Erkenntnis, welche, das Individuum überspringend, nur wieder der allgemeinsten Allgemeinheit zugutekommt.

8 Intensivster Gebrauch lächerlicher Gesten; keine Komödie dieses verschrobenen, bleiharten Intrigenspinners, wo nicht albern getanzt, im Salon umhergerast, auf juckendem Bein auf und ab gehüpft wird, oder man gestikuliert wild und mehrdeutig, zieht silberne Derringers aus der Wanne zwischen den vorenthaltenen Brüsten, undsofort, im Gegensatz zur orgelpfeifenhaften Starre, mit welcher Deutsche diese Auflösung (die sie nie hatten) des Salons (den sie kaum hatten) nachempfinden: eiserne und dann eiernde Starre; höchste schlechte, mit Sauerkraut um sich werfende, Laune und – paradoxerweise wieder höchst erträgliche – stilisierte Schwere. Östlich des Rheins kann man Feydeau eigentlich nicht spielen; völlig unmöglich; und wer dies noch beim Inszenieren genau berücksichtigt, verbessert den an sich mittel-

mäßigen, aber riesig-mittelmäßigen Feydeau ganz enorm, gibt auch seine Paralyse zu, und übertrifft zum Schluß Paris bei weitem: das deutsche Publikum, im höchsten Triebverzicht der Welt befangen, dazu höchst intelligent, anders als das Schweizer Publikum, dessen Triebverzicht niemals durch Intelligenz kompensiert wird, sondern zu noch größerer Dummheit und geheimer Trunksucht führt, das deutsche Publikum ist in seinem absoluten, durch seine ganze Geschichte längst zutiefst beglaubigten Triebverzicht für einen schweren, schwersten Lachorgasmus nach dem anderen zu haben, aber nicht preislos zu haben, sondern nur unter Aufbietung aller das Komische relativierenden Kräfte. Lachen Franzosen, weil Feydeau ja so subversiv sein könnte, wäre man als Zuschauer kein Kalb, so lachen Deutsche, weil sie sehen: er ist subversiv, ganz deutlich, man selber aber wäre wohl, nützte man dies aus, bestimmt ein Kalb, weil alle immer Kälber gewesen sind vor der Schlachtbank und es deshalb unsinnig wäre zu probieren, ob man auch, nützte man Feydeaus Lehren aus, ein Kalb wäre oder nicht; die Geschichte hat bereits gesprochen, die Sachen sind erledigt, man darf lachen; und natürlich wird *so* noch viel lauter gelacht, es dröhnt nichts so wie Triebverzicht, der sich selbst erkennt und gleich wieder auf diese lustvolle Erkenntnis verzichten muß.

9 Die Befriedigung der im Stück verwechselten Figur besteht darin, daß sie zum Schluß als der Direktor der Brandversicherungsgesellschaft anerkannt wird, der sie tatsächlich ist. Erbärmliche Verhältnisse erbärmlicher Komödianten. Die Zuschauer müssen freiwillig noch eine Nummer erbärmlicher sein und identifizierend teilnehmen an der ständigen Verkennung, die ihnen selber angetan wird. Zum Schluß, weil's dem Komödianten so geschieht, werden sie alle alle hinausentlassen zu sich selber, zu ihren unverbesserten Selbsten, mit einem Aufwand, der macht, daß sie es für die höchste Belohnung halten.
Die Freude des Zuschauers an einer Feydeau-Komödie ist die Freude am Schaden, den man nicht hat, wenn man's nicht tut.
Die Feststellung gilt nur für vor-paralytische Zustände. Ihre

Dürftigkeit sticht ins Auge, so schaut ein Analyseende aus, das man hier verdient. Subjekte, die wie Punchingbälle im Salon umherspringen, sind keine Gegenstände einer echt und schlecht lessingschen Kritik, oder die Kritik macht sich lächerlich; was diese gern täte; hoffentlich gelingt es ihr bald.

10 Auch ich habe mir meine Überzeugung, einer rückschrittlichen Darbietung verklemmter Usanzen beizuwohnen, für zwei, drei gute Lacher abkaufen lassen, auch in mir hat der kurzgeschlossene Konformist gelauert und ist hervorgebrochen und hat sich gleich aufs Louis-Philippe-Sofa meiner immer ätherischeren Seele gekauert. Im Bewußtsein, daß einmal richtig Grinsen heute kostet, habe auch ich drei Stunden lang die feiste Häme meiner Argumente an der Garderobe abgegeben und sie nach Ende der Komödie (die Unvollendete war's nicht) da vergessen. Sie waren über dieser tickenden Spieldosenmechanik belanglos geworden. Jeder Kritiker einer solchen Komödie ist korrumpiert, denn er lacht mit. Allein der Versuch einer Theorie reizt zu Lachanfällen; noch der Theoretiker dieses Boulevards ist ein Grinsender, der mit wilden Abschweifungen auf genaue Belege, auf Inhaltsangaben verzichten möchte, die den alles verarschenden Ingrimm der Konstruktion aufzeigen. Vor der Paralyse rasch noch gefragt: Was geschah denn in Feydeaus Unvollendeter, als die im Mund sich entblätternden Cigarillos sich weiter einschoben und ihre Wickelpapiere endlich nicht mehr ausgespuckt wurden?

11 Auf- und Abtreten der Personen war, wie immer, wichtiger als die Personen selbst. Geschwinder Anfang, dann Verlangsamung, dann Paralyse. Warten. Keine Erlösung. Warten. Keine Erlösung. Warten. Scharren mit Füßen. Denken an ganz anderes. Dann, im richtigen Augenblick: der gemarterte Held, Hauptmann einer biederen und offenbar völlig geistesschwachen Brandversicherungsgesellschaft. Er hatte nie behauptet, weder, er habe Verwandtschaft, noch, er sei, falls Verwandtschaft aufkreuze, mit dieser Verwandtschaft verwandt, und noch viel weniger sei diese Verwandtschaft ihm verwandt, da nichts auf der Welt

ihm, dem Hauptmann, gleichen könne, kein Antlitz verfüge über diese aufgeworfene, ihr Innenfleisch wie eine weiche, rosa Flagge in den Wind hängende Oberlippe von vergleichbarer Rotzfrechheit und Wulstigkeit. Das Publikum, noch dümmer, träger, unerfahrener als dieses Kunstmittel, wurde gleich zu Beginn, als alles noch eilzughaft schnell ging, falsch informiert, nämlich durch eine im Bukett liegengelassene Visitenkarte, oder durch eine im falschen Bukett liegengelassene Visitenkarte, oder durch zwei im richtigen Bukett absichtlich liegengelassene falsche Visitenkarten, oder durch eine riesige, das Bukett vollständig zudeckende, doppelt falsche Visitenkarte, die später, gegebenen Momentes, plötzlich intrigen-richtig wurde, also doch nicht falsch war, sondern doppelt-richtig, oder endlich durch eine falsche Visitenkarte, die vom falschen Diener auf einem Silbertablett, das immer von den Händen glitt, in den Salon gebracht wurde, dessen Möbel bereits verpfändet gewesen wären, wäre der Gläubiger, der dem unechten Hausherrn drohte – leer drohte, versteht sich – ein richtiger Gläubiger mit richtigen Konten gewesen und das Geld, das sich der unechte Hausherr vom vermeintlichen Dienstmädchen vorschießen ließ, echtes Geld statt das herbeigeschaffte Ergebnis der auf vorangegangenes Weihnachtsfest hin in den Haushalt eingeführten neuen Spiel-Druckerei, auf der sie alle am Vorabend Geld gemacht hatten wie die Verrückten in der Santé.

12 Auf dieser letzten falschen Visitenkarte stand die Lüge: »Bukett folgt gleich« – ohne daß ein Bukett folgte, und dies solange, daß diese auf der Visitenkarte stehende Lüge endlich als Lüge entlarvt wurde und damit die Walpurgisnächte der kleinen Wahrheiten einläutete. Mit dem Bukett, das ausblieb, wurde der geile Rivale des vielleicht-echten Hausherrn, der ein törichtes Triefauge auf dessen Gattin, nämlich das Dienstmädchen geworfen hatte, kaltgestellt durch Ablenkung; fand er einerseits nie heraus, von wem dieses Bukett kam, so verlor er andrerseits auch die Gewißheit, es handele sich tatsächlich um ein Bukett, da es ja ausblieb, nicht herkam wie angekündigt. Oder durch ein Bukett, in welchem die Visitenkarte fehlte, sodaß das Bukett einfach dem der empfan-

genden Dame zunächst stehenden Herrn in die Schuhe geschoben wurde, und ebendieser Herr durch sein Erröten, Stammeln und verlegenes Zurückweisen es umso sicherer auf sein Konto buchte, noch viel sicherer, als wäre er tatsächlich der Absender gewesen; was, nämlich ob ja oder nein, er freilich selbst nicht wußte, auch gar nicht zu wissen brauchte, da er ausschließlich und von Anfang bis Ende Fröhlichkeit zu spielen hatte darüber, daß er dies oder jenes unterließ, nicht tat, ausließ oder vermied. Falsch informiert demnach war das Publikum durch die Vorstellung aller verstellten Tatbestände, welche bereits an Feydeaus endgültiger Paralyse mitgewirkt hatten. Es folgte, unabweislich, Onkel Coco, der General der glorreichen Bundesstreitmacht.

13 Das Gichtpflaster des alternden Generals, im Hotel vorausbestellt, bestand aus einer Haferschleimsuppe, die von einer maßlos soignierten Bordellmutter, die nach außen ein Nähkränzchen unterhielt, dem Onkel Coco, der für die Entgegennahme seines dritten Generalssterns aus Händen von Vater Melon, seinem Feldmarschall, eigens von Rouen nach Paris abgereist war und kurz vor der Abreise oder während der Abreise oder kurz nach der Abreise im Eisenbahnabteil von seinem 1870 bei Charleroi aufgelesenen Wadenkrampf befallen worden war, in der metallenen Vibrierschale einer elektrischen Klingel serviert wurde, deren Klöppel von Onkel General mit einem Löffel verwechselt wurde und prompt beim ersten Auftragen und Aufstrich auf des Generals schlimme steife kontrahierte Wade zu scheppern anfing. Es schepperte aber nicht die Klingel, sondern die im Resonanzgehäuse eingelagerte Suppe, sodaß eine bisher selbstverständlich unbekannte Figur von dieser Klingel, welche einen erstickten schleimigen Suppenschrei von sich gab, aus dem tiefschwarzen Raum, aus der Nacht ihres bürgerlichen Entwurfes herausverlangt wurde. Der General, der an die Suppe, also das Gichtpflaster, bisher geglaubt und gleich mit dem Aufstrich begonnen, wickelte nun, da er merkte, es ist eine Klingel, die ich mir aufgetragen, das elektrische Kabel und den Batteriekasten dieser Klingel just gerade von seinem Unterbein, als der tiefblau

uniformierte, erektil pickelübersäte, frühreife Hotelboy die Karte und das Bukett ansagen kam, gleich darauf folgten eine zweite Karte zum ersten Bukett und ein zweites Bukett als floristische Richtigstellung des ersten, das ›Orchideen aus Alaska‹ verheißen hatte, nun aber per zweites in ›boreales Tuffmoos‹ korrigiert wurde, und die Absender und Absenderinnen folgten den Karten und Buketts auf dem Fuße; in dieser Lage, beim Abschaben seines Gichtpflasters von der Wade, blieb dem General als Gesprächsthema einzig das dritte Bukett und die vierte Karte, beides Gegenstände, die am Ende des ersten Aktes ihr Ziel, die Bordello-Halle, noch nicht erreicht hatten, sondern, unmittelbar gefolgt von Absendern und Spenderinnen und deren Gefolge, infolge der durch den Wadenkrampf bedingten unvermuteten Absteige des Generals, dem allgemein ein würdigeres Hotel zugetraut worden war, zunächst an die rue Balzac geeilt waren, wo es indessen hieß, mon général pas arrivé.

14 Während diese erschöpfenden Gespräche, unter Wahrung der angedeuteten Voraussetzungen (Coco tut's ungern) in stark verdünnter Hektik geführt wurden – vorbei die Paralyse, eingetreten die holde Handlung – wurde der Blick durch Verklappung einer Spanischen Wand freigegeben auf die Frau General, Tante Solange, die, in Nachtkäppchen und in Wollstrümpfen dem Bordello-Fenster (maurisch spitzgeformt) zugekehrt friedlich rasselte, es waren zu ahnen ihr Kopf und ihr Leib unter der Rundung des Deckbettes. Soeben näherte sich wieselnd eine authentische Nutte dem käuflichen General, welcher über gesäuerte Träume lamentierte, in welchen er Grenzübergangszöllnern bei Saarbrücken erklären mußte, seine männlichen Koffer seien leider angesichts heutiger hoher Tarife vollkommen leer, nichts zu deklarieren habe er; was den Zollbediensteten, der ein rasch in die Uniform des Pförtners geschlüpfter junger Spediteur eines am selben Morgen vom Beinahe-Hausherrn bestellten Corneille-Klaviers war, zu einem grenzenlos infamen Lachen veranlaßte; das Klavier mußte jener liefern, weil dieser singen lassen wollte den ganzen Corneille vom Cid bis zum Zid als heroische Früh-

Oper; welches ihm jene, von dieser sich Nähernden nichts ahnend, auf die vierschrötigste Weise vereitelte; dabei war Coco, nebst seinem neuen Stern aus Vater Melons Reserve, nur dieses gesungenen Zyklus wegen hier erschienen und sah sich diesen, beim Loswerden der Klingel ein Durcheinander stiftenden, Träumen ausgesetzt. Der General hob bei der Schilderung dieses seines häufigsten Traums, eines Niederlagen-Traumes, einer Grenz-Defaite, annähernd hundeartig und defäzierenwollend das linke Bein mit der schlimmen, eingekrampften, steifen, nun vom Klingelkabel umwickelten Wade und sang: Hab nichts mehr, hab nichts mehr zu verzolln, wolln bitte Sie den Chef nun holln ...

Soeben näherte sich die bewußte Nutte dem Coco, schmiegte ihm sich in den Arm, den sie, weil er erstarrte, um sich legte wie ein Stück Biberpelz, nachdem er sie mit dem Auftragen dessen, was er noch immer fürs – freilich ungeformte – Gichtpflaster hielt, auf seine andere, linke Wade beauftragt hatte; sie war eingekleidet als Hotelmädchen, durchaus mit einem solchen zu verwechseln, richtete, da als solches sie sich nicht zu benehmen wußte, Zimmer und Betten durcheinander vor Ankunft der hohen Gäste, und beim neuen Schrillen der Batterieklingel, die sie, als wär's ein Gichtpflaster, angefaßt, verschüttete sie mit dem Klöppel die Grütze aus der Vibrierschale, dem Resonanzgehäuse, suchte stolpernd und schrill schweinehaft quiekend an ihm Halt. Währenddes die Ausgabe, die der Zuschauer mit größtem Recht als Cocos Gemahlin, Solange, ansah, von der Szene unberührt weitersägte, daß die Spiralfedern knarrten beim Luftholen, dann, bei einem besonders umwerfenden Getöse der selbsttätig nun umhertanzenden Suppenteller-Gichtschleim-Klingel, beim Befreiungsversuch des Coco aus den hinterhältigen Schlingen des Elektrodrahtes, fuhr sie aus ihrem rosigen Schlaf und fragte den Kleiderschrank: Wo ist mein Gatte, Agénor mein Geliebter, ich friere an den Füßen, zieh mir ein Paar Bettsocken über, die rosaroten von Angoulême oder die karibisch-grünen aus Pau.

16 Wer da?, keuchte und blies da der gefolterte General, Wer liegt da in meinem neuen Bett? und sein Keuchen, dies lag im Interesse des Lacherfolges, der andere auf dem Umweg über die gesehene Situation zu einer Art verhemmtem, aber hinausgeschrieenem Mitgefühl mit sich selber brachte – sein Keuchen durfte rein nichts darstellen im Vergleiche mit dem Gezeter der Gemahlin Solange, einem runden, träfen, wohlgeratenen und lebensweisen Bauernweibsbild, das seinen Gemahl und Gatten anderswo wähnte, allerdings auch sich selbst nicht ganz vor Ort vermutete, sondern (sich selber!) eher im Hotelzimmer, in welchem es sich mit dem Hauptmann der Brandversicherungsgesellschaft vereinigen wollte, indem es sich als »liebe Dienerin vom Dorf« ausgab, der Hauptmann aber, so war's ausgemacht, sollte sich unten als General einführen, sodaß, wenn der echte General eine Hure wünschte, ihm zu seiner Frau geraten würde, wenn aber Frau Solange einen General wollte, unter dem Deckschleier des Generalranges der echte Hauptmann zu ihr ins Hotelzimmer drang; dringen SOLLTE, denn nun traf Solange, die einen General, der Hauptmann war, erwartete, auf einen General, der tatsächlich General war, angeschlossen durch ein ellenlanges Kabel jetzt an der Steckdose, leichtes massierendes Zittern am Wadenbein unter Strom verspürend. Im Taumel des höchsten Ausbruches, er mit einer Lieben vom Dorfe wollend, sie mit einem hochgestapelten Hauptmann es wünschend, wurden beide nur wieder einander gegeben; es ist die in tausend Meilen Entfernung gefundene fremde Tür, die ins eigene Wohnzimmer führt; wo immer man etwas Exotisches aufspürt, es ist, sich öffnend, immer der eigene Partner.

17 Wer da, keuchte und blies der fachmännisch gefolterte General, Wer liegt denn da, wo ich bald liegen soll. Dies – ganz selbstverständlich – keuchte und blies der General *nicht*. Georges Feydeaus Unvollendete hatte – vor der Paralyse – mit Coco anderes vor.

18 Nicht nur fand Solange, die Gemahlin, sich mit der Anwesenheit ihres präsumtiven Hauptmanns, der »als General kam«, in einer jedem Zuschauer höchst nachvollziehbaren Zeitspanne ab, sondern sie ließ ihn auch als der bestehen, als welcher er stand. Noch hatte Coco mit Grad und Armeedivision sich nicht vorgestellt, sei es, daß er bis zur Entgegennahme seines dritten Sterns incognito bleiben wollte und sich erst Maréchal ›Vater‹ Melon schamrot zu enthüllen wünschte – bestimmt durfte er annehmen, die unter der Mütze steckende Gestalt im Bett sei dieser hohe Melon nicht – sei es, daß er sein Hauptaugenmerk soeben auf das an die Wade des zweiten herumhüpfenden Mädchens geheftete Gichtpflaster gerichtet hatte, denn im Gefecht mit dem aus der Klingelglocke austretenden Haferschleim hatte das Mädchen einen Sprung getan und war mit der anderen Wade an Coco geraten, der noch nicht lag neben der den Hauptmann Erwartenden, und Zwei-Stern-Coco erklärte unverzüglich des Mädchens Wade als die seine, riß an ihr und schraubte an ihrem Bein, als wolle er die Unterbeine auswechseln vor dem Hintergrund der Epoche; als gebe es einen drehbaren Schraubgang, dem nachfolgend man in die Zeittiefe gelangte, in einer Abkürzung von 1914 gleich nach 1939, ohne den ganzen Tingeltangel dazwischen mitmachen zu müssen; Bein abschrauben genügte, und die alte Zeit war weg: es war die der ersten zuverlässig funktionierenden Maschinen, die nun selbstverständlich wurden, auf welchen sich, als treuen Begleitern, eine Existenz aufbauen ließ, die von diesen Maschinen auch überdauert werden würde, erstmals reparierten Maschinen in bescheidenem Umfang Menschen und nicht mehr nur umgekehrt, das Telefon verstümmelte die ersten Notbotschaften bürgerlicher Identität, noch fesselte der Webstuhl Minderjährige bis weit nach Mitternacht in ungeheizten Katen an den Arbeitsstuhl, gleichzeitig aber klagte Coco beredt über die Hitze des Pflasters, hob dann dessen wohltätige Wirkung auf die Muskulatur anderer Kriegsleidender hervor, nur »muß man diese Schleim geben endlich in eine Teller, sonst schlimm!«

19 Nicht nur fand Solange, die Generalin, deren Vater noch eine Eiche gewesen war, sich mit der Anwesenheit ihres Mannes in der Rolle des Geliebten ohne weiteres ab, sondern sie kuschte, erklärte sogar, mit diesem ihrem Alten da nehme sie vorlieb, auch wenn der Grenzzoll ihm schon morgen die Hälfte seines Vermögens kosten solle, ja, diese Solange kroch vor ihrem Alten ins Hundehaus, eine Treue, Bohnernde, die Kaserne blitzblank Scheuernde war sie, auf ihren Mädchennamen verzichtet hatte sie, trug auch ihren Vornamen nur, damit man sie von einem Laternenpfahl unterscheiden konnte, und diese stämmige, gut gemeinte, durchaus nicht verteidigungswillige Solange meinte, im Grunde sei der da, der nun gekommen sei unterm vereinbarten Deckwort, noch ein sehr guter Tausch gegen den schmächtigen Hauptmanns-Fifi von der Brandversicherungsgesellschaft, ohnehin leide sie an Schlafsucht, das Bett sei für die hupfende Sünde zu weich und der Gewissensbiß so fern wie noch nie, nämlich zuhausegelassen. Der General fühlte sich als Lückenbüßer, wo er sich gern als General gefühlt hätte, demnach: sprachloses Entsetzen auf Seite des Generals, als er erkennt ihre Stimme, aufgeregter Anruf des Hauptmanns der Brandversicherung unten im Hotelkontor, er sei verspätet, ein Klavier habe ihn festgehalten, die Opernsängerin sei Corneille und der Hutmacher ein Dramatiker, ergebenes Händeentgegenstrecken der Solange, die die Augen sehnsuchtshaft geschlossen hielt, die zuschnappende Tür schnitt eines der aus dem Gichtpflaster ragenden Kabel durch, dem General lockerte sich ein Schuh, er humpelte, der Coco des häuslichen Herdes schälte sich aus ihm heraus, komm rein, schrie die unzimperliche Solange, von innen an die Hotelzimmertür pochte der Hauptmann, der bereits da stand und zusehen mußte, ich komme gleich, keuchte der General in das ihm vom Mädchen entgegengestreckte Telefon, das verlassen am Kontor gebaumelt hatte und soeben vom Liftboy vier Stockwerke weit hochgetragen worden war zur Beantwortung der klingelnden Frage, die es stellte.

20 Was nun sagte das Telefon? Feydeau ließ Coco vermutlich zurückweichen, über einen Stuhl (in privaten Vorstellungen: über ein Bidet) rückwärts taumeln, die Hand abwehrend dem Parterre entgegenstrecken, aufs Parkett heftig aufkommen, das Portemonnaie, das Coco als kostspieliger Söldling hinten trug, wie ein Geschoß am Gesäß fühlen, mit der Wucht eines ihm verloren nachfallenden Unterarms den Drehmechanismus des Bettes, in dem die Solange lag, in Bewegung setzen, wonach sich das nähere Wandstück und die ins sichtbare Bühnen-Zimmer hineinragende Betthälfte mit dem Wandstück und der Betthälfte eines bis dahin unsichtbaren Hinterzimmers vertauschten, während die Achse der großen Bett-Drehvorrichtung das Kabel, das dem General an der Wade hing, aufzuspulen anfing, sodaß er an immer kürzerer Leine lag und, auf dem Rücken liegend, durch die Achse, die das Bett seiner den Hauptmann erwartenden Gemahlin Solange drehte, aufgespult wurde, indem das elektrische Kabel, ihm ums Wadenbein geschlungen, allmählich kürzer wurde und er, sich wehrend, auf die Achse zugezogen wurde, die sich da drehte in einem gewaltigen, metallenen, panzergrauen Bettdrehmechanismus, dem Zähne gewachsen waren, deren vorderste Spitzen durch ein paar Jahre hindurch bis nach Verdun ragten, wo Cocos Unterstand, hinter welchem eine pferdegezogene Haubitze, Mündung gen Himmel, der Weltgeschichte nochmal einen Schuß Lavendel beimischen wollte, wo also Cocos Unterstand, In Verdun, wo die Achse sich drehte und die Macht, wo dieser povere Coco –

21 Das Telefon hatte noch nicht ausgesprochen, da stand fest: nun gab es neu ein Hinterzimmer, das vorher nicht sichtbar gewesen. Vom Zuschauer unbeachtet war dort – vor der Paralyse – genau dasselbe geschehen wie im sichtbaren Teil: General überrascht, mit Gattin, die erfreut, Schlafmützchen sich zurechtrückend und die Karibisch-Grünen aus Pau am strammen Füßchen von sich streckend, General nach rückwärts taumelnd und den entsprechenden Auslöse-Knopf drückend beim Abstützen.

22 Unsäglich versnobt und gerissen geworden durch zahllose vorangegangene Feydeau-Sachen erwartete der Zuschauer, mit diesem Kommentator zu verwechseln und in der Folge ›Kommenta‹ genannt, in der zweiten soeben erschienenen Hinterzimmerhälfte die dritte authentische Nutte der Komödie zu erblicken, wie sie, die zierlich-weißen Fäuste auf dem Deckbett, an einer Kinderwollsache strickte und den neunundsechzigsten schrillen Quieker der Komödie ausstieß beim Anblick der mittlerweile ins vordere Hotelzimmer verzweifelt tief eingedrungenen zweiten Nutte, die, mit einem Klavierstimmschlüssel jetzt versehen und rufend »Ich muß es einen halben tiefer hinbringen!« bis zu den Knien in des Generals abfallenden Gichtschleimbrei getaucht war; so erwartete der Kommenta gleichfalls im nächsten Augenblick den echten sich hinter einer hohen Beige von Visitenkarten und hinter einem Rollwagen voller Buketts einschleichenden Verehrer der Generalin Solange ins Hotelzimmer nachstoßen zu sehen und alsbald beizuwohnen der köstlichen Entlarvung, daß der neu Angekommene, natürlich als ein Doppelgänger des Generals getarnte und im Grunde der Hauptmann der Brandversicherungsgesellschaft seiende Eindringling, seinen Hauptmann auf einmal auszog und in der Glorie und dem Respektabstand des militärischen Vorgesetzten Maréchal Melon dazustehen und gleich anzufangen, dem Coco seinen dritten Stern, der ihm, dem Marschall Melon, immer entglitt und tief ins Futter der Hose fiel, anzuheften, wo sich eine Fläche zum Anheften bot.

23 Geschehen war Folgendes: Maréchal Melon war kein Kostverächter und hatte gern Zulaß. Zulaß wurde ihm zwar gewährt, aber als einziger Marschall des Heeres konnte er mit gutem Gewissen nicht. Demnach hatte er die Gewohnheit angenommen, sich als Zweisterngeneral auszugeben, indem er die beiden anderen Sterne mit einer mitgeführten Socke verdeckte, die er in Teile riß. Der Gewohnheit dieser Verhüllung gegenüber war Melon völlig unempfindlich geworden, sodaß er des Generals Reaktion, als der seinen Doppelgänger vor sich sah, einfach nicht verstand; er hatte nie viel verstanden und war, was sein Fortkommen betraf,

ganz auf seinen alten Spezi, den Hauptmann von der Brandversicherungsgesellschaft angewiesen, der nun jämmerlich leider im Treppenhaus steckengeblieben war und bis zum Schlußapplaus (welch ein Klatschen! welche gewaltigen Hände! welche nassen weichen dunkelroten Handflächen!) eingekeilt blieb.

24 Und Feydeaus Unvollendete schaffte es, an dieser vom Kommenta hier als erstem rekonstruierten Stelle, nämlich über diesem abgebrühten Drama zerschmetterter Hierarchien, dem Zuschauer samt seinen Komödienrastern, Rezeptionsgewohnheiten, Eingeschliffenheitsreflexen, infantilen Regressionstendenzen, Identifikationszäsuren und Authentizitätspostulaten – dem ganz und gar gelähmten Zuschauer einen neuen Lustfick zu vermitteln dank der sozusagen beinahe schon antiraffinierten, also: schlichten, Mechanik des symmetrischen Rückaustausches identischer Objekte. Kein Wunder, daß der Cigarillo im Munde dieses ungeheuren Genies ein exkremental sich aufblätternder Tabak- und Papierball geworden.

25 Die Gemahlin Solange verschwand samt ihrem Wandstück vorn, die hintere Gemahlin Solange wurde samt ihrem Wandstück herausgedreht, das elektrische Kabel riß kurz vor der Achse, der General erhob sich vor der ungeheuren panzergrauen Bühnenmaschine, die in immer neuen ausgeworfenen Zimmerstücken immer wieder gleiche Zimmerverhältnisse produzierte und, hätte sie sich zurückgedreht, dem ein Bordello-Weib Begehrenden auch wieder die Gemahlin Solange ausgehändigt hätte, der General setzte sich vor Enttäuschung auf einen Stuhl (in privaten Vorstellungen: ins Bidet) und sprach die unförmig Liegende mit »na endlich, du Schleifchen, du Teigware« an, während er von Vater Melon betastet wurde und die Anstecknadel des neuen Sterns überall gleichzeitig in der Haut fühlte. Tante Solange aber, die jetzt einen General zum Mann hatte, dem bereits drei Sterne gehörten wie dem nächstbesten Restaurant, der nächstbesten Korps-Küche, zerfaserte gnädig die auf dem Rollwagen herbeifahrenden Buketts mit ihren schlanken breitwurzligen Fingern

und ließ sich mit dem nunmehr als Hauptmann getarnten Feldmaréchal auf dem Bett ins Hinterzimmer zurückdrehen, ohne indessen daran zu denken, daß – Katastrophe! – durch die absolute Symmetrie der Geschehnisse vorn und hinten, ihr Doppelbild samt dem Doppelbild des Feldmaréchals bei ihrer beider Verschwinden vorn wieder herausfahren mußte, demzufolge Coco, Onkel und General und quickagil, bequemste Gelegenheit zur Rache finden würde, falls denn nicht die Rache darin bestand, daß jeder und jede, die sich einmal in jenes Bett gelegt hatten, nie mehr im Leben verschwinden konnten, sondern, kaum verließ man eine Bühne, wurde man gleich in seine nächste politische Phase gedreht, nämlich: man mußte die Bühne betreten, Abgang gleich Auftritt, Absetzung gleich Neuinthronisation – weil gleichzeitig mit eigenem Rücken, der im Türrahmen stand und die Tür hinter sich zuwerfen wollte, in der Tür daneben eigener Bauch sichtbar wurde, der die Tür vor sich aufgestoßen hatte.

26 Sodaß vor einem Publikum und seinem Kommenta, die vorn pfiffen und überreife Stinkkäse auf die Bühne warfen, auch hinten kein Entkommen war, sondern der einmal eingenommene Platz im Bett mußte über Jahrzehnte beibehalten werden, und Onkel Coco General nahm Rache an seinem Maréchal, auf eine dem Vorkriegsepochenzwerg leichtverdauliche Weise, verträglich-scherzhaft, mit einem süßen Klaps auf die Wange von Solange und dem hinzugefügten Versprechen des Maréchals, es würden schon noch vier Sterne werden, wenn er, Melon, erst einmal den Dienst quittiert habe.

27 Diese ganze, bis hierher aufgerollte Szene, war als Vorspiel gedacht und nach ihrem Vollzug hatte Feydeau, damals schon durchs Ersticken paralysiert, seinen Haupthelden, nämlich den echten Hauptmann der Brandversicherungsgesellschaft, allmählich eingeplant, indem er diesen nur sehr allmählich auf die Bühne brachte, noch viel allmählicher, als es bei Coco und Melon den Anschein hatte.

28 Nach welchem der erektil-picklige, frühreife Hotelboy vor den Darstellern des Vorspiels einen adretten Knicks ausführte und ihnen die Buketts der zufällig gerade vorübergehend auf Besuch weilenden königlichen Englischen Familie kredenzte, die in ihrer Loge dem, was sie als »pretty nice« bezeichnete, ohne jemals einen einzigen Vorfall auf einer Pariser Straße gesehen zu haben, enthusiastisch zusah und schließlich, locker durfte sie im Theater sein, jedem Bukett die zugehörige Visitenkarte des königlichen Absenders mit einer aus dem als Requisit dringend benötigten Nähkissen gezupften Stahlnadel anheftete; aufs sorgsamste festzustechen war die unvertauschbare Identität der Wölfe, die auch unterm Schafspelz Schafesser blieben. Ordnung und Ruhe mußten damals außerhalb Feydeaus herrschen, trotz seiner Cigarillos, oder womöglich deswegen, oder vielleicht wurde die Komödie so, weil draußen eine Ruhe, eine Ordnung und ein knappes Wissen herrschten die sich nicht drehen ließen, weil hinter ihnen gar nichts mehr stand, nicht einmal mehr Lärm, Unordnung oder noch zerfalleneres Wissen.

Dr. Caviani

1 »Selbstverständlich«, wiederholte Caviani, »sind mir die beispiellos perversen Abscheulichkeiten von Schreibagenturen vertraut. Ich sage nicht, daß ich sie bewußt fördere, aber ich habe mich auch nie dabei ertappt, daß ich etwas gemildert hätte.«
»Sie sollten die allergrößten, von der unvergleichlich grausamen Literaturkritik an diesen 13-jährigen Kinderromanciers verübten Brutalitäten stoppen.« sagte Molgren, der selber mit zwölf seinen Roman »Zwerg im Petersdom« von Hand geschrieben und von Hand durch Caviani zurückbekommen hatte.

2 »Im Gegenteil«, fuhr Caviani fort, »gerade die Brutalitäten wünschen die sich doch, und nur wenn sie genug Brutalitäten mitten in ihre kleinen, unrasierten und hemdsärmeligen Romane kriegen, die sie mit dreizehn hingerotzt haben, dann fangen die an zu glauben, sie verstehen dank eines Einweihungsrituals nun etwas von Kunst.«
»Diese Schreibagenturen haben doch mit Kunst nichts zu tun«, wandte Molgren ein und fing an, ein an der Wand festgenageltes Anmeldeformular zu zerreißen. Zunächst riß er den einen Befestigungs-Reißnagel heraus und schaute sich an, wie so ein abgerissener Fetzen ausschaute.

3 »Und woran schreiben Sie gerade?«
»Ich bin von Italien noch nicht ganz losgekommen. Arbeitstitel: Die Lombardei gleitet südwärts«, gestand Molgren, den in solchen Augenblicken die Verpflichtung drückte, seinem Zwerg im Petersdom, als einem frühen Jugendwerk, abzuschwören und dafür irgendeines seiner anderen zum Angebot hinzuhalten.
»Es gibt noch das andere«. Caviani schien zum Singen anzuheben.
»Was ist das andere?« stieß Molgren nach. Um Caviani, wenn schon lebend, dann wenigstens mit tiefen Schmissen entkommen

zu lassen. Einstweilen unterbrach er nur Cavianis unscheuen Ansatz zu einer Opera Buffa.

4 »Sehen Sie, Molgren«, stürzte Caviani sich in die neue Exposition, »der Genuß von Kunst ist ja nicht möglich, wenn man selber Künstler ist. Da ertrinkt alles, jede Sicht und jede Analyse, in der beruflichen Deformation. Sie reden und debattieren und palavern über andere und denken doch nur an sich selber. Das Palaver über Kunst ertrinkt in der absolutesten gegenseitigen Diffamierung, es gilt: Schuft gegen Schurke, und die ausgewiesenen Freunde sind Mörder nach Möglichkeit.«
»In die Lombardei dringt's auch ein«, seufzte Molgren mitgerissen.
»Es gibt nur eine Möglichkeit, Kunst zu genießen«, sagte Caviani, »diese ist, ihr zuzuschauen und sie zu verwalten, nämlich, sie verwaltend anzusehen.«
»Ich möchte Sie jetzt auf der Stelle töten«, Molgren schlug mit der Faust auf die Tischfläche, auf die er den mit der Spitze nach oben zeigenden Reißnagel geworfen hatte. Die Spitze sollte in seine Hand eindringen, um ihn vor Caviani zum Opfer von irgendwas zu machen. Was besser war, als niemandes Opfer zu sein, und schlechter, als Cavianis Opfer zu bleiben.
Caviani lächelte, leicht verhärtet.
»Die Schmerzen, die Sie sich so zufügen, die wollen Sie mir zufügen. Das sehe ich natürlich.«

5 Molgren stöhnte unterdrückt, als die Spitze in sein Handseitenfleisch fuhr. Gleichzeitig vermittelte seine Lage ihm den bestimmten Eindruck, daß das Schicksal der ganzen Kunst auf der ganzen Welt an ihm hing. Oder ihm doch zusah. Mit jener der Kunst eigenen, lächelnden Distanz. Grins, Mona Lisa, grins. »Sie meinen also, nur Kunstverwalter verstehen Kunst?«

6 »Die verstehen sie überhaupt nicht«, Cavianis Lächeln gefror, »ja, die Perversion geht noch weiter. Es hat noch nie einen Kunstverwalter gegeben, der das geringste von Kunst verstanden

hätte. Während die Kritiker, die den letzten 13-jährigen Romancier mitsamt seinem Kinderroman zerstörten, viel Gutes in dessen Seele gestiftet haben, die auch den nächsten Kinderroman bestimmt schreiben wird.«
»Also versteht ja niemand etwas davon.« Molgren schien eine Abkürzung des Gesprächs mittels pauschaler Verkürzungen angebracht, indem er probeweise die Zahl der Sachverständigen per Mutmaßung auf Null festsetzte.

7 »Oder«, Caviani bot die neue Version auf, »noch nie ist auch nur der kleinstc und dilettantischste Kunstsachverständige auf die ungeheuer perverse Idee gekommen, die Kunst zu verwalten. Das tun nur Kunstgenießer.«
»Aber Sie haben doch soeben gesagt, daß ein jeder Kunstverwalter werden muß.«
»Die Kunst richtig zu verwalten, ist die einzige wirkliche Kunst. Sie zu machen ist ehrenwert, aber keine Kunst mehr«, sagte Caviani, der, während Molgren das seine zerriß, bereits mit einem neuen Reißnagel ein neues Anmeldeformular an die Wand heftete. Dazu schlug er mit einer schweren Fingerspitze auf den Nagelkopf, der nicht recht hineinfahren wollte.

8 »Dann ist also, wer noch Kunst macht, ein Dummkopf?« fragte Molgren und hatte den Eindruck, die Decke stürze mit Genuß auf ihn herab.
»Er mag es eben gern langsam und umständlich. Eine erotische Forderung an das Leben, die ich für legitim halte, auch wenn sie mir mißfällt.«
»Aber, was soll er denn sonst machen, außer Kunst?« schrie Molgren, in der dritten Person, als gehe es ihn nicht unmittelbar etwas an. Was es auch nicht tat, es wäre denn, er hätte seine Lombardei bereits fertiggeschrieben gehabt, woran beim Zustand der Lombardei, die wie kein zweites Thema am Nichtzustandekommen des ihr, dem Thema, gewidmeten Buches schuld war, nicht zu denken war. Molgren wußte, daß ihn, solange er schrieb, Kunst nichts anging.

9 »Schauen Sie mich an«, sagte Caviani langsam und klangvoll. Molgren tat es. Es lohnte sich vielleicht. Der andere schien ein Wachstumsmittel eingenommen zu haben und dehnte sich unablässig aus. Cavianis Ränder waberten, und Molgren hatte Angst, in die schwarzen Versenkungen seiner Pupillen zu fallen. Die waren aber nicht hungrig.

»Ich komme aus dem Verwaltungskomplex«, schloß Caviani, »In einer Kopiermaschine wurde ich gezeugt und neben einer Telefonanlage von einer Administratorin geboren. Glauben Sie mir«, er pochte Molgren zustimmend auf die Mitte des Scheitels und seine Finger verschwanden durch das Haar hindurch tief in Molgrens feuchtem Hirn, »es gibt in der Kunst nur zwei, die Agentur und deren Kritik.«

10 »Ein kleiner Knabe steht draußen«, sagte die gehetzte Empfangsdame, die in der Tür stand, »Er möchte den Roman ›Schmetterlinge in Karthago‹ vorstellen.«

»Foltern Sie ihn nicht! Nehmen Sie alles an!« hörte Molgren sich schreien.

»Aber wer spricht denn von Folter? Bei einer kurzen Instruktion.«

Stellte Caviani richtig, folgte der Sekretärin in den Vorraum, in dem das Licht gelöscht war. Atemlos sah Molgren, dessen eines Schlüsselkapitel in der Zeit um zehn Seiten anschwoll, wie Caviani langsam auf die dort auf einer gepolsterten Eckbank im Dunkeln wartende Gestalt zutrat. Die Gestalt war sehr klein und hatte eine helle Stimme.

11 Ihr kurzer Atem schlug ihm entgegen. Caviani gab ihr die Hand, sagte, sie, die Gestalt, solle mit ihm kommen, dort brenne das Licht, und gleichzeitig schob er die zweite Hand vor, die er bei Molgren auf den Knien behalten hatte.

Virile, erigiert

1 Die Herren, die ich traf, setzten sich an den Abenden zu sogenannten Abenden zusammen, die sogenannte Herrenabende wurden, weil die sogenannten Herren ausschließlich Gesprächsstoffe wählten, welche Herren-Themen waren, und jeden Abend, der unter gemütlichem Zusammensitzen anbrach, zu einem Herrenabend werden ließen.

2 Die Herren unterhielten sich eingehend über das Zuschauen, Dabeisein, Mittun und Zuschauen, über das offene und über das heimliche Zuschauen, entschieden sich für das heimliche. Dann, couragiert geworden durch Widerspruch, der sich nicht erhob in der Herrenrunde, sprachen sie darüber, daß ihnen das Glied, wenn der Morgen anbrach und wenn sie erwachten, stets steif sei.

3 Die Herren verwendeten den Terminus ›Morgenlatte‹.

4 Und der Herrenabend ging in seinen helleren Sinn über. Diese Abende dauerten lange, da die Nächte lang wurden und keine Frauen sich zu der Herrenrunde gesellten, welche damit ihren einmal gewählten Gesprächsstoff unendlich weiterspinnen konnte, nachdem man der Frau, die sich aufkreuzend vor einen hinsetzen werde, einen Fuß zwischen die Knie zu schieben sich entschlossen hatte.

5 Die Herren am sogenannten Herrenabend sprachen über die ganzen Dinge, über die sie mit einer Frau nie gesprochen hatten, da sie nur verheiratet waren, und in der Ehe spricht man darüber nicht; und, als weitere Abwertung ihres Zustandes, schon so lange verheiratet waren, daß man nicht mit dem Primären wieder anfangen konnte, nachdem man beinahe am Ende mit dem Tertiären und mit dem Quartären angekommen zu sein schien. In der Ehe, in der sie steckten, benützten sie ihr Glied als handhabbares

Werkzeug, und sein Schmuckcharakter war ihnen abhanden gekommen. Werkzeug zu haben, aber keinen dem unmittelbaren Nutzen enthobenen Schmuck, beleidigte sie tiefinnerst.

6 Sie hatten ungeduldig den Herrenabend erwartet, an welchem sie ›es‹ aus seinem ›es‹ quälenden Käfig herausschnellen lassen konnten.

7 Widerspruch kam nie auf, nicht einmal die schleichende Brandung einer eingeschüchterten Gegenrede, da der Abend nur aus Herren bestand. Alle sahen und dachten in einer einzigen Identität, ermutigten, exhortierten und stützten sich aufs eifrigste.

8 Sie hatten eine Abendlatte.

9 Die Gesprächsstoffe, welche sich zu erschöpfen folgerichtigerweise unfähig waren, schwebten in massiger Starre im Raum, auf dessen Fenstersimsen acht verschieden hohe, aber allesamt kleine Bonzai-Bäumchen ihre Hauptäste der Scheibe entgegenreckten und ein tief vom Osten eingeführtes ›zu Hilfe‹ schrien. Die Haushälterin des Ältesten der Herren des Abends, Emmy genannt, trat über die Schwelle und trippelte in einem weiten Kreis, über einen still Vornübergebeugten stolpernd, auf die Miniatur-Pappel zu.

Hauptmanns Ritt

1 Hauptmann Cracau schlug zeitlebens seinem Pferd die Sporen in die Weichen. An den Eintrittsstellen entstanden feuchte dunkelgelbe Eiterflecke. Dunkel und geheimnisvoll schwärten die kleinen tiefen Wunden, und durch die Fäulnis innerhalb der Haut entstand Wärme. Das Pferd fror meist, aber trabte gut.

2 Im Winter hatte Hauptmann Cracau warme Füße. Leider konnte das Pferd nicht polnisch, sonst hätte er ihm seine, des Hauptmanns, Schmerzen geklagt, ihm aber das Reden über seine, des Pferdes, Gebresten untersagt. Das Pferd sprach nur einen armen Dialekt des Schnaufens. Doch vielleicht war es nur alt und faul und gefühllos und hatte sich schon längst an die Verrottung seines plumpen wäßrigen trabenden Körpers gewöhnt.

3 Eines Tages ritt der Hauptmann Cracau aus, er kam unter einer Rottanne durch, Blattbäume rollten ihre Blätter, ein sanfter Westwind strich über die Oberfläche eines einsam sich kräuselnden Sees. Ein Zweig der Rottanne stand heraus und durchbohrte dem Hauptmann die Blase. Mit der Zunge reinigte er die Stelle. Er kam zu einem hohen flachen Stein, der auf einem darunterliegenden Stein im Gleichgewicht gehalten wurde durch einen splitternackten Soldaten. Der Soldat lag auf dem oberen Stein wie auf einer Rittschaukel und hatte seine Uniform neben einer Fichte auf dem Boden gefaltet liegen.

4 In diesem Augenblick brach das Pferd unter dem Blut und Urin von sich stoßenden Hauptmann Cracau zusammen. Er stürzte nach vorn und schlug mit dem Kopf gegen den unteren Stein. Augenblicklich versank er in tiefen Schlaf. Der splitternackte Soldat, der sich manchmal sonnte, blickte verblüfft über den Rand des oberen Steins. Dadurch kam dieser aus dem Gleichge-

wicht und stürzte dicht neben dem schlafenden Hauptmann auf den Boden.

5 Die Tannen- und Fichtennadeln erhoben sich in dichten Haufen. Der Westwind lagerte sie am Seeufer ab. Die rötlich gerollten Blätter trieben nach Osten. Der fallende obere Stein hatte den Soldaten weggeschleudert, und aus Furcht vor der Lage, nicht vor dem Hauptmann, zog er sich an. Er sah die Leiche des ausgerittenen Pferdes und den in sich verknäulten und schlafenden Hauptmann Cracau.

6 Dann wurde dem Soldaten klar, warum der geritten Habende so da lag. Um zu schlafen und um sich an der Sonne zu bräunen. Schon drang sie durch alle Zweige hindurch und ließ die Maserung des Geästs auf dem Grund sichtbar werden. Nach kurzer Zeit erwachte der Hauptmann, legte sich nach zwei Stunden ruhigen Liegens den Sattel auf die eigenen Schultern und hinkte langsam, in der Dämmerung, zurück, bis zu einer früheren Rottanne, wo er zusammenbrach und abermals tief einschlief. In einer nach dem Tod mitunter eintretenden Zuckung schleuderte sich das beendete Pferd halben Leibes auf den heruntergefallenen Stein, den der jetzt angezogene Soldat bewundernd anstarrte.

7 Der Soldat formte seine Hände hinter den Ohren zu einer Muschel und lauschte den beiden, dem Herrn und dem Tier, nach. Es war dies kein gutes Mittel zum scharfen Hören, aber er wünschte nicht unbedingt scharf zu hören, und er hörte in aller Schärfe nichts. Hauptmann Cracau war nicht einmal in das leichte Keuchen gefallen, das ihn eine Stunde nach dem Einschlafen sonst befiel, sondern lag, wie er hingefallen, ebenfalls halben Leibes, unter seinem Sattel, dessen eine Riemenschnalle ihm mit ihrem Dorn in den Oberschenkel gefahren war, aber ohne sein Wissen. Dann bestieg der Soldat den heruntergefallenen Stein, zog oben seine Kleider aus, kletterte dann weiter nördlich auf den höchsten Baum des Waldes und verbrachte die Nacht da.

Hotel Sch. und Hotel G., Moskva

1 Die Überwachung in Moskvaver Hotels wie im *Gschtowenko* oder im *Schdanin* ist vollkommen, und doch verschwinden alle kleinen grauen Bewacher des Gastes in ein jeweils undurchdringliches Dunkel kleiner abgegrenzter Büroräume, wohin ihnen keiner folgen kann. Dort steht meist ein Telefon, lehnt ein Flederwisch, hängt ein Leninbild und liegt eine Schlagklingel zum Herbeirufen der Mädchen. Mit dcm Telefon melden sie ihre Beobachtungen dem KGB, der sie zu den restlichen Akten legt. Mit dem Flederwisch tarnen sie sich als Zimmerreinigerinnen und heben degoutiert die zerlegenen Matratzen an, um eine gebrochene Entenfeder, vom Pfulmen da hin gefallen, zu entfernen, damit auch alles ›echt aussieht‹.

2 Vor dem Leninbild knien sie und binden sich die schweren schwarzen Halbschuhe, mit welchen sie Käfer bis zu zwei Kilogramm zertreten können, ohne den Ruck zu merken. Die Schlagklingel, auf welche eine zum Klingelschlag bereite flache Hand hinuntergeworfen werden muß: sie wird zur akustischen Koordination der verschiedenen, etwa fünfzig, Büroräume verwendet. Pro Hotel sind etwa fünf solcher Räume pro Stockwerk in die dicken, unermeßlich dicken Wände eingelassen; die Mörtelhaufen, beim Aushub angefallene Mörtelhaufen, hat man mit Schubkarren in den Keller gefahren, auf dessen betonierten Schultern das ganze Hotel ruht und sich nicht rührt; bis auf die emsigen Mädchen.

3 In den Büroräumen sieht, wie gesagt, keiner über seine ausgestreckte Hand hinaus, etwas Licht fällt aus mehreren verwinkelten Schächten, von welchen jeder an einem solchen Büroraum wie durch Zufall vorbeiführt. Durch ein Fenster des finsteren Raumes kann ein zusammengeknülltes Papier in den Lichtschacht geworfen werden und kommt unten in Moskva, auf

Moskvas ebener Erde an, wird von einem Agenten flachgewalzt und in die Zentrale getragen. Über die ausgestreckte Hand hinaus sieht keiner, und auch die entschwindet ihm oft, kann gegen eine Wand schlagen oder geschlagen werden.

4 Schlägt die flache, kaum-behaarte Hand des Chefbeobachters auf die ausgestreckte Schlagklingel, öffnen sich im gesamten *Gschtowenko* oder im gesamten *Schdanin* die fünfzig Beobachtungsbürotüren auf die Korridore heraus, in welchen bereits die Mädchen und die Gäste hantieren, bis zum Hals meist, im allgemeinen, wenn nicht anders verordnet, in graue Laken verwickelt. Dabei kommt es zu indignierten Reden, z.B. auf Bretonisch und auf Baslerisch; man schwitzt, solcherart sprechend, vor Mitgefühl mit späteren Entzifferern; die eigenen Akzente werden mit Tonbandgeräten aufgezeichnet zur Weitergabe, die Tonbänder werden an Angelhaken in die Liftschächte gehängt, verschwinden demnach nach oben, hochgezogen, dem Moskvaver Spitzturmdach entgegen.

5 Leider haben die Moskvaver Beobachter noch keine Microtonträger, zumindest sind keine solchen in Moskvaver Hotels im Einsatz, ganz bestimmt jedoch nicht im *Schdanin*, dem kleineren, oft ›Das Gnomenpalais‹ genannt; bestimmt eines der kleinsten unter allen Moskvaver Riesenhotels, 587 Zimmer und 47 Büros.

6 Weil die Microtonträger fehlen, bewegen sich unablässig und unermüdlich – zweifellos werden sie dafür gut bezahlt – diese Pseudo-Wäscheschränke auf den langen, im Dunkel verschwindenden und aus dem Dunkel kommenden, mit zaristischen Glashängeleuchtern erhellten Korridoren, die insgesamt beschrieben werden könnten als aus einer beliebig langen Steppe geschnittene Geländestreifen, deren ehemaliges Gras zu Teppich geworden ist. Die zaristischen Glashängeleuchter reißen gewaltsam die rubinroten, an Messingstangen festgesteckten, jährlich erneuerten Läufer aus der immerwährenden Finsternis. Es knarrt und quietscht, kein Öl in den Achsen, und in den sogenannten

Wäscheschränken, diesen ins Gigantische gewachsenen Wasch-Ambulatorien, stecken enorme Tonbandgeräte.

7 Von nah hört man ein gewisses Summen der Spulen und des Verstärkers. Aber man steckt natürlich bereits mit dem Zimmermädchen in einem grauen Laken, nachdem das Zimmermädchen, offenbar zum Moskvaver Fischfang, das Laken über einen geworfen hat.

8 Schmerzlaute werden weitergemeldet, von Lust wird sacht abgeraten. Der Gast soll sich, im *Schdanin* allerdings weniger – seiner Kleinheit und kleineren Wichtigkeit wegen – ruhig halten, damit die Beobachter nicht ständig die Ambulatorien verschieben müssen; was zuviel Mühe macht, da die Rollen am Boden der Schränke sich bereits mit dem Teppich zu Klumpen verbacken haben: da ragt die Steppe mitten in die Technik herein. Und in den kleinen Büros sieht man, wenn man denn etwas sehen will und es einem noch nicht ausgetrieben ist, nichts.

9 Lieber an ihnen vorübergehen, vom Bett aus direkt zum Ausgang via Aufzug, der hochsteigt, wenn man tiefdrückt und sich senkt, wenn man einen oberen Druckknopf erwischt. Im Aufzug sind sie noch nicht. Soweit kommen sie nicht; dafür ist sein Lauf pervertiert.

10 Nicht in diese Enklaven biegen, man sagt immer zuviel. Sodann soll der Gast, in sein graues, inzwischen von der Anstrengung, freizukommen, zerfastertes Laken gewickelt – aus dem das Mädchen sich mit einem Abspulen seines Leibes und seiner eitergrünen Schürze soeben hinausrollt – aufs äußerste verwickelt in sein zerfasertes Laken, da soll er selbstverständlich seine unmeßbare Wut aufs System herausbrüllen, wo denn jemals, wenn nicht da, wo wenigstens einmal keiner applaudiert, und die Wut kommt auch zum KGB, im *Schdanin* wird nochmal nachzensiert, da dringen nur Häppchen nach außen, der KGB windet sich vor Gelächter, bei den Meldungen aus dem *Gschtowenko*, die insge-

samt hinausdringen, besteht Todesgefahr, also, genau gleich wie im Westen, wo die Wut übers System natürlich auch zu den Geheimdiensten dringt; insgesamt darf, getreu der ausgewogenen Abrechnungstheorie, festgehalten werden: das eine System ist wie das andere; alles andere kippt das ins Hochschaukeln verliebte Gleichgewicht.

11 Und reist man sodann später ab, zum Beispiel über Wrozlaw nach Ostberlin, und von da mit dem Bus nach Westberlin, um von da aus abermals weiterzufliegen, zum Beispiel nach Rotterdam oder nach Perth in Schottland, wird einem vor dem Abheben ein gefütterter Umschlag mit dem Stenogramm der Beschimpfungen übergeben, die man ausgestoßen hat; frisch ab Lichtschachtgrund. Und die Sichtblenden von fünfzig Büroräumen bleiben hinuntergelassen und dahinter erklingt das leise Summen.

12 Der Gast, der auf dem gedeckten Markt noch zwei Tomaten und eine Birne kaufen gehen möchte und ganz gern zum gedeckten Markt ginge, könnte er nun endlich die Richtung, in der der Aufzug sich bewegen soll, selber bestimmen, er rast wie ein von Tollwut Befallener auf eine der Türen zu, reißt sie auf. Der höchst unbeträchtliche Mann, der sich später Grigor oder Grogohr nannte, war zu sehen; nur einmal.

13 Er trug eine zu kurze Hose, einen rechtschaffenen, unbedeckten Adamsapfel, knochiges Gesicht. Leicht grünlich gefärbter Anzug, zweifellos frisch gestrichen. Eine Persönlichkeit war der Herr Grogohr, welche sich kaum erwärmte, gleichmäßig kalt blieb, erstaunlich viel sprach. Aus seiner einen Braue ragte ein Schamhaar; sich kräuselnd über die knittrige Stirn.

14 Er blieb ohne die Schwankungen der handelsüblichen Spitzenspitzel. Überlegter, zögernder Schritt, ebensolches Sprechen. Sätze mit vielen *reservationes mentales*; der allumfassende Vorbehalt hatte Grogohr eingeholt und zwang ihn in die Knie; mit Würde, mit Würde.

15 Dann langer, ausgreifender Schritt.

16 Dann schnelles Marschieren.

17 Mitten hinein in Moskvas Horizonte, welche aus spärlichen Einladungen bestanden, bei welchen sich öffentliche Bäder mitunter öffneten. Verbringen weiterer Nächte abwechselnd im *Schdanin*, kleinere, gefahrlosere Nächte, die kaum weitergemeldet wurden, und im *Gschtowenko*, längere, gefährlichere Nächte, die allesamt im Besitz des KGB längst sind, inbegriffen die Laken in der Steppe, die man zerriß und mit Wonne zerrissen hat, auch nach vielen Monaten des Meldens und Aus-dem-Fenster-Werfens noch mit höchster Wonne in Fetzen gerissen hat; Nachschub war davon unbeeindruckbar, immer wieder lag ein neues Laken abends auf dem Bett, sei's im *Gschtowenko*, sei's sogar im unbedeutenden *Schdanin*.

18 Grogohr, Herr Grogohr war fast niemals mehr »anwesend«, hörte aber genau zu, gab sich mittels Stimme, welche hin und wieder durch Glastüren hörbar, als dem Klang nach ›streng und gerecht und anspruchsvoll‹ zu erkennen: was die zahllosen Untergebenen zu schätzen wußten. Man erinnert sich an eine Einzelheit der eigenen Gespräche mit Grogohr, die kurz nur gewesen sind. Er hatte alles über sich gelesen, »in jeder Sprache« (:verblüffend), und wünschte, man solle ebenfalls alles lesen. Da aber war man auf dem Weg vom *Schdanin* zum Markt und zurück in ein anderes Hotel, dessen Name nunmehr auch nicht weiter wesentlich, und ließ seinen, Grogohrs, Wunsch beiseite: er wünschte sich, man möge es ihm gleichtun und ebenfalls in allen Sprachen bitte möglichst bald alles über sich, den Moskvaver Gast, gelesen haben.

19 Als das schwanzlastige Transportflugzeug vom Moskvaver Flughafen aus erstaunlich steil aufstieg, erinnerte man sich, inzwischen selber Russe und dem starken Alkohol vollständig verfallen, und zwar zu jeder Tages- und Nachtzeit, gern an Grogohr und

an das, was er gesagt hatte und was man von ihm hatte hören können.

20 Man hatte so viel gehört. Nicht endenwollender Beifall von der falschen Seite, noch nicht in Wrozlaw, noch keineswegs in Ostberlin, ein bißchen im Bus, stärker in Rotterdam, frenetisch in Perth im südlicheren Teil Schottlands:

21 Spät abends, Perth, tiefer Herbst, sich hochschraubende Bodennebel, Tieraugen von Luchsen, quadratische, schießschartenweite Fenster, kleine Whiskyrunde: Gast stark angeberisch, zeigt zwei Tomaten und eine Birne vom gedeckten Markt vor, »they're still fresh«, nicht endenwollende Handarbeit: dieses Perthsche Klatschen, Abend vorrückend, vollkommene Finsternis über dem südlichen Schottland, loch-ness-sches nasses Gurgeln, volle taumelnde Lichtschächte, »your room is ready, Sir« meldete The Maid um 4 a.m., streifte einen Träger ab, da flog man schon wieder zum Zarelein Grogohr und seinen Kämmerchen, Dienerchen.

22 Man pflegte anzukommen.

Alberts Schneefall

1 Die folgenden Erzählungen sind reiner Unsinn. Ich merke es beim Schreiben nicht und verspreche mir stets, sie abzubrechen, sobald mir der Unsinn, den ich schreibe, deutlich wird.

2 Literatur sind sie jedenfalls keine. Ich werde mich hüten, die Dame für sowas zu wecken. Sie sind reine Unterhaltung, aber, man weiß, gerade Unterhaltung unterhält selbstverständlich nicht. Es liegt im Wesen behaupteter Unterhaltung, daß sie ... jedermann, der ihr zwangsweise ausgesetzt wird, widerspricht.

3 Jenseits der Literatur und der Unterhaltungsliteratur liegt nichts mehr. Das Einzigartige liegt also darin, daß, wer jenseits ist, nicht mehr schreibt, er mag schreiben, soviel er will; es ist einfach sozusagen nicht geschrieben.

4 Eine beruhigende Ausgangslage. Es schneite, und beim Morgengrauen trug Paris einen Mantel, den es erst gegen Abend wieder auszog, oder besser, in matschige Fetzen riß. Als Eröffnung etwas asthenisch, huh. Morgens stäubte der Schnee in die Gesichter. Jedermann außer mir, dem sie fehlten, trug Schals und dicke Handschuhe. Haben Sie was anderes erwartet? Ich fürchte, die folgenden Erzählungen bestehen just daraus.

5 Nur die Regenmäntel blieben dieselben. Die Einwohnerschaft schlotterte greulich, Briefkastenklappen im Wind. Gute Zeiten für die Fischhändler, die keine Eisstücke zu den Flundern legen mußten, noch wochenalte Fische frisch an den Käufer brachten.

6 Im Gegensatz zum bereits beschriebenen Umstand hatten sich die vollsaftigen Orangen alle in die Büchsen zurückgezogen. Die

rostrote Feder auf meinem Pult zeigte ausnahmsweise nach Norden. Sie war an keinen Magneten angeschlossen, gab aber, auf Drehgelenk, trotzdem immer sowas wie eine Weltrichtung an.

7 Der an ihrem Ständer angelötete Messingsegler wurde zu einem Maskottchen, manchmal nahm ich ihn mit in die Küche und kochte, indem ich auf seine Masten schaute. Keine Seeleute auf Deck, und da ich nicht annehmen konnte, er sei ohne Besatzung von Cape Cod hierher gefahren, gab es nur eine Erklärung: ein Pirat hatte sie alle gekapert.

8 Dann gingen alle an der Pest zugrunde, dann fuhr der Korsar, der sie in den Keller genommen hatte, auf ein Riff und ging unter, jetzt betrachten sie die Seekühe von unten, hängen im Tang und wedeln in der Strömung. Hoffen wir das Beste. Der Schrank stand schräg offen. Lautsprecherschnüre gingen davon aus. Mein Teppich war mit Holzfasern gespickt, die alle aus Schraubengängen der Regale rieselten.

9 Ich hatte alles angebohrt. Das mußte ich auch immer fotografieren. Eine Filmschachtel lag aufgerissen. In sie würde der geknipste Film kommen, würde darin zum Entwickeln geschickt; nie angekommen; ich sah die Löcher nie, die ich gebohrt hatte. Mein Plattenspieler stand mit Gehäuse sehr schräg. Der Plattenteller war mit Klötzen abermals schräggestellt, dem Gehäuse entgegengesetzt. Damit war der Plattenteller wieder waagrecht. Das Plattendrehen erhitzte den Spieler, der einen Ventilator in den Apparat blasen ließ. So schaffte er As Time Goes By.

10 Paßfotos von Seemännern. Steckbriefe von wilden Maaten. Gegen Abend besuchte ich Albert. Er lud mich zum Abendessen ein. Nach dem Abendessen las er mir eine Geschichte von Gaston Leroux vor.

11 Leroux schrieb Kriminalromane und phantastische Erzählungen – auch dieses Didaktische halten Erzählungen dieses Unsinnsgra-

des treu fest – zwischen Verne und H. G. Wells, nur schlechter, schlechter als beide. Das Schlechtere ist oft das Bessere: aus dem kleinen Maximenschatz des Hauses. In der Geschichte schnitten einige Arm- und Beinlose einem altgedienten Hochseekapitän im Schlaf den rechten Arm ab.

12 Dies geschah in der Nähe von Guadeloupe. Es war sehr heiß, als sie schnitten. Der Anführer glaubte, Hitze mache Narkose überflüssig. Also ließen sie den Hochseekapitän so wie er war und schnitten. Es war teuflisch hart. Die Hausfrau sah zu. Sie bedauerte. Aber sehr abstrakt. Und als der Kapitän erwachte, waren alle verschwunden.

13 Sie hatten ihn an den Küchentisch gefesselt. Einer war mit der Hausfrau, mit der zusammen der Kapitän morgens auf dem Topf saß, verschwunden. Einst, früher einmal, so faßte Albert zusammen, hat dieser Kapitän im Rettungsboot einen seiner Matrosen hungers verspeist.

14 Und das hatten sie ihm damit heimgezahlt. Leroux borgte überall ein bißchen aus. Albert und ich brüllten vor Lachen, so amüsierte uns die Geschichte. Wir waren, ich beeile mich, es hinzuzufügen, selbstverständlich in trauriger Verfassung. Ähnliches ist uns seither nicht mehr in den Sinn gekommen.

15 Die Beinlosen konnten hinter einer Hecke hin- und hergehen, ohne daß sie über die Hecke ragten. Sie hatten keine Beine mehr, aber die Aufstellfläche ihres Leibes hatte Blasen gebildet, nach unten ausgebeulte Kuppeln voll Luft.

16 In diese Kuppeln hatten die Beinlosen Schläuche gelegt. In die Schläuche bliesen sie, oder sie sogen Luft ab. Die Blasen wurden bald groß, bald klein. So hüpften sie hinter der Hecke.

17 Der Hochseekapitän hatte das Haus längste Zeit für leer gehalten. Ich vermutete einen Beinlosen hinter Alberts Staffelei, er

einen in meiner dickeren Wintersocke. Auf dem Heimweg war es noch kälter.

18 Der Schnee war weg. Mir erfroren beinahe die Füße. Mein Glück besteht aus diesen vielen Beinahe. In der Metro schließlich wehten die üblichen Dämpfe, da röteten sich die flüggen Alltagsohren. Und ich taute auf und las, schon früh müde.

19 Durch den Matsch kam ich heim, stieg die runde schwarze Treppe hinauf, hörte mein Herz einfach nicht klopfen und hängte meinen Mantel über den Drahtbügel.

Nemesis profana

1 »Wenn du abgewaschen hast, du Frau, dann räum die Küche auf!« So rief Mama von ihrem Schlafzimmer aus. Es verging kein Tag mehr ohne Geschirrspülen, und Mama erhob sich immer weniger aus ihrem Bett, dessen Decke auf ihren Füßen ruhte, hinuntergestrampelt wurde und von mir wieder zurechtgelegt. Neuerdings hängte sie mir schmeichelhafte Namen an, alle Ausdrücke der mütterlichen Sprachc klebten an mir, und es waren keine solchen von jenen, die mich ermutigten, o, nicht sehr ermutigt war ich zum Abspülen des schweinischen Geschirrs und zum darauf folgenden Aufräumen der maßlosen Küche.

2 Die Küche sah ebenfalls, wie alle Menschen, fürchterlich schweinisch aus. Ich glaube, es ist kein Geschirrstück mehr an seinem Platz gestanden, alles durcheinander geworfen. Mimfald war ein sogenannter ›Schmorer‹, ein jemand, der vergangenen Küchentechniken anhing und die Mahlzeiten in große Töpfe preßte, einen Deckel darauf schraubte und sie stunden- tage- wochenlang auf kleiner Flamme dünstete. Die Mahlzeiten wurden ein bißchen weicher, aber die Küche sah entsprechend maßloser aus.

3 Alles durcheinandergeworfen, und zähes halbflüssiges Zeug hing über die Tellerränder hinaus, in den Farben rot und tiefgrün, einmal Nudeln gewesen, jetzt verklebte Reste, die wir nicht mehr essen wollten. Das mußte alles aufgeräumt werden und abgespachtelt und weggeworfen, und »Frau« nannte mich Mama, die auf ihrem Bett lag und auf dem Rücken und die Füße über die Decke geschoben hatte, die ich ihr zurechtgerückt hatte für ihren Anlaß. Weil sie nämlich nichts mehr schreien konnte, ohne sich so zu wälzen.
»Und dann erhitze die Pfanne zum Abendessen!«
»Wo?«
»Die Pfanne steht im Kühlschrank!«

4 Da hatte sie die grauenhafte Idee also schon gehabt. Ich hatte gehofft, sie würde nicht an die geistesschwache Pfanne denken; aber immer, wenn sie sich auf dem bloßen Rücken auf dem von mir nach oben gerückten – immer wieder nach oben gerückten – Bettüberzug wälzte, kamen ihr die für mich schmerzlichsten Ideen, ganz so, als wälze Mama sich nur, um, auf ihrem Bett, ihrem Sohn wehzutun. Und das schaffte sie auch. Unser Haus war mit starken Platten abgedichtet und verbrauchte kaum mehr Energie. Ich glaube zu wissen, daß diese ersparte Energie ungeschmälert den darin lebenden Insassen zufloß.

5 Jetzt dachte Mama also an die schwachsinnige Pfanne, die im Kühlschrank stand und total eisgekühlt war, ehe sie wieder erwärmt wurde, da wir sehr oft heiße Nahrung zu uns nahmen. Nachbarn bezeichneten uns als die ›Wilden des Viertels‹, und das waren wir. Unser Kühlschrank hatte ganz im Süden der Stadt bei einem Viehhändler angefangen; wir wußten bloß nur leider nie, woraus das Vieh bestand, mit dem er handelte. Aber er nannte sich Viehhändler, und alle anderen nannten ihn Viehhändler. Also brauchte er einen Kühlschrank, und da hatte denn unser Kühlschrank angefangen. Er war immer gefüllt gewesen und zwar mit frischem Fleisch, das noch warm in ihn gelegt wurde und dann langsam zu starren Blöcken abkühlte. Auch das Haus des Viehhändlers war mit Platten innen ausgeschlagen gewesen.

6 Später brauchte der Viehhändler – als der Zustrom des Viehs geringer wurde und weniger Vieh in seinem Vorraum wartend herumstand – den Kühlschrank als Herdplatte; was nicht schwer fiel, da das Aggregat, welches die Kühlung verbreitet, wenn es stark läuft, sehr schnell heißläuft. Es ging darum, den Kühlschrank ›vom anderen Ende her‹ zu benützen. Der Viehhändler kippte ihn nach vorn und stellte ihn auf seine Tür; so daß der Kühlschrank auf seiner Tür ruhte. Dann brauchte er ihn als Kochplatte. Das Gebläse hinten diente als Erhitzer; alles funktionierte, und das Vieh verschwand, wie es gekommen war: brüsk, alles auf einmal, erschreckend angstlos.

7 Der Kühlschrank mochte beim Viehhändler, der Abdomen hieß, nicht als Herdplatte funktionieren und versagte. Abdomen verkaufte ihn weiter oben, weiter im Norden der Stadt, an einen Konditor, der ihn wieder seinem ursprünglichen Gebrauch zuführte und Blätterteig darin lagerte. Der Konditor hatte an seinem Haus außen und innen diese isolierenden Platten befestigen lassen. Sie erfreuten sein süßes Herz, das höher schlug und schneller buk. Der Konditor pflegte hastig in den Blätterteigpaketen herumzuwühlen, sodaß sie platzten und der Teig sich im Kühlschrank festsetzte und das Aggregat teils verklebte, teils geradewegs verstopfte. Die Sommer waren sehr heiß; war es auch in den mit Platten isolierten Häusern schön kühl, war man doch froh, daß der Blätterteig von Marmel ebenso frisch gehalten wurde wie einst, tiefer im Süden, Abdomens Vieh, als es sich noch zeigte.

8 Marmel, der Konditor, bei dem Mama – die sich an jenem Tag einmal gerade nicht wälzte, sondern durch ein Versehen ihrer Gesamtverfassung das Bett aufrecht verlassen hatte, zunächst von Mimfald gestützt, dann aus eigener Kraft – bei dem Mama, als sie einmal auf eigenen Füßen stand, längliche Käsebrote mit toten Fliegen kaufte (Marmel nahm die Fliegen mit einem Teigspachtel weg), dieser Marmel zeigte eines Tages auf seinen Kühlschrank. »Ich lasse meine Teige auswärts kühlen. Wollen Sie ihn?« Mama wollte ihn. Marmel ließ den Kühlschrank bringen; seither ließen wir Mama nicht mehr aus der Wohnung, weil wir keine Mitbringsel mehr wünschten; sondern hielten sie so lange in ihrem Bett, bis eine zunehmende Entkräftung ihrer Beinmuskeln lange Gänge unmöglich machten. Wir öffneten ihr aber meist die Fenster, und sie war ziemlich glücklich.

9 Seither bewahrten wir unsere Reste im Kühlschrank auf. Es waren Reste, welche bald die übelsten wurden. Wir waren verkommen, und im allgemeinen gefiel es uns. Jetzt gerade gefiel es mir selbstverständlich nicht so gut. Mama hatte die Idee mit dem Anrichten der hirnlosen Pfanne gefaßt; auf dem Bette liegend,

dem Sohne eins wiegend. Dieses mein Mißfallen pflegte vorüberzugehen, da ich mich nie sehr lange an einem Gemütszustand festgehalten habe, und dies in einer Welt, welche Gefühle mehr achtet und wichtiger nimmt als Mieterhöhungen oder Lebensmittelvergiftungen. »Na dann halt, wenn du meinst, dann tu ich's halt«, sagte ich, ohne weiter auf die wieder sich wälzende Mama zu hören, die selbst eine Frau war.

10 Ich saß im Wohnzimmer und mein achtjähriger Bruder Gerd-Gundolf lag auf dem in die Platten hineingeschobenen hellgrünen Teppich und schaute sich ein Fernsehprogramm an; das schlechteste, einfallsloseste, ekelhafteste; das gefiel ihm am besten, gerade weil es so ekelhaft und einfallslos war; er hatte einen gut entwickelten Geschmack fürs Schlechte im Leben und im Menschen; was verständlich war, da er selber so schlecht herausgekommen war. Immerhin weinten wir oft mit ihm zusammen, allerdings ehe es Kanal Neun gab, in welchem das passierte, was ihn in kurzer Zeit süchtig machte und vollkommen kraftlos, wenn es nicht lief. Ohne Kanal Neun war Gerd-Gundolf von einer schweren Lähmung befallen, die ihn wie einen Haufen Haut und Knochen auf dem hellgrünen Teppich zusammensinken und bewegungslos werden ließ.

11 Eigentlich wollte Gerd-Gundolf Kanal Neun ja nicht anschauen, weil es ihn ekelte, sogar ihn ekelte Kanal Neun an; dafür hatten sie Kanal Neun allerdings auch entworfen; indem sie nämlich einen weiteren Bestandteil eingebaut hatten, der es dem betrachtenden Menschen möglich machte, seinen tiefen Ekel auch zu ertragen; es gab die Kanal-Neun-Verdauungs-Pille zu kaufen, welche insbesondere die auf den Magen schlagenden Elemente der Sendung zu ausspeibaren Kugeln im Verdauungstrakt verformte. Gerd-Gundolf spuckte sie oft aus; rund um ihn, auf dem hellgrünen Teppich, über den hellgrünen Teppich hinaus, lag das von den Pillen gebundene und von ihm ausgespiene Gewölle.

12 Er schaute sich den Kanal Neun weiter an, bis er blind werden würde. Darauf war Kanal Neun angelegt; seine Bilder trockneten die Tränendrüsen; die Augäpfel wurden nicht mehr befeuchtet beim Liderschlagen; Infektionen, Trachome waren die Folgen; alles einkalkuliert von den Programmachern. Das Schlimmste: Gerd-Gundolf wußte es. Er würde als kraftlose Masse aus Haut und Knochen auf seinem Liegeteppich auch noch blind sein. In drei, vier Monaten. Kanal Neun ließ keine lange Frist, verschaffte aber bis zur Frist höchstes Glück. Mimfald war der Ansicht, Gerd-Gundolfs Glück bis zur Frist sei so überschäumend, daß der Preis dafür keineswegs zu hoch sei; Mama fand den Preis ein bißchen zu hoch; ich heulte, was ich konnte; Gerd-Gundolf hatte keine Meinung, und überdies lag ihm nicht viel daran, etwas zu sehen, außer vielleicht Kanal Neun.

13 »Laß die Augen nicht von Gerd-Gundolf!« schrie Mama, die eine Weile ganz ruhig lag, denn es klang jetzt kein Knarren durch den Holzzwischenboden, der seitlich auf zwei vorspringenden Kanten lag und herunterzufallen drohte. Das ganze Haus war, bis auf seine isolierenden Platten, so locker gebaut, entsetzlich locker, und ich stand in ständiger Angst herum und erwartete das Schlimmste, wo das Gefaßtsein auf die täglichen Bagatellen und Wechselfälle genügt hätte für alle Tage, jetzige und kommende. Alles, alles war mir zuviel, doch Mama sah diese meine Überlastung nicht oder hielt sie für üblich. Nur ich allein wußte, wieviel ich litt, ich litt soviel, daß es mit ›unendlich‹ bezeichnet werden mußte: eine milde Bezeichnung, da ›unendlich‹ nur einen Bruchteil meines gigantischen, alles außer der parteiischen Wahrnehmung auslöschenden Leidens ausmachte.

14 Gerd-Gundolf kreischte, weil der Kanal Neun einen gezielten Schuß losließ. Neun unterlag der Zensur, die gemerkt hatte, wohin Neun trieb; aber mehrmals täglich hatte Neun das Recht auf ein paar Schüsse, vorausgesetzt, sie blieben Nebensache und nicht ein Konstruktionselement der Handlung. Der gezielte abgefeuerte Schuß zerfetzte eine mit Hemd überzogene Brust, regel-

rechtes und sichtbares Zerfetzen; Gerd-Gundolf kreischte. »Du läßt Gerd-Gundolf aus den Augen!« Mamas Ruf durchdrang mich und schleuderte meine Augen auf Gerd-Gundolf, ohne mein sichtliches Dazutun. Seit Mama nicht mehr auf dem Bett schaukelte, legte sie mehr Kraft in ihre Stimme. »Sag mir nicht jeden Tag, wohin ich schauen soll«, fauchte ich, »so unterbelichtet bin ich nicht.« – »Ah, noch nicht, Lieber!« – »Aber dann, wenn du noch ein Jahr oder zwei weiterschreist, Mama!« Jetzt war auch ich in ein pfeifendes Kreischen geraten, wollte es an sich nicht, weil ich mir dachte, Ruhe ist jetzt dran, jetzt alle mal ruhig in mir, jetzt überrasch ich sie und antworte in allerhöchster Ruhe und gewinne die Debatte ein für alle Mal, aber dann tat ich das Erwartete: Ich kreischte; und nur durch Zufall luden die im Kanal keinen Schuß nach, sodaß Gerd-Gundolf nicht mehr kreischte; sondern nur ich kreischte also ging demnach folgerichtig alles gegen Mama oben auf dem Bett, die das aber wiederum nicht merkte, weil sie jetzt stillag, keuchend und ganz erschöpft vom Wriggeln auf der Matratze.

15 Ein deutsches Requiem; und Mimfald, dem die Bar gehörte, in der sie servierte – zu langsam für Mimfald, aber viel zu schnell für ihren ruhenden Organismus – Mimfald erhob sich neben ihr und zog ihr die kurze Servierschürze über.

16 Mama stolperte zu uns herunter, fiel über die liegengelassene Rolladenpackung unten am ersten Treppentritt und sackte ins Zimmer herein; fast schlug sie sich einen Zahn am Fernseher aus, stand dann aber wie eine Kerze und schnarrte lange, als hätte man sie aufgezogen. Wir verkehrten nur noch per »Frau« miteinander, und wir sagten es uns gern, weil es nämlich für beide stimmte. Ich hatte eine Reihe männlicher Attribute, aber irgendwie reichte es nicht; ich blieb stecken – wenn man das als ›steckenbleiben‹ bezeichnen wollte – oder aber ich war weitergekommen, über den bloßen Zustand, ein Mann zu sein, hinaus, in weitere Gefilde schöner, reglos vor sich hin tumeszierender Trächtigkeit.

17 »Tut mir ja so leid, Conni«, sagte sie und wurde ganz süß, also, ganz innen war sie natürlich gereizt und mies, aber gegen mich nun sehr süß, soweit hatte sie sich in der Gewalt und konnte es sich befehlen, »so leid, Conni, ich will ja nur, daß Gerd-Gundolf nichts passiert, wenn ich bei Mimfald bin. Übrigens, wir haben es umgetauft.« Ich hatte von der Taufe gehört, es war eine feuchte Sache gewesen, hatte aber trocken begonnen, mit einem Aufmarsch der Habitués, die zunächst manierlich um die runden, etwas hochbeinigen Tische herumgesessen waren, bis die sich von selbst (?) davonmachenden Korken einen solch abgründig-unzimperlichen Samt- und Seiden-Radau vollführten, daß kein Auge mehr trocken blieb und sich diese ganzen armen, braven und vernichtungswürdigen Menschen schwer atmend unter die Tische legten, sanft und weniger sanft; und im lefzentriefenden Sabbern des bewußtheitlichen Ultimo war Mimfalds Lokal umgetauft worden. Jetzt stand er hinter ihr und hielt ihr den Kopf nach vorn, damit ihre Blicke uns noch trafen. Allein hätte sie die Richtung nicht mehr gefunden.

18 Mimfald war kurz nach Mama heruntergekommen und balancierte zierlicher als sie. Er war sehr still, was sein Allgemeinzustand zu werden drohte, er schlich eher als er schritt, was der Orientierung, in die er langsam nur geriet, dienlich war, hatte seine rote Kochmütze mit den blattgoldenen Sternen (er verlieh sich selbst drei) aufgesetzt und gähnte beim Eintreten in unser familiäres Sitzen nochmals, aber nicht müde, sondern aggressiv. Gerd-Gundolf blickte, als er ihn hätte erblicken sollen, kurz auf, aber die Erkennung war hinfällig; er lebte in seiner eigenen Welt, in die wir nicht mehr treten konnten; von der wir aber hofften, wenigstens er betrete sie noch. In mir hatte sich der Gedanke festgesetzt, daß Gerd-Gundolfs Welt eine Welt war, die von Gerd-Gundolf ebenfalls nicht mehr betreten wurde; was ihr aber keinen Abbruch war, da es sich gerade bei dieser von ihm nicht mehr betretenen Welt um seine eigene handelte.

19 »Ich weiß, es ist hart für dich, Conni«, sagte meine Mama, »aber es ist auch hart für mich, denn es ist nicht weniger hart für mich als für dich, weil du ja weißt, es ist hart für alle, da alle gleichermaßen im Leben hängen; diese Unterabteilung der öffentlichen Badeanstalt ist allerdings härter als das Leben es sonst fertigbringt. Wir beide bekommen die volle Härte des Gewetzes zu spüren, aber, glaub mir bitte!, du ebenso wie ich, das will sagen, ich nicht weniger als du!« Meine Antwort lag schon bereit. »Könntest du deinen taumelnden Mund tiefer hängen?« – »Ich möchte ja auch den ganzen Tag zuhause bleiben«, maulte sie locker, »aber Mimfald schleppt mich hinaus, wenn er kann.« – »Verzicht auf Mimfald«, sagte ich. »Dann geht seine Bar kaputt«, erwiderte sie. »Das wäre nicht schade um die Bar«, antwortete ich. Es war ein dämlicher Austausch brühwarmer Gewöhnlichkeiten, und es war erstaunlich, mit welcher Spannung wir das Gestrige wieder hervorholten, als solle es erst geschehen. Es geschah ja allerdings meist.

20 »Wir haben die Bar endlich umgetauft«, sagte Mama. »Nennt ihr sie ›Gerd-Gundolf‹?« fragte ich. Ätzend und gleich was in die Wunde schüttend zum Nachschmoren. Das hätte ich allerdings nicht tun sollen: mitten ins Zentrum hineinfragen. Mama schrie kurz auf, krümmte sich, taumelte auf die Lampe zu, die da so klönend-riesig steil in die Höhe stand, kam kurz vor der Lampe zum Stehen und richtete sich auf und wandte sich um und lächelte, als wäre nichts geschehen oder höchstens dies. »Was hast du gesagt?« – »Ihr habt die Bar umgetauft, höre ich.« – »Sie heißt jetzt ›Tomtom‹«. – Das war's denn also. »Wie schade«, sagte ich und zog im selben Augenblick Gerd-Gundolfs Sichtapparat aus der Steckdose. Programm Neun erlosch für ihn. Er quiekte kurz, schob sich auf seinem Rumpf zur Schnur und stieß sie, indem er sie zwischen die Lippen nahm, wuchtig in die Dose. Mein Blick wanderte über das tropfende, graue Küchenbrett zum Fenster. Draußen hatte es zu regnen angefangen. Ein offenbar ziemlich warmer Regen. Er drang dank der uns umgebenden Platten nicht zu uns herein. Gerd-Gundolf knurrte. Sein Rumpf kam auf dem Teppich vor dem Apparat allmählich zur Ruhe.

und zunächst in ihr vorrätiges Kaltwasserbecken taucht. Dort liegt nun der Schlüssel.

25 In meiner Wanne wird das Wasser durch Einlaufen zum Sieden gebracht, das Sieden löst die unter dem Cut zum Vorschein gekommenen Jeans in blaue Flocken auf, der Schaum löst alles. Ich scheine nackt zu sein, wage aber nicht hinzugreifen, denn einstweilen löst sich meine Haut im Sud in Streifen vom Fleisch, und z. B. die Armaufhängungen schwimmen wie Türscharniere in der Tunke. Dazu bin ich mit den schweren Lederriemen an den Grund der Wannc gefesselt. Unglücklicherweise scheint mir meine Aufgeregtheit einen Strich durch die Rechnung mit der Intervention des ›Fremden‹ machen zu wollen, denn ich halte unaufhörlich vor sich hin murmelnde, sich zeitweise überschlagende Selbstgespräche wechselnden Inhalts, welche aber allesamt eine Anruf-abschreckende Wirkung haben. Wo noch einer auch nur mit sich selber umgeht, nähert niemals ein anderer sich.

26 Das Radio spielt sehr laut, es ist ein Reggae-verrückter Bolivianer, das Fernsehen bringt einen aufgezeichneten Midnight-Porno, in welchem eine Frau, eine nackte Frau – sie hat's schön, seufze ich, sieht nämlich ihre Haut – an einem Kran langsam in flüssiges Gold getaucht und wieder hochgezogen wird, dazu Pink Panther von Henry Mancini, und dann klingelt es. Ein Anruf, endlich, der Zauber hat gewirkt, uff, das war mühsam, natürlich falsch verbunden alles, und könnte ich den Hörer abnehmen, würde ich augenblicklich aufhängen, wie es überhaupt am Telefon nichts Schöneres gibt, als den Hörer einen Zentimeter hochzuheben und gleich wieder fallen zu lassen, die anrufenden Menschen werden zur höchsten Anstrengung hochgetrieben, was ihnen eine Wohltat ist, sie versuchen es abermals, abermals, man hebt den Hörer, man läßt den Hörer fallen, und sie, anrufend, springen an der eigenen Käfigwand hoch wie blutrünstige Tiere, die an der Oberwand ihres Zwingers das Fleisch vorübergehen sehen, ohne es fassen zu können. Die Siedehitze treibt mich zur rasenden Annahme, man sei falsch verbunden. Aufgelegt.

21 Mimfald setzte ihm die Kochmütze auf. Gerd-Gundolf lachte keuchend.

22 »Laß Gerd-Gundolf in Ruhe!« sagte Mama. – »Ich lasse Gerd-Gundolf in Ruh, denn ich bin brav«, erwiderte ich und zog die Schnur von Gerd-Gundolfs Sichtapparat nochmals heraus, hatte sie aber, noch ehe er quiekte, wieder hineingesteckt. »Du bist braver geworden, das sehe ich gern«, sagte Mimfald, der sich eine halbzerquetschte Erdnußschale am Fußabstreifer abschaben wollte. Er hatte die Erdnußschale mit noch etwas Erdnuß daran auf einem beinah schlafwandelnden Gang durch die Küche aufgelesen. Sie war an seiner Sohle klebengeblieben. Das gleichmäßige Fallen des Regens auf die Platten schläferte uns ein, und wenn nicht abermals ein häuslicher Ausbruch folgte, waren wir für den heutigen Tag verloren. »Laß deine verseuchte Zunge im Mund«, sagte ich zu Mimfald.

23 »Du meinst, ich soll meine Zunge nicht raushängen lassen!« geiferte er und zog ein weißes Tuch aus der Brusttasche und fuhr sich damit über den Mund, ganz so, als gehorche er mir. Mama betrachtete uns ungläubig, denn woher nahm Mimfald, Patron des heiligen ›Tomtom‹, die eingesehene Niedrigkeit, sich mir zu unterwerfen. Mimfald gehorchte mir aber gar nicht. Er ließ auch seine speichelnde weißliche Zunge mit dem dicken Belag weiter heraushängen, ohne sie im mindesten zu verbergen. »Jedenfalls geht deine Bar bald pleite«, rief ich triumphierend, »wenn nicht deiner Visage wegen, so doch wegen deinem unfaßlichen Gesamteindruck des tief abscheulichen Gauners.« – »Was ich noch fragen wollte: denkst du an etwas, Mimfald, oder starrst du nur so?« fragte Mama, die sich Mimfald genähert hatte, bis sie neben ihm stand. Er war als Stütze eines nicht mehr linealgeraden Ganges schlecht zu gebrauchen, schien aber denselben Gedanken gehabt zu haben, nämlich Mama als Stütze zu benützen, sodaß die beiden, im höchsten Maße befangen in einem Auf-hoher-See-Schwanken, tatsächlich fürwahr eine rostzerfressene Stabilität zustandebrachten, welche allerdings nicht ganz so lang währte wie

das Leben, nämlich etwa zwei Minuten; was aber sehr viel war angesichts dessen, was es war.

24 Mimfald stieß dann Mama um, die sich widerstandslos fallen ließ. Dies geschah, als er sich bückte und sich den Schuh zu reinigen versuchte, was mißlang. Diese Erdnußschalen hielten sich an der Sohle fest, insbesondere wenn noch Erdnuß hinzukam. Und Gerd-Gundolf hatte, obschon er sie nicht mochte, in Erdnüssen gewühlt, weil Richard, sein héros favori, auf einmal statt ins Halfter in die Erdnußtasche gegriffen hatte. Nach einer Weile drang Gerd-Gundolfs philosophische Erkenntnis bis zu seiner Abneigung gegen Erdnüsse vor, und dann entspann sich ein Kampf zwischen der innen weiter wirkenden Richardfigur, mit ihren Richardtrieben, und dem starken, unbeugsamen und ehrenwerten Charakter Gerd-Gundolfs, der bloß hin und wieder seine schweren Schwächeanfälle hatte, in welchen er sich von jemand anderem vertreten lassen wollte. Alle drei Tage usurpierte Richard von hinter dem Bildschirm aus Gerd-Gundolfs Seele; ich wußte, daß Richards Seele besser war als jene Gerd-Gundolfs, darum ließ ich Richard gewähren, wenn ich auch nicht geradezu nachhalf oder den Einlaß, den Gerd-Gundolf Richards Seele bot, mit eigenen Händen vergrößerte.

25 In uns vergrößerte sich nichts. Es gab nicht einmal Stellvertreter, die uns, während wir abwesend waren, aufrissen und weiter machten. Wir mußten an uns alles selbst tun, und wir taten nicht viel. Mimfald hatte sich in einem bescheidenen Ausmaß das Außenleben dienstbar gemacht; Mama und ich verzichteten auch darauf. Gerd-Gundolf hatte nie daran gedacht, und ausgerechnet auf ihn stürmte das Außenleben – wie Kanal Neun es sah – vervielfacht ein. Gerd-Gundolfs Existenz war eine ganz und gar paradoxe: während und indem er schrumpfte, erreichte er, alles aufnehmend, eine Größe, die uns sogar erschlagen hätte, wenn wir nur von ihr geträumt hätten. Wir träumten aber selten, und wenn, dann erinnerten wir uns am Morgen nicht; es mußte an den Folgen dieser von uns zubereiteten und gern eingenommenen, die

Küche in die höchste haushaltliche Schweinischkeit verwandelnden Fettmahlzeiten liegen. Vom Essen rührt viel her, man darf seinen Einfluß nicht unterschätzen; dies zwei von vielen Aussprüchen, zu welchen Mama und ich gern griffen, ehe sie sich ins obere Stockwerk unter die Platten verfügte, um sich aufs Bett zu werfen.

26 Drei Schüsse peitschten durch den Fast-Raum. Gerd-Gundolf und das, was er von sich zu bewegen geruhte, kugelte sich vor dem jetzt hellgrün und leer aussehenden Sichtschirm. Früher hatten die Neun-Programme, wenn sie Schüsse bringen wollten, zumindest noch ein paar Reiter über den Sichtschirm ziehen lassen; schon da war klar, daß immer neue farbige Anlässe irgendwie hingekleckst werden mußten, um das Entscheidende, die Schüsse, hervorlocken zu können. Die uralte, einem logico-verstörten Hirn entsprungene Museumstheaterdramaturgie, welche die dem Theater und höchstens noch dem Film wesentlichen Effekte immer so herleiten wollte aus dem Handlungsgerüst, daß nach Ansicht desselben logico-verstörten Hirns die »Triftigkeit« gewahrt blieb. Kanal Neun war allmählich jetzt einen Schritt voraus. Da blieb nunmehr nämlich der Schirm überhaupt meist leer und die Schüsse drangen aus dem Nichts. Wozu die bunten Bildchen, wenn das Wesen des Kanals ja in etwas ganz anderem, in den Schüssen nämlich, steckte? So dumm wie die Logico-Verstörten in den Leitungen der Nachbarschaftstheater für die Zwergenheime konnte Kanal Neun schon aus den einfachsten kommerziellen Erwägungen heraus nicht sein: wer hätte denn seine guten Inserate und Spots da hingegeben, wenn die Cowboys stundenlang Faxen machten, ehe wieder der Anlaß zum Schauen des Films, der Schuß, erklang? Der Anlaß mußte häufiger vorkommen, geradezu ständig; die optische Untermauerung geschah nur gelegentlich noch, gerade häufig genug, um den Prozeß der Erblindung aller Zuschauer nicht allzu sehr zu bremsen.

27 Uff. Solche Gelehrtheit war mir zuzutrauen. »Warum schießen die jetzt, wo alles grün geworden ist?« hätte ich Gerd-Gundolf

fragen können. Das Schlimmste: auch er hätte es genau gewußt und mir genau erklären können. Jetzt lag er da auf dem Vorteppich und glich einer schwärzlichen Robbe mit gebrochenen Flossen, mit an den Rumpf angezogenen Extremitäten, die auch ausgestreckt nicht weit von diesem abstehen konnten. Das Abstehendste an Gerd-Gundolf war, wenn man seine Ohren nicht zählte, die Kochmütze, die er ordentlich gern trug und mit der ihm Mimfald die Freude seines Lebens machen konnte; wahrscheinlich ist die Freude der Ausgekochtesten just eine solche Mütze, die über dem ruchlosen Haupt schwebt und ihm eine Bedachung von meckernd-frohsinniger Natur überstülpt. Mimfald hatte, früh und fertig heimgekommen um halb fünf vom ›Tomtom‹ – wie das jetzt Mama, der Frau, zufolge genannt wurde – Gerd Gundolf einmal gefragt: »Was tun sie jetzt, di di di? Es ist ja alles ganz blau auf dem Schirm, da da da!« – »Jetzt tauchen sie«, hatte Gerd-Gundolf augenblicklich erwidert, und dann war eines der seltenen Male eingetreten, wo er den Apparat freiwillig ausschaltete.

28 »Warum tauchen die jetzt gerade und sonst nicht?« hatte Mimfald nachher gefragt, säuerlich-perplex wie eine künstlich beatmete, sehr betagte Sardelle, aber auch unzimperlich verwirrt, da er auf dem Sichtschirm nicht das mindeste sah. »Sie tauchen jetzt, weil jetzt Wasser ist und sie müssen da hinunter«, hatte Gerd-Gundolf unerschütterlich entgegengehalten, und es war weniger der Sinn der Antwort als die Aufforderung, doch bitte noch schwierigere Fragen zu stellen, was Mimfald tief entgeisterte; Gerd-Gundolf griff zu hoch für den Konditor, Ex-Gesellen Marmels, früheren Hilfsschlächter Abdomens, der Mimfald zwar nicht mehr war, woran ihn aber bestimmte Tiefenschichten seiner selber erinnerten, wenn sie durch die Abwehr, die ihn schützte, hindurch gekitzelt wurden.

29 Es war stellenweise zum Entgeistertwerden bei Gerd-Gundolf, den aber Mimfald immerhin so lange kannte, daß ich ihm mehr Verständnis zugetraut hätte. Gerd-Gundolf anscheinend auch.

»Hol dir deine Mütze zurück«, schnaubte er. Dies war Mimfalds Bestrafung. Mit dumpf gewordenen Händen, in welchen das Blut stockte, nahm Mimfald seine Drei-Stern-Mütze wieder an sich, falzte sie an den weißen Ecken und schob sie sich in die Bauchtasche. »Daß du sie mir bitte nie mehr aufsetzt«, sagte die Robbe und drehte sich auf ihrem wurstartig-fetten Rumpf auf den Rücken, um ihm einen strafenden, reizbedürftigen Blick zuzuwerfen.

Inzwischen lief der Apparat nicht mehr. Also: »Warum stellst du Wiederarsch jetzt ab?« hatte Mimfald entgeistert gefragt. »Tauchen interessiert mich nicht. Nur Sachen über Wasser.« Gerd-Gundolfs Antwort hatte sehr bestimmt geklungen; Bestimmtheit als Strafe für Mimfald; der ebenfalls bestimmt klang, bloß auf einem sehr viel alltäglicheren Spurenfeld wie Alkohol, Teig, Transport, Kleingeld und Schürzen. Mimfald fiel in sich zusammen und fing vor Zerknirschung zu trippeln an wie ein Hamster, der aus Versehen zum Derby kommandiert wird. Gerd-Gundolf beeindruckte uns mit der gelegentlichen Sicherheit, mit welcher er Antworten fand, auch Antworten, die weit außerhalb seines Bewegungsfeldes lagen; es war, angesichts seiner Lähmung und zunehmenden Kurzsichtigkeit, nicht sehr weit. Grundsätzlich war er noch nie sehr weit außerhalb des vor dem Apparat liegenden kleinen Teppichs gesichtet worden. Wer aber wollte Gerd-Gundolf denn überhaupt sichten? Die Sicherheiten, welche seinen Antworten zugrunde lagen, entrangen sich und gerannen aus einer Art Nebel, die in ihm vorherrschte; und die keiner von uns sich zu lichten getraute. Ich lichtete Mamas Nebel, aber ich kam nicht an sie heran. Mimfald lichtete die Nebel seiner späten Gäste, indem er die Nachtigall spielte. Mama verabscheute Gerd-Gundolf zutiefst, konnte sich aber dank ihm einen Blick auf Kanal Neun erhaschen. Mimfald befleißigte sich Gerd-Gundolf gegenüber einer steinernen Stoizität; was außerhalb seines Horizontes lag, das bezeichnete er als Horizont, vor dem er, Mimfald, zurückschrecke.

31 Wir vermuteten auch, Gerd-Gundolf wäre in höchster tierischer Bösartigkeit auf jeden selbsternannten Heiler zugerast und hätte ihn gebissen und ihm das Gesicht zerkratzt. Dazu freilich hätte er Extremitäten haben müssen. In diesem Sinn war sein Anschauen des leeren Sichtschirms das kleinere von vielen größeren und ganz großen Übeln. Mama nahm ihr Thema wieder auf, das sie mit mir hatte.

32 Mimfald hatte seine Schuhe von dem Stück Erdnuß gereinigt und stand richtungslos da, ohne zu wissen, was er hier zu suchen hatte. Er hatte es auch bei Abdomen nicht gewußt, doch Abdomen hatte ihm eine Schlachtaxt in die Hand gedrückt, und los ging's auf das Vieh, das sich in den Warteräumen drängelte. Solange der Nachschub floß, wußte Mimfald, wozu er da war. Als Marmel uns seinen Eisschrank gegeben hatte, war auch Mimfald längst kein Konditor mehr. Vor drei Wochen hatte er (und damals fand, im Zuge der Inspiration, die Frage an Gerd-Gundolf statt) einen neuen Cocktail erfunden. Zunächst waren drei Tropfen Milch hineingerutscht.

33 Ein Kunde, ein Herr Margolis, trank das und sagte »Mehr Milch«. »Wieviel mehr Milch?« hatte Mimfald gefragt, der gerade vor sich hin schaukelte, weil er mit Mama, die er zuhause im Bett vermutete, auf gleicher Höhe bleiben wollte. »Um die Hälfte mehr Milch« hatte Herr Margolis gesagt. Mit der um die Hälfte gesteigerten Milch war der Cocktail ungenießbar geworden. Margolis hatte das ›Tomtom‹ verlassen und es nie wieder betreten. Mimfald hatte am hochstieligen Glas weitergearbeitet und in knapp vierzig Wochen eine Geheimmenge Milch gefunden, die den Cocktail entscheidend verbesserte. Margolis wurde telefonisch erreicht und betrat das ›Tomtom‹ nach weiteren sechs Wochen ständiger Absagen und Verleugnungen. Er trank einen Schluck aus dem Langstieligen und sagte abermals »Mehr Milch«. Mimfald, von sachte widersetzlicher Unterwürfigkeit, fragte ebenfalls »Wieviel mehr Milch?«. Diesmal hielt er sich ganz still, und wenn er an Mama dachte, so unterdrückte er diesmal *den* Gedanken.

»Die Hälfte der Milch von früher«, sagte Margolis und zog sich den Mantel an und warf die Tür ins Schloß. Es wurde eine jahrelange Suche, und kein Mensch wußte, warum dieser Cocktail auf Herrn Margolis maßgeschneidert sein mußte. Mimfald änderte die Geheimmenge, die, neu erdacht, den Cocktail abermals entscheidend verbesserte. Nachdem der Cocktail etwa achtmal entscheidend verbessert worden war, telefonierte Mimfald Herrn Margolis, der sich nun aber endgültig weigerte, ins ›Tomtom‹ zurückzukehren, um den Cocktail anzunippen. Mimfald selber ging auf Reise, jedesmal wenn er ihn trank. Mit jenem kriecherischen Versteck-Mich-Denn-Ich-Bin-Genial hatte er ihn Mim getauft. Ein Schluck Mim, und Mimfald sah sich über die schmutzigen Widrigkeiten schlammigschöner Weltenbrände und Beziehungsschluchten erhaben. Margolis wurde im Zusammenhang nicht mehr erwähnt, dabei war es Margolis gewesen, der durch sein renitentes Feilen den Cocktail erst möglich gemacht hatte.

34 Mama nahm ihr Thema wieder auf, während Mimfald seine Richtung noch nicht gefunden hatte; er hatte in seiner Tätigkeit einen Sinn gesehen, als er die mehreren Teile Erdnuß von seinen Sohlen wegschabte, und jetzt sah er keinen Sinn mehr, da er proper und brav da stand und allen zu genügen schien, einschließlich sich selber. »Schau ich hübsch aus?« fragte er. – »Sehr sehr anständig«, versicherte Mama. – »Dann darf ich ja wohl an die Arbeit?« – Sie hatten es unter sich so ausgemacht, daß er darum zu bitten hatte, ins ›Tomtom‹ weggehen zu dürfen. »Aber gewiß freilich doch, du darfst jetzt an der Bar stehen.« Mamas Erlaubnis erlaubte es ihm, auf brutal umzuschalten. »Frau, du kommst mit und schenkst die Mims und die Super-Mims und die Mims-Specials mit dem Rosinen-Oliven-Spießchen aus!« – »Ach weißt du, so müde bin ich noch, kaum aufgestanden!« – »Und ich?« brüllte Mimfald höchst erregt und tief befriedigt, da die gewollte Passion ihm einen Zweck zuwies, den er gern erfüllte, »Ich schneide mich mit dem Küchenmesser durch die Nacht, um überhaupt zur Lagerstätte rauszukommen.« – »Aber ich bin nicht wie du, weißt du!« – »Und dann«, so tobte Mimfald, »beschmutze ich mir die

Sohlen beim ersten Gang in die Küche für den Morgentropfen, reinige mich minutenlang, während das Körperaas sich fett vor seinem Sichtschirm ringelt!« – Dies schien zum Spiel zu gehören. Mit einem »Hört bitte fleh ich augenblicklich auf!« warf ich mich dazwischen; aber es sollte heute so sein, daß Mama Mimfald schlug, und sie schlug ihn, und er versorgte die ausgefallenen Zähne unter seiner Leibwäsche vor der Kaffeereserve in einer Nische zwischen den Platten der Isolation.

35 Ich hatte mich ergebnislos zwischen sie geworfen. Hatte meinen Teil abbekommen, aber über ausgerissene Haare konnte ich mit dem Kamm fahren und die Stellen verdecken, an welchen ich kahlgetrümmert war. Mama hatte sich augenblicklich aufs tiefste beruhigt. »Zu Gerd-Gundolf mag ich heute nicht schauen«, lautete meine Botschaft. Damit konnte Mama komfortabel fertigwerden. »Es ist das hiesige Leben auch für mich schlimm, Conni, und ich spiele nur die Glückliche.« – »Ich spiele auch den Glücklichen«, sagte ich, »aber der Unterschied ist, daß ich ein Glücklicher BIN.«

36 »In diesem Sinn gedacht, ja, so bin auch ich glücklich«, sagte Mama, und ihr Atmen war ein krampflösendes. – »Du bist hoffnungsfroh, aber du WIRST erst glücklich; ich sehe ein gemäßigtdauerhaftes Glück über einen kurzen Weg.«

37 Da war sie schon in Tränen ausgebrochen. Ihre Tränen liefen über Mimfalds Schuhe, der wieder auf der Matte scharrte, um sie abzureiben, wie er alles, was von Mama auf ihm haftete, unablässig abrieb. Er liebte sie tief. »Ich muß mir mein hiesiges Leben verdienen«, sagte Mama, »genau so wie jedermann außer dir, der du von uns beiden lebst und uns erst noch mit Kritik nicht verschonst.« – »O du dumme Frau!« schrie ich sie an. Sie blickte mich mit blutunterlaufenen und erloschenen Augen an und schüttelte sich wie ein übergossenes Rudel. »Ich verdiene ja auch kein Leben«, äffte ich sie nach. Und hatte ihr damit den überdies zwangsläufig nachfolgenden Vorwurf aus dem Mund genommen,

denn sowas ähnliches wollte sie mir gerade sagen. »Was meinst du dazu, Mimfald?« Mimfald aber hatte seinen Kopf unter ein Kissen gelegt; darum hatte er zwei Kissen; eines, um den Konditor-Kopf zur Ruhe zu legen, welche niemals die letzte war, und eines, um es von oben auf den Konditor-Kopf zu senken und ihn geräuschunempfindlich zu machen. Damit entgingen ihm auch die unsere brisante Auseinandersetzung punktierenden schwermetallenen Garben, die Kanal Neun, sehr hygienisch, in den fett und gebündelt stilliegenden Gerd-Gundolf hineinpumpte.

38 Unsere Auseinandersetzungen waren gerade soweit ein Ritual, als sie bis in die letzte Einzelheit vorausgesehen werden konnten, und gerade insoweit kein Ritual, als jedesmal geringfügige improvisationsbedingte Abweichungen auftraten, welche allerdings die ewig-alte immer-schon-gesehene Rekurrenz zu einer jedesmal beinahe tödlichen machten. Ich war der einzige mit etwas Perspektive, aber in mir sah es so aus, daß ich Perspektiven haßte und so wohl von allen der Schlimmste und Begrenzteste wurde.

39 Mama fiel nichts mehr ein, ich hatte keine Ideen mehr, ihr kam nichts Neues mehr in den Sinn, ich beteiligte mich schon gar nicht mehr am Ritual, derartig rasch war ich bereits ein Stück davon geworden, es ein Stück von mir. In Wirklichkeit aber tobten die entsetzlichsten Kräche einer allerrabiatesten Sonderklasse. Eine in der Küche am Boden liegende Erdnuß entfaltet in unseren anderen Umständen die Sprengkraft eines Fichtenschuhschranks aus Nitroglyzerin, piff paff puff, nur alas! etwas tubentiefer und filterdumpfer.

40 Das Mobiliar singt ein Lied davon. Die Eßvorräte stimmen dank ihrer Behandlung einen hörbaren Gesang mit diesem Liedgut an. Alles immer rumgeschleudert, auch die alten vollen Töpfe, aus welchen es heraushängt. Immerhin wird alles abreagiert, es zeigt sich alles, sobald es entsteht, es erfährt das preziose Innenleben eine Ausstülpung; wir sind gesund und kräftig; auch an

Gerd-Gundolf geht die gefertigte Serenität unseres Haushaltes nicht spurlos vorüber.

41 Ich glaube hinter der Stirn, daß er sich den Sichtschirm mit mehr Gefühl anschaute als sonst ein Kind; Kinder nämlich nehmen diese Betrachtung des vermittelten und in seiner Gesamtheit ein ehrliches und ungeschminktes Bild vermittelnden Alltags zu leicht; fast immer zu leicht; jedenfalls nicht besonders schwer; nicht sehr besonders schwerwiegend ist diese Betrachtung für Kinder, unter welchen Gerd-Gundolf den größten – allerdings bewegungslosen – Angespanntheitseinsatz zeigte. »Versteh mich doch bitte, Conni«, flehte Mama, die es jetzt ehrlich meinte, oder doch zu verstehen gab, jetzt meine sie es ehrlich. Die Welt, das Leben, die Zeit waren immer ehrlich, man mußte nur lange genug hinhören und mit nicht allzu großer Aufmerksamkeit. Mimfald stocherte in seinem Wäschefach und kam mit einer Wärmhalteflasche zum Vorschein, die einen Super-Mim kühl hielt, den er in sich überfließen ließ. Ich beschloß es auch ehrlich zu meinen.

42 Wir hatten, insbesondere nach diesen lasziv ausgedehnten Lügenpartien, Anfälle tiefer und kurzatmig-stoßweise vorgebrachter Ehrlichkeit, welche allerdings schmerzten und jedem das sagten, was er war oder wofür er gehalten wurde, sodaß er sich nicht mehr hinter Zurechterfundenem verschanzen konnte. Die Schmerzen in der nach Aussprache rufenden Brust wurden in kurzer Zeit so groß, daß jedermann, von Stricknadeln pikiert, betrachtsam innehielt, tief seufzte und ein »Hach, wie ist das so schwer es jetzt alles nämlich alles zu sagen!« als mot d'ordre, als Einladung zu neuem atrozem Gespinst, ausgegeben haben wollte. »Seid ihr bald untereinander fertig?« fragte Mimfald. Sein Schlucken hatte ziemlich lange gedauert, dafür aber war vom Super-Mim auch wirklich nichts mehr übrig und die Warmhalteflasche wieder im Wäschefach versorgt, und: »Ich ahne ja, was Gerd-Gundolf fehlt. Aber darf man das vor einem so jungen Kind sagen? Abscheulich, was ich denke.« Stürzte zum Kühlschrank und genehmigte sich einen zweiten, erhitzten, Normal-Mim, den er am Vorabend

heimgebracht hatte, ehe er neben der hellwach und im Bett sich entkuschelnden Mama niedergelegt und ihr alles alles gestanden hatte, was er zu gestehen hatte. »Ginzing war da« oder etwa »Taumlig alle und de Whity Mouse!« oder ungefähr »Ich heutabend zu spät, alle schon da und schimpf mit mir!«

43 »Gerd-Gundolf braucht, was er hat«, stellte Mama fest. »Conni braucht auch, was er hat«, sagte ich rasch. Damit hatte ich einen Fuß in der Tür. Bequem saß ich in einem Schalensessel und sah, als ich den Kopf drehte, durch die Anrichte hinaus, hinter der Anrichte ein Küchenfenster, das losgelöst im Rahmen hing. Draußen stürzte eine tropische Naßflut in die Hecken. Sie knirschten und schmatzten, o, knirschten und schmatzten. Dann ein kurzes Poltern vor der Tür.

44 Es klingelte. Mimfald blickte auf, griff sich in die Bauchgegend und riß sich einen Hemdknopf ab.

45 Mama stürzte zur Tür, auf keiner geraden Bahn, aber irgendwie so rechtzeitig, daß der Mensch, der gepoltert hatte, noch immer davor stand.

46 »Ich bin der Handwerker für die Platten«, sagte er. Er trug eine violette Überhose und sah aus wie ein Wandschrank auf zwei Zierbeinchen. »Können Sie überhaupt gehen?« fragte ihn Mama. »He he«, lachte er, oder, wahlweise »Ha ha«, »Hu hu«, »Hä hä, ihr seid wirklich die Wildesten!« Vor Beleidigung zeigte er beim Zähnefletschen etwas Zahnfleisch und war gegangen, über den leicht geschwungenen Kiesweg, zwischen dessen spitzen Steinchen sich mutige Margeriten vorwagten.

47 »Man repariert uns nicht!« schrie Mama. »Geschieht uns recht«, stimmt Mimfald ergeben ein. Ich hatte noch immer meinen Fuß in der Tür. »Ich hab Schwierigkeiten mit meinen Schweißerkollegen, denn die dürfen länger aufbleiben, bloß Pinell wird früher ins Bett gesteckt, aber das entschuldigt mir nichts, was ihr mir antut!«

Ich lebte vom Kinn bis zu den Zehen in der Angst, ich hätte ihnen meine tiefe Unterdrückung nicht deutlich genug bekanntgegeben und sie in Illusionen über meinen Gesamtzustand gewiegt. Bis zum Kinn: weiter oben wußte ich in der schwarzgrauen Masse meines deftigen, aber entkräfteten Hirns, daß ich von allen der am sklavenähnlichsten Gehaltene war. Einen nachgeschoben: »Nämlich, ich muß immer abends heim und so tun, als schlafe ich, Mimfald nimmt mir die Schweißapparatur ab und stellt sie in die Ecke, und dann muß ich Gerd-Gundolf anschauen.« Es war, in der Tat, das niedrigste aller Gefühle, jemanden ununterbrochen anschauen zu müssen, der sich ununterbrochen Kanal Neun anschaute, aus dessen tief im Unbestimmten gehaltenen Sichtschirm die durch keine sichtbare Staffage vorbereiteten Schüsse jetzt in ein ebenso unvorbereitet waltendes Quirren von einer, ja, mehreren Kreissägen hinübergewechselt hatten.

48 »Du wachst ja freiwillig über den geringsten deiner Brüder«, feixte Mimfald. Die mehreren Mims machten ihre inwendige Anwesenheit wirkungsvoll zum Fanal. »Freiwillig«, beharrte Mimfald, der bereits vergessen hatte, daß alles schon gesagt war. »Ich tu's doch deinetwegen«, feixte ich zurück, »nur einzig deinetwegen.« – »Warum nicht? Ich kenne Männer, die haben meinetwegen mehr getan«, sagte Mimfald und mußte sich sozusagen unverzüglich das Kinn mit einem weißen Tuch reinigen. Der Kühlschrank stand weit offen, die tropischen Wasserstürze klatschten in die Hecken. In der Luftfeuchtigkeit erweiterte sich die Schale einer bombierten Erdnuß und schleuderte sich selbst auf den Küchenboden. »Welche Männer waren das denn? Herr Margolis? Herr Abdomen? Golems aus dem Schlick deiner Frühzeit?« Der Kühlschrank war nicht mehr zuzukriegen. Alles schmolz, war geschmolzen, jetzt war der ganze Inhalt angebraten.

49 »Und wie schaut denn deine Lösung der anstehenden Fragen aus?« fragt die mütterliche Beamtin. Ihre Stimme war scharf geworden. Ein Brett, vor diese Stimme gehalten, hätte durch ein leichtes Schieben in mehrere Latten geschnitten werden können.

Selbstverständlich hielt der Regen für kurze Zeit ein, Zeit genug, daß die Hecken sich niederlegen konnten, um nicht mehr aufzustehen. Dies beunruhigte Gerd-Gundolf, augenblicklich beunruhigte dies Gerd-Gundolf, der sich Mama nur als Ruhige, Zeitlos-Pflegliche vorstellen konnte und deshalb traumatische Ängste bei jeder ihrer Erregungen entfaltete. Wir mußten ein Erlebnis so nennen, welches seinem Seelenleben innerhalb kurzer Zeit einen so starken Reizzuwachs brachte, daß die Erledigung oder Aufarbeitung desselben in normal-gewohnter Weise mißglückte, woraus dauernde Störungen im Energiebetrieb resultieren mußten. Mama bepelzte ihre Stimme gleich wieder und legte den Beamtinnen-Habitus ab. Gerd-Gundolf, ohne Kopf oder Rumpf sichtbar zu bewegen, fixierte die anflutenden Reizquantitäten an Ort und Stelle und ermöglichte sich die Wiederherstellung der Bedingungen des Lustprinzips. Sichtschirms kurzes Aufblitzen: ein äonenschleimiges Geschwader planer Invaders flutschte in unsere Galaxis und drohte einen bläulichen Saturntrabanten als Projektil auf Pluto zu shooten.

50 Mimfald betrachtete Mama sinnend. Überlegte, in welche Ecke des ›Tomtom‹ er sie in einer Stunde stellen wollte. »Wir könnten uns einen Kinderhüter nehmen, sodaß ich mehr frei kriege für die Schweißer und Kollegen«, schlug ich vor. »Du weißt, daß Gerd-Gundolf nicht ganz leicht zu behandeln ist«, erwiderte Mama liebenswürdig, »und wer von diesen ausgeliehenen Verstörten lernt in so kurzer Zeit mit ihm umzugehen?« – »Alles doch ja ganz lächerlich leicht«, sagte ich ruhig, rollte mich aus dem Sessel, schlurfte in die Küche, wo ich die neue Erdnuß zerquetschte. Mimfald sah meine äußerste Entschlossenheit und trat vor Mama, die vor den kochenden Kühlschrank getreten war. »Brich die Debatte ab, hörst du! Komm mit ins ›Tomtom‹!« Mama griff sich eines der brodelnden langstieligen Gläser und kippte einen Sub-Normal-Mim, denn Mimfald hatte die Reste seines Schüttelbechers wo einfließen lassen. »Alles ganz leicht! Man kann Gerd-Gundolf jederzeit behandeln«, beharrte ich.

51 Manchmal wurde ich tierisch. und ganz ruhig. (Ich verlieren ganze Sprache! und ich werden Biest, ha!) Jetzt war ich ganz weise, weitgereist und ziemlich befremdlich für die anderen. Mal abwarten. Sie mußte aus dem Busch kommen und sich den Punkt holen. Da! Sie kam! Sie setzt an! Nein! Mimfald stand vor ihr. Verbot ihr mit stechenden Blicken das Sprechen. Half nach. Legte, nämlich, ihr eine Hand auf den Mund. Die biß sie von innen. Die zweite, seine, Hand; schlug zu. Sie gab auf. Schwieg mit fremder Hand vorm Mund. Ehe sie einen neuen Trick fand.

52 Sie bedeutet Mimfald, sie wolle einen neuen Mim trinken. Geschmeichelt ließ er ihren Mund los. Statt zu trinken schoß sie. »Du bist ja auch ein Klempner, aber du kannst mit Gerd-Gundolf halt instinktiv umgehen.« – »Danke«, sagte ich trocken, »gibt's noch was? Bitte alles auf einmal.« – »Ich bin ja so tief unglücklich!« heulte Mama. Wenn ihre Vorgesetzten sie gesehen hätten, hätten sie sie von der Lohnliste gestrichen. Aber was dann mit ihr tun? Sie führten ja Mimfald auf ihrer Lohnliste, damit er sie auf seiner Lohnliste führe. »Und ich bin glücklich«, behauptete ich. Das reichte. Oben lag sie und wälzte sich auf dem Bett. Bedürfnislos und abgespannt rieb Mimfald seine Hände außen an seinen Hosentaschen und schnauzte den Regen an; der zögernd von neuem fiel.

53 Das Tierische in mir ist, daß ich so wenig Rücksicht nehmen kann. Es gibt nur mich, und alle anderen sollen verserbeln, lieber rascher als nur langsam. Meist komme ich für die Begräbnisse auf; aber es haben auch schon welche unter freiem Himmel übernachtet. Sodann bin ich allein auf der Welt, im Haus hinter den niedergedrückten Hecken, leide zwar Todesängste und finde keine ungefähr menschenlange Kiste, um die zu verstauen; aber bin mein eigener Herr und bin niemandem verbissene Rechenschaft schuldig. Niemand kann mich – sodann – in seine Kalküle einbeziehen, und inmitten meines solipsistischen Zitterns – das sich in seiner ganzen philosophischen Höhe neben Kanal Neun abspielt, für den oder gegen den ich nichts kann – inmitten dieses

Mei Ipsius Tremor werde ich ein strahlender Hort, der die Aggressionen anderer anzieht. Ich störe mich längst nicht mehr an meinem Latein; Mimfald will, daß ich bei Abdomen Schlächter und dann, genau wie er, Mimfald, bei Marmel Konditor werde. Als Krönung meiner Laufbahn in der Gemeinde darf ich einen Cocktail erfinden, jenen Stoff, den sie auf dem Sichtschirm, sofern sie zu erscheinen geruhen zwischen dem Knattern und Belfern, in die Einfüllstutzen ihrer Geländegänger treiben.

54 Sowohl griffen sie mich an, wie insbesondere sie sich auch von mir aufs schwerste, wahnsinnigste angegriffen fühlten. Alle diese Strahlungen und Vibrationen erreichten mich in einem tierischen Haarbündel, das ich bis dahin geworden war und das die größten Schocks absorbierte.

55 So daß ich einfach nur ziemlich rechtschaffen tierisch bin und stinke. Ich stank greulich. »Also Babyhüter her, damit Conni seine freien Abende kriegt.« oder: »Conni will jetzt viel öfter am Schweißgerät stehen, nicht wollen Gerd-Gundolf jetzt.« Mama war nur für Augenblicke nach oben gelaufen, hatte sich aufs Bett geworfen, sich dort für weitere Augenblicke gewälzt. Mimfald war ihr nachgestürzt, die enge Treppe zum Schlafraum hoch. Er hatte sich durch den Kojeneingang gedrückt, bis er sie deutlich sehen konnte. Da war Mama schon wieder vom Bett aufgestanden und stand da, als wäre nichts geschehen. Perplex hielt Mimfald auf der Schwelle inne und balancierte, sich im raschen Lauf bremsend, ballerinahaft auf den Fußspitzen; ehe die Fersen krachend Boden fanden. Fragte: »Wollen wir es wieder umtaufen, abermals?« Mama schien höchst begeistert. – »Und dann, nämlich, alle laden wir wieder ein, und wir taufen es um, diesmal Der Rabe oder sowas.« – »Es bleibt bei ›Tomtom‹«, sagte Mama kurz und abschließend. Mimfeld drängte: »Aber wir können es ganz leicht umtaufen, jedermann wird verstehen, wenn wir rasch diesen leutseligen Namen ändern.« – Mama rollte sich zusammen, und schnellte sich hoch. Mit solchem Abfedern kam sie weit vors Bett zu stehen. Leicht gespreizt stieg sie die enge Treppe herunter

und stand wieder vor mir. »Gerd-Gundolf ist ein überlebensgroßer Junge. Wie willst du, daß diese gemieteten Schwachköpfe aus der Nachbarschaft wissen, wie sie ihn behandeln sollen?«

56 Ich nicke. Mimfald nickt. Gerd-Gundolf kreischte, rollte auf seinem Teppich hin und her, nicht aber über den Rand hinaus. Er kam genau auf sein Bassin zu liegen, dessen Email er unter sich fühlte. Gleich darauf betätigte er mit einer Verlagerung seines Gewichtes die Wasserspülung. Wir waren froh, daß es noch selbst aus ihm herauskam. Wir wußten, eines Tages würden wir auch das übernehmen müssen. »Wälz dich jetzt von deinem Becken weg«, rief Mimfald ihm überflüssigerweise zu, denn Gerd-Gundolf lag längst wieder auf seinem Fleck und hörte den Schüssen zu. Jetzt erklang nach jedem Schuß ein nasses Pflopfen.

57 »Was tun sie?« fragt Mimfald, vor Gerd-Gundolfs Teppich stehend, auf dem Gerd-Gundolfs Rumpf liegt, während seine Weiterungen um Mamas darüber sacht wegsteigende Füße herumliegen. »Sie werden erschossen, dann fallen sie ins Wasser und rudern lange«, sagte Gerd-Gundolf abwesend. Mama packte mich, ich aber wich zurück, so krampfte sie sich in den Sessel. »Und so etwas willst du den Idioten der Nachbarschaft überlassen? Schäme dich, Conni.«

58 Ich schäme mich natürlich, denn ich schämte mich immer, wenn sie wollte, ich solle mich schämen, und sie wollte es immer. Die von anderen, insbesondere von Eltern verlangte Scham ihrer Nachkommen arbeitet an der Glorie der Eltern mit, die sich wiederum für ihre Eltern schämen, die sich für ihre Eltern, etc., alles Angestellte im Dienste der Scham, einer Taschenausgabe des Gefühls einer Ursünde, welche Badeanstalten, Wartesäle und geheizte Lagerhallen füllt. Gleichzeitig wird alles immer besser und alle lieben einander immer stärker. »Ich gebe dir ja recht«, sagte ich, »ich tue mir selbst halt so furchtbar leid, weil ich immer zuhause bleiben muß, wo ich lieber mit Kollegen schweiße.«

59 »Und übrigens, wer soll einen solchen Hüter bezahlen?« fragt Mama.

60 Dann geht sie auf versöhnlichen Kurs. Der Regen hatte mit Macht eingesetzt und schob das Haus auf seiner Unterlage hin und her. Mama hatte ja nun auch Mimfalds Cocktail getrunken und sich rasch unter seinen Augen auf dem Bett gewälzt, ein ›Wiener Wälzer‹, wie er spöttisch bemerkte, »ehe wir das Haus verlassen und uns hinter der Bar festsetzen, wälzt sie sich immer nochmals. Es handelt sich um ein Hinausschieben und um ein Abreiben häuslicher Gerüche.« Mimfald war ein pentranter Pointenreißer, aber nicht häufiger als zweimal im Jahr. Mama lächelte: »Ich liebe dich ja so, Conni. Das Leben geht nicht weiter ohne dich. Nichts ist leicht. Ich habe es schwer, du hast es schwer, was ist daran nicht normal?« Ich wußte, daß alles daran normal war. Ich wußte auch, daß sie jetzt auf der Gemeinsamkeits-Welle ritt, deren Schaum sie zu weiten Sprüngen aufreizte. »Wir alle, du wie ich sowohl als auch, selbes Boot, müssen einander helfen, nett sein und so.«

61 »Alles wird gut ausgehen«, sagt Mama. »Aber ja, alles geht gut aus«, sagte ich. »Aber diesmal meine ich es«, sagte Mama. »Ja selbstverständlich zwar doch durchaus schon.« Ich meinte es grundsätzlich auch. Stand beim Kühlschrank und ließ einen Becher heiße Milch einlaufen und befestigte die Schnalle an meinem nackten Hals. Diese Schnalle wurde an der Haut festgemacht. Mama wollte das so. Aber sonst wollte sie beinahe nichts Ungewöhnliches. »Hihi«, kicherte Gerd-Gundolf. »Schweig!« fuhr sie ihn an und rollt ihn von meinem Sessel. Gerd-Gundolf, tief beleidigt und ewig lange gekränkt, schaltet den Sichtschirm aus und starrt in die Küche. Mimfald am Fenster stehend. »Die Kerle kommen nochmal für die Platten«, sagte er, »niemand zuhause, verstanden!«

62 Wir halten uns mindestens zehn Minuten ganz still, sinnen gesammelt, erblindend.

DRITTER CHORUS

Mährens Meere

1 Ein mährischer Graf, der gern Schumanns Zweite hört und sich dazu lange Stricknadeln in die Augenlider bohrt, Häkelmuster auf den zuklappenden Augendeckeln. Bei seiner Frau war er der Erfinder der Hüftmauer, eines komplexen, bienenstockartigen Mörtelgebildes, das durch seine lauernde Bedrohlichkeit sowie durch seine unter harter Panzerfläche aufs höchste gesteigerte Durchdringbarkeit ihre absolute Keuschheit in seiner Abwesenheit sicherstellen sollte, selbstverständlich das Gegenteil bewirkte; seine Reaktionen, gräfliche, oft sehr strindbergsch; häufig in Mähren er ein Schiff besteigend und verzweifelt der da nicht vorhandenen Küste nachdampfend auf herbeigedachtem Meere; ließ vom Kapitän sich bei erstbester Schlechtlaune auf einem wilden Eiland aussetzen und vom drei Tage späteren Postschiff bei Regen wieder an Bord nehmen; schade nur, daß Mähren so binnenländisch.

2 Sie trieb es mit einem einfachen, das Fahrrad benützenden, Gaszählerableser, während der Graf sich einen 850 kg schweren Lapislazuli auf den – alsbald schwer beschädigten und nur im Rucksack noch zu Wanderungen mitschleppbaren – Fuß wälzte; sie aus ihrer Hüftmauer nicht hinausschlüpfend, sondern der Gaszählerableser darübersteigend und drin gegen die Wand; den Fuß setzte er auf einer Insel aus; und vor Eifersucht, die noch Wogen aufs Öl goß, schrie er; veröffentlichte die Schreie aber nicht; während sie es unweit von ihm trieb mit dem trostlosen einfachen Manne, der vorher und nachher über die Gasverbrauchszahlen in »Vierstöckigen« genau Bescheid wußte, und alles darüber, was hinter der Hüftmauer sonst noch geschah und warum; es in Mähren weitererzählte; bis Sigmund, der künftige Arzt, bärtiges mythisches Medaillon mit stark grammatik-orientierter Kühlsprache, rein durch seine gezeugte Entstehung und

embryonale Betreibung allmählich eine gynäkologische Frage mit folgenschwerer Antwort wurde.

3 Graf drehte Volumen-Knopf und ließ Schumanns Zweite anschwellen, bis sie seinen Kopf schwer gegen den Edelstein schlug, der auf seinem – damals noch – zermalmten Fuß lastete. »Ist Euch dies Eiland genehm?« fragte der Kapitän und setzte ihn, ohne seine Reaktion abzuwarten, rasch auf jener verzackten, mit Hek-
ken undurchdringlich bewachsenen Miniatur-Insel aus, die ohne einen Tropfen Wasser um sich in einem unbeachteten Mährischen Wadi lag; dies, um ihn vermeintlich, aber höchst entschieden, Hungers sterben zu lassen. Da schon, Sigmund der Embryo, Muster häkelnd innerhalb Mutters Hüftmauer, die er teilte mit dem Manne, der mit dem Fahrrade kam und das Ablesen genoß. Wir wollen diese wahrheitsträge Geschichte niemals weiterdenken.

Faust Co.

1 Ein Mann, der zu einem nackten Mann neben sich »Faust!« sagt.

2 Ein Prokurist, der seinem Vizedirektor »Teppichbeißer!« sagt. »Aha, Sie lesen den Spiegel«, antwortet der Vize. »Leider«, sagt der Prokurist. »Und ich kann den Spiegel immer am Dienstag auswendig«, sagt der Vize. »Marinerichter!« schreit der Prokurist. »19. Juli« antwortet der Vize und lächelt so sanft, daß der Prokurist seiner Versetzung an die Spitze des Tochterunternehmens am Neckar stumm hinnimmt. Dort läßt er als erstes alle Teppiche herausreißen, aber die Beschimpfung, die zur Debatte und zur Versetzung führte, wird weiterhin gebraucht.

3 Eine Mutter, die ihrem kleinen Kind »Im Bett trotzt du der Welt am besten« sagt.

4 Ein Koch, der morgens aus dem Topf kriecht, in dem er übernachtet hat, wirft ein Huhn mit dem Ausruf »fiebrige Schäbigkeit!« in eine flache Pfanne, die er mit dem Topf verwechselt. Aus der flachen Pfanne kann sich das Huhn leicht retten. In diesem Augenblick gerät der Koch mit dem Küchengehilfen, der hinter einer Sellerieraffel hervoreilt, in einen anderen Witz und sagt ganz laut »Faust!« zu ihm.

5 Der Arzt ist ziemlich aufgeregt. Die Mutter verhält sich gelassen. Das Kind kommt mit den Füßen zuerst heraus. Die Mutter, unmittelbar nach der Geburt, weint leise. Da ruft der Säugling, sehr deutlich, mit der Stimme eines tiefen Tenors »Investitionsschutzabkommen!«. Die Mutter verliert ihre Fassung. Der Arzt streicht ihr über den Kopf. Dann wird er wieder aufgeregt. Sie hat ein zweites Kind im Bauch. Der Arzt tritt ans Fenster und blickt nachdenklich hinaus. Draußen eilt der Prokurist auf den Neckar

zu. Vor dessen Augen erstreckt sich eine von Masten und Leitungen übersäte Fläche, die keinen geraden Kurs zuläßt.

6 »Im Bett trotzt du der Welt am besten« sagt die Mutter zu ihrem ersten Kind, das ihre Aussprache und ihren dialektalen Einschlag, das Rheinische an ihr, tadelt. Die Mutter weint leise. »Investitionsschutzabkommen« sagt der tiefe Tenor des Neugeborenen. »Wir müssen es anpacken!« der Arzt läuft mit voller Kraft in seine durchsichtigen Handschuhe. Er hat gesehen, wie unten auf der Fläche mit den Masten, weit vor dem Fenster, der Prokurist und der Küchenjunge, beide nackt, in verwirrendem Zickzack dem rasenden Huhn nachlaufen, das die flache Pfanne hinter sich nachzieht. Das zweite Kind kommt mit dem Kopf zuerst heraus. Der Kopf ist bärtig. Im Mutterleib trug dieses Kind einen kleinen vergoldeten Kneifer. Es ist genau achtzehn ein halb Jahre alt und weint.

7 Der Arzt wird fahl und sagt »kannibalisch!«. Inzwischen ist er wieder ans Fenster getreten, vor dem er sich dreht, um durch eine glattgekratzte Stelle des Milchglases hindurchzuschauen. Der Koch verfolgt jetzt den Prokuristen, der den Spiegel auswendig lernt, und der Küchenjunge wirft mit der Sellerieraffel nach dem Huhn. Es verfängt sich in einem Hochspannungskabel, verbrät mit einem fettig knarzenden Schmoren. In einem Transformator fällt eine Sicherung heraus; dennoch überzieht sich die Fläche, auf der der Prokurist an den Neckar gelangen will, mit singenden Flammen, als verbrenne ein Konvektor. Die Mutter löst sich allmählich auf. Es ist durch den Arzt, der vom Fenster wegtritt, nichts mehr zu retten. Sie verflüssigt sich, die Flüssigkeit wird im Luftgemisch verdunstet. Wo die Mutter war, da ist noch ein schwacher Sog, ein ins Anthrazitschwarze gerichtetes Auge. Als die Mutter verschwunden ist, ergreift der mit einem Kindesverstand begabte Achtzehn ein halb Jährige seinen erstgeborenen Bruder und zieht ihn an einem Bein aus der Klinik. »Fiebrige Schäbigkeit!« brüllt der Koch, vor einem Flammentornado herlaufend. Der Konvektor nämlich scheint noch immer zu brennen,

und dem Prokuristen wird der Weg in seine neue Spitzenposition lang. Insbesondere der nackte Küchenjunge (»Faust!«, »Faust!«) rennt schwer leidend um sein Leben, das ihm nicht mehr gewährt wird. Am kleinen Bruder, der aus der Klinik gezogen wird, sind plötzlich lauter winzige Ärmchen und Beinchen festgewachsen, auf dem Kopf liegt ein heller Flaum.

8 Die Flammen blenden den Achtzehn ein halb Jährigen, der die ganzen Ärmchen und Beinchen ins Gebäude zurückzerrt. Es handelt sich nicht mehr um die Klinik, aber die Numerierung der Räume geht von eins bis fünftausendzweihundert. Das Weinen der beiden Neugebornen dringt durch die unendlichen Korridore, Ultraschallfrequenzen reißen den grünen Wandanstrich weg. Der tiefe Tenor flüstert nur noch »Investitionsschutzabkommen, Markierung des Elbe-Kanals, de-facto-Anerkennung von Ost-Berlin«. Mittagspause. Kein Angehöriger des Personals schaut zu. Die beiden neuen Brüder, einer den anderen schleppend, verschwinden hinter einer fingergroßen Thuja des Vorgartens. Ein Taxi hält, nur kurz, löscht die Scheinwerfer und fährt wieder an.

Otto

1 Herrengruppe zu viert, die sich gegenseitig in Basel laut aus Otto Weininger vorliest. Zunächst Letzte Dinge Letzte Fragen, dann Sex and Character oder ähnlich. Aufenthalt in der Sitzküche, daneben rauscht die Toilette, in der Küche rieselt Kaffeewasser.

2 Abends frage ich dann, inzwischen mit Zug weit gereist, nämlich Ffm. und übern Main drüber bereits, eine Immigrantin aus Tel Aviv, die's in Israel nicht mehr aushielt und nach Deutschland ziehen will, weil sie Deutschland schön findet und Tel Aviv, wenn sie es mit Ffm. vergleicht, nicht mehr erträgt, ob Weininger Jude sei.

3 Sie weiß es nicht, ich kenne Weininger nicht, habe ihn soeben kennengelernt, vor der Zugreise, er schien geahnt zu haben, was nach ihm kommen würde. Persönlicher Leidensdruck in Wien nimmt Leidensdruck der Nazis vorweg. Wer behauptet da, die armen Nazis hätten unter den Frauen nicht gelitten, da gab es Frauen, die in die Partei eintraten, und die Nazis litten noch immer unter ihnen, und der allerärmste Weininger hatte die Empfindung vorweggenommen, und lange nach den armen Nazis delektierte sich die Basler Herrenrunde an seinen systematischen Aufzeichnungen.

4 Leiser rauscht das Toilettenwasser, Schwimmer nicht i. O., der Kaffee mittlerweile gekocht, »Ich muß zum Bahnhof, fährt mich jemand hin?« frage ich, Kaffee wird kälter, ich hole mir, solange er warm ist. Am folgenden Morgen wälze ich mich unruhig und schwitzend in einem elften Stockwerk in Ffm.

5 Geschlafen habe ich sehr unruhig. Wäre ich Literat, so würde ich die Schlafunruhe in eine Ursache-Wirkung-Kette bringen, aber's ist das kalte Fleisch gewesen, dieses unmäßige Essen von kaltem

Fleisch, in dem ich mich auszeichne, nämlich: immer mehr kaltes Fleisch am Abend. Der Umlaut des Vokals A, das prolongierte ÄÄÄÄÄÄ wird als Terminus des Ekels von mir ausgestoßen, und the Empire strikes back. Per Klingel.

6 Zufälliger Anruf aus Österreich, selbstverständlich rein zufälliger Anruf aus Österreich. Halb heraushängend aus dem Bett greife ich den Hörer an. Tausende, Hunderttausende Exil-Österreicher suchen einen heim, sobald man außerhalb Österreichs weilt, in Österreich selber gehen sie in die Millionen, mit Milliarden Gedanken. Alle Anrufe aus Österreich sind zufällig und aus dem Exil, nämlich, Wos? Den Weininger liest? Verrückt! Bisserl spät für dich, findst net? A Wiener Jud, hotsi mit 24 a Toderl geben, a Gschenkerl!

7 Man sitzt taten- und überaus ergebnislos in Wien herum, längst sanken die drei Finger, die den Marillen hoben, ausatmend auf den Schoß. Im Hintergrund die Wiener Toilette zu hören, hat was am Schwimmer, nicht i.O. – Sehr laut Kaffee trinken muß ich, Türken vor Wien, die Österreicherin leert die Tasse noch lärmiger. »Fahr mich zum Bahnhof«, sage ich.

8 Neunzehn Stunden später, Ffm. elftes Stockwerk, Blick auf einen winzigen Brauerei-Zapf-Wagen ganz unten, Cordelia: »Daß er sich ermordete, und zwar perfekt, spricht im übrigen gegen seine Theorien.« – »Kann nicht schlafen«, sage ich, »leg mich richtig hin und zieh das Telefon raus.« – »Zu Befehl«, sagt sie.

Förstins Praxis

1 Oldenburgs Psychiater haben übrigens eine merkwürdige Geschichte, mit welcher man sie, steht man daselbst in Behandlung, vorzüglich erschrecken kann; was sie aber nicht sich anmerken lassen; dadurch soll man sich nicht entmutigen lassen, sondern eifrig weiterspinnen am Faden. Zu Freuds Zeiten, etwa um 1925 herum, behandelte da ein Dr. David Förstin, eine Zusammenziehung aus ›Feuerstein‹, der zunächst alle, die sich bei ihm zur Behandlung meldeten, durch eine Praxisgehilfin, der er sein Haus verkauft hatte und bei welcher er in Untermiete wohnte und praktizierte, in eine alphabetische Liste eintragen ließ, sie hing an der Wand des Büros der Praxisgehilfin, samt unerläßlichen Angaben über Körpergröße, Handtellerumfang und Gewicht, und wurde tagsüber, während Förstin behandelte, mit einem weißen Tuch verhängt, damit die Namenlosigkeit der Patienten unter diesen gewahrt blieb; es war indes möglich, das Tuch anzuheben, und so kannten einige einander und machten sich schwere Selbstvorwürfe.

2 Zu allen, die er in Behandlung hatte, pflegte Förstin früher oder später, als Durchschnitt durfte etwa die vierzigste Behandlungssitzung angenommen werden, plötzlich ganz und gar beziehungslos den Satz zu sagen, ahndungsvoll-schwebend und mit höchster innerer Gewißheit: »Ja, das wäre eine schöne Stellung, wenn Sie diese Arbeit kriegen könnten!« Dies »Ja«, eine Einleitung, die, ähnlich einem lauten Tuten, gewaltsam um Aufmerksamkeit warb, konnte gedehnt werden als sogenanntes Gummiband-Wort, bis zu einem »Jaaaah«, das einen tiefen stöhnenden Seufzer mit einschloß. Die Patienten und Patientinnen pflegten sich, je nach ihrem Scheue- und Verehrungsgrad für den Arzt, schneller oder zögernder zu erkundigen, was er, Förstin, denn mit diesem Satz habe sagen wollen; ob in ihren Aussagen etwas stecke, was auf einen solchen Kommentar hinleite, oder, warum das, was er

über eine mögliche neue Anstellung sage, eine ›schöne Stellung‹ sein müsse; die unschönen seien doch die Regel. Dies unvermittelt vorzubringen während der Sitzung getrauten sich die wenigsten. »Wie bitte?« pflegten die meisten, unabhängig von ihrer Körpergröße, ihrem Handtellerumfang, ihrem Gewicht zurückzufragen.

3 Doch Förstin, als habe er dadurch erst Geschmack daran gefunden, fing nun an, den Satz geradezu unendlich oft zu wiederholen, wenn auch nur so, daß der Patient oder die Patientin, wie er, Förstin David meinte, dies nicht sogleich bemerkte, nämlich mit der Strategie, daß der in der Folge durch Dutzende von Gesprächsstunden unablässig wiederholte – und auch stumm in der Luft hängende – Satz, der von Förstin auch oft gleich dem behandelten Menschen unter der Tür als Begrüßung hingeworfen wurde, durch unauffällige Fragen nach dem Elternhaus, den Handgrößen von Vater und Mutter, durch Fragen nach der jeweiligen Lust, sich ins Bett zu legen oder außerhalb der Ruhelage zu bleiben, verziert wurde; Zierat als Tarnung; was die gestellten Fragen anging, so beantwortete Förstin, als ein zu äußerster Eile neigender Arzt, sie selber unter Zuhilfenahme seines eigenen Zustandes; so suggestiv wußte er diesen indes vorzutragen, daß er in den Stunden mit Leichtigkeit obsiegte und Patienten sowie Patientinnen produzierte, die, obzwar nie regelrecht von Förstin ›ins Leben hinausentlassen‹, doch zu Protokoll gaben: »Nie bin ich glücklicher gewesen, als wenn Förstin gewesen ist traurig und sich plötzlich hat umgekehrt alles in Fröhlichkeit, daß er ist geplatzt, und solche Kraft dann über mir, daß ich glücklich wie nie zuvor oder danach.«

4 Aber viele Sperren! Die Patienten, zunehmend verweigernder, und von Förstin mit keinem hinreichenden Grund darüber versorgt, warum dieser Satz von der Schönen Stellung so oft in allen affirmativen wie interrogativen, lasziven wie moralisierenden Tonlagen aufzutauchen hatte, bleiben zunächst ›unter schwerem inneren Druck‹, wie sie gestehen, einigen der Sprechstunden,

schließlich dann allen Sprechstunden fern, sollen sich aber einen regelrechten und die Phänomene beim Namen nennenden Absage- und Abschiedsbrief an Förstin zu schreiben nie getraut haben.

5 So daß bis heute unerratbar bleibt, ob Förstin, der weiterhin bei seiner Gehilfin in Untermiete praktizierte und beim Oldenburger Psychiatrieverband, einer XVIII-en Subsektion der Norddeutschen Abt. für Basisgeistlehre, eine unauffällige Rolle als ›Advocatus Diaboli aus Prinzip‹ spielte – von seinen Kollegen belächelt, aber durchaus geduldet, zumal da ihm in diesen dienstäglichen Versammlungen der Satz nie entfuhr – ob Förstin selber über die Ursache seines abweichenden Sprechens unterrichtet war oder nicht; ob sie ihrerseits dafür Sorge getragen hatten, in Besitz der Kenntnis zu gelangen, warum er, Förstin, es nicht so tue wie die anderen; ob er seinen Sprechwillen sich selber erklären könne. Andrerseits bleibt unbestritten, daß er auf den in seinem ganzen Leben an die zweihundertfünfzigtausendmal wiederholten Satz, wenn er ihn affirmativ – also ein ›Ja‹ voraussetzend – sprach, niemals einen Kommentar, wenn er ihn interrogativ – also kein ›Ja‹, sondern eine Antwort erwartend – sprach, niemals eine Erwiderung erhielt, höchstens eine Reaktion. Er soll in den ersten zwanzig Konsultationen sehr gut, in den zweiten zwanzig gut, in den paar folgenden ziemlich gut, dann aber nicht mehr gut und endlich gar nicht mehr gut als Psychiater zu brauchen gewesen sein. Seine Heilungen gingen lebenslang, und er war gut für ein kurzes, jähes Glück samt darauffolgendem Erwachen.

6 Sein Leben beendete Förstin im Ulmen-Institut zu Trier, wo die Nazis ihn 1941 als geistesgestört umbrachten, aufgrund jenes Satzes, wie man weiß, denn der Ahnennachweis geriet erst lange nach seinem Tod in die Hände der Schrecklichen, und die Praxisgehilfin kam mit einem Monat davon. Eine Untersuchung seiner Jugend hat 1971 ergeben, daß Förstin unter einem schweren Erfolgszwang litt, den er selber »mein Politiker-Komplex« nannte, und daß es ihm oberstes Prinzip war, »schnell zu machen«; er hatte in seiner Jugend, von seinem autoritären und

im Ersten Weltkrieg hochdekorierten Vater beeinflußt, Parteikarriere ›bei irgendwem‹ machen und Abgeordneter werden wollen. Dann war sein Vater gestorben bei einem Verkehrsunfall, und Förstin hatte seine Vaterbeziehung, welche eine des bedingungslosesten Respektes gekoppelt mit einer unendlichen Eigenverachtung war – natürlich! ist man geneigt zu sagen – auf Freud übertragen, der übrigens, damit kann man die Oldenburger Psychiater noch tiefer in Zustände bringen, Förstins Briefe nie beantwortet haben soll. Im Winter 1927 verbrachte Förstin – der zuhause plötzlich alles annullierte – den Februar und den März vor Freuds Haus an der Berggasse stehend, im ausnehmend kühlen (»steinkalt«) und verschneiten (»blizzardzerstört«) Wien.

7 Sonst grundsätzlich nur für Hochgebirgs-Jagdgesellschaften gebrauchte Petroleumwärmer heizten ihm Schuhe und Handschuhe, und so ausgerüstet richtete er vor Freuds Haustür eine Art Einmann-Pikettdienst ein, dessen Präsenzzeit oft zwanzig Stunden per Tag überstieg, dessen Murmeln weiter nicht beachtet wurde, nur ganz kurz beim Vorübergehen gehört werden konnte, ohne als ein Sprechen deutlich zu werden; das hätte nun, weiße Wolken vor Förstins Mund in der Wiener Kälte bildend, auch ein Opern-Air zum Lippenwärmen können sein. Förstin war damals in Oldenburg bereits in schweren Verdacht geraten und wollte, daß Freud ihn mit einem Gutachten rette, ihm aber mit einem solchen auch gleich weiterhelfe, ihn nämlich ermögliche, aus einer Lage mit dem Rücken zur Wand in die energischste Vorwärtsverteidigung hinüberzukommen. Freud, der ein gutes Sensorium für das gerade eben noch Mögliche hatte und darüber nie hinausgegangen ist, senkte, wenn er abends zu einem Krankenbesuch aus seiner Eingangstür trat und den murmelnd-stillstehenden Förstin, dessen Identität war ihm mittlerweile bekannt, davor im treibsandverwehten Schnee stehen sah, instinktiv den Blick; es darf angenommen werden, daß Freuds Instinkte, welche die sichersten der Welt waren, ihn auch da nicht im Stich ließen, sondern ihn ganz präzis das für ihn Richtige tun hießen; und das war, wortlos gegen den in der unausgesetzten Wiederholung sei-

nes Satzes von der Schönen Stellung Befangenen anzugehen; nur leise klang aus Respekt der Satz, und Freud, der abends immer seine Krankenbesuche im Sinn hatte – je später der Abend, desto dringender diese Besuche – stieß sich am, allerdings gutgenährt und gewärmt aussehenden, Bettler nicht, über welchen er indes doch hin und wieder beinah fiel, aber nicht *ganz*.

8 Kurz nach seiner Rückkehr nach Oldenburg, das bereits ziemlich gegen ihn aufgebracht war, in voller Anerkennung der äußersten Vergeblichkeit seiner Reise nach Wien, sagte Förstin in einer seiner letzten Behandlungsstunden, die sich gerade mit der Bindung eines Bremer Hafeningenieurs an die Frau eines einfachen Arbeiters aus einer der Hafenwerften befaßte, seinen Satz zum Hafeningenieur, als der den Beruf seines Konkurrenten, nämlich des Ehemannes der von ihm begehrten Frau, verriet (»Schweißer, der Scheißer«), und zunächst war Förstins Satz, natürlich ehe er in die Wiederholungsmaschine geriet und mit der Zeit auch den geduldigsten aller Hafeningenieure zum Irrsinn trieb, sehr ironisch gemeint, und sein Patient soll mit höchster Betretenheit darauf geantwortet haben: »Aber nein Herr Doktor, das wäre eine Furchtbare Stellung, hoffentlich kriege ich diese Arbeit nie!«. Wie die Hände seines, des Hafeningenieurs, Vaters ausgesehen hätten, fragte Förstin darauf; woher er, Förstin, denn wisse, daß sein Vater beide Hände im Krieg verloren habe, antwortete der Hafeningenieur. »Ach so, und da waren Sie ihm immer zu Diensten!« stellte Förstin fest, und fügte an: »Ich bei meinem auch. Wollen Sie wissen, wie es war?« und hatte, kaum war die Frage gestellt, bereits mit einer unendlich langen Schilderung angefangen; die folgenden Szenen sind ziemlich ohne Belang; weil nämlich, da man nicht *mehr* zu wissen braucht, um die Oldenburger Psychiater zu ängstigen, nur noch gesagt zu werden braucht, daß Förstin trotz der Geistesgegenwart des Bremer Hafeningenieurs, der ja recht ordentlich gut auf seinen Satz eingegangen war, diesen unverändert und in immer härterem Stakkato wiederholte, bis es endlich zu dem kam, was man längst weiß, aber zum Zwecke der Ängstigung von Oldenburgs Psychia-

tern auch wiederum nicht immer so genau zu wissen oder zu erzählen braucht, weil Andeutungen (»Dann geschah es plötzlich dann doch, dann!«) sowie eine sichere Kenntnis des Namens Förstin (auf der zweiten Silbe leicht zu betonen, als Nachhall auf den Akzent der ersten Silbe) dort in der Regel vollauf genügen, ist man daselbst in Behandlung und will man daselbst seinen Zweck erreichen.

Sweet Home

1 »Sie sollten versuchen, sich anderswo nützlich zu machen.« sagte Home, der seine stahlgrauen Augen unverändert auf die Wand hinter ihm gerichtet hielt, »wir bieten Ihnen hier nichts Einfaches wie zum Beispiel eine Vertretung von Unterwäsche mit Elektroanschluß oder eine Lederimprägnierung, Aufgabenbereiche, die Sie anscheinend zu Ihrem Wohlbefinden brauchen.«
»Aber Sie brauchen mich, insgesamt gesehen?« fragte Brestner und ließ seine hellvioletten Tränen hemmungslos auf den eigelbfarbenen Teppich der Kommanditgesellschaft fließen. Seine Wangen hatten die Anständigkeit, sich etwas einwärts zu wölben, um den Tränenfluß nicht unzumutbar zu stören.
»Aber gewiß brauchen wir Sie, im großen und ganzen gesehen ist eine Benötigung da.«

2 Brestner merkte, wie allmählich sein Taumeln aufhörte und seine Füße in seinen Schuhen wieder gehalten wurden. Homes Stimme wirkte nahezu tröstlich, auch wenn sie inzwischen an klirrender Kälte noch gewonnen hatte. Home aß vor solchen Reden kleine Portionen Ammoniak, die er zu den Worten hinzu verdampfte. Brestner war geneigt, das Gesagte als zutiefst wahr anzuerkennen; was er sonst hätte tun können, wußte er nicht.
»Ich mache also bei Ihnen weiter.«
»Wir haben es alle gehofft.«

3 Für einen kurzen Augenblick fiel Homes stahlgrauer Blick auf ihn und besiegelte das Ende dieses Morgens. Auf der Neckarpromenade bewegten sich fünf graue Herren auf die Kantine zu. Brestner trat vom Fenster zurück und blickte Home beschwörend an. Der sah ihn nicht und schien weiterzustarren, während er mit den drei vor ihm liegenden aufgefalteten Papieren winzige Stellungsänderungen vornahm.

4 Am folgenden Morgen suchte Brestner Home auf, um ihm mitzuteilen, was ihm am Nachmittag des Vortages geglückt sei, und um ihn darauf hinzuweisen, daß er, Brestner, keinerlei Anteil an der geglückten Aktion beanspruche, sondern alles dem unerforschlichen Wirken der ›Erfolgschance‹ zurechne. Brestner nahm sich vor, es wie ›Erfolgsschanze‹ auszusprechen. Home stand abermals in seinem weiten Büro, dessen Seitenfenster auf die Promenade am Ufer des Neckars hinausging. Brestner hatte schon so oft vor Home nicht bestanden, daß es ihm an der Zeit schien, wenigstens einmal eine kurze Unterredung ohne Gesichtsverlust hinter sich zu bringen.
»Der Erfolg mit den Handschuhen beeindruckt mich«, fing Home nach kurzem Nachdenken an und musterte ihn genau.

5 »Die Handschuhträger haben sich stark vermehrt, bei gleichzeitigem Wachstum ihrer Kritikfähigkeit. Wozu noch Handschuhe?« gab Brestner sozusagen aufwiegelnd zurück, einerseits den Erfolg seiner Aktion nocheinmal genießend, andrerseits ihn, wie es sich gebührte, an Home, den Höheren, weitergeben wollend.
»Ich weiß nun bloß nicht, ob mein Eindruck trügt, aber«, sagte Home plötzlich.
Brestner erstarrte. Homes Technik der ›Unvollendeten‹ – wie die angefangenen und mit kakophonischem Klang liegengelassenen Sätze hießen – war im Betrieb gefürchtet, und sie war bei Erfolgreichen noch gefürchteter als bei Erfolglosen; zu denen sagte Home nämlich in der Regel gar nichts; was zwar Klarheit schuf, aber Nervenkitzel wegnahm. Die zum Tode Gebrachten trugen ihr Schicksal in der Regel munterer als die Geadelten.

6 »Was ist denn Ihr Eindruck? Es gibt nur einen Eindruck, bisher«, sagte Brestner und bemühte sich, das Zittern seiner Hand, samt der Hand, in der Tasche zu versorgen. Die Hand schlug flatternd gegen den Taschenrand. Ein mit einem festen Gegenstand zusammenstoßendes Zittern ergab ein Trommelfeuer federnder Entäußerung, hier aber verklang es in der Schurwolle der dicht gewobenen, tiefen Schweiß treibenden Ausgehhose.

Home zog etwas Luft ein und warf ihm eine Visitenkarte über den Schreibtisch. Brestner war dadurch gezwungen, seine Hand wieder zu zeigen, und als er die Karte faßte, trommelte sie auf der Tischfläche herum wie eine Flunder, die im Koma von einem nassen Fischer verfolgt und gepackt wurde. Auf der Karte stand ›Home‹, sonst nichts.

7 Ohne auszuatmen setzte sich Home hinter seinen Schreibtisch, auf dem drei vollgeschriebene Papiere in unregelmäßiger Anordnung, wie zu einem Denkspiel geordnet, lagen.
»Mein Eindruck trügt nie.«
»Das würde ich nie behaupten.«
»Hat mein Eindruck je getrogen?«
»Um Gotteswillen.«
Brestner fühlte, wie Homes Sicherheit ihn überwältigte. Er mochte Panzerwagen und war in der unglücklichen Lage, Panzerwagen nur mögen zu können, wenn er selbst nicht darin saß.
»Ich schlage morgen nochmals fünfhundert los.« sagte Brestner.
»Bitte tun Sie das. Aber nicht mehr mit Handschuhwachs. Nur die Handschuhe und die eingebauten Thermometer«, sagte Home unter einem leichten, wahrscheinlich unabsichtlichen, Husten.

8 »Ich war ein Erfolg«, sagte Brestner geradeheraus.
»Übung abgebrochen«, sagte Home, »es hat keinen Sinn. Vertrauen Sie meinen Zahlen. Die Handschuhe mit dem Thermometer laufen seit zwei Monaten im Minus. Lauter rote Zahlen kullern.«
»Tausende verkauft!« schrie Brestner.
»Nicht aufregen«, beschwichtigte Home klirrend, »und ich wollte fragen: Warum die Thermometer?«
»Meine Idee« sagte Brestner gebrochen.
»Grund?«
»Niemand trägt mehr Handschuhe. Da hab ich was angehängt.

Trägt man Handschuhe, mißt das Thermometer die Körpertemperatur. Stülpt man die Handschuhe um, mißt es die Außentemperatur. Ein Divisionsapparat digitalisiert das Verhältnis.«
Home schien beunruhigt.
»Sehr schön. Und was sagt die Light Emitting Diode?«
Da brach es mit Brestner durch.
»Nichts. Kein Mensch trägt heute mehr Handschuhe, insbesondere bei Temperaturen über fünfzehn Grad.«
»Kein Wunder!« Home war noch nie so erheitert gesehen worden.
»Und da hab ich was angehängt, Thermometer. Soll attraktiv sein zum Tragen. Man liest alles am Mittelfinger ab.«
Homes Erheiterung hatte in einem erschütternden Gelächter geendet, das seinen Körper wie eine mit Stoff umspannte Masse aufwarf und wieder auf den Sessel zurückfallen ließ, von wo es den Körper wieder ergriff und ihn abermals in die Höhe warf, sodaß Homes Kopf und Arme als willenlose Anhängsel ›rührend‹ waren, sodann verzog sich das Gelächter und eine unbestimmte Erheiterung blieb bestehen. Home griff nach der Ammoniakflasche, nahm einen Schluck und kühlte allmählich wieder ab.

9 »Dann bin ich überflüssig« sagte Brestner, und lange, sich nach oben verdünnende Tränen schossen ihm aus den Augen. Das Licht brach sich hellviolett darin.
»Nicht unbedingt gleich überflüssig«, erwiderte Home.
»Wie meinen Sie das?«
»Sie können sich auf einem nächsten Gebiet nützlich machen«, sagte Home, der seine harten Augen auf die Wand hinter Brestner richtete, »wir vermitteln Ihnen innerhalb des Werkes was Neues.«
»Also, Sie brauchen mich, insgesamt gesehen?« fragte Brestner und ließ seine hellvioletten Tränen, denen er Helium beimischte, hemmungslos gegen die gulaschbraune Stuckdecke der Kommanditgesellschaft schweben.
»Aber wir brauchen Sie dringend«, beruhigte Home.

10 Brestner merkte, wie sein Zwang, sich zu erklären, nachließ. Homes Stimme wirkte fast befreiend, auch wenn sie inzwischen an Metallglanz noch zugelegt hatte. Brestner war geneigt, Homes Aussage für wahr zu halten; es war klug und ratsam, dies zu tun.
»Ich mache auf der Abteilung ›Kleider und Kurzwellenbereich‹ weiter.«
»Das hätte ich Ihnen vorgeschlagen.«
Für längere Zeit weilte Homes kruppstählerner Blick auf ihm und das Ende der Unterredung war wieder da. Brestner hatte etwas Gesicht noch übrig, es war nicht schlecht gelaufen. Auf der Neckarpromenade gingen sieben fettleibige und in hohen Stimmen redende Herren zur Betriebskantine. Brestner trat vom Fenster zurück und schaute Home an. Wenn Brestner etwas Unbotmäßiges tat, wurde er linkisch, und das Linkische erzwang Verzeihung. Auch er hatte seine beeindruckenden Strategien der Machtflucht. Home sah ihn nicht an, sondern wischte mit den Unterarmen über die Tischfläche, während er die drei vor ihm liegenden Papiere verschob.

11 »Ich habe noch nichts gegessen. Darf ich gehen?« fragte Brestner. Wortlos schob ihm Home ein kleines Modell der Kantine über den Boden zu. Er trat es unter dem Schreibtisch heraus. Ungläubig sah Brestner Homes Fuß, den Home, nachdem er das Modell vor ihn getreten hatte, wieder unter den Schreibtisch zurückzog. Brestner bemerkte den ungestümen Ausbruch ihn von innen und von unten her ertränkender unmenschlicher Schweißanfälle, zog sich einen Handschuh an und las: Neununddreißig fünf.
»Zufrieden?« fragte Home, schlug mit der flachen Hand auf die Sessellehne und löste sich in Luft auf. Brestner suchte kurze Zeit, aber Home war weg. Das Modell stand vor Brestner, und daraus heraus drangen die hohen dünnen Stimmen, etwa zweihundert. Brestner ließ seinen eigenen Fuß vorschnellen und stampfte das Modell ein. Die dünnen Stimmen schrien kurz auf und verstummten dann. Drei wimmerten, während Brestner durchs leere Vorzimmer hindurch langsam auf die Kantine zuging.

2 »Das muß ich morgen Home erzählen«, dachte Brestner auf dem Weg. Nach dem Essen rief er Homes Sekretärin an und machte mit ihr für den folgenden Tag einen Termin aus.
»Bitte vergessen Sie das Treffen nicht«, sagte die Sekretärin. Es war jene, die immer endlos lachen konnte, wenn einer sie zu verstehen schien; dann blieb ihr die Zunge weg.
»Bizarr«, sagte Brestner, als der Termin da war, »Sie hätten sehen sollen, wie Sie auf einmal weg waren. Ein Schnipp, und puff! da war's.«
Endlich hatte er eine Geschichte, mit der er Home beeindrucken konnte.
»Eigentümlich, in der Tat«. Homes stahlgrauer Blick verweilte kurz auf ihm und hob sich dann gelangweilt zur Decke und blieb da bewegungslos.

Abraham und Cordelia
oder Die Fertigung

1 Da saßen sie und ließen die Beine baumeln. In ihnen wuchs ein schwach schäumender Haß gegen die Deckenlampe; was diese kaum beeindruckte.
»Er kommt gleich wieder«, sagte Ikaho.
»Der kommt nicht mehr.« Trent schien seiner Sache sicher.
»Ich meine den Apparat«, sagte Ikaho, »er meldet sich gleich wieder.«
»Das Klingeln verhetzt ihn.« Trent schien es zu bedauern.

2 Der Apparat klingelte und glänzte schwarz, still und böse. Abraham ging nicht mehr hin, sondern lehnte sich etwas zurück, hob blitzschnell eine Hand, mit der er eine Schwalbe in der Büroluft fing und sie sich langsam den Kragen hinunterstopfte. Als er sich erhob, hinterließ die Schwalbe, die in seinem Hemd bei seinen Schultern noch zappelte, eine Ausbeulung an seinem Rücken, die zitterte.
»Er wird ausgesteuert«, flüsterte Ikaho, der Japaner, der das Wesentliche langsam mitbekam und es weitergab, ehe er es ganz mitbekommen hatte.
»Das ist mir auch schon geschehen«, sagte Trent, »dann eine Zeitlang nicht, dann hing das Schwert über meinem Kopf und dann geschah es wieder und schließlich haben sie mich definitiv genommen.«
»Eine Ungeheuerlichkeit.«
»Sowas wie ihn hab ich noch nie erlebt«, sagte Trend. Sie wurden wieder schweigsam in der gepflegten Mehrdeutigkeit des Geschehenen. Beide starrten auf den Apparat, der sich nicht mehr rührte. Ikaho blinzelte, aber die Deckenlampe tobte mit ihrem Licht. Trent warf genau umrissene Schatten, mit denen er spielte, indem er seinen Körper unter starkem Lachen verformte.

3 »Der annulliert alles gleich wieder«, sagte Ikaho.
»Dann verliert er das Gesicht.« Trent wußte wieder einmal mehr.
»Er ruft nochmal an und nimmt ihn für immer«, sagte Ikaho, »er kann ihn nicht wegwerfen.«
»Beim Klingeln, beim nächsten Klingeln stirbt er.«
Trent, obgleich eher mit Dingen beschäftigt, die tiefer lagen als sein Gesicht, konnte ein Zurückwerfen seines Kopfes nicht verhindern. Vielleicht war es Ikaho, der ihm den Kopf zurückwarf. Jedenfalls explodierte ein Schmerz, der keine Zeit hatte, eine Welle zu werden, hinter Trents Stirn.

4 »Es klingelt.«
»Das verhetzt ihn nun endgültig.« Trent schien es zu bedauern.
»Ich wurde auch schon gehetzt . . .« fing Ikaho an. Er konnte sehr lange Erlebnisberichte erzählen, allerdings nur unter der Voraussetzung, daß er selbst darin die Hauptrolle spielte. Die Berichte verliefen alle ähnlich: die Welt ballte sich zu etwas Riesigem zusammen und hetzte den kleinen, aber flinken und in jedem Fall entkommenden Ikaho.
»Ach. Sie wurden schon gehetzt. Das wäre aber eine Erzählung wert«, Trent wußte, daß der Grund, auf dem er sich bewegte, gefährlich war. Dafür war, bei Ikahos unendlichem Reden, der Nachmittag gerettet.
»Meinen Sie, ich soll Ihnen die Geschichte erzählen?« Ikahos Begeisterung teilte sich Trent nicht mit, »Zunächst will ich etwas über Abraham sagen. Er wird ausgesteuert, und dies ist die Ungeheuerlichkeit, nämlich daß er ausgesteuert wird, weil er gar nichts getan hat, also, eine Ungeheuerlichkeit, nämlich, er wird tatsächlich, das heißt, er muß die Schlüssel zurückgeben und somit . . .«
»Ältere Mitarbeiter können nicht ewig bleiben.«
»Nicht ewig? Aber bis sie fünfundachtzig sind!«
Trent, der gern mit dreiundvierzig in Pension gegangen wäre, hörte diese nervtötende Forderung mit starkem Schaudern. Einstweilen ergriff er einen der lila Füllhalter und schleuderte ihn

gegen die Deckenlampe hoch. Deren Birne lag geschützt hinter einem Gitter.

5 Wenn er es recht betrachtete, wollte Trent schon mit neununddreißig in Pension. Die Fertigung hatte ihm nie gefallen, und er ertrug sie nur, indem er mit Ikahos gleichgestimmtem Haß einen gar nicht geheimen Bund schloß. Die täglichen Verwünschungen – wir stellen Kondome her! wir lassen die Säftchen in den Fläschchen bullern, bis es knallt! wir machen die endgültigen Asbest-Erfindungen, wir Edisons! – schweißten sie zu einem Paar zusammen, das bei auch nur kurzzeitiger Trennung, Essen, Bedürfnisse, Zigarrenholen, Humpeln zur grünlich schillernden EDV-Anlage und zurück, sich wechselseitig Tränen aus den erblindenden und der Deckenlampe ständig ausgesetzten Augen hervortreiben konnte. Ging Ikaho, heulte Trent, und verschwand Trent, so wahrte Ikaho die ihm vorgeschriebene steinerne japanische Miene, die mit einer Verlangsamung der Handbewegungen einherging. Nun hatte Ikaho aber das Pensionsalter wunscheshalber sehr hoch angesetzt, wohl, weil er nicht mehr ohne die Fertigungsarbeit leben mochte, nachdem die Routine ihm ein zweites existentielles Rückgrat eingepflanzt hatte, in dessen Nachbarschaft das geburtlich-ursprüngliche allmählich sich zurückbildete, bis es verschwunden war und Ikaho – selbstverständlich ohne Miene zu verziehen – im Korsett hing.

6 Jetzt mußte man zuschlagen!
»Wollen Sie von einem Fünfundachtzigjährigen in der Kantine bedient werden, der Ihnen die Gerstensuppe auf die schönen Schuhe schüttet statt in den allzeit-bereiten Papierteller?«
»Abraham serviert doch nicht!«
Ikaho verstand Trents plötzliche Härte nicht, denn Trent schien auf einmal in Worten durchgreifen zu wollen und sich einen Standpunkt zu sichern, den er im Büro trotz seiner gelegentlichen gemeinen Nachredereien bisher nie eingenommen hatte. Seit das Büro mit der Fertigung zusammengelegt worden war, war Trent nicht mehr derselbe. Die Kondome, oder wie sie ihr Produkt

nannten, ebenfalls stark verändert aussehend. Jetzt schien Trent auf dem Sprungbrett eines neuen Ehrgeizes zu wippen und sich abstoßen zu wollen; Ikaho wußte nicht, in welche Flut.

7 Ikaho stampfte unter seinem Schreibtisch auf, und der Zufall schickte eine kurze gelbe Echse unter seinem Fuß durch, die er zertrat, daß sie platzte. Ihre Eingeweide, die im Verwandler mehrere hundert Kilogramm schwer und so groß wie vier Hunde zusammen wurden, traten ihr unter den Beinen heraus. Zudem verlor sie, obgleich Ikahos zurückhaltender Fuß da nicht hingetreten war, ihren gelben, zart geschuppten Schwanz. Abraham, wortlos und tätigkeitslos wie immer, blickte kurz auf und wandte sich dann seiner augenblicklichen Verrichtung zu, die – für ihn – sehr viel Arbeit bedeutete, aber eigentlich keine verlangte Arbeit war. Er hatte sich bei der Distribution in Trakt F ein Klappbett ergattert und schnitt aus den Vorhängen, die das Büro vom häßlichen Anblick des Neckars befreien sollten, ungenügende, zu kurze, zu gewebedünne Laken zurecht. Das Austreten der Eingeweide ergab ein leichtes Schmatzen, dann lag die Echse still und Ikahos Zorn schien verraucht. Trent hatte nichts wahrgenommen.
Das blieb nicht lange so.
»Der Apparat!« Ikahos Hysterie war vergeblich. Der schwarze, stille und böse Apparat hatte nur kurz geklingelt, gerade so, daß keiner hingehen konnte. Jetzt strahlte er stumm und schien zu sagen, Meine Herren, alles geht weiter.
»Das ist ungeheuerlich!«
Beinahe war Ikahos Vokabular angesichts der Firmenleitung geschrumpft. Aber vielleicht war es schon früher so gewesen. Er benötigte nicht mehr als das, was er sagte. Und hatte sich seine Ausdrücke sehr genau nach den Erfordernissen angeeignet. Selbstverständlich entwertete sich das vierte, fünfte ›ungeheuerlich‹ zusehends.

8 Der Apparat stand reglos da. Oben schienen sie ein Einsehen gehabt zu haben. Die Tür öffnete sich und Cordelia, die Beruhi-

gerin, kam herein. Sie genoß einen gewissen Ruf ihrer grasgrünen Slips wegen, welche, drei übereinander, auch getragen kaum sichtbar wurden und von jedem der Fertigung immer vermutet werden durften.

9 Da saßen sie und ließen die Beine baumeln. Ikaho machte das Knie. Trent stieß mit seiner Zunge die Unterlippe von innen an und verkleinerte mit dem Zungenrücken die Atemspalte so, daß sein Einatmen etwas Brisenhaft-Wehendes bekam. Abraham war an eine heikle Stelle gekommen, nämlich in die Phase, in der sein Klappbett beweglich zu werden, also während seiner Zubereitung einzuklappen drohte. In diesem Fall hätte er von vorn anfangen müssen und wäre tief in der Nacht noch am Zuschneiden gewesen.

Cordelia kam geräuschlos herein und blickte sich um. Das Taxi wartete mit laufendem Motor im Innenhof. Sie kam von der Bestellungsaufgabe, wo, nachdem sie gegangen war, alles ruhig wurde, bis das Quecksilber jeweils wieder stieg. Mit den Fingern schnipste Cordelia, und das Taxi drehte Motor und Licht ab.

»Wo steckt ihr?«

Dies war hilflos, aber gerngehört. Die Techniker hatten andere Eröffnungen eingegeben und mußten zu ihrer Verblüffung erfahren, daß eine Erkundigung nach dem Aufenthaltsort der Bürohengste die ›ankommendste‹ Eröffnung war. Sie wirkte locker, da bizarr, weil Cordelia im Rundblick alles zu sehen pflegte, genau so, wie es sich auf den Screens der Techniker abbildete.

10 Trent und Ikaho brüllten, stürzten sich auf sie und schnitten ihr mit großen Scheren, die sie aus den unförmigen Schürzen zogen, die Kleider vom Leib. Nicht alle auf einmal. Auch das Verirren bei einer Naht, zähes Halteband, ineinanderlaufende Säume, in die Scherenschneiden geratene und sie blockierende Reißverschlüsse gewährten erregende Verzögerung. Die drei Slips blieben intouchabel, eine Niederohm-Warnklingel neben dem Sprudelautomat hielt die Scheren im Zaum. Es hatte einer längeren

Laufzeit bedurft, ehe die IP – die Produktion Intern, für Selbstverbrauch – dieses Hau-den-Lukas-Prinzip zum festen Bestandteil gemacht hatte: Wem es gelang, die drei kleinen Slips mit dem Glied tief in ihre Scheide einzustülpen, dessen Daten erschienen in der Kantine kurz auf dem Screen. Es waren weniger Reißverschlüsse als gewöhnlich; da in diesem Monat die Haftverschlüsse gefördert wurden; die sich auf die Wandertechniken gewisser pflanzlicher Fruchtköpfe bezogen, deren letzte zehn Exemplare in der biologischen Abteilung in ewigen Röntgentests dahinserbelten, aber irgendwie mehr wurden.

11 »Ihr wartet auf den Sonnenuntergang«, sagte Cordelia.
»Gib des Kaisers, was des Kaisers!« schrie insbesondere Trent, dessen Stimme sich in diesen Augenblicken regelmäßig überschlug, was Ikaho erfreute, weil Trent sich dadurch alle Aussichten verwirkte, als erster dranzukommen. Diese Stimme von Trent, sonst mit dem sorglos vor sich hin wischenden Akzent des schottischen Seebades Ayr versehen, hatte eine betrübliche Neigung, sich bei Cordelia – oder bei Fine oder bei Sassy oder bei Nichtel – einmal um sich selbst zu drehen, was dem ohnehin scheußlich praecoxen Trent eine Wartezeit bescherte, nach welcher er schon wieder beinahe lebensfähig war.

12 Cordelia sah jetzt ziemlich gerötet aus. Ihre Brustwarzen waren angeschwollen. Ihre Eröffnung vom Sonnenuntergang schien den Impuls gegeben zu haben.
»Bitte mechanisch«.
Ikaho wußte, daß er seiner hergelaufenen Lust zuliebe, den weiblichen Klon der Betriebsleitung stellvertretend zu treten, eine Verminderung seiner guten Gelegenheiten in Kauf nehmen mußte. So verlor er den wegen Trents schottischer, aber ständig brechener Stimme, herausgeholten Vorteil. Trent war kein Mechaniker, Ikaho war nur Mechaniker, so spielte die Welt und alles wurde gut.
»Von Kopf bis Fuß?« fragte Cordelia.
Beide gröhlten. Der Apparat klingelte. Abraham zuckte die

Schultern und stopfte ein Kopfkissen in einen aus dem Eckvorhang gewonnenen Überzug.
Trent und Ikaho durchfuhr es gleichzeitig. Trent setzte es zuerst in einen Ruf um.
»Möchtest du zuerst? Noch vor uns?«
Der zum Überzug zusammengeheftete Eckvorhang zitterte; was auf den Screens bei den Technikern und auf dem Nebenscreen in der Eingangshalle, wo Ginzing und Massenburg zuschauten, nicht wahrgenommen werden konnte. Abraham dachte an seine Übernachtung und an nichts anderes wollte er denken. Ikaho rutschte auf ihn zu.
»Noch vor MIR! Sogar noch vor mir!«
Cordelia, die in einer Art weißer Seidenröhre gesteckt hatte, bewies die außerordentliche Faltbarkeit dieser Röhre, indem sie sie an ihren Füßen zu zwei Täschchen verknotete, die wie weiche Sporen an der Achillessehne wirkten.
»Ich möchte lieber nicht.« sagte Abraham, und Cordelias stehengelassenes Taxi fuhr unter einen Unterstand an der gegenüberliegenden Seite des Firmenhofes. Eine ihrer Brustwarzen wuchs Trent ins Ohr, während Ikaho seine Zweitposition mit allen Mitteln an Abraham weiterzuverschachern versuchte.

13 Es war nicht mehr herauszufinden, wer in urdenklicher postpubertärer Vorzeit den Gedanken gehabt hatte, die Leiden der Produzenten und zweiter männlicher Körper an ihrer Oberfläche dadurch zu lindern, daß sich beliebige zwei, zumal diese hier, von Kopf bis Fuß, ganz umseitig ebenso, von einer herbeigerufenen und nicht allzu pünktlichen oder gar gefühlvollen Frau ablecken ließen. Es wurde ein nüchternes, bilderfeindlich-calvinistisches Ablecken bevorzugt, ohne besondere Heraushebung – zimperliche Extras – der Ursprungsorgane allen Leidens wie Geschlechtsorgane und kitzlige Stellen sonstwo.

14 Nein, im Augenblick befuhr Cordelias Zunge die leicht behaarten Oberflächen des absoluten Mechanikers und des absoluten Nichtmechanikers, wobei allenfalls noch kurze Stellungskriege statt-

fanden, wer diesmal bei dem oder dem zuerst drankommen, bei wem sie länger bleiben dürfe, bei wem ihre Zunge allmählich schon erkaltet sei. Weder Ikaho noch Trent hatten den wohltätigen Einfluß dieses Belecktwerdens jemals genau in Worte fassen können, und Abraham, in seiner auf Schlummer hinarbeitenden Zielstrebigkeit, noch weniger, am wenigsten, und damit am ehesten, aber, da er es nicht fassen können wollte in Worte, faßte er es nicht und es blieb ungefaßt. Aber sie konnten nicht bestreiten, daß es ihnen nachher, freilich nur unmittelbar danach, ein bißchen weniger tragisch erging an der dargebotenen Oberfläche mit den Blut blödsinnig von irgendwo nach irgendwo befördernden Adern.

»Du da. Buckel«, sagte Cordelia.

Trents Antwort spottete jeder Beschreibung.

»Und du. Seichte Tiefe«.

Ikaho wies sie mit einem Stups auf seine strikt nicht-mechanische Veranlagung hin, welche vor allem auf Unerklärliches, auf unerratbare Bewegungen aus war und bei Überraschungen, die Cordelia mit ihren neuen geilen Chips leicht schaffte, laut aufschrie; Überraschungen durften bei Ikaho nur ganz klein sein, so daß es sich, obgleich sie keiner Prognose zugänglich waren, dennoch um annähernd vorhersehbare, also eigentlich keine Überraschungen handelte. Cordelia versuchte das Anhauchen und das Vorwärmen. Trent, der erledigt auf dem Boden vor Abrahams Nachtstätte gelegen hatte, hatte sich aufgerafft und einen grünen Eimer herbeigeschafft, während Abraham, jetzt mitgerissen vom Stand seiner Vorbereitungen, im Zwischentrakt einen sehr dicken Vorhang von der Stange gerissen und, mehrmals gefaltet, zu einem Deckbett dienlich gemacht hatte. Aufschrei. Ikaho hatte eine der neuen geilen und vollkommen unerratbaren Überraschungen Cordelias über sich ergehen lassen müssen, hämmerte wild an ihr herum. Trent stand beim Automaten und ließ sich mit Sprudel vollaufen. Der Apparat klingelte und glänzte still und böse. Da saßen sie und ließen die Beine baumeln.

16 Per Kordel zog Cordelia ihre Seidenröhre hoch, die sie wieder einhüllte und keine Sporen an der Achillessehne mehr machte. Das Taxi verließ den Unterstand, und Abraham sah es, während er bereits lag und sich die Augen mit Gewalt zudrückte, am unteren Fensterrahmen verschwinden, hörte es vor dem Eingangstor halten, hinter welchem Ginzing seinen Krallengriff um Massenburg lockerte.

»Adieu, ihr. Für heute.« sagte sie.

»Des Kaisers, was des Kaisers!« rief Trent, der seinen Mund kurz vom Sprudelturm wegnahm.

Ehe sie ging, beugte sie sich über Ikaho. Für kurze Zeit hingen ihre schweren Brüste genau über seinen Knien und senkten sich manchmal auf die Kniescheiben ab, die gleich wieder in der Fertigung umherhasten würden.

»Kamikaze«, sagte Ikaho, als sie weg war und er sich den tief schlafenden Abraham angeschaut hatte.

17 »Wie meinst du das?« fragte Trent.

»Ich meine, daß es das Glück nicht gibt«, sagte Ikaho, »aber da steht ein Plastikeimer.«

»Wie hat dich deine Mutter behandelt?« fragte Trent.

»Jetzt fährst du aber in der Zeit zurück.«

»Wie hat sie dich behandelt? Als du dich nicht hast wehren können?«

»Hat das damit etwas zu tun?« fragte Ikaho. Er hatte den Henkel des Eimers von einer Seite auf die andere geschlagen und von einer Seite auf die andere geschlagen und zurückgeholt und, peng, zurückgeschlagen. Das hörte sodann auf ein Spielzeug zu sein, höchstens noch war die Luft jetzt Spielzeug für den schnarchenden Abraham, der sie in den Nüstern in Knälle umwandelte.

»Meine Mutter hat damit nichts zu tun«, entschied Ikaho und wartete auf Trents Nachschlag. Der kam prompt.

»Es hat etwas damit zu tun.«

Ikaho wußte, daß das Bejahen eines Satzes, den er, Ikaho, verneint hatte, zu Trents Lieblingstaktiken gehörte. Kurzatmige

Debatte, oft Faustkämpfe; aber all dies entfallend nach frischem Ejakulat. Ikaho wußte, daß Trent damit rechnete, diesmal mit der Taktik zu scheitern. Den Gefallen mußte man ihm tun.
»Ist dieser Eimer das Glück? Was sagst du?« fragte er.

18 »Welcher Eimer?« fragte Trent arglos.
»Du hast ihn in der Hand.«
In der Tat hatte Trent den Eimer nicht mehr in der Hand. Durch eine Ungeschicklichkeit des Terrains, das da ganz schräg lag, war der Eimer zudem unter Abrahams Stätte hinuntergerollt, ziemlich leise. Abrahams Schlaf war das letzte. Er löste sich nämlich nie vor drei früh, und bis dahin war Abraham meist von den hauseigenen Schützern hinausgeworfen und schlief auf der betonierten Zufahrt für Besucher. Morgens wachte er auf und fand sich vor der Fertigung, die er – kurzer Weg! – unmittelbar nach Aufstehen wieder betrat. Den Eimer aber hätte Ikaho nun hervorkratzen müssen unter Abrahams bitterer Stätte.
»Ja, der Eimer«, seufzte Trent, »den würd ich gern noch haben.«
»Ist er das Glück?« fragte Ikaho.
»Das hängt davon ab, wie dich deine Mutter behandelt hat.«
»Wann?« fragte Ikaho.
»Ist der Eimer ganz voll?« fragte Trent.
Da lag noch Cordelias Kordel. Dafür hatte sie ihre Seidenröhre mitgenommen in die Auslandsabteilung, wo sie mit Aschenbechern anrückte.

19 Trent hatte nunmehr eine leichte Überlegenheit gewonnen, indem er diese Frage nach der Mutter gestellt hatte, auf die Ikaho nun wirklich keine Antwort geben wollte. Trent aber wußte, er konnte jetzt bohren und allmählich vom Allgemeinen zum Besonderen vorstoßen, bis Ikaho eingekreist sein würde und in die Einzelheiten seiner Beziehung mit seiner Mutter gehen mußte. Und alles hatte mit einer lächerlichen Frage nach dem Glück angefangen.
Der Apparat klingelte.

Ikaho nahm ab.

»Ist er endlich weg?« fragte der Apparat.

Die dünnen Stäbe von Abrahams Stätte knarrten weichstählern und Abraham schob einen nackten Fuß unter einem Vorhang hervor.

»Nein«, sagte Ikaho, »ist noch da.«

20 Trent hatte nicht gedacht, daß er nach so kurzer Zeit so weit sein würde. Cordelia würde gleich von der Runde zurückkommen, mit Gebäck und Streuvitaminen. Bis dahin würde er Ikaho schon ziemlich weit haben.

»Wann meinst du, ich meine, wann soll das gewesen sein?« fragte Ikaho.

»Stell dich nicht so an.« Trent klatschte in die Hände.

»Meine Mutter hat mich geboren. Dan hat sie mich aufgegeben.« sagte Ikaho trotzig.

»Das wäre ja schon etwas. Sagen wir ihr das?«

Trent hielt seinen leichten Triumph zugunsten eines späteren, größeren, zurück.

»Da hab ich natürlich nichts gespürt. Bei euch in Europa ist das anders.« Ikaho sprach es aus und wußte, daß Trent darauf beharren würde, er, Ikaho, habe etwas gespürt.

»Ich für meinen Teil habe etwas gespürt,« sagte Trent, »aber das muß ja nicht dasselbe sein.«

»Es muß nicht, kann aber.«

Jetzt war Ikaho dort, wo Trent ihn haben wollte.

»Ja, es kann«, sagte Trent.

Augenblicklich brach Ikaho in Tränen aus, während Trent Cordelia die Tür öffnete. Da saßen sie beide und ließen die Beine baumeln.

»Was für ein Licht, was für ein teuflisches Licht. Runterdrehen«, Cordelia drehte sich einmal um sich selbst und senkte die Seidenröhre und beugte sich über Ikaho. Der schluchzte weiter. Abraham zog seinen nackten Fuß näher zu sich und wartete. In ihnen wuchs ein hämisch atmender Haß auf die Fertigung; Trent saß da und genoß seinen verdienten Sieg.

VIERTER CHORUS

Fràcz und die Pendelschwingung

1 In der von allem entfernten und in allem gegenwärtigen Stadt Graz, gegen den Mariatroster Hügel zu, wohnte Herr Fràcz, der einmal Mitglied der NSDAP gewesen war und sich von da ein gutes Verhältnis zu Arbeitern bewahrt hatte. Die Arbeiter, die er kannte, waren zweisprachige Wesen, manchmal sprachen sie in der einen, klassischen, linken Sprache, manchmal sprachen sie in einer anderen. Manchmal wurden sie vor sich selber bewahrt, manchmal wurden sie eigens auf sich hingewiesen. Herrn Fràcz' Nährberuf war Altphilologe, und er war bekannt dafür, daß er sehr früh in der Lehre immer steckenblieb und steckengeblieben war, und daß er über gewisse Jahre nicht hinauskam; welche aber noch immer weit vor jenen lagen, in welchen es für ihn, sie erzählend, delikat geworden wäre.

2 Fràcz hatte sich im Laufe eines geradlinigen Lebens, das auch im hohen Alter keine Kompromisse schloß – außer jenem einer Mehrsprachigkeit –, sondern am einmal gedachten Weg festhielt, auf Gottfried von Straßburg spezialisiert, dessen Eigenheit es war, mit dem, was Fràcz' Geist okkupierte, niemals zusammenzustoßen. Viele alten Meister sind von den Universitäten zu keinem anderen Zwecke erfunden oder, wo es sie schon gab, ans Licht gehoben worden, sei es in St. Gallen, in Augsburg, in Graz oder in Mülhausen. Herr Fràcz war – und wenn er lehrte, strahlte dies in die Aula hinaus – ein ›Schmissier‹ und führte zwischen seinem Heim und der Universität unentwegt seine Narbe spazieren.

3 Die Narbe lag auf der unteren linken Wange und war eine auf dem klassischen Weg erworbene; zunächst hatte Fràcz, der sich damals eigentlich nicht schlagen wollte und an Angst davor fast zugrundeging oder doch an allzu gut behobener Konstipation litt, seine Aufmerksamkeit für die Spitze des Gegners, eines späteren Gauführers, verloren und geriet damit in ein ›bluffendes Fuch-

teln‹, das dem Gegner vortäuschen sollte, seine, Fràcz' Aufmerksamkeit habe sich vervielfacht und sein Studentenschwert stehe sozusagen überall zum Angriff und zur Verteidigung bereit in der Luft.

4 Der spätere Gauführer erlag erst einmal dieser Vorspiegelung, des ersten und letzten Résistance-Aktes eines existentiell Verzweifelten, der sich schon als das sah, was er nur Minuten später wurde: als schwer Verwundeten und lange Blutenden, dem jeder der anderen Schmissiers ein Glas Bier samt Schaum über die Wunde leeren würde. »Ich machte«, sprach der Gauführer gerade noch zu Dollfuß, »damals mein Testament, denn Fràcz schien überall gleichzeitig zu sein«. Nach Dollfuß wurden diese Angst und dieses Erliegen vorm Zauber des Bluffs leichten Änderungen unterworfen; so war zum Beispiel, als die Jahre und jubelnden Menschenmengen vorüberzogen, es nun auf einmal der spätere Gauleiter gewesen, der die Allgegenwart seiner blitzenden Klinge dem verschüchtert-absenten und irgendwie, auf sein Studentenschwert gestützt, fortdauernd einschlafen wollenden, Fràcz aufgezwungen hatte.

5 Jedenfalls war das Erstaunliche eingetreten, daß mit der Zeit und mit fortdauerndem Fechtkampf Fràcz nun selber die Übersicht über die Omnipräsenz seines Studentenschwertes verlor und in der tiefen Richtungslosigkeit, der es an Schneid und Schnitt gebrach, als müsse er seine gesamten Finten in einer Denkpause nocheinmal überprüfen – im geheimen waren alle NSDAP-Mitglieder ununterbrochen dieser finstersten Hoffnungslosigkeit unterworfen; ganz anders, als es heute heißt; weil sie immer »zuwenig« wußten und im Konzept des unberührbaren Führers zu tief unten vorkamen – da, will sagen, in der Denkpause, auf die er gar kein Anrecht mehr hatte, ließ Fràcz als eine hohlwangige und reine Gestalt sein Studentenschwert sinken und schlich auf seinen lärmenden Stiefeln – auf dem hölzernen Fechtpodium in der Walhalla-Bierhalle war ein Schleichen noch immer lauter als sonst ein Stechschritt – sich zur Seite, um die zwei Stiche, denn auf

zwei fehlende Stiche bezifferte er seinen Kampfrückstand, sich kühl-stürmisch auszudenken und sodann den späteren Gauleiter vom Kinn her abwärts zu spalten.

6 Noch während dieses tiefen Nachdenkens, bei dem Fràcz mit dem Rücken zum Gegner, als gebe es diesen nicht, die zu erdenkenden zwei Stöße in die Luft – welche hier die Aufgabe der Theorie übernahm – probeweise ausführte, retouchierte, in verbesserter Form nochmals ausführte, da kam derselbe spätere Gauleiter, auf der Praxis des hölzernen Fechtbodens, von hinten auf den Fràcz zu und umarmte ihn, indem er ihm ganz stark den Adamsapfel nach innen drückte.

7 Die versammelte und heitere Burschenschaft, erst einmal mit einem grölenden Abwinken zur vorzeitigen Beendigung des Kampfes beschäftigt, weil einer der Kontrahenten zu unbußfertigen Mitteln Zuflucht nehme, durfte alsbald beruhigt zusehen, wie jener den Fràcz von hinten Umarmende seine Hände von dessen Hals löste und ihm beim Wegziehen – da er sein Rapier nicht losgelassen hatte bei der Umarmung – mit dem Handschutz die untere linke Wange aufriß, die sogleich auf das hölzerne Fechtpodium unterhalb des Dachstuhls dieses Fachwerkbaues reichlich triefend zu bluten anfing, bis sodann Fràcz, in einem späteren Stadium jenes nachlässig geführten Kampfes – in dem er allerdings nur noch mit hängendem Studentenschwert auf seiner Seite des Podiums mürrisch herumgestanden sein soll – gewissermaßen unter sich selber wegrutschte und sich mit dumpfem Geräusch mitten in sein eigenes Blut setzte.

8 Bis zu diesem Datum weiß niemand in Graz – entfernt gegenwärtig, blitzsauberes Display chronometrisierter Ungleichzeitigkeit –, ob diese Narbe, die er täglich zwischen seiner Wohnung und der Universität spazierenführt, ein Grund für Fràcz' Stolz ist oder einfach eine weitere, durch die Kraft willentlichen Vergessens gegenstandslose Erinnerung, von der Art, aus der die lustigen Hüte fabriziert sind, an welchen Nasenkneifer hängen und in den

Nasenkneifern zwei glasblaue Augen aus Pappmaché und entzweigeschlagenen Murmeln. Dabei weiß man, Fràcz betreffend, sonst alles, aber dieses eine weiß man nicht. In einer weit entfernten Abgelegenheit können Dinge in eine Nichtachtung geraten, die sich nur mit jener Nichtachtung vergleichen läßt, mit welcher die Welt der weit entfernten Peripherie begegnet, die, außer daß sie ihr die Grenzen setzt, für sie nicht da ist.

9 Peripher drehte Fràcz anderthalb Runden, die ihn höherbrachten, wenn er durch ein Loch in der Decke, durch das sich feuerleiterähnlich eine enge Wendeltreppe bohrte, federnd und stapfend, stapfend und federnd nach oben entwich in den Hörsaal VIII, in welchem Kollege Wirtmayr sich mit dem Satz aufhielt: »Ist eine der Größen, groß A, Omega, Alpha in x gleich groß A mal Sinus von Omega hoch t plus a nicht mehr konstant, sondern mit der Zeit veränderlich, so heißt die Schwingung sinusverwandt.« Fràcz hörte bis zum Ende des Satzes zu und wiederholte das letzte Wort bekräftigend; dann schraubte er sich über die Treppe nach unten. Wirtmayr sollte, von einem schweren Pendel getroffen, im folgenden Herbst, kurz nach Semesteranfang, durch ein Fenster geschleudert werden.

10 Kurz vor Fràcz' Tod, etwa zwei Jahre vor seinem überraschenden Verscheiden in der Wohnung seiner Mutter, an ihrem Teetisch, auf dem er, wie immer, um 4 Uhr seinen ›deutschen Darjeeling-Tee‹ fünf Minuten gezogen und mit Beutel in der Tasse trank, nachdem er mit seiner Mutter um die Tasse gekämpft hatte. Fràcz hatte auf dem Teetisch eine quadratische Flagge stehen, mit einem unendlich schweren Fuß, ›damit sie immer oben bleibt‹. Seine Mutter benützte ihre Ellbogen, um die Flagge vom Tisch zu stoßen. Warf sie sie auf den Boden, zersprang der Flaggenfuß. Fràcz pflegte die Flagge neu zu färben und von der geologischen Fakultät der Universität einen neuen Megalith herbeischaffen zu lassen für einen neuen Flaggenfuß. Der Kampf um die Tasse des deutschen Darjeeling verlief ähnlich: Mutter sie vom Tisch haben wollend und den Sohn insgesamt meinend, Sohn Tasse festhal-

tend und Tasse auf dem Tisch behauptend, alles unter wortlosem Geknurr.

1 Kurz vor seinem Tod, etwa zwei Jahre davor, hatte Fràcz eine Zeitschrift über Gottfried von Straßburg gegründet, an welcher nur die Zustelladresse in neuem Deutsch gehalten war, alles andere in kampferpichten Runen altfränkisch wallte; kurze Blütezeit, ehe die Zeitschrift sich bei 491 Auflage zur Ruhe setzte. Der Verleger von Fràcz' Zeitschrift, ein Vermögensverwalter, Amateur-Schiffbauer und Altliteraturliebhaber dilettantischen Zuschnitts – er las das Schriftbild nur zögernd – hat in Gent, Belgien, gelebt und soll immer zwischen Gent und Graz hin- und hergereist sein, um auf der Reise soviele Freiexemplare an die Menschen zu verteilen wie möglich.

2 Dutzende von Gasthöfen, zum Beispiel bereits in Haus, aber auch von Schladming an, den ganzen Rottenmanner Tauern entlang zum peripheren Graz hinführend, belästigen heute den müden Reisenden, kaum tritt er abends ein und will eine Brezel, ein Bier und ein Bett, mit ebenso anspruchslosen wie kühnen Vergleichsvermutungen, um wieviel besser es die deutsche Sprache vor langer Zeit einmal gehabt habe, in St. Gallen, in Augsburg, in Mülhausen; dies alles inmitten der hirngetöteten und mit ihren schweren Tretschuhen im Gleichschritt zur geistigen Tränke marschierenden Skifahrer und den ihnen bedingungslos ergebenen Gastwirten, welche diese Art Skifahrer erst möglich machen, aber auch die Verteilung der Zeitschrift durch den Vermögensverwalter, Amateur-Schiffbauer und Altliteraturliebhaber aus Gent, Belgien, ohne weiteres zugelassen haben. Es darf als die höchste Überraschung und zugleich als das Natürlichste auf der Welt angesehen werden, daß der Gasthof in Mariatrost, gleich oben an Fràcz' letzter Lebensstätte, zwar etwas über Fràcz weiß, nämlich das, was alle wissen, aber nichts über Gottfried von Straßburg, der im Fràcz'schen Leben viele tausend Jahre lang die entscheidende Rolle gespielt hat; weil der Verleger aus Gent – der immer hinten angehängt ein großes Schiff mit sich geschleppt

haben will, fragt man ihn heute – bereits ohne ein letztes Exemplar der Zeitschrift gewöhnlich in Graz eingetroffen ist und dort ohne ein letztes Exemplar bei Fràcz übernachtet sowie ohne Zeitschrift bei dessen Mutter am Teetisch gesessen haben soll, Fràcz' Flaggenfuß unter beiden gefalteten Händen begrabend. Fràcz' Beiträge sind reichlich geflossen, er übernahm regelmäßig die Einführung, einen Kommentar in der Mitte, um Seite fünfzig herum, und ein Nachwort, das mit dem heutigen Stand des Wissens als eindeutig ontologisch-hysterisch jeweils charakterisiert werden muß.

13 Einmal soll sogar sein bis dato Gewagtestes, sich von Straßburg Weg-Wagendes, »Die Honigmetapher in Mandevilles Bienenfabel«, ebda, von ihm eingeleitet, zwischenkommentiert und postlüdiert veröffentlicht und auf dem Weg von Gent nach Graz im nachgezogenen Schiff des Genter, aber grazzentrierten Liebhaberverlegers gelegen und durch ein Loch im beschädigten Rumpf zu Tausenden herausgefallen und zu Tausenden überall verstreut worden sein. Dies lange, etwa zwölfeinviertel Jahre nach dem Schmiss.

Mödlinger Gasthaus

Ginzing als Zwerg mit gekappter Zigarre in den tellergroß wulstig herabhängenden Lippen.
Die Halsmuskeln gespannt.
Den Hemdkragen hoch geschlossen.
Die Ärmel an den Manschetten aufgeknöpft.
Wo die Knöpfe, verloren, verdammt.
Linke Hand halb aus der Hosentasche ziehend, eja.
Die Lider halb über die Äpfel gesenkt.
Ein Apfel rot, Pfefferflecken auf einem Lid.
Nach Feierabend.
Nach neun Uhr abends.
Mödling.
Feierabend.
Nach Angehen der Lichter in den Trinklokalitäten.
Ginzing neben einem dieser neuen Milchautomaten, welche die Zitze ersetzten.
Vor einem Wurlitzerkasten mit gesprungener Hauptbirne.
Klops! tiefe Nacht im Sortiment, Selection after dark.
Frontal gegenüber einem Zigarettenautomaten mit einem gähnenden Einwurfsschlitz, Paketchen, an denen das Rückgeld klebte, etwas Watte am Schlitz, wozu teufels?
Weil Ginzing Maschinen nicht begriff.
Nichts zu rauchen haben.
Neugierig sein, anorektisch neugierig, wunschlos unschlüssig.
Die kurze Zigarre wollte Ginzing alsdann in den Schlitz neben der Watte des Automaten werfen, eines neuen Automaten, der bei drei auf einer Drehscheibe angezeigten Zahlen, deren Summe fünfzehn überschreiten oder fünf unterschreiten mußte, Geld auswerfen durfte für das Abspielen der Lieblingsplatte eines gewissen Massenburg, Kneipenbesitzer und Flaschenspüler, der Ginzing vor Rührung über das säuselnde Gewisper eine neue lange Zigarre zu schenken pflegte und sie ihm gleich schnitt.

Die ersten Züge.
Das Rauchen des Mittelstückes.
Die letzten Züge.
Ginzing tat, was er wollte, er hatte gewollt, was er getan hatte, er wollte vielleicht, was er nie getan hatte, er tat vielleicht, was er nicht dachte, er dachte vielleicht, was er nicht wollte, er konnte womöglich nicht ausführen, was er dachte, er tat vielleicht das, was er tat, fortgesetzt und unaufhörlich, und dachte dabei an das, was er soeben gedacht hatte, nämlich, er sei ein Bestrafter und wolle andere dafür strafen, daß sie
a. seine Strafe nicht erkennten
b. ihm keinen Beistand leisteten in seiner zerrissenen Lage
c. Pruritus Melancholiae
Sehr oft – schwupps – war dies so und keineswegs anders.
Sehe nicht übern Kasten hinaus muß mir Stelzen kaufen, Frage, ersetzt das Ding die Zitze (emeritierter Milchautomat) heute früh Massenburg hatte recht, als ich meinen Bau verließ. Immer dasselbe Herauskommen ich stieß ein paar Hölzer beiseite, hörte die Biber planschen und das Eis durchstoßen. Und bleib am Fensterriegel hängen dann öffnen sie oben das Stauwerk und bloff! Anprall der Massen. Schwebte zunächst unbeschwert bin aber rasch aufgeschlagen auf Grund. Massenburg lauerte unten versetzte mir einen Tritt flüsterte Bedrückendes mir ins Ohr. Ich erschrecke meist dies ist das Ungewohnte pfui! Ereignisse werdet gewohnt! aber ganz ordentliche Stelzen anmontiert nur kein Zwerg bleiben! anschnallen die Stangen, Riemchen mit Widerzähnen auf seinen Stölzen wackelt der Riese Dackel. Befestige Flügel an mir und aufgeweht rührend in der Luft. Ihr gefallenen Schwengel der Seligen, hört den Biber weinen!
Von acht bis zwölf abends wurde nachgedacht, ehe es trank und löschte.
Die eigene Zwerghaftigkeit verbergen.
Jeden Verdacht, der auf »Zwerg nach Feierabend« lautete, ersticken; zu widerlegen war er nicht.
Zigarren jetzt mit dicken Filtern, die Filter werden dicker, immer dicker die Filter, eingedickte Filter, ganze Zigarre nur noch ein so

lang wie dick gewordener Filter, machen die ganze Zigarre aus, die Filter, und dann er, der mich rauchen läßt und mir die nächste schneidet und anzündet, weja.
Durst; und Blick zur gesprungenen Birne hinauf; sie surrte.
Durst und Kurzschluß, sog. Durzschluß.
Eine Kunststoffmarke zum Schlitz herein Kleingeld.
Das Paket schießt heraus, Litermilch mit dem Schuh meine alte Zigarre erdrückt, glatt erdrückt, Filter flach.
Rückprall.
Meine Verstandesruine gekidnapt von der sie umgebenden Lichtlosigkeit, die wiederum so tröstlich-familiäre Aura des mit-mir-Alternden.
Schraube an Ginzings Ohr drehte ihm den Kopf wie einer Wahrnehmungskanone, der die Munition ausgegangen war. Eine Akazie rauschte, war aber wohl Birke mit sich abschälender Rinde. Die Tür stand offen und da strömte kühle Luft vom Vorabend herein, wischte mir über die Stirn oder trocknete Nässe.
Ein paar Lokale weiter dasselbe.
Ein Glas Milch, in dem ein Stück Haut schwamm.
Ginzing sagte nicht, was er sagen wollte, weil er es nicht in Worte bleiben, äh, kleiden konnte.
Er befand sich an der letzten unausformulierten Stelle seiner Existenz, aber mußte er das auch gerade noch genau so sagen?, grad wo ein Hauch Hirn sich einmal selbstverliebt vorm Spiegel hätte drehen sollen.
Mit meiner Existenz bin ich bestraft, der Tag ist die Peitsche und die Nacht ist das Ausholen.
Daß er nicht in nachholbedürftigen Regungen abreagierte, was sich in ihm angehäuft hatte, war die Folge eines Todmattseins, an dem jener Berg schuld war, der in ihm lag und den er, als er noch kleiner war, hätte hinauswerfen sollen.
Neues Gerät erfinden.
Immerzu Erfinderchen sein vielleicht Drähtchen das sich selber lötet oder Mäschchen das sich selber strickt oder eine Dräsine die immer wo sie auch fährt immer hinten Schienen ausspuckt, klack.

Das Ausspucken einer Schiene machte ihn zum Erfinder.
Neues Gerät, nämlich die Lösung von allem, erfinden.
Die Techno-Elite zu einem leichtgängigen Konsumartikel bekehren, der ihr noch nicht in den Sinn gekommen war, der aber längst in Ginzings Sinn steckte, da sein Sinn ein vollkommen überlegener war.
Ginzing und sein Zeigefinger, der kratzkratz steif innen am Kragen entlangfuhr, dann innen am Elastik der Kniestrümpfe, dann innen am Gürtel, dann innen an den Manschetten.
Massenburg, hinter der Theke freudlos spülend, sah auf ein umfassendes Reiben, welches Ginzing die Erfindung entlocken sollte.
Die Erfindung und Aufdenmarktwerfung eines – zum Beispiel eines, dann eines seriellen – Weckers, mit Widerwillen neben das Bett im Biberdamm gesetzt, und der Wecker war nach graphisch beruhigenden Planstudien so weit gediehen, daß er nunmehr, nämlich der Wecker – eine Maschine nicht wie eine andere – unter dem jeden Morgen sich entfaltenden, schulterpartien-quetschenden Leistungsdruck des Wachwerdens nicht mehr klingeln konnte.
In Ginzings Skizze klingelte der Wecker nicht.
Das war die Erfindung.
Sie löste vieles.
Um die Erfindung nicht doch noch zum Klingeln zu bringen, wurde keine Klingel angebracht.
Damit würde Ginzings Wecker kaum je klingeln.
»Das ist schon irgendwie neu«, sagte Massenburg, »man muß nun aber jene bedenken, die von selbst aufwachen. Sie sind noch immer wach. Sie haben in deinem Einschläferungsprogramm keinen Platz.«
Massenburg setzte an einem Ende der dunkelkotbraunen Theke ein Glas Milch auf. Ich möchte, daß du eine Milchhaut hineinlegst, sagte Ginzing. Eine große Haut, fragte Massenburg. Ich möchte eine große weiße fette Haut in meinem Glas, sagte Ginzing. Aus einem italienischen Olivenkrug am anderen Ende der kotbraunen Theke fischte Massenburg mit dem Bierschaumwedel

eine bleiche Milchhaut heraus, spannte sie über Ginzings Glas, nachdem er ans eine Ende der Thekenfläche zurückgekommen war. Die Milch brodelte leicht und wurde grün.
Auf dem Weg ans andere Ende der Theke hätte Massenburg Ginzing das Glas aushändigen können.
Hätte er tatsächlich tun können.
War aber entgegenkommend, solches zu tun, oï oï.
Hätte ihm Glas aushändigen können mit brodelnder und grüner Milch mit zahllosen Fettspermien, pfefferte es jedoch lieber über die Thekenfläche, das Schlittenglas, das rutschte wie ein mit Pistanzieneis gefüllter Curlingstein.
Ginzings Gesicht verspritzt.
Er leckte es mit seiner tellergroß wulstig heraushängenden Unterlippe, der menschenkotzende Gasthaus-Maori, der von sich gab, was er nie gefressen hatte.
Auch wenn, selbstredend, Mitgäste auf der Speisekarte standen.
Genau vor Ginzing befand sich eine leichte Aufwerfung auf der Thekenfläche, und vielleicht lag da ein toter Falter auf der Theke, der eingetrocknet war und einen Klumpen bildete, grau, nicht abzukratzen. Das blitzschnell daherrutschende Milchglas kam vor Ginzing zum Stehen und Massenburg sandte einen kleinen Klaren nach.
Ginzing pochte scheu gegen den Milchautomaten. Auch der ließ sogleich eine eckige Packung fahren, so daß das dumpfere Glutschen der Milch um Ginzing wogte und tobte, ein viel dumpferes Glutschen als Wasser, das um Ginzings gekrümmten Rumpf tobte und wogte, ein viel erstickteres Rieseln als Wasser, ein viel zögernderes Fließen in seiner Masse. Ginzing pochte nochmals, und noch scheuer. Sogleich ließ der Milchautomat, die ›Königszitze‹, eine weitere Packung fahren. Das dumpfere Glutschen der Milch brandete gegen den kleinen Klaren an, der im Wogen und Toben fürs heilsame Einnehmen vor und nach Mahlzeiten rechtzeitig entdeckt wurde.
Ginzing beugte sich über die Theke und langte Massenburg eine. Massenburg wich zurück und langte Ginzing eine. Ginzing langte

den Flaschen eine und fuhr über Massenburg weg, Massenburg langte den Rest-Gläsern auf der Theke eine und wischte sie am heißeren Thekenende zu einer klirrenden Pyramide zusammen, in der die glyptischen Photonen, äh, die ägyptischen Pharaonen von der, äh, Sonne abstammten, hiccups-hiccups.
Jedenfalls: ein unheimlicher Schlitter-Wurf.
War Massenburg ein Gasthaus-Wirt, so war er ein ordentlicher Gasthaus-Wirt und ließ sich nicht lumpen in Geschwindigkeit, Behendigkeit und serviceablem Erfindungsreichtum.
Nannte das Trinkgeld Sinkgeld, bei Durzschluß Stinkgeld, und in den übrigen Fällen Pinkgeld; was nicht lustig war, aber streng gehandhabt wurde, als ein fürchterlich humoriges Ritual, auf dessen Nichterfüllung annähernd Todesstrafe stand.
Unentschuldigtes Fernbleiben: Todesstrafe.
Ärztliches Zeugnis: trotzdem Todesstrafe.
Todesstrafen vollzogen durch praktizierte Zirrhose; wenn im Delirium Tremens geahnte Entzugssymptome bloß imaginiert nur dazukamen, war ein solcher vor der Theke Milch Trinkender weggepusht und ausgeblasen.
Ginzing langte nach der ersten Milchpackung.
Das Glas, das Massenburg ihm zugekegelt hatte, jetzt leer. Ginzing klaubte die Milchhaut aus dem Bierrest am Boden und aß sie nagend.
Einmal Erfinderchen sein.
Dieser verfluchte Wecker ohne Klingel ließ nicht los. Auf einmal trug er wieder Klingel. Verfluchte Montage: da war das Einschläferungsprogramm eingerichtet, niemand würde mehr morgens geweckt, und dann war da plötzlich wieder eine Klingel.
Um eins morgens klingelte zum Beispiel dieser erfundene Wecker und das Trinklokal schlief augenblicklich ein.
Diese geniöse Maschine konnte mit einem bloß systematischen Denken nun doch keineswegs erfaßt werden. Denn sie arbeitete mit Elektroden, sogenannten Schlafelektroden. Die Elektroden wurden doch sicher an Ginzings Schläfen befestigt. Ich schlief augenblicklich ein. Der Spielautomat bremste und zeigte vier Zitronen und cashte diarrhötisch in den unten rausstehenden

Spucknapf. Plimmel! plimmel! plimmel! schubsten sich Alberichs tranchierte Goldgeldwürste im überbordenden Speinapferl.
Der Spielautomat klemmte. Ließ sich nicht mehr starten.
Ginzings Feierabend-Zwerg wuchs ein wenig.
Ginzings Lider schlossen sich kurz und entblößten den einen Pfefferfleck auf einem Lid. Darunter, von einer Menge Hautgardinen bedeckt, entzündeten sich die trachomatischen Augäpfel weiter. Die Anorexie wich einer Nahrungssperre. Der Kopf zuckte, und Massenburg äffte es nach. Dann aber zuckte der Kopf so echt, daß Massenburg zum zweiten brodelnden Milchglas rannte und mit dem Bierschaumwedel eine neue Milchhaut – diesmal aus einer Bouillon-Schüssel – holte.
Dann wurde es kurz hell. Drei männliche Gäste starben auf der Stelle und zerfielen zu Zunder, glommen auf und waren weg.
Dann wurde es noch heller.
Dies einige Augenblicke. Dann brach unter blechernem Getöse schlagartiges Dunkel herein. Eine Masse Mensch schlug gegen eine andere Masse Mensch. Beide Massen naß. Bitterer Geruch nach Beize, langes bronchienzerreißendes Husten. Dann wurde es etwas heller, Titel: Zwanzig Watt und kein Ende.
Vor dem Fenster strich die erste Akazie vorbei.
Aus einer Knospe schnellte ein länglicher grüner Vogel, der pfiff, aber durch seinen Umriß.
Vogels Morgenlied, tü tü, wie grün seind deine Blä-hätter, fi fip.
Ginzing schlief tief und holte mit dem linken Bein eine Decke über sich zurück, die ihn decken und, traumgemäß, fellationieren sollte, so warm hatte sie sich auf ihn gelegt.
Da – na klar! – klingelte Erfinderchens Wecker!!! Beim ersten Auftreffen des Klöppels an der Glockenschale, aus Lehm gebrannt, verspürte Ginzing beckenbeklemmenden Leistungsdruck des Erwachens und der kommandierten augenblicklichen Fitneß.
Wow! Aber stattdessen: bloff-bloff . . .
Durch die an seinen Schläfen eingemauerten Elektroden sandte Ginzing den Druck auf den Wecker zurück. Der barst, zerfiel

ebenfalls zu Zunder, glomm auf, knallte läßlich und kondensierte sich toccatierend weg. Fernes MP-Feuer, Wecker weg.
Der grüne Vogel beendete sein Morning-Crooning, pickte sich ein Füßchen ab und kaute es wie einen verästelten trocken-gehärteten Wurm.
Der zurückgesandte Druck brachte den Wecker zum Schweigen. Die geniöse Maschine hielt sich still. Ginzing schlief bis Mittag, riß sich dann die Elektroden von der Schläfe und warf sie in die Nachttischlade. Sein systematisches Erfinden verwirrte sich, wenn er an diesen Wecker dachte, der selbstverständlich lieber ohne Klingel sein sollte; was aber offensichtlich diesem Erfinden nicht gelang.
Mit Mühe hielt Massenburg Ginzing davon ab, die ausgerauchte Zigarre in den Geldschlitz des Automaten zu drücken.
Was willst du, fragte Massenburg.
Zwei Zigarren, sagte Ginzing.
Dies schien eine von höchster Furcht diktierte Antwort des in höchster Verteidigungsbereitschaft erstarrten Ginzing zu sein.
Massenburg griff sich in die Brusttasche.
Massenburg trug kein Hemd.
Hinter der Theke lag Massenburgs Hemd. Er zog es an.
Das Hemd war kleiner geworden. Massenburg schaute überall heraus.
Massenburg griff sich in die Brusttasche des Hemdes und holte zwei Zigarren heraus.
Die Brusttasche des Hemdes war leer.
Massenburg holte zwei Zigarren aus der Ablage unter der Theke hervor, steckte sie sich in die Brusttasche, griff sich in die Brusttasche, holte zwei Zigarren hervor, hielt die Zigarren in die Luft; die Luft war fest-stehend, dick zum Schneiden und sie widerhallte von mehrstimmigen und keineswegs mehrsinnigen Trinkgesängen, bei welchen die Zungen als schwere Ruder den Kurs angaben, zu dem sie nichts zu sagen hatten, indem sie dazu nur schwammen und oben allmählich so wurden wie unten: blaugeäderte Oberfläche; als hätte ich was gegessen und verdaute es da oben gleich auch.

Massenburg formte alsbald ein Fundbüro-Ratespiel.
Was ist es, fragte er.
Was meinst du, fragte Ginzing.
Massenburg reckte die beiden Zigarren in die Höhe.
Was ist das, fragte Massenburg.
Eine herausgefischte Milchhaut, sagte Ginzing und verzog seinen Mund so, daß ein mordendes Grinsen zwischen seinen prallen Wangenhügeln stand, die heraustraten wie die Hemisphären von Golfbällen.
Mein Hemd geht mir nicht mehr. Muß verlängert werden, sagte Massenburg.
Steck sie mir rein, sagte Ginzing, dessen Grinsen sich in die Länge zog, vorsichtig, ich mach mir den Mund auf für die Milchhaut.
Als Ginzing sich aufmachte, gab es einen leichten schmatzenden Knall.
Das war, als Ginzings Lippen sich voneinander lösten, als er sein Kiefergelenk aufschraubte.
Die Lippen waren etwas feucht gewesen, die Feuchtigkeit trocknete rasch.
Ehe sie trocken waren, klebte Massenburg ihm eine Zigarre an die Unterlippe. Ginzings Eingeborenen-Unterlippe pendelte vor Massenburgs Brust. Vorangegangene Versuche mit einem Holzstück, das gleich lang wie eine Zigarre gewesen war, hatten ergeben, daß Ginzing seine Unterlippe hochnehmen und einrollen konnte, sodaß keiner, auch Massenburg kaum, vor schlechtem Gewissen zu zerfallen brauchte, wenn die Zigarre vorerst, an der hängenden Unterlippe klebend, vor Ginzings Brust mitbaumelte; es starb auch niemand aus schlechtem Gewissen deswegen.
Roll die Lippe ein, sagte Massenburg.
Klebt sie, fragte Ginzing.
Ginzings Totalerschöpfung, in welche sein Grinsen hineinfror – diese Spiele hatten, ihres unklaren Ausgangs wegen, etwas Beunruhigendes, Ermüdendes – diese Totalerschöpfung hatte jederzeit die Möglichkeit, einer zermürbenden, noch zermürbenderen Gespanntheit zu weichen.
Der Milchautomat schob eine weitere Packung ins Freie und blies

einen weichen Nippel an der Seitenfläche auf, an dem weitere Milch aus dem Automaten eingetrunken werden konnte.
Sehr oft klingelte der geniöse Wecker und unterbrach, was im besten Gang war, unternommen zu werden. Was schon sozusagen fast unternommen gewesen wäre zum Zeitpunkt des Glockenschrillens, fiel um eine Stufe zurück und war wieder Projekt, das erst verwirklicht werden durfte, sobald alle anderen, in den Projektstapeln darüberliegenden Projekte verwirklicht oder verworfen sein würden.
Klebt die Zigarre, fragte Ginzing.
Roll sie endlich ein, deine Lippe, sagte Massenburg, der hinter der Theke stand, ein Frottiertuch zu einem Korken schraubte, mit dem Korken in ein Glas fuhr, den Korken im Glas drehte, als gelte es, ein Schröpfglas von den Exkrementen eines Blutegels zu reinigen.
Der Feierabend rückte vor.
Eine zweite Zwanzig-Watt sprang an. Fünf Kerle zerfielen augenblicklich zu Brennmaterial. Es schienen die letzten gewesen zu sein.
Ginzing hob, zusammen mit dem rechten Zeigefinger, der die neue Zigarre hielt, auch gleichzeitig den linken Kleinfinger sehr weit in die Höhe, obgleich die Bewegung keinen direkten Nutzen abwarf.
Da klebt noch was von der Zigarre an der Lippe. Roll jetzt die Lippe ein. Werde ein weißer Mann nach Arbeitsschluß. Getanes Tagwerk undsofort, sagte Massenburg.
Und ich roll diese Unterlippe nicht ein, schrie Ginzing.
Dafür gab es Strafe.
Massenburg packte im Eierbecher einen Zahnstocher und drückte ihn durch Ginzings Ohrläppchen.
Damit man dein Eingeborenendasein deutlicher erkennt, sagte er.
Ginzings Lider waren wieder halb über die Äpfel gesenkt. Es schien nicht wehzutun, heul-heul.
Dann begab es sich, daß Ginzing doch neuerdings nochmals hustete, weil er Teile der Unterlippe in die falsche Kehle bekam,

als er sie einrollte und Teile der großen Zigarre schlucken mußte. Taumeln nach rückwärts. Und mit der haltsuchenden Hand des unendlich langsamen Sturzes – sie konnte leicht Halt finden, wollte es aber nicht; nur fuchteln schien sie zu wollen – wischte Ginzing sein letztes Milchglas zu Boden. Massenburg warf den Bierschaumwedel mit dem Milchhauttopf nach, die Milchhaut entfaltete sich in der Milchpfütze. Irgendwo, bei den Eingängen, lagen doch noch einige Kadaver; deren Trinkgesänge, in einem verschlungenen Refrain in Moll, faserten aus. Soeben noch vierstimmig, wurden sie Choral, ebenso vielstimmig, wie Anwesende mitsangen. Es klang wie ein Schubertchor in der großen Jahrmarkts-Zentrifuge.

Jetzt schaust du brav aus, sagte Massenburg.

Meine Zivilisierung ist geglückt, sagte Ginzing froh.

Es war dies eine Frohheit, die Hindernisse wegräumte, indem sie, was vorm Individuum lag, als hinter ihm liegend einschätzte.

Bei einem ungeheure Mengen von Speichel und Organischem erfordernden Schlußchorwort, das klang wie »phfuphffää«, wahrscheinlich das dialektale »suffä« meinte, rauften sich die vielen Stimmen wieder zusammen. Die Melodie ging dort, bye-bye, endgültig verloren und tauchte in ihrer eingeborensten Form, der des Gebrülls, wieder auf. Jetzt klebte die Zigarre gut; was ganz einfach zu sehen war, da sie haftete an der wieder ausgerollten kühn-triebhaften Lippe.

Die klebt gut, sagte Ginzing und sog und trank und sog.

Sumatras Süden

1 Traum: Mrs. B. und Mr. R. auf Sumatra. Rein zeichenhaft, es handelt sich um eine Insel, die offenbar Sumatra genannt wird, keinesfalls ums wirkliche. Ich liege unter einer bleischweren Decke, die mir die Brust eindrückt. Traum: Raubtiere. Mrs. B. und Mr. R. sind ihnen nicht rasch genug.

2 Aber die Traumraubtiere lassen ihnen eine Chance. Sie gehen nicht auf sie los. Mrs. B. und Mr. R. nützen die Chance in ihrem Sinn, indem sie sich aufeinander legen, geil werden, dann müde. Die Kurve der Faulheit, steil steigend, kappt jene der Geilheit, flach sinkend. Sie schlafen ein.

3 Solche Geduld können die Raubtiere nun nicht mit ihnen haben. Mr. R. teilt mir, dem unter der stählern würgenden Decke liegenden Halbschläfer, nichts mehr mit. Er entgleitet mir, wird gleich wiederkommen. Aber von Mrs. B. erfahre ich: sie hat ihre rechte Hand und den halben Unterarm bereits verloren. Geknurr zerfetzt die Ohren.

4 Schrecktraum: Statt alles wegzudrängen, wie er's am folgenden Morgen um zehn getan haben wird, und eine dunkle Sphäre unter der Schädelkugel zu errichten, schwenkt Traummax hinüber in die Südsteiermark. Dies nicht zeichenhaft, es ist die wirkliche. Sie ist ein Kunststoffteppich, künstliches Grasgrün. Am untern Rand des Teppichs erhebt sich ein Schloß. Mr. K. schüttelt den Teppich, ein Städtchen verrutscht auf seinem Untergrund.

5 Häuser stürzen ein. Ein Bach aus grauem Spülwasser spült laut den Kosmos beklagende Kleinhändler die Sp.gasse hinunter. Bis hierher geht's, aber auch weiter, sagt Mr. K. und weist auf den untern Saum des Teppichs. Da dampft eine kleine Eisenbahn. Läuft wie ein schwarzer Tropfen senkrecht hinunter an der Wand.

Ein unbekannter Landwirt, Deutschnationaler, der gerade vor einem entscheidenden Schwenk nach links steht, bleibt mit seinem nach Blei und Mist riechenden Wagen auf den Geleisen stehen.

6 Im Traum: Schwerer Sliwowitz-Rausch. Das Spülwasser in der Sp.gasse treibt Ufersteine aus dem Murufer. Mr. R., der auftaucht und mit der einfältigen Leichtigkeit, welche die ganze Touristik-Branche in den Ruin treiben wird, Sumatra mit Graz vertauscht hat, begibt sich wieder in meine Denkgewalt. Er wird jetzt als ›der Stillstehende‹ empfunden, denn er verlor, während er abwesend war von mir, viel Temperament und ist jetzt, da ich offenbar bald erwache und meine Denkkraft müde ist, in eine Paralyse geraten. Der schwarze Tropfen namens Zug zerstückelt ihn.

7 Er sah ihn noch kommen. Wich nicht aus. Eine Hand landet in Sumatra, seine Leber klatscht an Mrs. B's Unterleib, andere Einzelheiten will der Traum nicht. Ihr Unterleib ist weiß, trichterförmig verengt, Flaum, als hätte sie sich naß in Kissenfedern gesetzt. Die Tür des gigantischen Zimmers, in dem der südsteiermärkische Teppich liegt, schlägt zu.

8 Und hier hört's auf, sagt Mr. K. Er knipst mit den Fingern, seine Gummibälle schnellen aus den Augenhöhlen, sein Schritt wird kleiner, greift nicht mehr aus. Das Zimmer hat ihn nicht mehr, und der Teppich ehrt ihn nicht, indem er etwa Fußspuren von ihm annähme. Einige Krallen sind eingedrückt, haben sich wie mit Brand hindurchgewühlt durchs Teppichgewebe.

9 Kommst du, fragt Mrs. B. Ich bin gekommen, sagt Mr. R. Die beiden ähneln, aufeinanderliegend und begrenzt lüstern, einer doppellitrigen Feldflasche, einer zu großen Pfeffer-und-Salz Garnitur. Er steht schon wieder still, verdeckt seine Scham mit der Wölbung des Tropenhelms. Die Raubtiere schlürfen Spülwasser. Alle Extremitäten wieder angewachsen.

10 Meine Rippen sind keine Deiche. Ich repariere mich rasch und nehme wahr, daß die breite, behälter-ähnliche Lampe über mir hängt. Sie brennt leider nicht, läßt sich nicht anzünden. Alles wie gestern. Meine Brust ist naß. Ich ärgere mich krank über die Bilder, die zuviel sind. Wo unterbringen? Den Ärger muß ich endlich tierisch zeigen. Diesmal hatte ich, scheint mir, noch nicht einmal zum Traum etwas zu sagen, hatte keine Machtposition. Die haben getan, was sie wollten. Ich laufe hinaus in den Flur, vier Uhr früh, und pisse mich leer. Fließt alles selbstverständlich in die Wolldecke.

Die Gärten der hängenden Frauen

1 Ich möchte verheimlichen, daß ich geboren wurde. Zuviel Beteiligung von Frau. Meine Mutter war die schwere weibliche Seite des Musikerehepaares Wolfgang Wandel, das mich am siebten Zwölften Neununddreißig in Zürich verschuldet hat, vor allem die schwere Frau, von der ich bisher nichts Gutes sprach. Ich gedenke dies auch nicht zu tun. Mein Vater andrerseits ist ohnehin an allem schuld. Wer hat je einen Vater entlastet. Kaum war ich geboren, verreisten die älteren Wandels. Meine Mutter nahm meinen Vater unter den Arm und trug ihn weg. Allerdings kamen sie nicht weit, da Zürich keinen, den es gepackt hat, jemals wieder losläßt. Immerhin waren sie nicht mehr da: dafür ich. Ich war längst nicht erlöst, sondern kam zu meiner noch schwereren Großmutter.

2 Sie war schwer ihrer Hüften wegen, und dazu war sie eine Dame von Welt, auf lokaler Grundlage eine Dame von Welt, eine Dame der Welt auf örtlicher Basis, kurzum, eine Dame von Welt. Ihr riesiger Körper war das Ziel von Besuchen aus fünf Erdteilen; ich darf behaupten, daß ich in ihrem Haus, in dem neben ihr ein wenig Platz für mich blieb, alle Großen der insgesamten Kunstszene Europas kennengelernt habe; alle kletterten sie den leisen Abhang herauf und hielten mehr und minder ehrfürchtig vor dem Waldrand, wo sie wohnte und anfing. Insbesondere tollten viele schwere Künstlerinnen um meine Großmutter und deren Möbelstücke herum. Welch eine Rolle Möbelstücke für schwere Künstlerinnen spielen, ist immer wieder Anlaß zu unwillkürlichem Erstaunen; es ist ein nicht endenwollendes.

3 Es gab auch sehr fette Männer, es waren alles ausladende Künstler, die nur wegen ihres Gewichtes eingeladen worden sind; Maler, Musiker, Philosophen, die wohl die fettesten von allen gewesen sind und sich immer mit »leichte Unterbeschäftigung!«,

was sie laut hervorstießen, entschuldigten. Sie stießen es schon hervor, wenn sie noch nicht einmal den Waldrand erklommen hatten; schon tief unten, auf Seehöhe, stießen es hervor. Vielleicht war es die Seehöhe, welche sie solches hervorstoßen ließ, denn die Seehöhe ließ manchen manches hervorstoßen. Mir schienen die Philosophen die unentwegtesten, aber auch die in sich selbst am stärksten gefangenen Hervorstoßer zu sein. Ihr Ruf »leichte Unterbeschäftigung!« fand bei Großmutter keine ernsthafte Antwort, gehörte sie doch zu den Scheler'schen, welche vor jedem Bett – das ihnen stets das Totenbett ist, von dem sie aber immer wieder aufstehen, auch wenn es ihnen das Totenbett bleibt – des philosophischen Meisters »Mehr Dunkel!« nachveranstalten müssen. Die ausladendsten, fettesten Künstler, die gleichzeitig die kunstveränderndsten gewesen sind, schwiegen in der Regel dabei ganz. Die Philosophen übernahmen alles.

4 Es gab nur eine Körperstelle, wo Großmutter knochig war, das war an ihrer Kniescheibe. Dort drang noch durch an die Oberfläche: die untere Architektur dieser ungeheuer liebenswürdigen, flinken, aber mich irgendwie für sich beanspruchenden Frau, die sich selbst, bis auf ihren emsigen Mund, ein Rätsel blieb, das sie zuallerletzt mit sich auf die Heide genommen hat.

5 Ich setzte mich gern auf dieses ihr Knie; worauf mir irgendeines dieser männlichen oder weiblichen Kunstgenies – nun sie alle zusammen endlich nach beschwerlicher Tagesreise in Zürich angelangt waren und es schätzen gelernt hatten – sein/ihr Knie entgegenschob und fragte »Willst du nicht auch dies versuchen?«. War aber meine Großmutter am Knie wenigstens an einer kleinen Fläche knochig, so blieben die anderen Künstlerknie an allen Wölbungen ebenso dick und matschig, ob es sich nun um Knie oder um Ellbogen handelte, denn auch auf Ellbogen mich zu setzen wurde ich, wenn Not eintrat, eingeladen. Aus diesen Gästen, die oft deutscher Sprache gewesen sind und unveränderlich kunstverändernd tätig waren, war längst das innere körperarchitektonische Gerüst in die Tiefen des Fleisches zurückgesunken

und hatte sich verlegen in die Formlosigkeit davongemacht. Zeit meines Lebens habe ich den C-Dur-Körper gesucht, der ein ganzes Konservatorium zufriedenstellen kann, und ich erinnere mich an »Willst du nicht auch dies versuchen?« und sage, o ja, doch, schon.

6 Ich vermeine die speziellen Verstrebungen der Böden gesehen zu haben, die, verbreitert auf die Flächen ganzer Stockwerke, diese enormen, ausufernden, waldbestand-neurotischen, künstlerischen, geschwätzigen Massen, die neben dem Sprechen noch unablässig schwer ölhaltige und triefende Speisen in sich hineinschoben, ohne zusammenzubrechen tragen konnten. Der See trug sie auch. Aber dazu mußten Schiffsbäuche herbeigeschafft werden, und Seefahrten wurden selten unternommen.

7 Manchmal träumte ich von der Wandel, meiner Musikermutter, und sie erschien mir schlank wie eine Spindel nach drei Jahren Nordpol. Meine Großmutter verlor mich an bestimmten vorgerückten Abendstunden aus den Augen, welche inmitten ihrer mit allem möglichen vollgestopften Höhlen – alles in die Höhle! alles in die Höhle! – sich nicht mehr nach unten auf mich Kleinen, Dürren richten konnten. In solchen Augenblicken, wo meine Großmutter ihren starren Blick bekam, erschien mir meine Mutter; doch kurz darauf, wenn meine Großmutter sich schräg legte, um ebenso starr nach unten blicken zu können, entschwand mir die Spindel, die meine Mutter am Nordpol war. Die Wandel war nicht leicht zu bekommen, und hatte ich die Wandel einmal bekommen, so schrie ich zwar Mama! Mama!, doch es hinderte sie am neuerlichen Entweichen nicht. Der Zimmerkran quietschte, an dem meine Großmutter aufgehängt sich hatte schräg legen lassen, und die Hebelgesetze ließen es zu, daß sie sich selbst wieder hinaufkurbelte, so daß mir, der ich immer da träumte, das Quietschen als ein Lebenslaut meiner Mutter nicht aus dem Erinnern weichen wollte, sondern erst zusammen mit der Wandel daraus wich.

8 Ich muß nun etwas Lächerliches berichten, das auch mich in Mitleidenschaft zieht. Ich liebe aber das eigene, schwer affizierte Leben so, daß ich alles gerne sage. Man soll sich nicht schämen, sage ich, so oft es sich vordrängt. Seither drängt es sich nicht mehr vor. Es ist mir nicht entgangen, wieviele Gedanken man damit bestrafen kann, daß man ihnen androht, sie würden einen, sollten sie erscheinen, nicht berühren. Diese Gedanken kommen, so beleidigt sind sie!, nie mehr vor. Ich liebe ebenfalls die so affizierte Welt, die ich bei den dicken Künstlern kennengelernt habe. Die letzten fünfundachtzig Worte waren Geschwätz. Ich muß nun etwas Lächerliches berichten, und ich tue es gern; das heißt, ich tue es notgedrungen, aber ich habe die Not gern.

9 Ich möchte es lieber verheimlichen. Aber jetzt nicht mehr. Ich kann schon fast nicht an meine Geburt denken, weil Frau zu stark beteiligt ist. Es war diese Wandel. Nun aber muß ich noch von Großmutters Haushälterin sprechen. Ich bringe dies nicht über mich. Von ihr will ich nicht reden. Ach, zu lächerlich!, warum sollte ich damit zurückhalten. Aber es übermannt mich tiefe, eingestandene Scham, obgleich es sich um eine höchst natürliche Sachlage handelt, über die auch der Scheueste, Dürrste und von entblößenden Gedanken Allergeplagteste frei reden dürfte. Ich glaube, ich habe meine tiefe Scham hinter meinem freien Reden verborgen; es gibt, im Vertrauen gesagt, auch kein besseres Versteck dafür. Hat nicht Poe, der tätliche Poet, verdächtigste Briefe ganz oben auf die Briefstapel legen lassen, damit sie dem Inspektor umso sicherer entgehen? Und der Inspektor? Ist er hineingetappt in das, was man ihm zubereitet? Diese Haushälterin nämlich war nicht ohne Grund.

10 Diese Haushälterin nämlich war natürlich nur ins Haus meiner Großmutter gekommen, weil sie, was Dickes Menschenbild angeht, die höchste Perle der trüben Vollendung gewesen ist. Sie war gut und ganz leicht viermal so schwer wie meine Großmutter, wirkte aber kaum dicker, wog etwa neunhundertachtzig Kilogramm, und sie ist noch immer wunderschön proportioniert

gewesen. Dieses Glück war das Glück des ganzen Haushaltes, der überhaupt ein durch und durch glücklicher Haushalt gewesen ist, die Verstrebungen der ganzen Stockwerke hatten daran ihren Anteil, und die offenherzigen Philosophen, welche krawattenlos das Geständnis abgelegt haben, nicht viel, alles ganz anders und die letzten Dinge zuletzt zu wissen. Ich wollte es verheimlichen. Diese Haushälterin war von meiner Großmutter ihres Körpers wegen ausgesucht worden und kam in diese gastfreundliche Wohnung, in der zeit meines Lebens das Glück gehaust hat.

11 Ich darf sagen, daß ich, obgleich es mich zuerst vor Abscheu schüttelte und mich der Abscheu gepackt hatte und nicht mehr losließ und ich auf einmal einen starken Abscheu kommen fühlte inmitten des abseitigen Glücks, und nachdem der Abscheu mein ständiger Begleiter wurde und mich dann wieder verließ, sodaß ich keinen Abscheu mehr fühlte, wie ich denn glaubte und unverzüglich glaubte, gar nie irgendwelchen Abscheu empfunden zu haben, was aber wohl gelogen war, da ich sehr wohl solches fühlte, daß ich demnach endlich merkte, wie unwiderstehlich diese Haushälterin gebildet gewesen ist. Ja, es war nichts, worin sie sich von der Haushälterin an sich unterschied; ebenso dienstfertig, ebenso bescheiden, ebenso am in der Wohnung sitzenden und daraus nicht zu vertreibenden Glück teilnehmend, mit ebenso wenig Schlaf auskommend, mit ebenso zutraulich-flekkenloser Schürze zugedeckt wie nur sonst eine Haushälterin, nur, daß bei ihr noch eine unfaßliche Körpergröße dazukam.

12 Ich verdächtige die hunderte und aberhunderte und abermals hunderte fetter Berühmtheiten aus Künstlerkreisen, viel eher wegen der Haushälterin als wegen meiner Großmutter gekommen zu sein und den Zürichberger Waldrand hinter sich gelassen zu haben, schon von weitem den Abhang herauf schreiend, von Seehöhe an den Abhang herauf schreiend, Worte, zum Beispiel jene der Unterbeschäftigung, welche die Philosophen, welchen man aversiv gegenüberstehen muß, so sympathisch machten; sie, die Philosophen, äußerten auf Seehöhe dieses höchst verdrossen,

ich, der Enkel, vernahm auf Stockwerkhöhe dieses mit Anmutungen hoher Sympathie, die ich frei zwischen der Haushälterin und den mehreren in der Wohnung stehenden Kränen hin- und herschob.

13 Ich bin auf ihr umhergekrabbelt, wenn es sein mußte, aber ihre Augenhöhlen waren noch vollgestopfter mit Zeug und Gewebe, und ihre Augen sahen ziemlich steif nach vorn. Das schien ein Zeichen der Dicken zu sein.

14 Ich verheimliche die Waage-Schlachten zwischen Großmutter und der Haushälterin.

15 Es ging sehr laut zu und überbordend. Man war freundschaftlich gesinnt und des Glückes, das immer eines jeden recht gelebten Lebens Begleiter gewesen ist, eingedenk.

16 Ich verheimliche die Waage-Schlachten nun doch nicht. Sehr oft hingen Großmutter und die Haushälterin an zwei Zimmerkränen einander gegenüber. Nur gerade je zwei schwarze spitze kleine Schuhe ragten knapp aus den beiden riesigen Fettbällen heraus, die auf das Körperliche einen leichten, kaum bemerkbaren, höchstens tonnenschweren Akzent setzten. Die Schuhe konnten sich selbständig bewegen, aber es war nicht ratsam, darauf zu stellen die Fettbälle. So hingen die Frauen an den Kränen und lachten. Oft ist Glück ein großgewordenes Kinderspielzeug; oft. Ich verheimliche, da das Spielzeug beschädigt wird, die Wägeschlachten nun doch. Sie fanden zwischen Großmutter und der Haushälterin statt.

17 Sie mußten beide in leise Schwingung versetzt werden, damit sie einander leicht berühren konnten, wenn sie als ausgewachsene Pendel gemäß dem Satz »Ist eine der Größen, groß A, Omega, Alpha in x gleich groß A mal Sinus von Omega hoch t plus a nicht mehr konstant, etc.« in sinusverwandte Schwingungen gerieten. Ich ließ zum Anstoßen die Kurbel los und zog eine jede leicht an

ihrem aus dem Fettball hervorstehenden Schuh, zog ihn kurz aus – normale Fußgröße mit Nummer 38 – und kitzelte die Dame, welcher eine Dame gegenüberhing, welcher eine Dame gegenüberhing, welche einer Dame spiegelartig gegenüberhing, in eine Pendelschwingung hinein, die Herrn Wirtmayr, einem unserer stillsten, aber aktivesten Besucher, zum Genuß gereicht hätte, wäre er, wenn ich in Schwung kitzelte, anwesend gewesen. War aber der von der Seehöhe aus bereits schreiende Besuch der Künstlerfreunde angesagt, schwang keine von beiden, und die Kurbeln waren nicht drehbar. Diesmal aber war ich allein mit ihnen und hatte sie morgens etwas hochziehen dürfen, und mir schien, es gehe sehr laut zu, ohne daß die Wägeschlacht ein Ende finden konnte. Die Waage war auf Rollen unter beide gerollt worden, dann mußte zunächst die eine abgesenkt werden, bis der techno-museale Waagezeiger ausschlug, sodann mußte sie hochgezogen und die andere heruntergelassen werden, damit der techno-museale Waagezeiger abermals ausschlagen konnte, falls er denn seit der ersten Wägung bereits wieder zur Ruhe gekommen war. Nachschwingen wurde täglich gesehen, und ich kletterte auf Großmutters Haarnetz hinauf, verfing mich mit den Gelenken darin, blieb eine Weile wie gefesselt in ihrem Haar liegen und rutschte dann auf ihrer Oberfläche in die Gegend ihres Oberschenkels. Wenn sie dann das Knie gerade legte, glitt ich ihrem Schienbein entlang auf die Waagefläche hinunter, wo ihre finstere Dimension mich begrub.

18 Es kam beinahe zu Tätlichkeiten. Sie wären entsetzlich herausgekommen. Eine mit zweihundertvierzig Kilogramm kann nicht gegen eine mit neunhundertachtzig Kilogramm vorgehen. Die Haushälterin lebte in strenger Diät, aß auch nicht besonders viel, wenn sie nicht in Diät lebte. Sie lebte im Glück, aber sie war dick. Das Glück einer Dicken schien sich in äußerster Angriffslust auszudrücken, welche dieses Glück, und damit die Haushälterin, beschädigen konnte. Ich hatte das Modell der Waagen studiert. Jede Waage beanspruchte ein ganzes Zimmer für sich, hingegen mußte darauf geachtet werden, daß jede der Frauen mit der

anderen in einem Zimmer von der Decke hing. Die Kräne waren ein bißchen fahrbar, die Waagen waren äußerst fahrbar. Das Glück der Großmutter war keineswegs das Glück der Haushälterin, aber insgesamt war das Glück des Haushaltes das Glück beider. Der Haushalt hielt sich im Gleichgewicht, und die beiden Frauen hingen im selben Zimmer von der Decke. Ich wechselte ihnen die Schuhe, aber sie mußten nicht unbedingt Schuhe tragen. So trugen sie denn, auf ihren ausdrücklichen Wunsch hin, oft keine Schuhe, wobei Großmutter der Haushälterin befahl, keine Schuhe zu tragen, und die Haushälterin Großmutter bloß empfehlen konnte, keine Schuhe zu tragen. Ich stellte ihnen Schuhe unten auf den Boden, neben die Kranfüße. Sie konnten sie nicht ergreifen. Aber sie sahen sie auch nicht. Die Schuhe waren zu klein für die mächtigen Körper geworden, die jetzt im Glück schwebten und nicht mehr an Schuhen hängen mußten, wollten sie etwas bedeuten. Schuhe, waren sie dick, schufen eine Geborgenheit, welche die Körper aus sich selbst heraus hergestellt hatten, allerdings mit der Begleiterscheinung zweier innewohnender, von höchstem Nichtigkeitsempfinden heimgesuchter Seelen. Es waren zwei kleine Seelen, um welche herum meine große turnte, und doch stammte meine große über die dazwischengeschobene Wandel – die mit meinem Vater auf Konzertreise war – geradewegs von dieser einen kleinen ab, die eine zweite kleine Seele für den Haushalt angestellt hatte, nicht bedenkend, daß die zweite kleine Seele in einem noch dickeren Leib steckte und den Haushalt noch weniger vollziehen konnte als die Seele meiner Großmutter, der Anstellerin. Leichte Unterbeschäftigung, auch da, allerdings nicht leicht genommene. Wer hatte jemals jemanden im Zimmer an einem Kran hängend weinen gesehen? Es war ein erschütternder Anblick. Pottwale, vor Nantucket durchschwimmend, mögen um Angehörige weinen. Die Haushälterin, am Kran im Zimmer neben dem eigentlichen Kranzimmer hängend, beweinte den Verlust ihrer körperlichen Tüchtigkeit.

19 Wurden diese ganzen Künstler und Künstlerinnen, nachdem sie den Hang bis zum Wäldchen vom Zürcher Bahnhof aus aus eigener Kraft erstiegen hatten, hereingeführt, so wurden die beiden Frauen leicht gesenkt. Zwei Gestelle waren untergefahren worden, die als Sessel dienten. Auch da noch hingen sie in den Seilen, denn, ganz heruntergelassen, hätten sie die Gestelle erdrückt. Man aß Salznüßchen und teilte es ihnen mit. Im übrigen gingen die Gespräche nur über die europäischen Künste und die davon ausgelösten Bewegungen auf anderen Kontinenten. Welchen Sinn, sich an den beiden zu messen? Ein Herr Meser, Wirtmayrs Kollege, tröstete die Haushälterin mit einer Einführung in übergeordnete Perspektiven, unter welchen sich die Haushälterinnenperspektive leicht subsumieren ließ. Die Haushälterin lernte zum Beispiel, es gebe viele andere Haushälterinnen, andere Angestellte, welche exakt dasselbe empfänden wie sie. Nur eben leichter, verstehen Sie mich richtig, sagte Herr Meser. Und was tun Sie das ganze Jahr über, fragte er dann, an einem Salznüßchen vorbei, das er halb kaute, halb leckte. Wägeschlachten, Bewegung, Trubel, gab die Haushälterin zur Antwort und brach wiederum ins heftigste Weinen aus.

20 Häufig geschah es, daß ich mich auf der Waagschale ausstreckte, aber mein Gewicht wurde bei den Wägungen nicht mitgezählt. Wer hätte es bemerken sollen? Der techno-museale Zeiger, vom dauernden Anstoßen an der Maximalziffer verkrümmt und beschädigt, zeigte nur noch die runden Hunderter an. Ungeheure Beteiligung von Frau. Meine Großmutter nahm tonnenweise Bücher in die Hände. Ich reichte sie ihr hinauf oder ließ sie, wenn ich schon oben stand, zu ihr hinunter. Sie brauchte Bücher, um das Jahr über auf dem Laufenden zu bleiben. Sie zerdrückte alle Bücher in den Händen. Da wurde nur grob noch hingelangt und alles unvermutet zerkleinert. Es schien gegen ihren Willen zu geschehen. Ich verdächtigte sie, die größte Masse bleiben zu wollen, alle anderen, kleineren Massen eliminierend, ehe diese kleineren Massen größer werden konnten als sie. An die weinende Haushälterin wagte sie sich nicht heran. Manchmal sandte

mich die Haushälterin aus, um speziell widerstandsfähige Bücher machen zu lassen, mit einem Holzeinband aus Esche und mit dicken Metallseiten, auf welchen die Nieten klingelten.

21 Sie legte sich eine große Bibliothek dieser Bücher an. Alles mit meinem Kran.

22 In diese Bibliothek konnte ich fliehen, Zelte bauen, kleine Schweißarbeiten bei Reparaturen.

Conversation

1 Kein Anruf will kommen. Ich sitze an der 82. Straße, nein, an der 83., nein an der 81.; habe vergessen, wo. Kein Anruf will kommen und mich herausreißen aus der Gesellschaft mit mir selbst, die ich nur zu gut kenne. Sie ist es, die mich tief krank macht und mich zu Tränen rührt, die, wenn sie fließen, keine Tränen der Rührung sein werden. Ein Anruf muß jetzt kommen vom Village herauf und mich in Gesellschaft bringen. Kein Anruf kommt, die Klingel geht nicht.

2 Ich kann nur zur schärfsten Provokation greifen, nach welcher ein Anruf immer kommt, weil ihm nichts anderes übrigbleibt: mich nämlich nackt ausziehen, den Apparat weit weg stellen und mich in die Badewanne legen, selbstverständlich mit eingelaufenem Wasser. Ich werde, dies eine Eigenheit, beim Ausziehen nie nackt; ich kann mich ausziehen, solange ich will. Ich habe dies schon oft versucht, nämlich, nackt zu werden beim Ausziehen, aber es ist mir nie geglückt.

3 Ich ziehe mich aber länger aus als die meisten. Da ich meine Kleider auf einen Haufen werfe, mit untergeschobenem Stuhl, oder, seit ich hier wohne, ohne untergeschobenen Stuhl, türmen sich meine Kleider zu einer ansehnlichen Beige; es ist ein Stapel, der herumliegt. Es ist nicht ausgeschlossen, daß sich unter den bereits ausgezogenen Kleidern, aber noch immer einige Schichten tiefer als die im Augenblick gerade sichtbaren Kleider, neue Kleider erzeugen; entweder erzeugt meine Haut diese neuen Kleider, oder die neuen Kleider wachsen zwischen zwei Schichten älterer, bereits getragener Kleider. Jedenfalls werde ich nie nackt. Da läßt sich nur ahnen, was geschähe, gelänge es mir.

4 Meine Bedürfnisse, obviously, alles geht in die Kleider, aber zu fühlen ist nichts, es ist mir nichts anzumerken. Einmal ein Stückchen Haut; dies meine Klage.

5 Während die meisten menschlichen Wesen ein zweites nackt zu sehen wünschen, hege ich denselben Wunsch in Bezug auf mich selber; die Erfüllung scheint schwieriger, als meiner geschäftigen Energie zuträglich. Wie ich aussehe, weiß ich; ließ mich röntgen, nicht ganz tief; Strahlen schälten mich heraus, Besonderes war nicht festzustellen, alles also demnach umso unerklärlicher.

6 Mehrere Stunden lang ziehe ich mich aus, das bin ich mir schuldig. Gelübde: Jedesmal wenn ein Versuch, einen Blick auf mich zu werfen, ohnehin im Tagesablauf liegt, wird er unternommen; mit einer Begeisterung minderer Art, versteht sich. Viele Stunden lang ziehe ich mich aus, werde mich viele Stunden sodann wieder anziehen müssen. Soeben kam die Lokaltracht des niederträchtigen Clowns zum Vorschein, abgelegt, dann der ölverschmierte Garagen-Reparateurs-Dreß, abgelegt, dann der Cut, also, der entschwänzte Smoking, im Ablegen begriffen. Es scheint gerade die Hose des Geflügelkochs hervor, ah, die Küche war heut fleißig.

7 Viele Stunden, bestimmt aber über mindestens eine Nacht, werde ich mich wieder anziehen müssen, sobald der Anruf gekommen sein wird. Nach meinem Einstieg geht das Wasser der Wanne bis zum Bord, und der Koch, der ich bin, fing Luft, seine Kleidung bläht sich.

8 Diesmal wirkt die ausgedehnte Beschwörungsformel nicht. Ich liege in der Wanne, bin mit Schaum bedeckt, bin auch mehrere Stunden lang immer wieder in die Wanne gestiegen, aus der Wanne ausgestiegen, um abermals etwas abzunehmen von mir, bis ich ganz und reglos in der Wanne gelegen habe, liege jetzt unter dem zum Rinnsal kleingedrängten Wasserspiegel, den ich bis zum Bord hinaufgetrieben habe, tief in der Wanne, zwei Knie

noch mit den unter Lederschonern liegenden Menisken an der freien Luft, und genau an dieser mit den Lederschutzen versehenen Kochhose, an diesen beiden aus der irisierenden Schaumfläche ragenden Knien, friere ich.

9 Es ist nicht auszuhalten. Ich habe mich, seit ich mich hier oben an der 79., nein, an der 76. – alles vergessen – nämlich: hier oben zum erstenmal zu wundern anfing, warum kein Anruf komme, ganz grundsätzlich verändert, hin zu einer größeren Wehrlosigkeit und Ausgeliefertheit. Vielleicht müßte ich wieder zum Röntgen gehen, es mag sich allerlei verändert haben darunter. Ich fülle noch etwas Wasser nach.

10 Das Grundsätzliche ist deutlich. Ich provoziere mit den schärfsten Mitteln jenen Anruf, der nicht kommen will. Unverständlicherweise bleibt er aus, obschon Millionen Menschen im Augenblick an mich denken. Sie scheinen es nicht zu wagen. War es früher das Natürlichste, daß die Anrufe der Millionen, die an mich dachten, nicht ankamen, so ist es jetzt das Unerklärlichste geworden, da ich mir für diese Anrufe nun die größte Mühe gebe.

11 Die Millionen fürchten, andere Millionen lägen ihnen auf der Leitung, zu mir sei kein Durchkommen; damit bleibt der Apparat ungenutzt. Diese Ungenutztheit hat einen weiteren Grund: ich wende offenbar die Beschwörungsformel noch nicht richtig an. Ich habe sie nicht weit genug getrieben. Noch kann ich leicht aufstehen in der Wanne, die Wanne verlassen, triefende Kochhosen, und zum Apparat gehen. Stehe ich vor dem Apparat, kann ich, kommt ein Anruf, sogleich abheben. In dieser leichten Lage kommt bestimmt kein Anruf.

12 Der Apparat muß erst einmal weiter von der Wanne entfernt werden. Kann ich sogleich an ihn herankommen, ist meine Antwort aufs ankommende Gespräch gesichert. Da kommt es nicht. Eine solche Situation nimmt kein Anruf hin, nämlich, daß er zustande kommen soll und nicht bloß, was er lieber tut, leer

klingelt. Heute bin ich ziemlich naß, es dringt durch einige Schichten Kleider hindurch. Nicht bis ganz nach innen, zuinnerst bin ich trocken, die Haut kann nicht naß werden.

13 Der eigene Röntgenapparat weist mich auf ein Eindringen bis zur Försterskluft, die weiter unten mir anliegt, hin. Ich vermute, ich bin der Nasseste unter jenen, die sich jemals in eine Wanne gelegt haben. Im Gegensatz zu diesen fließt das Wasser nicht von mir ab, sondern, nachdem es sich augenblicklich getrübt hat, haftet es in den obersten Geweben und macht mich schwer. Jetzt muß ich aus der Wanne steigen, denke ich, und ich tue es gleich auch. Fall nicht hin, denke ich und falle gleich hin; weich. Diese Verdoppelung von Denken und Tun gewöhne ich mir gleich ab.

14 Ich darf kein Bewußtsein haben, weil die Enttäuschungen ins Unendliche wachsen. Angewöhnung gelingt nur schwer. Ich vermute, ich bin der sich selber, sein Denken via sein Tun, am häufigsten verdoppelnde Mensch überhaupt. Ich denke, und dann tue ich, was ich denke. Besser fühle ich mich, wenn ich nicht denke und damit nichts tue, da ich grundsätzlich nämlich unbeweglich bin und mich nur mit unablässigen Pleonasmen zu einer Bewegung treiben kann. Jetzt muß ich mich bewegen, denke ich, und gleich darauf verdopple ich das, indem ich mich bewege. Jetzt raus mit mir.

15 So denke ich, und dieses im Vor-Anrufs-Stadium stehende Denken wirft meinen mit dem feuchten Film überzogenen, leicht subexponierten Körper in seiner Kochhose, dem Kochhemd aus der Wanne. Dieser Körper darf hier, zwischen der 73. und der 75. Straße, wahrscheinlich aber eher in der 80. Straße, nie die Hauptrolle spielen und wird der Öffentlichkeit, für welche er in diese Kleider gehüllt bleibt, meist vorenthalten, obschon jener, für den er nie da ist, nämlich ich, nun auch wiederum nicht viel von ihm wissen will. Mit einem Zusammenziehen wird dieser Körper in seinen nassen Koch-Kleidern aus der Wanne geschnellt, um aufzubauen jene zusätzlichen Hindernisse, die zwischen dem Baden-

den und dem Telefonapparat stehen müssen, damit – sobald ich den Hörer nicht mehr abnehmen kann – der Anruf unweigerlich eintrifft und mich herausreißt aus der Gesellschaft mit mir selbst.

16 Zu seiner eigenen Verheimlichung hat dieser Körper sich zu lange ins Wasser gesenkt. Ist er aus dem Wasser, verheimlichen ihn die Kleider. Will er sich ent-heimlichen, offenbaren, hilft ihm dabei nur ein Anruf, bei welchem er sich in die Muschel stürzen kann. Dann kann ich alles sagen, alles entblößen, was jetzt vor mir selber verborgen bleibt. Dann finde ich, getrieben und unwillkürlich, jene Worte und Werkzeuge, die das nahe bringen, was jetzt, obgleich nah, unendlich fern von mir in Stoffen steckt, in genähten und gebügelten, jetzt nassen, Stoffen.

17 In New York, am oberen westlichen Ende New Yorks zum Apparat gegangen, triefend, er schweigt noch immer, um den Apparat in weitere Entfernung zu stellen. Ich ziehe seine Schnur hinter mir nach. Die Schnur sieht mich von hinten, wie ich den Apparat ins Äußerste dieser eigentümlichen New Yorker Wohnung schleppe. Sie hat Hufeisen-Form.

18 Eine klamm-majestätische Hufeisenform. Dreiteilig. Sie hat ein Zentrum und zwei Flügel, im Zentrum steht die Wanne, zu einem der Flügel, zum Ostflügel, wird der Apparat getragen. Ich ziehe den Apparat hinter mir nach, nachgezogen in den äußersten Rand des östlichen Flügels. Die Wohnung ist weiß gekalkt. Die Sonne blendet. Während des Schleppens könnte ein Anruf kommen; traf nicht ein.

19 Den Apparat lege ich am äußersten Ende des östlichen Wohnungsflügels ab, gehe durch ihr Zentrum, durch den Wintergarten hindurch in die Wanne zurück, in die ich mich fallen lasse. Ein wenig geschabt an meiner äußersten Oberfläche, der Koch-Oberfläche. Der schwanzlose Frack, der Cut, liegt auf dem Stuhl. Plötzlich bin ich wieder ruhig im Wasser. Seine Wellen hören zu

schlagen auf. Da sitze ich und bin naß. Und allein; dies ist der Grund des Grundes. New York ruft mich nicht; höchst ärgerlich, und mehr als das. Niederschlagend. Da sitze ich. Erkenne mich selbst nicht mehr, weiß nur, Tränen des Wiedererkennens werden nicht fließen; alles irgendwie geronnen.

20 In der Wanne erneut sitzend komme ich noch immer viel zu leicht zum Apparat. Meine möglichen Wege zu ihm sind mittlerweile Bestandteile seines Tätigkeitsprogramms. In kurzer Zeit hat er an Heimtücke gewonnen. Er hat meine Vorbereitungen durchschaut. Niemals mchr würde er jetzt einen Anruf durchlassen in meine immer stärker zementierte Abgeschiedenheit, Isolation, Einsamkeit, die doch an nichts anderes denkt als an ihr Hinaus; er bewacht meine Wege zu ihm, die ich, nachrechnend, ebenfalls als zu leicht gangbar einschätze.

21 Unter diesen Umständen trifft kein Anruf ein, es kann kein zweiter New Yorker Mensch sich melden, dem die Meinung zu sagen oder vielmehr die Meinung zu verheimlichen sich lohnen könnte. Ich vermute, die Leichtigkeit der Zurücklegbarkeit dieses doch nunmehr schon halb-ewigen, nämlich mehrere Minuten langen Hörer-Abhebe-Weges liege nur noch in der Schnelligkeit meines Aus-der-Wanne-Kommens begründet. Im Bedarfsfall bin ich tatsächlich nur langsam beim Apparat, bin aber schnell aus der Wanne heraus. Aus warmem Wasser bin ich einer der schnellsten Aussteiger geworden, also muß ich mir dies erschweren.

22 Ich werfe also Schaum aus Eimern über mich, nehme eine große Bürste und fange an, die oberste Schicht meines Koch-Seins abzuschaben von mir, der zweite Cut kommt hervor, er wird angekratzt, lange Reinigungsversuche, die schlechthin nicht mehr abzubrechen sind, es wäre denn mit einem Anruf von außen. New York beschmutzt die darin lebenden Menschen in einem Maß, daß nur die vollkommenste Mythologisierung noch hilft; immerhin steckt man ja in New York, diese Visitenkarte wird weiter nicht nachkontrolliert, sie genügt auf ewige Zeiten, New York ist

die carte blanche jedes exotischen Zinkers, weiß man doch. Noch kein Anruf, während ich allmählich durch den Cut hindurch bin und das Auftauchen meiner eigenen Haut erwarte.

3 Die Provokation des Nicht-Zum-Apparat-Könnens ist noch nicht groß genug. Ich muß mich in der Wanne anbinden, Lederschlaufen liegen unter Wasser bereit, der letzte Dorn kann mit den Zähnen durch die Fesselgurte getrieben werden. Vielleicht noch nicht. Das Wasser ganz heiß werden lassen, sodaß ich beim Aussteigen einen Schlaganfall erleide. Später. Der Apparat des Telefons steht in der äußersten Ecke der hufeisenförmigen Wohnung, nun geht es mir darum, zu vergessen, ob in der West- oder in der Ost-Ecke. Ein Vergessen brächte da die doppelte Anmarschzeit, weil ich in beiden Flügeln erst nachschauen müßte. Wäre ein Zweiter in dieser notdürftig angemieteten Wohnung, so könnte mit ihm ich mich unterhalten, wie geheim die Apparateverschiebung vor sich gehen müßte, damit ich den Apparat gar nicht mehr fände und triefnaß und völlig angezogen, mir die Ohren ausreißend, in der Wohnung stände, mittlerer Trakt.

4 Einstweilen bin ich nochmal hinausgestiegen aus dem Schaum und habe den Apparat, ohne mein Wissen, oder, es gleich vergessend, im hintersten Raum des östlichen Flügels mit den herunterfallenden leeren Früchtetransportkisten, nein, in jenem *hinter* den herunterfallenden Früchtetransportkisten liegenden und nur durch eine Wendeltreppe erreichbaren Räumchen mit dem Schlüssel eingeschlossen, eine undurchbrechbare Eichenholztür aus einer vielhundertjährigen New-England-Oak schließt den noch immer nicht klingeln wollenden Apparat von mir ab, den Schlüssel dieser Eichenbohlentür werfe ich aus dem Fenster, unten fällt er in die große Kaltwasserwanne der Bezirksfeuerwehr, welche hier Vorräte unterhält sowie eine Bereitschaftsstelle mit der berüchtigten Stange, an welcher die Feuerwehr von ihrem Schlafraum zu ihrem Einsatzraum hinuntergleitet und sich dabei die Hände verbrennt, welche sie gleich

27 It's time to call. Ich habe mich, annähernd nackt nun und ziemlich allein, an den herunterfallenden Früchtetransportkisten vorüber zur Eichenbohlentür begeben, die ich mit einem Faustschlag aus der Leibung haue. Der Apparat steht wieder am Wannenrand, der Zauber kann nicht zum Äußersten getrieben werden heute, zwischen der 75. und der 79. Straße, wenn ich informiert bin, wahrscheinlich ist es die 71., der Unterschied ist fühlbar dem Mythomanen, ich sehe keinen Unterschied; alles gleichviel.

28 Dem Wannenhahn wird das Tropfen untersagt, vielleicht, wenn ich in die Leitung heimlich hineinlausche, fange ich den Anruf des Fremden ab, noch ehe der ihn in die Leitung geworfen hat und die Sache zum Klingeln bringt, womöglich provoziert unermüdliches Abheben den Anruf, einige wenige Tausendstel Sekunden muß ich früher dran sein, es gilt, einem Gedanken, den man nicht kennt, zuvorzukommen mit einem Gedanken, den man gleichfalls nicht kennt, dies sage ich auch gleich in den Hörer, aber selbst diese haushälterisch mit ihrem Potential umgehende Provokation wirkt nicht, heute ist das Ding schamanisch verhext, obschon das ganze Telefonsystem vor Mitleid schreien müßte mit dem nun bloß in der Nässe Daliegenden, der seine letzten Kleider mit der schweren Pferdebürste zerreibt, jetzt kommt keiner mehr, jetzt kann auch das Bad beendet werden, allmählich.

29 Kurze Fesselung der Glieder mit dem Handtuch. Ich bin unbeweglich. Keinen Schritt könnte ich zu ihm hin tun. Abheben könnte ich nicht. Wirkt aber nicht.

30 Alles stumm. Mit einem unauflöslichen Kunststoffleim den Hörer an den Apparat geklebt, er kann nicht mehr abgenommen werden, man hebt immer nur ab und hebt dabei den Apparat hoch, hebt man nicht ab, klingelt es, aber der hochgehobene Apparat klingelt weiter, ist nicht abzuheben, Kontakt kann nicht zustandekommen, ob das nun bei den zusammenstürzenden Fruchttransportkisten, bei der Eichenbohlentür oder in Feuerwehrwanne

unten geschieht, und auch dieses nicht mehr abstellbare Klingeln, das nun mit rücksichtsloser, verzehrender Macht eingebrochen ist in die bisher geherrscht habende Stille murmelnd-wogenden Selbstgesprächs, das Klingeln ist, auch es, eine Mitteilung, sie sagt, man will dich, man, ganz allgemein, möchte dich sprechen, wir wollen ungefähr dich, und was wir mit dir tun wollen, ist, dich ungefähr sprechen, darum rufen wir ungefähr dich an, heb bitte ungefähr ab. Da sei meine Radikalkonsequenz vor, murmle ich, schlüpfe in die über den Stuhl geworfene Koch-Hose. Wasser verschwinden lassen. Nachspülen mit Brause. Kein Anruf will kommen, und vor Einsamkeit verfinstert sich mein ganzes Stockwerk.

Jonas und die Austern

1 Jonas will mit mir und mit einem meiner Freunde, den ich ›All-Pferd‹ nenne, weil ich damit alle zum Lachen bringe und All-Pferd auch zum Lachen bringe, Austern essen kommen. Man vereinbart sich zu einer gewissen Zeit, eine halbe Stunde vor dem Ansturm auf die einschlägigen Restaurants, an unserem Verkaufsstand. An unserem Verkaufsstand ist es uns dank einer rücksichtslosen und kriminellen Durchsetzungskraft gelungen, eine Ware zu verkaufen, die keiner will, und sobald wir, daß keiner sie will, auf die Reklameblätter geschrieben haben, ist diese Ware wie von selbst zu Hunderttausenden verkauft worden. Was verkauft ihr, fragt Jonas. Nehmen wir an, antwortet All-Pferd, daß es ein Waschmittel ist. Es ist eine Unterabteilung des bewährtesten aller Waschmittel, und während alle anderen aus Gründen der Reinhaltung der Umwelt Phosphate wegnehmen, schütten wir noch Phosphate hinzu.

2 Nehmen wir an, sage ich, es ist ein Phosphatprodukt, eine Ware aus reinem Phosphat, etwas Reinigendes, und jetzt, komm, Jonas, Austern essen, ehe sie sich drängen.

3 Tatsache aber ist, daß ich einen ganz anderen Zwischenfall ausleuchten will als diesen, dämlichen, des gemeinsam vereinbarten und dann so schmählich gescheiterten Austernessens. Da ich jetzt aber bereits mitten in diesem das Hirn zur Schrumpfung bringenden Zwischenfall stecke, muß ich ihn zu Ende bringen. Alle warteten am Verkaufsstand an dem besagten Tag. Es ging längst nicht mehr darum, festzustellen, wieviel Phosphat unsere Ware enthielt, ob 98 Prozent oder 99.5 Prozent, denn es war unter uns allen ausgemacht, daß wir die 100 Prozent nie erreichen würden, weil sich immer wieder einige Fremdstoffe in die Phosphathaltigkeit einschoben, sodaß wir der Natur vor unserem Verkaufshaus

immer wieder, unwillkürlich und gegen unsere erklärte Absicht, ein halbes Prozent Gutes taten.

4 Wir standen am Verkaufsstand und warteten vergeblich, und All-Pferd vertrat sich die Hufe, ich ging mehrmals um den Verkaufsstand herum und riß Plakate ab, dann entrollte ich, aus einer mitgetragenen steifen Pappe-Mappe heraus neue Plakate und strich sie mit einem breiten Pinsel Fischleim verschmierend über die Fetzenreste der alten Plakate. Die neuen Plakate besagten genau dasselbe, aber sie sagten es ganz anders.

5 Kommt Jonas? fragte All-Pferd gereizt, der mich hantieren sah und wußte, der Text, der unter dem Verkauf einer Phosphat-Ware durchläuft, ist immer derselbe, und die Hilfsmittel, mit denen man den 98.5-prozentigen Phosphatgehalt der Ware verheimlicht, sind immer dieselben, aber die ganze Absicht ist ein instabiles Gebilde, das, um sich selber, und nicht einen Käufer, zu überzeugen, immer neuer, genau dasselbe sagender, Plakate bedarf, nämlich aussagend: wir wissen nicht, was Phosphat ist, packen Sie uns an. Jonas hat heute eine unverzeihliche Verspätung, tobte All-Pferd.

6 Jonas kam viel zu spät, und es schien ihm zuzusagen. Sagte augenblicklich, er habe starke Magenschmerzen und könne nicht zum Austernessen mitkommen. Wir, All-Pferd, der tobte, und ich, der in diplomatisch-vermittelnden Diensten stand, sahen uns in der unlösbaren Lage, Jonas davon überzeugen zu müssen, er habe keine Magenschmerzen, sondern bilde sich Magenschmerzen ein. Wir sahen uns in der unlösbaren Lage, Jonas den nervlichen Punkt beschreiben zu müssen, von dem aus, nahm man seinen in den weiten Kleidern steckenden Organismus als ganzes, die empfundenen Magenschmerzen sternförmig ausstrahlten. Jonas könne zum Austernessen mitkommen, meinte All-Pferd, der einen Sack mit unserer Ware geöffnet hatte und seinen Inhalt durch die Finger rieseln ließ.

7 Mitkommen könne er zwar, aber er wolle nicht mitkommen, sagte Jonas, und es schien ihm abermals durchaus nicht zu mißfallen. Hast nen Spaß dran, was, höhnte All-Pferd, der genau wußte, er steckte im Kummet bis ans Ende seiner Existenz, die ihm gefiel, o, die ihm gefiel. Ich bin so untröstlich, daß mein Magen solche Hindernisse zwischen mir und euren Austern auftürmt, klagte Jonas, der sich schon wieder vor dem ihn vor dem Zusammenbruch schützenden Schemel, es war ein Verkaufsschemel mit einem Schälchen zum Einstreuen unserer Ware, erhoben hatte und uns seine Rückseite zuwenden wollte, um uns aufzuzeigen, er gehe.

8 Die Austern waren weißlich und weich, wurden in einem französischen Restaurant serviert, und das Gedränge war so riesenhaft, daß wir uns in eine Schlange einreihen mußten und erst nach einer Stunde Wartezeit an einen brüchigen Tisch mit einem zu kurzen Bein geführt wurden, der in der Folge, während unseres Essens, in einem unablässigen Wackeln das ganze klare, in den Schalen liegende Wasser, in dem die toten Austern schwammen und sich geöffnet hatten nach ihrem Ableben, auf den Boden, auf welchem Sägemehl zum Aufsaugen gestreut war, verschüttete, ohne daß einer von uns, nämlich All-Pferd oder ich, das Wasser bei den Austern hätte behalten können. Die Austern waren ölig und schienen vor jedem Gabelstich etwas zurückzuweichen, bis man uns, gleichfalls nach einer langen Warteschlangenzeit, die stumpfen und mit einem bulligen Knauf versehenen Austernmesser übergab, deren kurze, harte Klingen in der Austern Weichheit und Weißlichkeit hineinfuhren und sie uns aufgespießt wie bedauerliche, uralte Meereingeborene in die, noch behelfsmäßig-zusätzlich schlürfenden, halboffenen Lippen brachten.

9 Wir standen in der Schlange. All-Pferd hinter mir. Tisch hinten links, sagte er. Ein großes Brotbrett an der Wand des Franzosen verkündete die Möglichkeiten verschiedener Brotzeiten, mit Würsten, verschieden dicken Fetträndern an den Schinkenscheiben, etc.

10 Jonas ist heute niedergeschlagen, sagte ich kauend.

11 Auf dem Weg ins Restaurant, als er Jonas weggehen sah und seine Rückenseite musterte, als wolle er sie besteigen, ließ All-Pferd, der wieder lächelte, die Ware von einer Hand in die andere rinnen und ballte sie dann knetend zusammen, als wolle er aus dem Pulver etwas so Konsistentes wie ein Garnknäuel formen. Und steckte sie in die Schlüsseltasche, die ganz oben, gleich unter dem Gürtel, seiner dünn und fischgrätenwinklig gestreiften Hose sich auftat. Jonas, sagte All-Pferd, Jonas muß sich das ihm bevorstehende Vergnügen unserer weißen Austern mit einer seiner plötzlichen Prophezeiungs-Depressionen abwürgen, er will es immer self-fulfilling, das Zukünftige, so kreischt er auch immer, wir würden auf 100 Prozent Phosphatanteil kommen, dabei ist er nicht einmal willens oder fähig, einmal abgegebene Versprechungen für ein Austernessen zu dritt einzulösen. Schade um ihn, wollen wir ihn abschreiben, warten wir noch damit, schade um ihn. Ich erwiderte, Hör mal, All-Pferd (er grinste, und mehrere Menschen in der Warteschlange grinsten mit), es ist nicht dieser Zwischenfall, den ich eigentlich erleben möchte; es ist ein ganz anderer, das Hirn weniger stumpfsinnig machender Zwischenfall mit ganz anderen Kollegen, ihr kommt darin gar nicht vor, verstehst du.

12 Die da ist faul, motzte All-Pferd, und der Franzose nahm sie anstandslos zurück und legte sie wieder auf die Bank.

13 Dadurch, fuhr All-Pferd fort, dies nämlich wollte ich dir noch zu Jonas erläutern, dadurch daß Jonas gestern schon von seinen heutigen Austern wußte, ist doch der Zusammensturz seines Magens schon längst, seit vierundzwanzig Stunden mindestens, auf seiner Tagesordnung, denn es ist offenkundig, daß dieser Magen diese Zukunft des Jonas nicht mitmachen kann. Er will sie auch gar nicht mitmachen, denn dieser Magen hat jene Zukunft besser und genauer begriffen als Jonas selbst. Auch ich hänge von meinen Organen ab. Glaubst du, mein Magen will meine Zukunft

mitmachen. Noch ißt du mit mir Austern, wandte ich ein, die mußt du mit mir zu Ende essen. Aber gewiß, sagte All-Pferd, ich esse diese Austern mit dir zu Ende. Du sollst sie aber nicht zurückgehen lassen, mahnte ich, und: hat der Feine aus Leverkusen denn etwas bestellt? Dies fragte ich, obschon ich wußte, daß es genügt, eine Ware in ihrer Unverkäuflichkeit anzupreisen, und sie wird millionenfach gekauft; gerade, weil keiner sie haben will, wollen alle sie haben. Ja, Gottseidank, sagte All-Pferd, er hat drei Tonnen bestellt. Und warum hast du ihn nicht zu unseren Austern mitgeschleppt, fragte ich.

14 Da draußen in der Warteschlange steht er. All-Pferd winkt und hebt das triefende Händchen. Der Tisch gerät in sein Wackeln und verschüttet große Teile. Der Feine aus Leverkusen steht achtzehn Menschen von uns entfernt und winkt nachlässig zurück.

Friedrich Wurlitzer, A 1

1 Die Hitschlacht bei Wurlitz, die menschgewordene vaterländische Wurlitzerorgel mit Selbstwahl, auf seiner Haut lauter Schalterchen, 1 bis 9 kann mit A bis Z kombiniert werden und klingt immer gleich, gleich gut, A 1 ist immer die Nationalhymne, ein Text, der die Ansprüche des Landes erklärt, ein Tonarm ragt ihm zur Schulter heraus, doch wehe! über Nacht sind Einbrecher (Patria-Fans) in seine Regale eingedrungen, haben ihm alle die guten alten Platten gestohlen, die er immer wieder kalt servierte, nicht einmal jene von der freien Marktwirtschaft, die abgespielte liberale, haben sie ihm gelassen, seine Zunge holt Nachschub aus der Nasenhöhle, wo er in unmittelbarer Nachbarschaft der verschnupften Schleimhäute neue schwarze Schellackscheiben aufgestellt hat, sein einbruchssicheres Geheimfach, verstohlen angelegt, neue Platten klingen schärfer, 78 mal drehen die Minute, die härtere Tour.

2 Seit sie ihm in seinem Unterhaltungssortiment eine Zahnlücke verpaßt haben, spielt er fast nur noch Militärmärsche vor, da hebt sich ein Stiftbolzen mitten aus der Zunge, die A-Seite mit dem eingravierten Badenweilermarsch kreiselt, und, als wollte er sich dann eine zementharte Brosame oder einen verschlüpften Johannisbeerkern aus einer Zahnspalte klauben, fährt er sich mit dem Tonarm ins Gebiß, läßt einen Knöchel am Mundwinkel stehen, setzt den langen dünnen spitzen Fingernagel auf die äußerste Einlaufrille, läßt ein Anfangsrauschen vorbeigehen und spielt, als spräche er sie an der geballten Faust vorbei, die ersten schmetternden Takte mit dem Baßpaukendumdum;

3 dadurch daß sein Angebot jetzt kleiner geworden ist, ist es natürlich häufiger dasselbe, was jetzt gespielt wird, Manöver, Jagdpartien, musikalische Befehlserteilungen in Form von morgendlichen Gymnastikkursen fürs Totschlagen, Sturzflüge mit Sirene

sind auf der Palette noch zu haben, und alles mit dem Buchstaben Z Kopulierte bringt dem Zuhörer Todesnachrichten von Zuhörern, jeder kann sich anhören, wie seinesgleichen durch seinesgleichen zu Ende kommt, dazu stampft er auf Wunsch (Stampede-Knopf) mit den Reitstiefeln und orgelt mit vollem, viel zu vollem Mund jenen nach, die ihn durch ihre heimlichen Wurlitzerdiebstähle so tragisch auf sein Rückgrat reduziert haben.

4 Recht geplagt, aber eindeutig zukunftsbedrohend erschallt dann sein »Ich hatt einen Kameraden« zur Melodie von Jagdgeschwader Richthofen, und wir denken halb erschauernd, Beklemmung schnürt uns die Brustrippen aufeinander, Wie wird das sein, wenn wir mitten im angebrochenen Abend sitzen, müde Aufsteiger, die wir auf dem Marsch hinauf mal Pause machen und aus allen Ecken böllern diese Unterhaltungsautomaten patriotisch auf uns los, fast wünschten wir uns da den brutalen Slapstick, der ihm während des Plattenleierns den Tonarm hochreißt, da versetzt er sich einen Kinnhaken, der Saphir bleibt ihm knirschend in der Plattensammlung stecken, sodaß seine Zähne zuklappen und er sich als geschlossener Nußknacker den Nagel abbeißt. Wir sind glücklich und werden auf einmal so groß wie die Stühle, auf denen wir sitzen, und, indem wir unsere Stirn unter das Haarersatzteil zurückschieben, wissen wir, Endlich hat der tödlich gefährliche Doofe seinen Dicken gefunden, lieb Katerland magst ruhig sein. – Ist er weg, drücken auch wir eine Taste, nach Jahrzehnten einmal doch A 1, ja warum dann nicht, ja warum?

Wiesbadener Sekret

1 Nach einer kurzen Unterbrechung, bei der sein Blick auf das Kästchen an der Wand gefallen und achtlos weitergeschlichen war, fuhr Zinn fort:
»Man erkennt sie also nicht.«

2 »Sie tragen alle Zivil«, sagte Merkel, unter dessen augenfälliger Geistesabwesenheit sich einc ganz ordentliche Aufmerksamkeit für Zinns leiseste Gesten und Sätze verbarg. Und doch entgingen sie ihm alle.

3 »Wie pflanzen die sich fort?«
»Wie meinen Sie das?« Für kurze Zeit wurde Merkel aufmerksam, und seine Aufmerksamkeit verlor sogar den Tarnanstrich des Zerstreuten; auf einmal war er, was er war; Zinn konnte nicht sagen, was Merkel war; wenn er es dachte, konnte er es nicht sagen; also dachte er es auch nicht. Das durfte nicht allzu häufig geschehen. Nanu.

4 »Ich meine,« sagte Zinn hastig und noch etwas leiser, »die müssen ihre Schwänze in sich selbst hineinstecken und sich so fortpflanzen. Der Entbinder sind Sie. Jedenfalls vermehren die sich pausenlos. Die haben gar keine Zeit, in der Dienstpause rasch zu einer Frau zu laufen und mit ihr was Neues zu prokreïeren.«

5 »Was?« fragte Merkel.
»Zu erzeugen« schob Zinn nach und schien wie erlöst, daß er die Aussage hatte zuende bringen dürfen. Aber sie fing ja erst an.
»Die Geheimpolizei,« sagte Merkel, »hat jetzt, wie damals bei Metternich und seinem, hm, einzig den Auftrag, verunsichernd zu wirken.«
»Verunsichernd, aha.«

6 »Sie ist da, aber sie kann nur wahrgenommen werden. Sie ist ja geheim.«
»Also kann man über die nicht sprechen.«
»Bin ich schon zu weit gegangen?« fragte Zinn.
»Die Frage nach deren Fortpflanzung beschäftigt uns.«
»Verunsichern die denn wen?«
»Sehr ungefähr. Aber darauf läuft's hinaus.«

7 »Also sind die ein Schutz vor irgendwas.«
»Sagen wir: ein Schutz ›für‹ irgendwas.« erwiderte Merkel, »im übrigen kleidet man das besser in eine Frage.«
Seine Sanftmut stieß mit dem warmen, nicht farbkorrigierten Licht der flachen Deckenlampe zusammen.

8 »Befehlen Sie mir in der Sache ein Fragezeichen?« fragte Zinn. Sein Sessel wurde unter ihm hart. Im Nebenzimmer wurde ein Wasserhahn geöffnet, geschlossen, zugedreht.
»Ich empfehle«, stellte Merkel richtig, »im übrigen sage ich zu allem, was man mir sagt: Keineswegs. Diese Polizei ist ein Breitbandmedikament und soll Krankheiten in unserem gemeinsamen Körper bekämpfen, die noch gar nicht ausgebrochen sind.«

9 »Ihr medizinisches Vokabular ist ribbentrop'sch.«
»Es handelt sich um eine Insulinkur an jemandem, der zuckerkrank werden könnte.« Merkel war unbeeindruckt, die Stimme rund wie Pflugstahl, und vielleicht hatte Zinn sich nicht deutlich genug erklärt. Zinn wußte es nicht besser und dachte, wenn einer annähernd als Faschist beschimpft wird, muß er früher oder später darauf eingehen.

10 Nicht so Merkel. Die Tageszeit beschleunigte sich gegen Mittag. Zwei Wände des weißen Zimmers waren Stellwände, die jede Stunde verschoben wurden. Merkel hatte, vor seinem Kästchen und neben seinem noch nicht einmal schußsicheren Fenster,

einen bemerkenswerten Zustand der Unempfindlichkeit gegen die niedrig-feilen Alltagsbeschuldigungen erreicht.

11 Und es war eine Alltagsbeschuldigung.
»Ribbentrop«, wiederholte Zinn. Für alle Fälle. Er wußte nicht, warum gerade der, trug aber immer ein paar Namen auf sich, mit welchen er bezeichnete.
»Vonn Ribbetrop«, verbesserte Merkel, »und dann macht mir der Vergleich nichts aus, weil er nicht stimmt. Von Ribbentrop hat in gesellschaftspolitischen Debatten nie Medizinersprache gebraucht.«
»Wenn er welche führte.«
»Ja, ja. Auch ich sinne darüber nach.« Merkel legte seinen schweren Kopf schräg, so daß es unsicher schien, ob er ihn mit seinem dünnen Hals je wieder hochnehmen konnte. Zinn vermutete, es sei nicht leise genug gesprochen worden, denn Merkel schien erst beim absoluten Flüstern etwas mitzubekommen. Die Tischuhr schlug mit einer filzgedämpft klingenden Glocke Mittag, aber beim fünften Schlag warf Merkel sie in eine Schublade. Lehrjahre akustischer Empfindsamkeit.

12 »Wir sprachen von einem Herrn« flüsterte Zinn.
»Er war Entwicklungen offen. Aber dafür sind Sie zu jung.«

13 Zinn wollte Merkel noch auf etwas hinweisen und hielt sich deshalb erst einmal, beflissen-beflissen, für verrückt, gab aber dann dem Zwang, ihn auf etwas hinzuweisen, mit schwerem Gewissen nach. Seine für die Einladung angezogene Krawatte schnitt ihm quer über den Adamsapfel. Der war mit dem Brustbein verbunden, alles hing zusammen.
»Nehmen Sie augenblicklich die Geheimpolizisten da unten von der Kreuzung weg.«
»Wo denn?« Zum ersten Mal schien Merkel leicht beunruhigt. Über seinen von Anzeichen der Beunruhigung wie von einem Tarnnetz überzogenen inneren Zustand, der selbstredend ein ganz anderer war, sagte das nicht viel aus. Nach einem ziemlich

langen Schweigen, bei dem das Kästchen seinen Blick angezogen und, als wäre er eine Schnur, aus ihm herausgespult hatte – ständig floß er ihm aus den Augen – fuhr Zinn fort:
»Man erkennt sie also nicht.«

14 Die Stellwände ergaben eine mehreckige Figur, mehr Ecken, als da gewesen waren, ehe er hereingekommen war. Sagen die etwas aus, fragte Zinns gespreizte Hand, die einfach noch zeigte, daß sie Finger hatte. Sagen nichts aus, aber sind mehr geworden, erwiderte Merkels Braue – es war, den beweglichen Haarwülstchen in seinem Gesicht nach zu schließen, etwa die fünfte – sagen aber gar nichts aus, sondernd werden mehr, ändern sich ständig. Und das Licht, fragte Zinns andere Hand. Ändert sich auch, gab ein langsam, ja dösig, hochkriechendes Einzelhaar preis.

15 »Ich meine,« sagte Zinn mit höchster Beanspruchung und mit jenen Wisper-Schleifern, die auf Merkels Trommelfelle die Impulse trommelten, »da muß noch ein Loch sein für die Schwänze, ich meine, falls wir mit der Prokreation dieser lebenden Materie übereinstimmen.«
»Fortpflanzung ist immer geheim.«
Diese Ansicht schien unumstößlich.
»Auch Metternich und sein, hm, wußten nicht Bescheid.«
»Irgendwie muß man da doch die Kurve kriegen.«
»Dies ist Stufe zwei. Sie bleiben immer allein. Dies ist der sogenannte Vermassungsschutz. Kann durchbrochen werden kurzzeitig.«
»Und dann?«
»Paragraph 2009 b, Absatz 2, Verweis.«
»Also geheim.«
»Kann eintreten, kann nicht wahrgenommen werden, darf daher weitergesagt als Gerücht auftauchen.«

16 Vermutlich war Merkel sehr ruhig, ließ aber seine Oberfläche mal zittern. Empfindungen, ihr Fuchsfährten ewigfalscher Spurenleger, o löschet euch. Als der Blick durch die dunkel getönte

Scheibe, Sonnenbrille des Stellwand-Raumes, nicht lieferte, was er sollte, trat Merkel zum Kästchen, entnahm ihm ein Fernglas, das neben dem Helm seiner Dienstuniform, mit der er die Menschen ins Bad brachte, lag. Ein graues Paket lag auf der obersten Ablage, schräg dahinter ein zweites, dunkelgelbes. Gleich legte sich die Kästchentür wieder davor. Quengelig schob sich Ausquellendes von der Verbandpackung dazwischen. Merkel ließ quietschen und blies es auf den Lippen mit.

17 »Da unten. Diese da unten wegnehmen als ein Zeichen.« Zinns Sessel polsterte sich wieder. Sein erwachendes Wohlbefinden trieb die Temperatur in die Höhe. Wenn er noch etwas Euphorie schaffte, würde die ihm ein Glas Limonade auf das Tischchen bringen, auf dem seine Hände lagen und – zu dumm – nicht zurückgezogen werden konnten.

18 Als Merkel unbehutsam und angestrengt-fahrig zum Schreibtisch zurückwich, fegte er das gewissenhaft eingebundene, von Cambridge mit der Mittagsmaschine eingeflogene Old-Fellows-Buch »Metternich and Progress« auf den Boden. Da war kein Boden. Das machte nichts. Sehr straff gespannte, einen schreitenden Menschen tragende weiße Tücher.

19 »Wo sehen denn Sie Geheimpolizisten? Enttarnen Sie mal.«

20 Zinn trat zur großen Raum-Sonnenbrille und zeigte, mit wiederholten glücklichen Seitenblicken zulänglicher Menschwerdung, auf zwei weit voneinander weg stehende, auf dünne Weise vorsätzlich aussehende, Herren, die wie dunkle Striche ausgezogen links und rechts von einer Verkehrsampel ruhig standen. Ein Stehen, das, unter Aufbietung seines Erlaubtheitscharakters, geoder be-standen wirkte. Die Prüfung bestehen, das Stehen bestehen. Eine zusätzliche Unauffälligkeit bezogen sie aus der Grellheit dessen, was sie umgab.

21 »Sie tragen alle Zivil.«
»Die beiden sind's.«
»Zu auffällig unauffällig. Geheimnis, sein eigenes Nichtweitersagen predigend, ist doch verdammich keins.«
»Also die drei kleinen verwachsenen Bunten.«
»Nö. Einfach Normale.«
»Finden Sie sie denn?«

22 Einer der beiden dunklen Striche warf gerade eine leere Zigarettenschachtel in den am Lichtmast befestigten Abfallkorb. Kurze Stichflamme mit dem Anschein eines Bremslichtes. Kontrollierte Korona.

23 »Zwei Stück. Entmutigend, nicht wahr.«
»Finden Sie?« fragte Merkel schreiend leise, »Ich muß Ihnen sagen, mir machen Sie Mut.«

Wein Kampf

1 Jemand klopft an Daemlachs Tür. Daemlach macht die Tür einen Spalt weit auf. Ein hohes Regierungsmitglied steht davor und streckt ihm einen Unterschriftenbogen entgegen. Die Menschen kriegen immer bessere Regierungen, nämlich jene, die sie verdienen.

2 »Wir wollen was ändern, aber nur was Kleines«, sagt das Regierungsmitglied. Daemlach traut seinen Augen nicht. Er hat zwar unbegrenztes Vertrauen in die Regierung, aber wie kommt sie dazu, ausgerechnet ihn bei einer Änderung zu fragen, die dazu noch eine kleine ist? »Ihre Unterschrift wäre die entscheidende«, sagt das Regierungsmitglied. Daemlach hat ein schlechtes Gewissen, daß er es nicht hereinläßt. Es handelt sich um den Wirtschafts- oder den Transportminister, genau kann er sie nicht unterscheiden.

3 »Schrecklich unaufgeräumt hier«, murmelt Daemlach nun doch, »und wenn ich Sie hereinlasse, haben Sie keinen Platz, und die Ordnung ist noch schlimmer«. »Ich käme aber gern herein«, erwidert der von der Regierung; Daemlach hält ihn mit ziemlicher Gewißheit für den Transportminister und richtet die gedeckte Bankettafel seines Gedächtnisses so ein, daß der andere für ihn jetzt »der Transportminister« ist. Wie sonst wäre er so schnell zu ihm vorgestoßen, wenn doch sonst niemand durch die vielen Hinterhöfe dringt? »Sie können immer herein, nur leider gerade just jetzt nicht«, und damit entscheidet Daemlach die Lage. Aufs Folgende ist er gefaßt, bis auf geringfügige Einzelheiten.

4 Der Transportminister drückt seinen großen, gut gebohnerten Schuh in die Öffnung der Tür, die Daemlach leider bereits aus tiefer Höflichkeit einwenig geöffnet hat. Zwischen Türblatt und Schwelle steckt dieser mit einem unstillbaren Appetit versehene

Schuh. Daemlach reagiert blitzschnell, ziemlich falsch, aber die Blitzesschnelle macht dies teilweise wieder gut. Zunächst kann er natürlich nicht reagieren, dann aber reagiert er blitzschnell. »Mann, wie richtig«, denkt er; was zwar ebenfalls falsch gedacht ist, aber alles hängt ohnehin kettenförmig zusammen. Ein Glied falsch, und der ganze langwierige, explizite, verschleierte und doch immer wieder äußerst leutselige Apparat geht auf falsche Spur. Daemlach legt denn also blitzschnell die Sicherheitskette vor und hält mit der Hand die Agrafe fest, wo die Kette am Türrahmen eingehakt ist. Selbstverständlich rüttelt und schüttelt der Transportminister die Tür aufs grauenvollste, aber zum Glück ist er allein und ohne Bedienstete da, welche in ihren Chauffeuruniformen sonst das Rütteln für ihn übernähmen.

5 Einstweilen hält die Kette. »Betrachten Sie meinen Unterschriftenbogen, nützlichen Unterschriftenbogen, unterzeichnen Sie doch, nur eine kleine Paraphe! Jede Länge, jede Farbe, jede Stärke wird angenommen!«

6 »Was wollen Sie denn ändern?«
»Nur was Kleines. Wir verraten es nicht. Es soll eine Überraschung sein, und zwar einmal eine nicht zu Weihnachten. Aber nichts Großes, nur etwas Klitzekleines wollen wir ändern!«
»Wieviele Unterschriften haben Sie denn schon?«
»Etwa vierzig Millionen. Und genau gerade die Ihre fehlt uns!«
»Aber die fehlt doch nicht. Glauben Sie mir, die wäre zuviel!«

7 Durch das morsche splinternde Holz der gedrungenen Tür hindurch erahnt Daemlach die Handbewegungen des Transportministers. Die Hose ist um die Knöchel herum weit, deckt die Schuhe bis auf die Spitzen ab, wird jetzt vom Türblatt, das kleine Rucke noch vollzieht, gerupft. Der Transportminister zieht die Hose etwas hoch, und beim Anblick des oben aus dem Strumpf ragenden Beines kriegt Daemlach einen entsetzlichen Schrecken, der seine Position – am Türgriff mauernd – schwächen könnte. Der Schrecken verbietet sich von selbst, und gefaßt und mit einer

Gelassenheit, die ihn zunächst selbst überrascht, betrachtet Daemlach das leicht behaarte, ihm die Tür aufstemmende Bein; selbstverständlich wendet sich die Überraschung nach der anderen Seite, denn kurz danach ist Daemlach überrascht, wie das Bein mit der hochgezogenen Hose ihn jemals hat erschrecken können.

8 Der Transportminister spricht mit einer dünnen Stimme, die von unten kommt, geradewegs aus seinen Eingeweiden steigt sie hoch, es müssen strenge, geradezu zisterziensische Eingeweide sein, aus welchen diese Peitsche auffährt, allerdings ist sie – so beunruhigend ist das Unmenschliche nicht – feucht, warm und unerträglich, allerdings nur, wenn man ihren Verwünschungen zu lange zuhört. Daemlach ist davor gefeit, da ihm der Türgriff in den Händen zu zerbrechen droht; und eine anstrengende Verteidigung ist unter anderem auch ein Zeitvertreib, man steht weder allein mit seiner Angst noch mit leeren Händen da. Er weiß, er kann seine Verteidigungsstellung nicht lange halten, sieht nicht mehr klar, und die Schließkette ist dünner, als er gedacht hat. Hält vielleicht die Kette, so reißt sicher die Aufhängung, und reißt die Aufhängung, wird die Schraube wie ein aufgewärmter Fettkorken aus dem spröden Rahmenholz gezogen. Daemlach fühlt im bewußtlosen – und darum dem Bewußtsein vorauseilenden – Gewebe, wie sein Hals zugedrückt wird, zur Abwechslung von ihm selber. Eine saure, wandelbare und anis-schmackige Flüssigkeit steigt ihm die Kehle hoch, vermutlich Galle oder Leber, rührt geradewegs von den Eingeweiden her, labert in der Speiseröhre herum; derartig bitter, grünlich schmeckend und abgefault ist sie.

9 »Hier kommen Sie nicht herein. Ich habe die Kette vorgelegt und belle«, murmelt Daemlach heiser.
»Übertrieben! Wir bezahlen Sie ja aus eigener Tasche, denn die klitzekleine Änderung darf durchaus auch was kosten. Ich möchte mit mir nehmen die Befriedigung, daß ich Sie zu dieser Unterschrift gebracht habe, eine lächerliche Sache, für welche ich mich selbst bemühe.«

10 Der Transportminister läßt seine dünne Stimme in ein erheitertes Gurgeln ausbrechen und lockert den Druck, senkt die Hose kurz übers unbekleidete Bein, um dessen Schweiß aufzuwischen. Nachdem sie hochgezogen ist, erstrahlt es in neuem Glanz; die Genugtuung darüber greift auf Daemlach über, der sich über die Verführungskräfte wundert, welche eigens für ihn lockergemacht werden.

11 Entscheidung fällt. Aber nur halb. Gewonnen durchs Versprechen des Ministers, er gehe nach der Unterschrift gleich und lasse etwas Geld da, streckt Daemlach seinen Kopf durch die Türspalte, behält die Hand auf der Kette. Würde die Tür jetzt zuschnellen, wirkte sie als Guillotine; tut sie nicht. Daemlach hebt den Blick und sieht, daß gar nichts zu sehen ist; Treppenhaus unbeleuchtet, alle Nachbarn in den Ferien; der Minister hat den Hut ausgezogen und hält den Griff mit einer Hand. Zwei braune Schuhspitzen. Beide in Spalte eingequetscht.

12 Die Spalte bleibt. Wird größer. Daemlach fügt sich ins Unvermeidliche. Das ist, hat man einmal gesehen, es ist wirklich unvermeidlich, nicht mehr niederschlagend. Ganz im Gegenteil bricht bei Daemlach ein Staunen darüber aus, daß er es jemals hat niederschlagend finden können. Dies geschah zweifellos, weil es nicht immer so unvermeidlich aussah, insbesondere beim Pochen noch nicht wie jetzt, da der Transportminister vor der Tür stehenbleibt, beide Schuhspitzen zurückgezogen hat und unter einem Hut einen Grashalm kaut.
»Ich kann ja gar nicht . . .« Daemlachs Stimme erstickt, aber dazu ist sie da. Sie wurde gegeben, um zu ersticken, denn von allem Anfang an wurde diese Stimme als die erschöpfende Verkleidung ihres Gegenteils geliefert.
Neugierig, warum sich nichts mehr rührt vor der Tür, läßt Daemlach seinen Kopf einstweilen draußen.

13 Der Transportminister hat die Tür ergriffen, die Beine gespreizt, und verstemmt sich gegen die Schwelle, reißt mit aller Gewalt und

mit seinem Gewicht die Tür zu. Daemlachs Kopf wird eingezwängt zwischen Rahmen und Blatt.

14 »Instruktion über die Guillotine, genau das, was Ihnen bei uns nicht blüht, niemals blüht!«
Daemlachs Blut wird durch die Brauen eingedämmt, tropft ihm aber auf seinen weißen Kragen, auf den vor Wochen weiß gewesenen Kragen. Der Transportminister stimmt sein Gurgeln an. Ein donnerndes Gurgeln, eine beinah zerebrale Ausgelassenheit.
»Jetzt bleiben Sie einstweilen mal ruhig und denken über mich und mein bescheidenes Begehren nach. Habe es nicht eilig, niemand von uns, können alle warten auf Sie.«
Der Transportminister wühlt in der Tasche seines mit weißen Fünfecken besäten Zweireihers, reißt ein seifiges Butterbrot aus dem Taschenfutter heraus, das sich nach außen stülpt.
Daemlach schließt die Augen. Sieht gleich alles besser. Sein Körper ruckt, um ihn aus der eingeklemmten Lage zu befreien.

15 Er scheuert sich die Schläfen wund. Seine Stirn runzelt sich vom Abrieb. Seine Kopfhaut löst sich. Seine Stirn fällt auf die Schwelle, er läßt sie draußen, während sein Kopf zurück ins Innere der Wohnung glitscht. Der Schwung des Zurückfahrens streckt ihn auf den Boden. So sah er den Eingangsspiegel über der braunschwarzen Kommode noch nie. Muß am unteren Rand repariert werden.

16 Der Transportminister war auf Daemlachs Befreiung nicht gefaßt. Er stemmt sich noch immer mit seinem ganzen Gewicht nach hinten, sodaß jetzt wo die Tür sich ruckartig schließt, die Klinke sich losreißt, ihm in den Händen bleibt. Der Minister will sich auf den Beinen halten, zappelt rückwärts, kracht gegen die Nachbarstür – alle, alle in den Ferien – erholt sich aber rasch, stößt vorwärts, die Hand durch das Loch, wo die Klinke und ihre Halterung steckten, löst die Kette vom Haken, öffnet und steht stumm und mit hängendem Unterschriftenbogen vor Daemlach, der vor der Kommode liegt und vor Schmerzen heult.

17 Der Minister schleppt ihn zur Badewanne, steckt ihm den Kopf ins Wasser, das sogleich den Wannenboden bedeckt, nachdem er den Hahn aufgedreht und frisches Wasser hat laufen lassen.
»Ist ja nicht übermäßig wichtig, verzichte. Wieso er so furchtbare Angst vor mir, he? Er so schreckliche Angst vor meiner Person, das ganz furchtbar!«
Mit den Fingern kämmt er Daemlachs Haare und streicht ihm über den roten Nacken. Unförmig und versöhnlich bleibt er neben ihm hingehockt, bis Daemlach seine beiden Schnürsenkel wieder zugezogen hat. Später reißt er ihn aus dem Badezimmer und gibt ihm ein Autogramm ›für Ihre Schmetterlingssammlung‹. Daemlach läßt eine feuchte Spur zurück und wird am Abend schlafend, mit leichtem Katarrh, quer zum Klappbett gefunden und richtig längs gebettet.

Der Brunnen

1 Der Brunnen war voll.
Ich ging hinters Haus. Der Rittersporn blühte, die Gartentür stand offen und die Eibe trieb Schößlinge und ich tauchte meinen Kopf in die Eibenschößlinge hinein, nachdem ich hinter dem Haus einen Rittersporn geknickt hatte.

2 Plötzlich erreichte mich eine Stimme. Es war die Stimme meines Nachbarn. Ein beengter, einfältiger Mensch. Er hatte sich den Eibenschößlingen genähert und er rief mir ein »Hallo!« zu, keck, und es war heiß. Die Hitze war in den vergangenen drei Tagen hochgeklettert, und der Nachbar, ein Vertreter für eine bestimmte Kohlenförderungstechnik, bei der sich die Schweißnähte gern lösten, trug eine Badehose.

3 Der Nachbar war politisch tätig, und ich war politisch untätig; dafür war ich politisch interessiert und er nicht; je weniger er sich interessierte, desto tätiger wurde er. Orts-, Kreis-, Landesverbandssitzungen nahmen ihn in Anspruch, und dazwischen die Reisen zu den Kunden, welche er an Berufsschweißer weiterwies. Reden begann er mit »Meine Familie und ich, wir finden . . .«, und später schob er in einer Wendung den Willen seines Parteivorsitzenden der Familie zu, welche immer genau das wollte, was der Nachbar zu wollen hatte.

4 Er war ziemlich beleibt. Er war schon lange dabei. Damals war es heiß und feucht, schwül. Da der Nachbar so beleibt und von einer im täglichen Verkehr erleichternden, fürs politische Geschäft aber verheerenden Torheit war, trug er, wenn er sich auszog, eine lange, ihm bis ans Knie reichende, Badehose mit einer Schlüsseltasche.

5 Er durchlief soeben eine intensive Sexualphase. Sie richtete sich vor allem auf seine Frau, mit der er in langjähriger Ehe verbunden war vor Gott, und mit der Phase ging ein striktes Verbot an seine Kinder daher, diese Phase zu durchlaufen. So hatte es auch der Vater des Nachbarn gehalten. Die Reden fingen neuerdings mit »Meine Frau und ich, wir finden . . . aber unsere Kinder gar nicht . . .«. Wir lebten in zwei Vorgärten mittlerer Ausdehnung und in einem Zweiparteiensystem. Dieses System tobte und ließ, sobald es sich eine Krawatte umgebunden hatte, die Wildsau heraus.

6 Der Nachbar bog ein paar Eibenschößlinge zur Seite und fragte mich:
»Haben Sie den Kanzler gesehen?«
»Nein«, sagte ich, »was hat er denn getan, Ihr Kanzler? Hat er zu singen angefangen?« fuhr ich so eingeweiht wie möglich fort. Die Wortwahl war das schwierigste bei diesen Gesprächen unter Eingeweihten. Sah er mir einmal die Wortwahl nach, so lief alles auf ein tiefes Einverständnis heraus, das wir unter einer Beinahe-Prügelei zu kaschieren pflegten. Ich sah Tausende von feinen Unterschieden und war bei keiner Partei, er sah nicht den geringsten Unterschied und war bei seiner Partei, »bis zur nächsten Kurve, aber das lohnt sich jetzt nicht mehr«.

7 Wenn er seinen Weg machen wollte, mußte er seine Redemaschine ständig geölt halten. In der schwülen Hitze verdunstete das Öl und er drohte ein stummer Fisch mit aufgesperrtem Rachen zu werden. Ich richtete meinen Blick auf die Brust seiner Frau. Sie stand herum und schrieb an den Reden mit und war im Kreisverband für die Erstellung der Schwimmbäder besorgt. Wo immer sie hinkam, ließ sie ein Schwimmbad erstellen. Die Brust der Frau war grob und groß. Ich dachte sogleich an verletzliche Partien meiner selber, um sie nicht zum Objekt meiner Lust zu machen. Das hätte ich nie geschafft.

8 Der Nachbar erriet mich. Beide senkten sie die Köpfe und sagten sich etwas, in dem ich vorkam. Es war nicht allzu beleidigend.

»Wir haben vergessen, den Kanzler in ein Drahtnetz zu stecken«, sagte der Nachbar, »und so ist er vielleicht in Ihren Garten herübergekommen.«
Ich deutete auf meine Dachtraufe, die weit vorstand. Eine Schweißnaht hatte sich gelockert, das Wasser war beim letzten Regen ausgetreten und hatte die Ränder eines leeren, senkrechten Teiches an die Hausmauer gezeichnet. Der Nachbar trug eine Brille aus Hartplastik und sein Scheitel war mit etwas Brillantine gefestigt worden. Er fuhr Citroën, nur Citroën, das gab Identität.

9 Er zog seine Brille aus und rieb sich in den Augen und in der öligen Frisur. Das Fleisch seiner Männerbrust, in der früher zwei Kerle seines Schlages gesteckt haben mußten, hing schlaff vor Alter. »Verflixt und zugenäht und Friedrich«, sagte er zu seiner Frau. Sie war ein scheues, unauffälliges Wesen, das bekannt war für seine Suppenterrinen, zu welchen ich nicht eingeladen wurde. Verflixt: dies sagte er, weil ich ihm mitgeteilt hatte, daß ich den Kanzler nicht gesehen hätte. Seine Frau legte ihm nötigend seine Hand auf ihre Brust.

10 »Reg dich nicht auf, Schatz«, und seine Hand blieb leblos auf der schweren Brust liegen. Sie zeigte diese Brust sogleich in allen von ihr erbauten Schwimmbädern.

11 Ich bekam das Flimmern in den Sommersprossen. Sie schalteten sich ein und aus und tarnten mich so, daß die beiden mich nur mit Mühe noch sahen. Ich wandte mich von ihnen ab und ging daran, die Eibenhecke nach meinen Hausschlüsseln zu durchwühlen. Es gab keinen Tag, an dem ich meine Hausschlüssel nicht verlor. An ihnen hingen Dutzende von anderen Schlüsseln, die ich mir unablässig nachmachen lassen mußte. Die Frau war schlank und ihre Hüften auch. Die Zweige der Eibenschößlinge stachen meine empfindliche Haut.

12 »Wieso habt ihr den Kanzler nicht in ein Drahtnetz gesteckt?« fragte ich die drei.
Es waren jetzt drei. Alle bei der Partei. Die Tochter des Nachbarn war zu ihren Eltern getreten und unterstützte sie moralisch. Sie konnte das ganz stumm tun, indem sie nämlich dastand und die Botschaft absorbierte: Der macht zwar, daß ihr blöd dasteht, aber ihr habt das Recht, die Moral und etwas mehr als die Hälfte des Staates hinter euch. Nur weiter so. So, wie sie diese Botschaft absorbierte, wurde sie von den beiden Eltern resorbiert. Es herrschte eine Übereinstimmung, die mit einer einzigen, noch nicht einmal gespaltenen, Zunge sprach.

13 Seine Badehose war eine Tigerhaut-Imitation. Sie lag eng an, hatte aber Stofflappen, die jetzt durchtränkt herunterhingen und der Hose etwas Buschiges verliehen, so, als sei er gerade von der Liane des Affenbrotbaumes geklettert.
»Wir haben aber dummerweise vergessen, den Kanzler ins Drahtnetz zu stecken«, sagte die Frau gewandt, »mein Mann hat es Ihnen doch soeben erklärt!«
»Ihre Tochter soll mir helfen, diesen Kanzler zu suchen«, rief ich von weiter oben. Die Eibenschößlinge bildeten in meiner Gartenmitte, wo der Rollwagen für den Schlauch stand und die Schubkarre für den Kompost, ein Dickicht, dem nachgehend ich in die Gartenmitte geraten war.

14 Die Frau trug keine Wäsche. Sie trug kastanienfarbenes Haar. Ich war irgendwie mitleidslos geworden, obschon ich mich sonst der kleinsten Kreatur – wenn auch nicht gerade einer Fliege – erbarme.
»Pfeift ihm doch und schaut, ob er kommt, euer Kanzler!« wütete ich.

15 Die Tochter, ein verwaistes aber unheimlich energisches Mädchen, das in höchster Wirrheit schreien konnte und das auch öffentlich tat und alle mitriß und anheizte, kletterte in meinen Garten herüber. Der Nachbar und seine Frau blickten mich ängst-

lich an. Es lag eine ungewollte Ermunterung in diesem Ansehen. Es war zutiefst niederschlagend, von ihnen ermuntert zu werden, und so hatte ihr Blick genau die von ihnen wohl gewollte Wirkung. Er hielt mich von allem ab.

16 Ich wühlte mich weiter den Garten hinauf. Die Eibenhecken gaben meine Schlüssel nicht frei. Ich legte mich abends in dieser Jahreszeit irgendwo kurz ins Gras, und rausgefallen waren die Schlüssel, und ich vergaß, wo ich gelegen hatte und konnte tagelang suchen. Nach einer halben Stunde ging ich wieder hinunter, um der Tochter mitzuteilen, es sei mir mit den Schlüsseln nicht gelungen. Das werde nun den ganzen Tag so sein.

17 Meine Haut war ordentlich aufgeschürft. Der Nachbar umarmte seine Frau. Die Tochter sah nicht über die Gartenmauer hinweg, ich aber, von weiter oben, schon. Sie preßten sich gegeneinander.
»Euer Kanzler hat keine Spur hinterlassen. Hast du ihn überhaupt gerngehabt?« fragte ich die Tochter. Ich war nun wieder nähergekommen und stand ganz unten. Sie unterdrückte ein Weinen, und genau so ein Weinen, wie es Erwachsene nicht unterdrücken, sondern zur Unterdrückung ihres Nachbarn einsetzen. Sie war noch fein und widerrufbar. Aber in der Partei.

18 Die Frau des Nachbarn fiel sozusagen zufällig hin, und er versuchte sie in Besitz zu nehmen. Die Tochter wurde blaß wie ein Eisvogel in der Sauna. Es ging ziemlich laut her. Sie hatten eine Privatsprache entwickelt, welche mit starken Wortkürzungen lebte. Dadurch wurde, was gesagt wurde, unentzifferbar und drohend.
»Papa stirbt bald«, sagte die Tochter halblaut.
»Zweifellos wegen dem Kanzler«, sagte ich verächtlich.

19 Der Nachbar vergaß sich. Ich brachte kein Bedauern für ihn auf. Die Botschaft mußte nicht stimmen. Man hätte bei ihr nachfragen können, ob etwas dran sei an dem, was sie sage. Sie hatte flache

Wangen. Sie hatte sich zu mir jetzt umgedreht und trug einen Gürtel aus Hirschleder. Ich lächelte, mit mehreren Anläufen.

20 »Ich schäme mich für die beiden«, sagte die Tochter, »schauen Sie bitte vor allem nicht auf meine Mutter. Was meinen Vater angeht, so wird er Sie nichts Neues lehren können.«
»Wie man's nimmt«, sagte ich.
Auch mein Bewußtsein war nicht immer gegenwärtig. Inzwischen gehört seine Gegenwart zu den Ausnahmen, die ich mir hoch bezahlen lasse. Man haut mir kollegial auf die Schulter und ich schweiße alles zusammen. Vor mir wirre, sich befeindende Menschenhaufen, ich komme, sehe, siege und lasse sie als eine unzerreißbare, zum Sanftesten entschlossene Einheit zurück.

21 »Machen die beiden das immer?« fragte ich und machte einen Schritt rückwärts in die tiefen Eibenschößlinge und hörte das Krachen des Panzers des Kanzlers, der sich im Wurzelwerk versteckt hatte und den ich soeben unter meinem nackten Fuß hatte. Der Kanzler war ein belustigendes Wesen, nahm nichts übel und wirkte etwas unrasiert, korpulent-lasziv und von hohem, ja, abends gesteigertem Intelligenzquotienten. Ganz ähnlich wie ich hielt er sich gern in Eibenschößlingen auf, sein zwischen zwei Bädern gepflegtes Zurück Zur Natur. Erschrocken tat ich einen Sprung nach vorn. Der eingebeulte Panzer knackte topfigdumpf.

22 »Verflucht nochmal!« schrie der Nachbar und die Tochter brach augenblicklich in Tränen aus. Ich machte einen raschen Gang in mein Wohnzimmer und stellte das Fernsehen an, wo er gerade sprach und frisch aussah. Die Tochter hatte tiefblaue Augen. Ich konnte gerade noch den Nachbarn sehen, wie er in seiner Tarzanhose dastand und vor Wut seine Brille gegen sein Speisezimmerfenster warf.

23 Die Tochter hob den beschädigten Kanzler auf. Ich verriegelte die Gartentür meines Wohnzimmers. Die Tochter trug braune

Söckchen und ein vordergründiges Emblem auf ihrer Pfadfinderkrawatte. Ich legte eine Platte auf, das Largo von Regers Klavierkonzert. Es sagte mir nichts. Man durfte es auch nicht con grande espressione spielen. Vor Schrecken wurde ich ohnmächtig und fiel auf den Tonarm. Im Fernsehen hatte der Kanzler seine Rede beendet und legte seine Haushaltstechnik dar. Ein Haushalt alle fünfzehn Sekunden.

24 Als ich wieder zu mir kam, war der Tag vorbei, aber der nächste wartete schon. Man rief mich in Bremen und gleich darauf in Nürnberg. Ich trug die Tickets in der Tasche und nahm mir vor, noch etwas im Garten zu liegen. Der Nachbar, seine Frau und die Tochter hatten sich auf Liegestühle gelegt, und der Nachbar, der jetzt auch noch ein Tarzanhemd trug, drohte mir mit dem Finger.

»Mein Mann stirbt bald!« schrie die Frau in einem heiteren Singsang.

Ich verstand nichts. Das schien sie überhaupt schlechthin zu amüsieren. Ihn übrigens auch.

Sie ließen von Stuhl zu Stuhl träge die Arme baumeln. Hatten sich an den Händen ergriffen. Von Zeit zu Zeit rannte die Tochter, aufspringend, zur kleinen Schreibmaschine und ließ sie in der Hitze rattern. Der Nachbar hörte ihr zu und sagte:

»Ein Unfall ist doch nicht das ganze Leben.«

Am Abend gingen sie in ihr Haus zurück und löschten alles.

Ich blieb länger auf. Schaute mir den Brunnen an. Drehte den Hahn auf und ließ nachlaufen. Stop. Voll.

Die Wüste lebt

1 Ums Camp zog sich ein Streifen gemähtes Gras, gleich hinter dem Stacheldraht fing er an. Die Gebäude wären mit einer Farbauffrischung nicht schlecht bedient gewesen. Es handelte sich um fünf so gelegte Baracken, daß keiner der Eingänge sichtbar war.

2 Eine stand schon windschief, da hatte was gewütet. Einige ihrer ergrauten Latten lagen im Sand. Der Rest der Fensterläden schlug gegen die Halterungen.

3 Der Wind ließ die zerrissene Flagge flattern. Sie war mit Monden und Sternen gesprenkelt und überragte das Camp um etwa zwanzig Fuß. Zwischen zwei roten Streifen erhob sich ein gelber Halbmond – insgesamt enthielt die Flagge sieben – der mit einem Stern zusammenstieß.

4 Eine Reihe von nebeneinanderliegenden Ölflecken wies auf die früheren Abstellplätze der Panzer hin. Deren hinten gelegene Kühler waren nie dicht gewesen, Motoren hatten draußen zwischen den Dünen aufgeheult und waren erstorben. Auch der darübergewehte Sand verdeckte die dunklen Flecke nicht, in einer Reihe lagen sie, ihre Farbe drang durch mehrere Schichten hindurch.

5 Zwischen den Gebäuden erhoben sich vereinzelte Palmengruppen, die den einzigen Schatten der Gegend spendeten. Der Turm, wo das Maschinengewehr aufgestellt war, beherrschte die umliegende glattrasierte Fläche. Er stand auf drei Beinen. Der Anprall des Sonnenlichtes schien zu genügen, um ihn zu kippen und das Maschinengewehr auf die leere Fläche zu werfen.

6 Die grelle, unbarmherzige Sonne hatte jede Spur von Leben zerbacken, da war, was vorstand, eingeebnet worden, weil, wor-

auf es stand, knitterte und sich flachgelegt hatte. Sand und Staub drangen dem Touristen in die Kehle.

7 Matt und dem Verdursten nahe überkroch er den Grasstreifen. Zuhause war die Gegend ein Polaroidbild gewesen, dessen Fläche zu neunzig Prozent aus Blau und Rot bestanden hatte. Für dies hier aber genügte ein Schwarzweiß-, besser, ein Graubraun-Film.

8 Massenburg schnitt mit dem kleinen Briefmesser ein Loch in den Stacheldrahtzaun und kroch durch die zermürbende Stille. Kein Wasser, dachte er, als er vom ersten Rundgang zurückkam, den er kriechend getan hatte.

9 Ginzing hatte sich hingelegt, war gleich ausgefallen. Massenburg hatte ihn vor drei Tagen auf eine Decke gelegt und ihn an einer Schnur bis hierher gezogen. Vielleicht hätte er umgekehrt verfahren sollen: Mit der Schnur den Stacheldrahtzaun wegziehen und das kleine Briefmesser in Ginzing stecken.

10 Ginzing hatte sich in der Hitze allmählich gekrümmt, Massenburg beachtete ihn nicht mehr. Ginzings Kopf lag in der Nähe seiner Knie, er hatte überhaupt anerkennenswerte Kreisform angenommen. Er sprach aber noch wie ein Buch. Und hinter dem Hauptquartier, rechts, warst du dort schon? fragte er.

11 Massenburg schlurfte hin, um nachzusehen. Diese Scheißflagge, dachte er, als er unter ihr durch ging, Sie grinst, diese Scheißflagge, zeigt den Mond, aber wer hat hier je Mond gesehen.

12 Als er näher an der Sache war, sah er, daß die Rädchen an der Fahnenstange die um sie geleiteten Schnüre noch hielten. Seine braungebrannten knickenden Knie zitterten. Der Sand knirschte, Massenburg schob ihn vor sich her, schlüpfte mit den Füßen darunter, um die Wärme an den Sohlen weniger zu spüren.

13 Scheißflasche. Er wandte den abendländischen Kopf. Die Flasche schlug träge, im Takt der Schritte, gegen seine Hüfte. Eine Düne erhob sich vor der Barackentür. Massenburg versuchte den Sand flachzustampfen und wegzukicken.

14 Fein sang der sich davonmachende Sand, flog, die Palmen raschelten trocken, knisterten, das brach rasch. Ein Geweb von Halbleitern, netzig wie ein Radioinneres, so umzog der an einer Stelle aufgeschnittene Zaun das Camp.

15 Schön eng, dachte Massenburg. Er stieß die brüchige Tür auf. Innen herrschte vollständiges Dunkel. Während einiger Minuten sah Massenburg nichts, bis sich seine Augen an die Schwärze gewöhnt hatten, beziehungsweise, bis da keine Schwärze mehr war, sondern Ahnungen bläßlichen Zwischenlichtes.

16 Die Reihe der Leichen wurde nach hinten von einer Sitzbank abgelöst. Alle saßen einem langen und schmalen Tisch entlang, so, wie der Lichtkrebs sie überrascht hatte. Ein Oberleutnant streckte Massenburg sein Gebiß im verdorrten Zahnfleisch entgegen. Oh Boy, dachte Massenburg, guten Appetit wünsch ich. Massenburg berührte ihm die Uniform. Das faßte sich an wie ein Strohwisch.

17 Durch die offene Tür wehte der Sand herein. Bereits bildete sich eine Düne hinter der Tür, in der Baracke. Ginzing stand im Türrahmen, was nicht leicht war, da der Kopf noch immer bei den Knien lag. Wenn jemals einer ein Fragezeichen, dann der gekrümmte Ginzing.

18 Ginzing grinste, riß das Maul bis zum Kinn auf. Um seine Knie herum sah Massenburg nur Mund. Scheißkrieg, dachte er, verfluchter Scheißkrieg. Plötzlich lähmte ihn der Anblick und ließ ihn in den Magen steigen.

19 Vor der Tür fiel er auf den glattrasierten Platz und übergab sich. Ginzing hangelte sich an der Leiter zum Turm hoch. Massenburg ging seinem Geschäft in kurzen Stößen nach, minutenlang. Die Luft sirrte, die Flagge mit den Monden und Sternen knallte hart und stechend. Nachher fühlte sich Massenburg gelöst, zufrieden wie nach harter Arbeit. War es wohl auch.

20 Schlimmer als Panzer, dachte Massenburg, neuer Scheißtod, wieder einer. Ginzing hatte sich oben ums Maschinengewehr gerollt und deckte die glatte Fläche mit Schüssen ein, rundum. Massenburg wurde es schwarz vor den Augen. Aber wieder sickerte bläßliches Grau ein. Sein eigener Gestank ließ ihn beinahe erstikken. So zeigten sich Lösungen an. Die Flasche schlug träge, im Takt der Stöße. Wahrscheinlich gab es sogar Wasser da.

Ze Waszer

1 Es war einmal ein Jude mit Frau und zwei Kindern gewesen, der wollte im Jahre neunzehnhundertzweiundvierzig nach Christi Geburt zufällig in der Nähe von Säckingen in die Schweiz einreisen, und er tat es auch.

2 Die Familie schwamm nachts über den Rhein und wurde an dessen Südufer aufgegriffen von einer Patrouille und alle durften sich abtrocknen mit einer Reihe heergrüner Tücher, die aus ihren eigens mit achtzehn Lederriemchen verschlauften Barchentbehältern genommen werden mußten.

3 Sie saßen erst in einem kleinen Schuppen an der Wärme neben einem knackenden Holzofen und durften die an den Wänden in dunklen Ledertaschen mit nur sechs Riemchen und einem Sicherungsbolzen aufgehängten Schußmagazine betrachten. Sodann kam der Vorsteher der Schweizer Patrouille.

4 Der Vorsteher also. Sein Gradabzeichen konnte der Jude nicht lesen, soll ihn aber mit ›Herr Oberst‹ angeredet haben, und der Vorsteher sagte, Beachten Sie den bald vorfahrenden Wagen, er wird für Sie alles entscheiden, und die Familie wurde aschfahl und wartete, und die beiden Kinder bekamen ganz verschämt neue trockene Kleider von den sich um den Schuppen neugierig sammelnden Schweizer Einwohnern zugesteckt, und für den Vater und die Mutter hatte man aus den speziellen, mit fünfundzwanzig Lederriemchen und zwei Querpflöcklein abgeschlossenen sogenannten Groß-Heeres-Barchent-Etuis ein einziges, fast sechs Meter langes Frottiertuch genommen und sie einfach hineingewickelt, so daß sie oben und unten einwenig hinausschauten und nicht mehr vom Scheitel bis zu den Zehen, nur noch am Scheitel und den Zehen froren.

5 Alle hörten draußen vor dem Schuppen den absterbenden Motor, es war ein Fest für die Augen, was nun vor sich ging, er war geräuschlos herangefahren, der lange windschlüpfige Bugatti Modell 1934, er alterte nicht, war noch so neu wie Bugatti ihn im unteren Elsaß nach dem Bilde seines Kopfes geschaffen hatte, nämlich, dieser war das Ebenbild des Bugatti 1933, nur leicht verbessert, und der Bugatti 1933 war das Ebenbild des Bugatti 1932 gewesen, nur leicht verbessert, undsoweiter, durch die hohen Bugatti-Jahre zurück, ein Fest fürs Auge jedes neue Modell maschineller Sportlichkeit.

6 Der Vorsteher der Einwanderungsbehörde, Herr über Leben, Lager und Legende, hatte den Wagen von seinem Schwager, einem hohen Angestellten eines Wirkwarenbetriebes im oberen Elsaß, günstig erstehen können, als nämlich jener, der Schenker, will sagen Preis-Rabatt-Geber, unter seinem Weihnachtsbaum 1934 plötzlich mehrere brandneue Bugattis vorgefunden hatte und sich dafür in akzentfreiem Deutsch bedankte beim Geber und Gönner.

7 »Herrschaft, Herrschaft!« sprach der ausgestiegene und den Wagenschlag zugeworfen habende Vorsteher den in sein langes heeres-tarn-grünes Frottiertuch gewickelten Juden an, in dem er das Familienoberhaupt erkannt zu haben glaubte, »Herrschaft nochmal«, was ein gutmütiger Fluch war und auch so verstanden wurde vom Juden, der gerade eine Gulaschsuppe aß, »und, wie geht es Ihrer Familie?« – »Monsieur«, sagte der Jude, der für einen Augenblick den Löffel ablegte und versuchte, in ein Deutsch zu geraten, das er offenbar seit mindestens zwei Jahrzehnten nicht mehr in den Mund genommen hatte, »Monsieur, wir seint geschwimmt viel und lang und trieben«. – »Ja, so, ah, das sehe ich schon«, räusperte sich der Vorsteher.

8 Mit dem Zündungsschlüssel klimperte er gegen seine Gürtelschnalle. »Und ihr könnt ja scheint's auch schon prächtig schwimmen«, neckte er die beiden Kinder, die, sich selber betrachtend in

den ihnen fremden und trotzdem an ihnen herunterhängenden Kinderkleidern, in ein nicht mehr sich legenwollendes Kichern ausgebrochen waren.

9 Dies Märchen ist, wie Märchen sind, unverbürgt, und doch schien da dann der Augenblick gekommen zu sein, wo der Jude seine Aschfahlheit in die passenden Worte zu kleiden versuchte und den Vorsteher mit »Herr Oberst« ansprach, dann aber, obzwar weiterwissend, nicht mehr weitersprach; wo der Vorsteher mit »So also ja, dann wären wir also jetzt glücklich in der Schweiz, nicht wahr« aus dem Schuppen stapfte, mit dem klimpernden Schlüssel den Motor anwarf,

10 eine halbe Stunde wegblieb und dann mit dem – allerseits mit einem angesichts der düster-durchsichtigen Kriegsverhältnisse als überschwenglich empfundenen Lachen quittierten – tatsächlich selbstgemachten Witz »Hier könnt ihr aber nicht bleiben . . . ich meine, in diesem kleinen schmutzigen Schuppen« – der Familie die lebenswichtigen vier neuen Aufenthaltsbewilligungen in die Hände drückte, zusammen mit vier Tafeln heller Schokolade

11 mit eingelegten Nüssen und vier hellen, spiegelnden Konservenbüchsen voller Käse, von dem alle den Deckel gleich zu lösen hatten, und, ebenfalls, wie das Märchen eben halt, unverbürgt, soll derselbe Vorsteher, bereits uralt, ja, kurz vor dem eigenen Tod durch Embolie stehend, wegen seiner dann noch gemachten Bemerkung (»Das nächste Mal nehmt ihr aber glaub doch lieber ein Boot, nicht?«) von einer Schweizer Wochenschau des Jahres 1987 als »leicht geschmacklos« getadelt worden sein; was aber

12 dank rechtem und damit gutem Druck von der Wochenschau als ›nicht sachgerecht‹ sozusagen sogleich mit Billigung aller zurückgenommen wurde, fünfundvierzig Jahre später.

Rüstungsexperte Whalefords vorgeschobener Horchposten

1 Der Hammer. Lag da wie ein Hammer. Geteilte Schenkel vorn. War ganz aus Stahl. Der war hart. Der Stahl war blau und vorn geteilt. Da waren die Schenkel geteilt und konnten Nägel aus Whalefords Brett zupfen. Die Köpfe. Wie bei Nägeln. Kamen zwischen die Schenkel aus Stahl. Die rissen. Köpfe kamen samt daranhängenden Nagelleibern aus dem Brett von Whaleford in Neufundland. Es war immer dasselbe. Es geschah oft. Es war unaufhaltsam. Der Hammer war mit geteilten Schenkeln zum Nagelausziehen versehen. Alles Stahl. Glattpoliert.

2 Alles ganz aus Stahl. Oft glattpoliert. Der Stahl hörte nicht auf. Das Polieren ging sehr lange, jeweils, wenn einer polierte. Außer Whaleford waren etwa zwei oder drei noch da. Vielleicht vier oder fünf. Womöglich mehr. Einer sah den Stahl, und die Sache war ausgemacht: poliert werden würde der Stahl, und da der Stahl, wo man hinblicke, nicht aufhöre, sei auch das Polieren ein Tagewerk, oder ein Wochenwerk, ein über Jahrzehnte ausgeübtes Wochenwerk.

3 Als erstes muß derjenige, jener nämlich, der womöglich ans Polieren ging, auf den Hammer mit den geteilten Schenkeln sich gestürzt haben. Er stürzte sich auf die geteilten stählernen Schenkel und fing mit Polieren an. Das Polieren erfaßte das Brett, nämlich die Ablage, auf welcher der Hammer lag. Das Polieren verselbständigte sich. Die Schenkel waren fein gefeilt und glattpoliert, denn so viele, so viele Nägel hatten sie aus dem Brett herausgezupft. Es gab sehr viele Nägel. Es war ein Zufall, daß diese Nägel immer ins Brett gehauen wurden, auf dem der Hammer lag, es war ein seltsamer Zufall. Der Zufall wurde noch eigentümlicher, wenn er, nämlich derjenige, jener Kurze, Dumme daran dachte, daß offenbar in jenem Keller, in welchem

der Hammer auf dem Brett lag, nichts zum Nägeleinhauen geblieben war als just das Brett, auf dem der Hammer lag.

4 Der Zufall wurde der allereigentümlichste, wenn jener Kurze, Dumme noch weiter bedachte, daß dieses Vernageln der Ablage, auf welcher der Hammer mit den gespreizten Schenkeln in Whalefords Keller lag, offenbar mit demselben Hammer vor sich gegangen sein mußte, und zu diesem Zweck war der Hammer von seiner Ablage, dem Brett, entfernt worden, und ein anderer der vier-oder-mehr, nicht jener Kurze, Dumme jedenfalls, mußte mit dem Hammer, den er von der Ablage entfernt hatte, eine große Menge, eine sehr große Menge Nägel in die Ablage, auf welcher der Hammer sonst lag, gehauen haben, eine ungeheure Menge Nägel, eine geradezu aberwitzige Menge Nägel, einen riesigen Nagelhaufen mußte er sich in Taschen und vielleicht in Neufundländer Wasserbehältern in Whalefords Keller mit hinuntergenommen haben, um sie mit dem von der Ablage weggenommenen Hammer in die Ablage des weggenommenen Hammers mit den gespreizten Vorderschenkeln hineinzuhauen.

5 Der Hammer. Lag da wie ein Hammer, außer er wurde bewegt. Der kurze Dumme, jener, nämlich derjenige, sah es ihm nicht an, daß er bewegt, verrückt geworden war. Der Zufall wurde der absonderlichste, wenn jener, nämlich ein weiterer Breiter, Flachgedrückter, der vielleicht eine noch größere Anzahl Nägel in die Ablage gehauen hatte als der Kurze, Dumme, wenn jener Breite, Flachgedrückte daran dachte, daß diese Nägel von demselben Hammer wieder herausgezogen werden müßten, später, mit den vom häufigen Gebrauch gekerbten Vorderschenkeln.

6 Die Schenkel waren äußerst feingefeilt und glattpoliert, und derjenige, nämlich der Breite, Flachgedrückte war auf einem Polituurrundgang durch ganz Neufundland hindurch vorbeigekommen bei Whalefords Keller und hatte diese Schenkel in einem Wochenwerk neu poliert, den Hammer dabei aber meist auf der Ablage belassen.

7 Der Zufall wurde der absonderlichst-geheimnisvollste, wenn der andere, der Kurze, Dumme in seinem eigenen Interesse darüber nachdachte, daß die Ablage des von ihm polierten Hammers mit dieser vernichtenden Zahl von Nägeln gespickt worden war, um sie, die Ablage, zu verstärken, ihre Tragfähigkeit zu vergrößern, ihren Gebrauch weiterzuführen und viel mehr als nur diesen bisher einen Hammer auf sie zu legen. Der Kurze, Dumme wußte nicht, welcher andere der vier-und-soundsovielen auf den Gedanken hatte kommen können, die Ablage dergestalt verstärken zu wollen, daß bei einer Vernichtung von Neufundlands Boden und des Felsens, auf dem Whalefords unterkellertes Ferienhaus stand, auch eine Nagelzahl astronomischen Ausmaßes samt einem Hammer, zwei Hämmern, einem dritten Hammer samt dem ganzen Whaleford'schen Personal zur Hammerbedienung mitvernichtet würden, indem diese, nämlich die Ablage, einbräche. Dann würde er, der Breite, Flachgedrückte, einen Einbruch der Ablage erleben müssen, die Hämmer und Zangen und Milliarden Nägel würden sich anschicken, ihm auf die Füße zu stürzen und diese auch noch flachzudrücken, jener aber, der Spindeldürre, Zuhochaufgeschossene könne sie nicht zurückziehen, völlig in betäubtes Staunen versetzt wie er sein werde über das plötzliche Herabbrechen der Ablage und seine eigene zwischen zwei stählernen glattpolierten Schenkel stattfindende Zerquetschung und Verarbeitung zu einem knochenzermahlenen blutroten Empfangsteppich.

8 In Stupor versetzt durch das Herabbrechen der Ablage. Wer aber konnte denn auf diese Gedanken einer Auslöschung kommen, außer dem Dummen, Kurzen selber, und gerade er war doch nie auf den Gedanken gekommen, die Ablage mit noch mehr Hämmern und Zangen und Nägeln zu belasten, insbesondere nachdem die Ablage, durch die titanische und alles Erdenversinken fördernde und alles Meerverkochen halluzinatorisch-insgeheim vorwegnehmende Anzahl von hineingeschlagenen und ihrer Stärkung dienenden Nägeln selber so schwer geworden sei, daß sie in wenigen Augenblicken, im tiefsten Frieden noch, herabbrechen

müsse und durch den Boden hindurchsinken, tief ins Erdinnere, gespickt mit Trilliarden von eingeschlagenen Nägeln, eine viel zu große Stützanstrengung, und auf seiner Terrasse auf dem das blattgrüne Meer überschauenden Felsen saß Whaleford gekreuztschenklig im Liegestuhl und las die Pornohefte seiner Befehlshaber, die darin die Hosen auszogen, was Whaleford in seinem Liegestuhl wenig berührte, weil er nie solche trug.

9 Eine viel zu große Stützanstrengung, und wer, außer ihm, dem Spindeldürren, Zuhochaufgeschossenen, jenem, nämlich demjenigen, konnte auf den Gedanken gekommen sein, diese Ablage mit Trilliarden Nägeln so verstärken zu wollen, daß sie tausende von Hämmern tragen konnte. Kann man die Stütze stützen, fragte sich jener, nämlich der Breite, Flachgedrückte, der ein Teppich aus Knochen werden wollte, der sich selber flambierte, und zwar, geschmacklos, noch vor dem Dessert.

10 Der Hammer. Lag da wie ein Hammer. Vorn geteilte Schenkel zum Nagelausziehen. Das Polieren dauerte jeweils eine viel zu lange Weile, wenn einer polierte. Alles ganz aus Stahl. Ganz glattpoliert. Oft. Whaleford erhob sich aus seinem Liegestuhl auf dem Felsen, betrat die Treppe in den Keller und stürzte sich, kaum war er unten, auf die Spitze des Hammers, dort wo sich vorn die Schenkel teilten, und fing mit Polieren an.

11 Dann erblickte er die Bescherung, trat unten auf die Treppe, ging hinauf, schloß die Falltür in den Felsen, begab sich vorn auf die Klippe überm blattgrünen Meer, ließ sich in den Liegestuhl sinken und stieß heftig in eine Trillerpfeife.

12 Jemand, von dem Whaleford annahm, derjenige könne es nicht sein, er war nämlich weder Kurz noch Breit noch Spindeldürr, obgleich Whaleford sie alle als Kurze und Dumme bezeichnete, ziemlich uniform so, jemand also, von dem er glaubte, er sei es nicht, obschon grundsätzlich zum Schluß keiner übrigbleibe als »ich selber«, also »Whaleford persönlich«, also, da er nun fand,

dies sei nicht Whaleford, also »Ich selber bin es wohl nicht«, jener also, von dem Whalefords in Neufundland in Urlaub weilenden absonderlichst-vergeblichen Grundgedanken annahmen, er, der Kurze, Dumme sei es nicht, »er nicht ich«, also, »er ein anderer«, weil, »er zwar wahnsinnig, aber klüger als ich Kurzer, Dummer«, jener also, jenen sah Whaleford, und er wußte sogleich, es war ein anderer, sodaß ihm schien, immer wenn er, Whaleford etwas tue oder unterlasse, unterlasse oder tue es ein anderer. Ziemlich uniform so.

13 Von jenem sei ihm, Whaleford, klar geworden, daß er in entscheidenden Belangen und Aufträgen übergangen werde, und bei aller Bestürzung und Beträubung über die eingehauenen Nägel müsse er dessen Gedanken anerkennen, ein Regierungsbericht rate ihm dazu, nämlich, die Stütze zu stützen, nämlich, die belastete Ablage in seinem Keller zu stärken, indem er eine weitere runde Trilliarde, er wolle sie einzeln beim Einschlafen lebe er allein.

16 Allein lebe er ganz in seinem Haus, oft auf dem Liegestuhl auf dem Felsen, gekreuztschenklig und hosenlos, ganz allein in seinem Haus, nicht einmal ein kleines Tier im Keller, er ganz allein in seinem Haus, und darum müsse er es wohl gewesen sein, ja, er müsse es, weil er allein in seinem Haus lebe, sogar ohne irgend ein kleines Tier, etwas Kurzes, Dummes aus der Fauna, sagte er. Selber sei er es gewesen, es gebe keine andere Möglichkeit, als daß er es gewesen sei, er habe, er, der kurze, dumme Whaleford, es getan, kurzum, er habe es getan, ja. Der Hammer. Liege da wie ein Hammer. Geteilte Schenkel vorn. Jetzt eine Brise von Osten auf der blattgrünen See, ob Kämme ihren Schatten auf die Fläche würfen? Geteilte Schenkel vorn. Zum Nagelausziehen. Müsse heute erledigt sein. Er wolle ihn brauchen und wolle ihn dafür polieren und jetzt auf die herabbrechende Ablage zurücklegen. Allein in seinem Haus, Klippe eines Vorgebirges, kein Tier da, also er, Whaleford, selber.

Rheinisches Requiem

Nun sich der Horizont mit Trauerfarbe überpinselt hat, kann ich mich aufstellen mitten auf die Mittlere Brücke, welche die bekannteste und auch die verlorenste Brücke Basels ist. Obschon die meisten da stehenden und da hinübergehenden Basler Menschen sie als die vertrauteste anschauen, dabei ist es die wohl unheimlichste und fremdeste. Und dient das ehemalige, in den Staub der städtischen Urvergangenheit zurückreichende Zollhäuschen auf der Brückenmitte tagsüber, wo alles lichtheiter und helligkeitstrunken und sonnentaumelnd zu sein hat, als Hintergrund für die jeden Aufgenommenen im Bild vereinsamenden grellen Farbfotografien, so gähnt um die verlorenste Brücke Basels, die in Basels Mitte steht und anzeigt, in der Mitte ist alles zutiefst vereinsamt und verloren, so gähnt, will ich sagen, um diese allerbeziehungsloseste Mittlere Brücke, die tief hinuntergeht in den Grundschlamm des an seinem Wassergrund menschenleeren Vater Rheins. Da gähnt, will ich sagen, die nächtlich wahnsinnigmachendste Leere um diese tiefentlegene Mittlere Brücke, vor der die Ufer, die soeben eng zusammengerückt sind in ihrem Kirchendunkel, jetzt zurückweichen, sodaß einer, hat er sie von einer Basler Stadtseite aus betreten, sogleich auf der Brücke in die heftigste Heimwehkrankheit nach einer neuen und ganz anderen Stadt, als Basel es ist, als Basel es sein kann, verfällt. Die Krankheit schägt ihre Pranken um ihn, während die verwaisten Ufer zurückweichen, ebensowenig von Fußgängern jemals heimgesucht wie der tiefe Wassergrund des Rheins, in dessen grünem Schlamm, wo die Skelette früher, im farblosen und brunnentiefen finsternisgeplagten Mittelalter in den Rheingrund mit einem Gewicht am Fuß versenkter Menschen, wo, sage ich, diese in ihren bleichen Gliedern noch lose zu einer Körpereinheit zusammengehaltenen Knochensortimente früher Ertränkter einen Lichtlosigkeitswalzer tanzen, dem es nicht mehr bis zur Tobsucht reicht, sondern durch dessen Poren das wohl sauberste Wasser von Vater Rhein allmählich in die Poren der nächtlichen Geisterknochen dieser Skelette dringt. Unendlich weit ist die kleine Stadt, die keine andere Stadt jemals sein kann oder jemals sein wird, von ihrer Mittleren und allervereinsamtesten Brücke zurückgewichen, tief in die Zonen jener Schwärze, wo sich die Füchse Gutes Grab sagen, niemals wurde tiefnachts von der Basler Mittleren Vereinsamten Brücke aus ein anderer Fuchs als ein »Gutes Grab« sagender erblickt. Aus ihrer fahlen Mitte heraus stößt die Stadt eine bis in den tiefsten Grund hineingestachelte Basel-Gondel ihres einsiedlerischen Ruderbundes, ihrer durchaus baslerisch, sage ich, tiefbaselhaft der abseitsstehenden Welt preisgegebenen und ihr zum Opfer dargebrachten Rudermännerbünde. Und langsam, bedächtig, sich kaum vorwärtsbewegend in der zähen, schwarzgrünen, dickflüssigen Strömung reinsten Wassers, so schwebt der Weidling über ihrer Rufstunde, der Dämmerung. Der unbemutterte Lichtlosigkeitswalzer zu den Klängen einer mit spanischer Trompete, Unterkieferkontrabaß und Begräbnistrommel wirkenden, heimathilfeschreienden Kapelle. Und noch niemals bin ich und niemals werde ich über die in ihrer zentralen, ja zentralsten Lage bis ins Absurdeste vereinsamte Mittlere Brücke spätnachts gehen können, ohne daß der Weidling stillsteht über dem erleuchteten Rheinschlammgrund, genau über dem Ort des jetzt endgültig, mit Nietzsche zu sprechen, gottverlassenen Skelettewalzers, und ohne daß – Tausende von Kilometern trennen jetzt von Basel – eines der Skelette die Hand hochstreckte zu dem auf der als einziges Teil der Stadt noch übrigen Brücke Stehenden und mir in höchster entfleischter Geworfenheit des mittelalterlich-knöchernen Todsünders still herauf bedeutet, winkend und walzernd: Komm, spring, zu uns, füll uns nach, sei du ein uns lieber Mitgestorbener nachts von der Brücke in das leutescheue, in Wirklichkeit aber von sovielen Leuten heimgesuchte Wasser, herunter mit dir, recht so, geklettert schon aufs Geländer, nun folg ihm nach, wo es tief wird.

Ein Spektrum von Fickpritschen

1 Zum Schluß griffen sie uns dann massiv an. Ausgerechnet am Nationalfeiertag. Ich hatte nicht angenommen, daß sie es wagen würden, und als es geschah, dachte ich nur an Cornelia. Die Panzer AMX 30 waren ältere Modelle – sie hatten seit kurzem keinen heißen Draht zu den Waffenschiebern mehr. Die F-SE-Maschinen versandten etwa zweihundertdreißig telegelenkte Maverick-Geschosse.

2 Vor der Einstellhalle: ein Strauch, dessen Pflanzenname und Kreuz- oder Sonstwas-Blütlergruppe mir abermals nicht einfiel. Ich hätte anderes zu tun gehabt und dachte doch nur an das Nächste, Kurzsichtigste. Mannshoher Strauch. Weiße Blüten, oder Blüten plötzlich weiß geworden.

3 Ich habe seither nie wieder solch intimen Umgang kennengelernt und habe mich in der Folge gedrängt gefühlt, dieses Gefühl, das kein schmerzhaftes, sondern ein aufs engste und damit aufs wärmste und damit persönlichkeitsbezogenste reduziertes war, weiterzugeben, um so zur Beseitigung weitverbreiteter Angstwut beizutragen; es ist dies, darf man mir glauben, eine falsche Angst, zerrissen zu werden, während man, dies darf ich behaupten, gerade dann im höchsten Grad bei sich selbst ist.

4 Übrigens waren die Schnellboote von beschränkter Reichweite, zugegeben, ein Kanal, dessen Untiefen sie rechtzeitig ausgelotet hatten, floß bis in die Nähe, aber die aufgeworfenen Staubfontänen in den Aufschlagstrichtern spritzten weitab. Irgendeine Pflanze also. Weiße Blüten vermutete ich. Die weißen Blüten wurden plötzlich unterteilt in weiße Ringe. Die weißen Ringe zerfielen in weiße Knollen. Es geriet alles in einen leichten Stich ins Weißliche, ja doch, einzelne Farbstiche Gelb waren dabei.

5 Unter dem Betondach der Einstellhalle, das weit vorragte und früher den vorfahrenden Wagenkolonnen bei Empfängen Regenschutz gewährt hatte, lag ich ungefähr in Deckung, Achtzig-Prozent-Schutz, ich sah von da aus alles. Mich durchzuckten vage Befürchtungen (nichts Gefährdendes) über die Explosionsmöglichkeiten meiner Granaten- und Schrapnellseele gegenüber Cornelia. Weiße Knollen unterteilt in weiße Bällchen. Weiße Bällchen zerpulverten sich in weiße Kügelchen.

6 Weiße Kügelchen atomisierten sich in das, was ich als weiße (oder, wie immer: weißliche) Punkte ansah. Der Strauch vor der Eingangshalle setzte sich sodann aus weißen Punkten zusammen, mein Gott, jedem von diesen kann man keinen Namen mehr geben, sonst laufen die Listen aus. Nicht genug damit: die Einstellhalle setzte sich aus sinnvoll gegeneinander verschobenen weißen Sträuchern zusammen. Cornelia würde erschrecken über die Heftigkeit, mit der sie mich zuhause würde beruhigen müssen, wenn meine einfache Schrapnell- und Flak-Seele das Feuer eröffnet hatte.

7 Man stelle sich jetzt bitte eine ganze Reihe so zusammengesetzter Einstellhallen mit Schraubgewinden vor, eine Spezialart des allgemeinen Einstellhallen-Baukastens, welcher solche Einstellhallen blitzschnell, wenn etwas in der Luft lag oder in die Luft geriet, aus kleinsten sinnvollen Teilen zusammensetzte. Der Vorteil lag auf der Hand, solange eine Hand da war: die Hallen wurden zunächst zusammengesetzt aus kleinsten Teilen und zerlegten sich beim Angriff wieder in ihre kleinsten Teile; weil es bei größeren Detonationen dienlich ist, falls man die Nähte weiß, wo etwas platzt, statt daß man es einfach platzen läßt und zum Beispiel ausgedehnte Oberflächen, die später, nach einem selber, noch zu brauchen sind, mutwillig umkommen läßt, durch Querriß, oder durch Herausreißen von obersten (Deck-)Schichten Mangan.

8 Nichts durfte dem Zufall überlassen werden, auch die eigene letzte Wunde nicht, dazu noch am Nationalfeiertag. Der Einstellhallen-Baukasten war eine Unterart des Stadtbaukastens, den die Rudelführer der »Lawinenhundstaffeln« – der Menschen und Verschüttete suchenden Tiere – das Nagasaki-Lego getauft hatten; in den Stadtbaukasten waren die letzten Partikel des Naturbaukastens eingesprengt, ein leider dank meinem schwachen Gedächtnis jetzt namenloser Strauch, unter dem Vordach zu sehen; aber bestimmt, hinter meiner Einstellhalle, noch weitere Sträucher.

9 Ich durfte deduzieren, daß das allgemeine Verhalten weiterer Sträucher ein ähnliches war; gar kein Verhalten vielleicht, aber jedenfalls ein ähnelndes, es fehlte einfach die Vergleichsbasis, doch die Annahme darf ich dennoch ... die Sidewinder-Raketen vergrößern das Gefühl des zuschauenden Menschen, bei sich zu sein und zu bleiben, ins fast Ungemessene, und ich wiederhole, daß es dieses Unmaß, mir selbst zu gehören, war, was mich in der Folge unmerklich beunruhigte, oh, man konnte mich abermals sänftigen, das war nicht schwer. Bloß allerdings will man sich oft und energisch nicht unbedingt bis in die tiefsten Knochen kennenlernen, und da ist erst noch nichts sodann, dem man Guten Tag sagen kann. Ich sagte mir, sobald du merkst, daß du dein Wasser nicht mehr behältst, ist es die Desillusion deiner keineswegs kümmerlichen Existenz, eine Art Psychosomatik wider Willen. Auf wen ein Geschoß fällt, und er hat eine starke Seele, da kommt er davon.

10 Nun wucherten plötzlich (sich stark vermehrend) die Natur-Bausteine, es hatte ein Anreiz zu raschem Wachstum stattgefunden, und ich dachte mir, vielleicht haben sie die Streubomben mit Dünger gefüllt, dies ist der Fertilitätsscherz, man düngt seinen Feind, bis es drei oder vier sind, ehe man sie schlachtet. Und die Natur-Teile verdrängten glatt die Teile des Stadt-Baukastens, zweifellos begünstigt durch

11 Unter meinem Vordach hatte ich den Spektrographen ergriffen, ein Gerät, das

12 Unter der Linse des Spektrographen, über den ich mich, bereits am Boden liegend, in meinem Achtzig-Prozent-Schutz schob und dem ich hemmungslos am Objektiv drehte

13 begünstigt durch eine weißblau erscheinende Strahlung, die gleichzeitig einem winzigen Teil des Organismus das Weiterleben sehr viel weniger schmackhaft machte, sodaß die zellulär (jedenfalls mikroskopklein) gedemütigten Individuen des Guten zuviel tun und sich auf ihre Pritschen zurückziehen, sich ausstrecken und innerhalb einer knappen halben Stunde sämtliche Zukunft für immer verschlafen. Ausgelebt, sagte der Spektrograph. Die Pritschen waren sinnvoll zusammengesetzt, so sinnvoll, daß auch das kleinste Einzelteil einer Pritsche ähnelte, so nämlich konnte nach ihrem Zerfall die Pritsche ganz leicht neu erstellt werden.

14 Das Weißblaue in der Strahlung war ein Ciel-Tombé, eine Sorte jener Himmelssplitter, die immer mitkommen.

15 Tatsächlich beschäftigte mich die Berechtigung meiner Hoffnung, ob ich mit Cornelia, wenn es soweit war, wenn sie sich bis zu uns vorgeschossen hatten, dieselbe Pritsche erreichen würde, um einzuschlafen, möglichst nachdem ich mir mit meiner (nicht übermäßig berührten, aber unmäßig interessierten) Flak- und Panzer-Seele den Spektrographen zur Besichtigung der Todesgründe an die Sterbepritsche herangezogen haben würde, um wenigstens nicht uninformiert mit offenem Mund wegzugähnen.

16 Fünfzehn Luftwaffen-Einheiten – mit sehr viel heißerem Draht zu den Waffenschiebern – hatten bereits die F-15-Eagles eingesetzt; weiterer starker Zuwachs an Ciel-Tombé, der Azur kippte uns auf die Dächer, »heaven is crumbling, yeah« hatte Oberst Samuel Lüthy bei seinem Training in der Wüste Nevadas in den Sand geflüstert, als sie ihm einen kleinen Vorsorge-Krebs inokulierten,

der ihn in der Folge, »für alle Fälle«, oder, »aus einstweiliger Sorge auf Vorrat« zerfraß.

17 Unübersehbar sodann, daß die Lust, Lust der fleischlichen Lurche, nicht weichen wollte, sondern sehr rasch auf die vordersten Plätze geklettert war; so daß sich echte »Ehre/oder/Liebe«-Dilemmas ergaben, und meine Zerrissenheit – die einzige, denn physisch zerrissen bin ich nicht worden, auch sonst keiner, den ich kannte, bloß kannte ich viele nicht mehr – das Dilemma stellte sich dem Zerrissenen mit »Eine/Minute/übrig/was/nun?/lieber/fikken/oder/spektrographieren?/«, anders, und in klassischer Weise, leicht abgewandelt mit »In/Lust/oder/in/Kenntnis/sterben?/« – ob diese Hoffnung und dieses Dilemma ihren Sinn hatten, dies beschäftigt mich so, daß ich, fragt man mich, sage, es ist mir wichtig und egal.

18 Sie hörten gleich darauf ganz mit dem Angriff auf, und der Tag war noch nicht zuende.

19 Einige Mavericks machten ihrem Namen Ehre und fielen unvermutet irgendwohin. Sie nahmen den namenlosen Strauch mit, wohin?, vergeblich war mein Um-Mich-Schaun. Jetzt denke ich an den Natur-Baukasten, dessen Teile, sinnvoll nebeneinander angeordnet und gegeneinander verschoben, die Natur-Stadt ergeben, die Strauch-Stadt, in der nach einer halben Stunde jedes Leben, außer einem kargen pflanzlichen, auf ganz kleine Flamme geht und sich den Umständen entsprechend verändert.

20 Ratten und Flöhe sind die letzten Träger des sokratischen Gedankens, aber über dessen Verschwinden will ich froh sein. Auch diese biologische Anpassung, dieses langsame (asthmatischletale) Ersticken – es muß nicht langsam sein und nicht unbedingt ein Ersticken – diese Anpassung setzt sich zusammen aus einander verdeckenden weißen Lungenpunkten, welche überraschend die Gerüche (Astgabelungen riechen wie Achselhöhlen) zu einer einzigen Atemmisere verdichten, Strauch-Gerüche, menschenle-

bensvernichtende Pflanzen-Ausdünstungen. Sie machten aus dieser unter der blauweißen Strahlung feiernden Stadt ein (planetarisch gesehen) lebloses, aber von der Einstellhalle aus beobachtetes, immerhin frischfröhlich wachsendes weißes Kügelchen. Ich dachte noch immer nicht, daß sie den Angriff wagen würden. Wir feierten den Nationalfeiertag. Ich stand unter meinem Dach und klammerte mich an den Spektrographen, war bereit, mich anzupassen an die neuen Verhältnisse. Cornelia würde mich trösten. Kuß auf den Haaransatz.

21 Ich hörte in der Folge ganz einfache, zusammenfassende Aussagen wie

22 »Ein schwarz angestrichener Mann neben einer Gürtelschnalle, deren zwei messingne Dorne in die Luft stehen, neben einem fetten, unförmigen Metallhuhn, das seinen Schnabel und seinen Schwanz mit kleinen Erhebungen in der Metallmasse angedeutet findet ...« – Die Aussagen sind alle falsch. Ich fasse zusammen: Man ist bei einem Angriff mit Beschuß sehr bei sich, die Lust bleibt wie ehedem, es besteht fast kein Zwang zu irgendwas, und die Vordächer von Einstellhallen eignen sich als Schirm für den Beobachter, man kann stets nach Belieben ein- und austreten: Wie, in Dreiteufelsnamen kann man da verbrannt und schwarz angestrichen sein? Und dies, höre ich sagen, soll erst mit der Zeit weißlich werden. Das wäre dann doch eine Wendung zum Natürlichen.

FÜNFTER CHORUS

Euler und die Eins

1 O weh, ein Herr. Da stand ein Herr. Ein Herr! Das höchste Übel der Begegnung, ein Herr. Da stand er. Ein Herr. Da stand der Herr. Er stand noch nicht einmal, er war. Da war ein Herr.

2 Er trug ein Hemd. Es war weiß. Unfehlbar weiß. Er hätte nichts anderes tragen können. Einige tragen weiße Hemden, die aussehen wie beliebige Hemden, aber sie sind zufällig weiß, andere tragen alle anderen bunten Hemden so, als wären sie weiß. Er gehörte zur zweiten Kategorie. Daß er ein Hemd trug, war selbstverständlich. Seine Natur, des Herr-Seins, forderte ihm das ab. Ein Herr. O weh. Unfehlbar weiß am Hemd.

3 Er war in einem Haus, das an der Straße stand. Die Straße war eine Straße in Basel. Eine alte, restaurierte Straße, restaurierte Fassaden. Benannt nach dem Mathematiker. Die Straße hieß wie der Mathematiker. Der Herr hatte da ein Haus. Er war im Haus. Im ersten Stock. Eine Birke verästelte sich da. Der Herr kümmerte sich nicht um sie. Entsetzlich. Dafür aber trug er ein Hemd.

4 Das Hemd war nicht das übliche. Übliche Hemden wurden in jenem Haus kaum getragen. Dieses Hemd enthielt, nämlich in angenähter Beifügung, einen Doppelstoffstreifen am Oberarm, mit welchem der Herr oder die Frau des Herrn oder sein Dienstmädchen oder eine herreisende Kusine die Ärmel des Hemdes verlängern konnten. Die Straße hieß wie der Mathematiker Euler. Es war die Eulerstraße in Basel. Basel war damals viel größer als heute, aber es hatte weniger Kenntnis hiervon. Es hatte hohe Kenntnisse in allen sonstigen Gebieten, die para lagen, also jenseits der bekannten Bezirke des Wissens, aber Basel hatte Zugang zu all jenen Bezirken, nur nicht zum Bezirk, der aussagte, wozu es eigentlich Zugang habe. In dieser Sackgasse steckte die Stadt, die viel größer war als heute. Dies äußerte sich darin, daß

sie diesen Herrn hervorgebracht hatte. Die Birke verästelte sich noch immer. Es war ein weißlicher Stamm, der sich schälte. Die Häuser hatten zwei Stockwerke und waren an der Fassade überwachsen. Die Eingangstüren lagen meist seitlich, man betrat einen Vorgarten. Das Haus des Herrn aber hatte die Tür vorn. Ganz anders als die andern. Wenn der Herr, o weh, die Arme bewegte, dann bewegten sich die Doppelstoffstreifen mit. Sie enthielten eine Naht. die Naht mußte aufgetrennt werden. Nähte wurden sehr häufig in Basel aufgetrennt. Trennte man in Basel an der Eulerstraße die Nähte des Doppelstoffstreifens, den man am Oberarm tragen mochte, dann wurde der Hemdärmel um das doppelte der Saumbreite dieses Doppelstoffstreifens verlängert. Es konnte dies notwendig werden, wenn Menschen in späteren Jahren plötzlich nochmals nachwuchsen. Sich streckten. Entsprechende Pillen schluckten. Unter die Dampfwalze kamen und zur Korrektur nochmals mit einem Flaschenzug gestreckt statt zusammengedrückt wurden. Da konnten Menschen sehr lang werden. Der Herr war nicht besonders lang. Er war von mittlerer Gestalt. Haarkranz. In der Mitte des Kopfes nicht mehr so behaart. Ein mittlerer Kopf, auf welchen am Hänger vier verschiedene Hüte warteten, welche alle paßten, genau so, wie sie zu Basel paßten. Das Hemd war nicht das übliche, auch nicht, wenn ein Hut darüber schwebte. O weh. Seltsam.

5 Die Oberarme waren von mittlerer Dicke. Aber doch ziemlich muskulös. Sie bewegten sich vor einer Zimmerleuchte durch, deren Schirm in Fäden herunterhing. Dieses Licht ließ die Oberarme in Umrissen hervortreten. Sie waren ziemlich mittel. Der Herr hatte zwei Oberarme. Er benötigte sie, brauchte sie aber, als er sie einmal hatte, fast nicht. Der Aufenthalt fand immer im ersten Stock an dieser Basler Eulerstraße statt.

6 Diese Eulerstraße verband zwei Viertel. Das eine Viertel war ein unauffälliges Wohnviertel von mittleren Ausmaßen. Von diesem Viertel führte sie geradewegs in ein unauffälliges Wohnviertel von ungefähr ebenso mittleren Ausmaßen. Dieses Viertel lag

östlich vom andern. Es war insofern eine geringe Änderung zu bemerken, als das westlichere der beiden Viertel etwas mehr Wohnhäuser aufwies, alles zwei- bis dreistöckige Bauten mit einem Vorgärtchen oder ohne Vorgärtchen, während das östlichere der beiden Viertel, in welchem der Herr nicht wohnte – er wohnte im westlichen – zu den Wohnhäusern hinzu noch eine Kirche und eine Synagoge aufwies. Zwischen diesen beiden Vierteln schaffte die Eulerstraße einen Durchlaß, doch ist sie nie die einzige Straße gewesen. Vielleicht waren die Häuser an dieser Eulerstraße stellenweise wohlansehnlicher als an anderen Stellen sowohl des westlicheren wie des östlicheren Viertels, aber es hing davon ab, wo der Herr hinschaute. Er schaute nirgends hin.

7 Von weitem war seine mögliche Ärmelverlängerung seines unmöglichen Hemdes nicht sichtbar. Von näher aber war sie sichtbar. Ich befand mich monatelang in einem Haus, das einer Badewanne ähnelte, und zwar sah es von außen so aus, wie eine Badewanne von innen ausschaut, eine luxuriöse Badewanne, eine ziemlich luxuriöse Badewanne, eine äußerst luxuriöse, extrem kostspielige Badewanne. Von außen war es mit Mosaiksteinchen beklebt, welche die Eigenschaft hatten, zu Millionen gebraucht werden zu müssen, um nur Quadratzentimeter der Hausoberfläche zu bedecken. In diesem Haus saß, nein, war ich und fühlte mich tief unglücklich. Unglück produzierte bei mir immer Fleiß, ich kann nicht arbeiten, ohne tief unglücklich zu sein. Von meinem Fenster aus, das sich kippen ließ oder seitlich aufklappen, sah ich durchs Fenster hindurch den Herrn in seinem Hemd und in seinem Herr-Sein. Sein Zimmer war ein Sandelholzzimmer, das die Gestänke, die mephitischen Gerüche des kaum verdauten neunzehnten Jahrhunderts atmete, wie überhaupt Basel damals noch tief im neunzehnten Jahrhundert steckte, ein Jahrhundert, welches in Basel nie bewältigt worden ist und welches auch der Herr nicht bewältigt hatte. Die Ärmelverlängerer, der Doppelstoffstreifen und das Sandelholz waren Erfindungen des neunzehnten Jahrhunderts, und frei und ungehindert bewegte der Herr in seinem Hemd sich darin. Erst seither ist Basel mit aller

Macht ins zwanzigste Jahrhundert vorgestoßen, weil ihm nämlich nichts anderes mehr übriggeblieben ist. Das neunzehnte Jahrhundert war aufgebraucht. Der Herr steckte in seinem Hemd und in seinem Sandelholz. Die Doppelstoffstreifen zur Ärmelverlängerung waren fest an seinen Ärmeln angenäht, für den Fall, daß er, vors Haus tretend und vor den Vorgarten tretend und an seiner hergereisten Kusine vorbeitretend auf die befahrene Straße hinaus, von einer Dampfwalze erfaßt würde und danach, statt wieder aufgepumpt zu werden mit einer Luftpumpe, aus Versehen an einen Flaschenzug angebunden und noch weiter in die Länge gezogen werden sollte. Dafür, warnend, providentiell, waren die Ärmelverlängerungen an ihm angenäht. Naturgemäß ergab sich ein zweiter Grund im möglichen Erben des Hemdes, der eine größere Gestalt haben mochte, dem es allerdings auch unbenommen blieb, dem Hemd, sollte er es in seinem Erbgut vorfinden, die Ärmel ganz abzuschneiden und es als Sommerhemd, oder, das Hemd überhaupt ganz zu zerschneiden und es als Fahrradlappen zu gebrauchen. Im westlicheren der durch die Eulerstraße miteinander verbundenen beiden Basler Viertel hauste der Herr in seinem Haus im ersten Stock und ließ es sich im Sandelholz wohlergehen. Von weitem war die Ärmelverlängerung nicht zu sehen, rückte aber, je näher ich dem Herrn rückte, oder je näher er ans Fenster rückte, umso stärker ins Blickfeld, bis daran kein Vorbeisehen mehr war, ganz im Gegenteil füllte sich die soeben noch groß und lang und breit und mächtig-altertümelnd, mit dem leichten Moschusgoût des dixneuvième erfüllte Eulerstraße auf einmal mit diesem gewundenen, zerdrehten, gekrümmten, schmiegsam sich rollenden, nahtlos sich anlegenden Bild der Ärmelverlängerer, welche, in ihrer Erscheinung als Doppelstoffstreifen, sich um die mittleren Oberarme des Menschen in seinem Herr-Sein klammernd, eine wahnwitzige, dichte und fäulnisfördernde, Zeitlichkeit aufwiesen. Neben diesem Hemd gab es im Zimmer noch eine Weste.

8 Sie gehörte demselben Herrn. Er war ja allein. Nur er wurde gesehen. Er stand nicht, er war einfach nur. O weh, entsetzlich.

Die Eulerstraße wuchtete sich mit dämonischer – aber gleichzeitig mit bereits im achtzehnten Jahrhundert exorzisierter – Wucht von dem einen Viertel zum andern, ohne daß je sichtbar geworden wäre, weshalb die beiden Viertel, das östliche und vielleicht etwas mehr mit Kirchen besäte und mit einem Schlachthaus mit Tieren, und das westliche, in seiner mittleren Größe ausschließlich dem Wohnen dienende, miteinander verbunden werden mußten durch die Eulerstraße. Den Herrn kümmerte es nicht. Doch geschah weder im einen noch im anderen Viertel jemals etwas, das eine Verbindung gerechtfertigt hätte. Es geschah überhaupt nichts. Es geschah auch beim Herrn im Zimmer nichts. Er war dort drin in seinem Herr-Sein. Sommers stand das Fenster offen. Manchmal saß er, manchmal stand er, manchmal ging er eine kurze Strecke, vom Tisch, auf dem ein weißes, mit kunstvollen Ornamentier-Löchern versticktes Tischtuch und eine Tageszeitung lagen, zu einem hellhölzernen Buffet, auf dem eine messingene Fruchtschale mit Bananen und Orangen stand, Von den Früchten griff er sich eine. Da war noch seine Weste. Sie hing über der Rückenlehne seines Stuhls.

9 Dieser Stuhl war geschwollen. Seine Beine und seine Lehnen und seine Sitzfläche hatten Zysten gebildet, bombierte Ausbuchtungen, die von selber weiterzutreiben schienen und den Stuhl, der einst gerade Linien aufgewiesen hatte, etwa im siebzehnten Jahrhundert hatte er gerade Linien aufweisen müssen, weil man damals diese Bombierungen noch nicht kennen konnte, oder im fünfzehnten Jahrhundert hatte er gerade Linien aufweisen müssen, weil es damals nur gerade Linien gab, aber wahrscheinlich ist es im vierzehnten Jahrhundert in Basel an der Eulerstraße geschehen. Vierzehntes Jahrhundert? Der Mann, obgleich durchaus glaubhaft aus jener Zeit, war jünger. So lange hielt nicht einmal er. Die Beine und Lehnen seines Stuhles hatten Zysten gebildet, bombierte Aufwerfungen, die den Stuhl von einem linealgeraden zu einem buckligen machten, der in ein Hexenhaus gepaßt hätte. Nun aber stand er im Eulerstraßenhaus des Herrn, der weder stand noch saß, nur war. Er war vor der Fruchtschale und griff sich

eine Banane, die er fallen ließ und wütend mit dem Fuß zerquetschte, bis der ganze Teppich seines Zimmers ein Bananenbrei war. Dann griff er sich aus der messingenen Fruchtschale eine Orange. Sie hatte eine orange Schale. Er schnitt mit dem einen Daumennagel hinein. Er badete sich in seinem Herr-Sein. An der Eulerstraße platzte die Schale. Sein Finger rutschte hinein und hob Schale um Schale ab, Stück um Stück, bis das Fruchtfleisch bloß in seiner Hand lag, ganz bloß. Dann führte er die Orange zu seinem steinernen Mund und biß hinein.

Die Weste gehörte ebenfalls dem Herrn. Ich stand in meinem Badewannen-Haus und sah ihn agieren. Bloß, er agierte kaum. Er war uralt, wenn auch nicht aus dem vierzehnten Jahrhundert. Wie hätte er aus dem vierzehnten Jahrhundert sein können, wenn ja die Stadt Basel erst aus dem neunzehnten war? Dies betraf das westlichere und das östlichere Viertel, welche durch die Eulerstraße, allerdings höchst überflüssigerweise, verbunden wurden. Eine Verbindung zwischen den Vierteln brauchte es nicht. Ebensowenig wie eine zwischen mir und dem Herrn. Sie war das Ergebnis eines Fehlers im allmächtigen Beziehungsregler, der, nach der technischen Art des aufstrebenden und fortschrittserpichten neunzehnten Jahrhunderts, die Beziehungen der Wohnviertel, der Menschen, der Tatsachen untereinander mit einer Morsetaste regelte, welche Elektrizität in die Leitungen schickte, so daß immer zwei des Basler Universums sich sagten: Guten Tag, du da, haben wir eine Beziehung? Der oder das andere pflegte drauf zu antworten: Daran hab ich auch schon gedacht. Darauf versanken sie in Nachdenken, welches sie erhitzte. Die Begegnung mußte abgebrochen werden. Darum hielt ich mich bei der Betrachtung des Basler Herrn, von der Badewanne aus, geheim. Er hat auch nie in meine Richtung geschaut; das wäre zuviel Bewegung für ihn gewesen, und dann, nachdem er mich entdeckt hätte, zuviel Gesellschaft für den Einzelnen, Einzigen, tief in seinem Basler Herr-Sein Festgeschraubten.

11 Auf den Zysten des Stuhles vor sich hatte er seine Weste aufgebahrt, die zu ihm gehörte wie sein Hemd. Hatte sein Hemd diese Doppelstoffstreifen zur Verlängerung der Ärmel, falls der Basler Herr fälschlicherweise unter eine Dampfwalze kommen und hernach von einem Streckgerät gestreckt werden sollte, so hatte die Weste, die demselben Herrn gehörte, gar nichts an sich, womit er unter eine Dampfwalze hätte geraten dürfen. Es war ihm anzusehen, daß ihm, an seiner Eulerstraße, nichts ferner lag, als unter diese Dampfwalze zu geraten. Und doch wußte er es nicht genau. Vor dem buckligen Stuhl war der Herr; anzunehmen, daß er stand und sich am Gemächte kratzte, und betrachtete seine Weste, die er so über die Rückenlehne gezogen hatte, daß sie den Oberkörper eines zweiten, ihm gegenübersitzenden Mannes bildete. Es waren der Lebemann und der Westenmann in einem Zimmer an der zwei Viertel verbindenden Eulerstraße Basels gefangen.

12 Die Gefangenschaft machte sich einstweilen nicht bemerkbar. Sie bewegten sich wenig. Der eine stampfte Bananen, aß aber Orangen und kratzte sich in seinem zweifelsfrei ziemlich juckenden und ziemlich umfänglichen Gemächte, der andere bestand nur aus einem Oberkörper, den die Weste bildete, und bewegte sich nur, wenn der andere eine Hand freibekam, um ihn anderswohin zu stellen. Der andere bekam kaum jemals eine Hand frei, derart kratzte er sich in seinem Basler Gemächte, wenn er nicht gerade Orangen schälte oder Bananen zerstampfte. Während dieser ruhigen und geräuschlosen Ereignisse brandete der unvorstellbar dichte und gleich darauf unvorstellbar spärliche Verkehr vom westlichen ins östliche Viertel und umgekehrt, vom östlichen ins westliche Viertel, meist handelte es sich um Besucher des einen Wohnhauses, die von ihrem Wohnhaus aus fuhren, um zum Wohnhaus ihres Besuches zu kommen. Selbstverständlich lebten Abertausende von Baslern in Vierteln, die weder mit diesem östlichen noch mit jenem westlichen Viertel etwas zu tun hatten und noch weniger mit der Eulerstraße, sodaß behauptet werden kann, die Eulerstraße sei für den Lauf Basels in seiner Neunzehntes-Jahrhundert-Erscheinung ganz und gar bedeutungslos gewe-

sen, oder doch ziemlich nebensächlich. Dies kümmerte die beiden Herren, den echten, alten, und den künstlichen jungen, nicht. Der eine hatte nichts zu denken, weil er nur aus der Weste bestand, der andere hatte seinen Orangen und sein Gemächte. Basel, das Schlimmeres durchgemacht hatte, aber grundsätzlich nichts durchmachen wollte, blieb von den beiden unerschüttert.

13 Unerschüttert stand auch, o je, der mit der Weste behängte Stuhl. Vor ihm stand ein Herr. Da war ein Herr. Ein Herr! Vor einem neuen Herrn, dem höchsten Übel der Begegnung. Da standen sie. Sie standen noch nicht einmal, sie waren. Durch die Verästelungen der Birke, welche die ziemlich dünnen Zweige mit der abblätternd durchsichtigen Rinde sternförmig in alle Richtungen trieb, beobachtete sich das Treiben leicht. Es war kein Treiben, da kein Betrieb daraus wurde. Sie waren meist beide mehr oder weniger reglos. Strömte oder tropfte, riegelte oder stockte der Verkehr, die zu einander gegenseitig auf Besuch fahrenden Basler Bewohner des Basler Viertels, so verirrte sich kein Besuch, nicht ein einziger Besuch, nicht der geringste Gast oder das geringste Gast-Ähnliche zu den beiden in den ersten Stock ihres Hauses mit dem kleinen Vorgarten. Der Stuhl diente dem mit der Weste nachgebauten Zweit-Mann als Unterleib. Der Stuhl war ein geschwollener, einst linealgerade gewesener Unterleib, früher wie zusammengefügte Stangen und Flächen, jetzt ein beulig-aufgedunsenes Zeitengebilde, welches ein ziemlich wahrheitsgetreuer alter Unterleib war.

14 Die Weste selber merkte nichts von ihrem Unterleib. Ihr Oberkörper war mit dem Stuhl identisch, und der Stuhl war ein aufgedunsenes und zu Holz geronnenes Gerippe, über dem die Weste hing. Die Weste war ein Skelettverkleider, und sie verkleidete das mit gutmütigen Tumoren besäte Stuhlskelett vorzüglich. Es geschah dies in Basel zu jener Zeit nur einmal, obgleich noch andere in ihrem Herr-Sein für kurze Zeit ihre Weste über den Stuhl gehängt haben mögen.

15 Ich nahm mir sehr viel Zeit für meine Beobachtungen. Sie kamen entsprechend detailliert heraus. Ich nahm mir sogar sehr viel Zeit, ganz grundsätzlich viel mehr Zeit als notwendig. Ich mußte mich ja auch, o weh, schrecklich langweilen von Morgen bis Abend, da war es noch immer angebrachter, aus dem Fenster der Badewanne zu linsen und den beiden Herren zuzuschauen. Vielleicht fiel dem lebendigeren unter ihnen einmal das Gemächte ab. Er würde zum Fenster laufen und sich hinausstürzen nicht etwa, um sich umzubringen, sondern um es zu suchen und rasch wieder an sich zu bringen, denn er würde es auf der Fußwischmatte vor der Eingangstür liegen gesehen haben. Dies trat aber nicht ein. Er zerstampfte einige Bananen, aß Orangen, die er vorher schälte, schob den Stuhl mit der Weste etwas umher, nie sehr weit, und über Nacht, wenn ich zuhause war und wie selbstverständlich schlief – denn noch konnte ich in Basel gut schlafen –, wurden die Bananen wieder vollzählig genau so viele, wie sie am Vortag gewesen waren, er mochte zerstampfen, soviele er wollte. Die Weste schaute ihm dabei zu. Dies geschah in einem Haus, das an der Eulerstraße stand und war alles zutiefst entsetzlich. Dafür aber trug der lebendigere der beiden Herren ein Hemd mit Doppelstoffstreifen.

16 Dieser Herr verschwand hinten im Zimmer, kam dann wieder in das mir sichtbare Feld und setzte sich an einen neuen Tisch, der ebenfalls neben dem Eßtisch da stand. Es handelte sich um einen Schreibtisch. Der Schreibtisch gehörte dem Herrn. Wenn er sich langsam an seinen Schreibtisch setzte, nachdem er lange davor gestanden hatte, kam die Weste auf dem Stuhl hinter ihn zu stehen, befand sich von da an hinter seinem Rücken. Dies kümmerte ihn nicht. Es war grauenerregend. Der zweite Mann also, der, künstlich erbaut, beim ersten auf Besuch war, stand hinter dem Rücken des ersten, wenn der sich an seinen Schreibtisch gesetzt hatte und nicht etwa etwas schrieb, was höchst unbaslerisch gewesen wäre, weil die Basler keine schreibenden Menschen mehr sind, zumindest seit dem neunzehnten Jahrhundert nicht mehr, oder seit dem achtzehnten Jahrhundert nicht mehr, oder

seit dem siebzehnten Jahrhundert nicht mehr, das in Basel bereits völlig in Vergessenheit gefallen ist, wo also dieser Herr nicht etwa etwas schrieb, was völlig unbaslerisch gewesen wäre, weil man in diesem Haus im ersten Stockwerk überhaupt niemals etwas geschrieben hatte, sondern wo er die Basler Tageszeitung las, und jeden Tag die neueste Basler Tageszeitung, welche alle Morgen neu erschien und somit jeden Tag eine ganz andere Zeitung war, aber doch so ähnlich, daß dieser Herr, mit seiner Weste auf dem Stuhl im Rücken und den Rücken ebendieser Weste zugewandt, von dieser wenn auch offensichtlich immer neuen Zeitung niemals überrascht wurde, denn nie war ihm eine äußere Bewegung anzusehen. Aber wie hätte er, wenn er schon die Weste im Rükken nicht als Bedrohung empfand, die neue Baslerische Zeitung am Morgen als Bedrohung empfinden können? Er erhob sich mitten in den Grundstückanzeigen und stellte den zweiten Mann auf dem bombiert-angeschwollenen Stuhl, der sowohl der ganze Leib wie auch nur der Unterleib der Weste an der Eulerstraße war, an einen anderen Fleck, von welchem aus ihm die Weste, deren Augen er offenbar bei ihren Knöpfen annahm, nicht zusehen konnte, wie er sich an seinem dicken, schlaffen, hängenden und juckenden Gemächte des Basler neunzehnten Jahrhunderts kratzte, sondern die Weste schaute, wenn die Knöpfe wirklich ihre Augen waren, zum verquerstrebten und dank der vielen Querstreben ungroßzügig wirkenden, beinahe vergittert ausschauenden Fenster des ersten Stockes auf den dämonischen, aber bereits exorzisierten Verkehr auf der Eulerstraße hinaus.

17 Die Eulerstraße war, für Basler Verhältnisse, eine eher unnütze Straße. Das östliche und das westliche Viertel verband sie zwar, doch keineswegs als einzige. Es konnten immer wieder andere Straßen zur Verknüpfung Basels herbeigezogen werden, und waren diese ausgeschöpft, so konnten weitere Straßen zur Verknüpfung herangezogen werden, und blieb einmal die Verknüpfung zweier Viertel, etwa eines nördlichen, und eines südöstlichen aus, so änderte dies an Basel nicht das geringste, weil Basel seit dem neunzehnten Jahrhundert – und da hatte man erklärt:

seit dem achtzehnten Jahrhundert – eine Stadt war, die zwar nicht ohne Häuser und kleine Vorgärten, aber sehr gut ohne Straßen auskommen konnte, nicht zuletzt, weil niemals jemand zu irgend jemand anderem, der nicht er selber war, in Basel zu Besuch gegangen ist. Man geht da nicht zu Besuch, faßt aber die eigenen, über einen Stuhl gehängten, Kleider als Besuch auf. Alle Basler sind, sind sie allein, und sie sind immer allein, in ihren Wohnungen splitternackt, kratzen sich am dicken, am dünneren oder am ganz dünnen Gemächte und schauen zaghaft auf den Stuhl, den sie mit ihren ausgezogenen Kleidern zum Gast hochgekleidet haben. Im übrigen bewegen sie sich nicht sehr, sie halten sich ziemlich still, essen einige Früchte aus der Fruchtschale, zwei, drei Wiener Würste und ein Glas Leitungswasser. Das Leitungswasser, da sein hoher Verbrauch sie teuer zu stehen käme, borgen sie beim Nachbarn aus, der aber, da er Gast werden könnte, kurz vor dem Ausborgen seine Wohnung verläßt, die Tür aber nicht absperrt, so daß der Ausleiher des Leitungswassers freien Zutritt zum Wasserhahn oder zum Tank der Wasserspülung hat und sich mit Wasser bedienen kann, während jener, dem das Wasser ausgeliehen wird, über den Balkon, die Terrasse oder den Dachfirst in die soeben verlassene Wohnung des Nachbarn steigen darf, um aus dessen Hahn, ohne daß einer den anderen erblicken oder grüßen müßte, sich ebenfalls etwas Wasser auszuleihen. Zum Schluß lassen beide, ohne dazu aufgefordert zu sein, aber doch genau und präzis gleichzeitig, vom Nachbarn ein oder zwei Wiener Würste mitlaufen, als Beigabe ans ausgeliehene Wasser, das sie nun, zumindest dem Gefühl nach, überhaupt nicht mehr teuer zu stehen kommt, da der Nachbar es auf seine Rechnung gesetzt bekommt. So schaut die Basler Autarkie aus, denn jeder Basler ist für sich, er lebt nicht, aber er ist. Vor dem Hintergrund des immensen So-Seins nahm sich das Herr-Sein der beiden Herren nicht mehr abweichend aus. Immerhin hatten sie ein paar Spezialitäten, über die ich, nachdem ich sie gesehen habe und in Basel daraufhin nicht mehr beobachten konnte, nicht schreiben darf. Die Eulerstraße war eine für Basler Verhältnisse sehr unnütze, für mich aber äußerst nützliche Straße. Allein schon die Häuser!

O weh! Eine Restaurationspracht in Reihe! In den Vorgärten die grünen Pflanzen, kein Vorgarten ohne die grünen Pflanzen, allein vielleicht jener des Herrn, der an seinem Schreibtisch saß, seine Weste zum Fenster gedreht hatte und die Baslerische Zeitung las und bei den Grundstücksanzeigen angekommen war, ehe er die Weste wieder zurückdrehte, sie überhaupt in einer undefinierbaren Art auf ihrem bauchigen Stuhl immer hin und herrückte, sodaß sie bald sein Bananenzerstampfen, bald sein Orangenschälen und bald sein Kratzen am weder länger noch kürzer werdenden Gemächte mit ansehen mußte.

18 Wieder verschwand der Herr hinten im Zimmer. Er nahm dort etwas an sich vor. Kam wieder ins sichtbare Feld, setzte sich an seinen Schreibtisch und las in der täglichen Zeitung, die ihn nicht überraschte, weiter.

19 Sein Rücken war dem Fenster zugedreht. Zum Fenster wollte er nicht hinausschauen. Die Eulerstraße nicht sehen. Die Zeitung aber ebenfalls nicht lesen. So blieb ihm nicht viel zu tun in Basel. Er schien sich nicht zu langweilen. Darum beneidete ich ihn. Entsetzlich, sich so langweilen zu müssen, wie ich es unvermeidlich tat. Mein Neid auf ihn war mir verständlich. Wie hätte ich ihn nicht beneiden können um seine zeitverschwenderische Gabe, jeder Bewegung Halt zu gebieten und die dadurch erzeugte Empfindung einer schweren Hemmung gleichfalls wegzuschieben, vor sich her zu schieben, zu verschieben auf ein Nebengeleise, von dem aus, hervorschießend, sie ihn zwar noch immer zermalmen konnte – wie in Basel viele davon zu dieser Zeit zermalmt wurden – von dem aus sie ihn aber noch wahrscheinlicher in seiner frostig-affektlosen Ruhe ließ. Es starrten die acht oder neun Augen des Westenmannes geradewegs auf die Straße, und es war anzunehmen, die herreisende Kusine, die entfernte Kusine oder deren Ehemann, der weit entfernte Vetter, oder dessen Sohn, oder dessen Sohn, oder dessen Urgroßvater würden, reisten sie zu einem unerwarteten Besuch heran, dem Herrn sein Herr-Sein wegnehmen und ihn dazu veranlassen, den künstlichen Besucher

wegzubringen. Er würde die über dem pyknischen Stuhl hängende Weste sich einfach überhängen und unter ihr tätlich hervorlinsen und: »Ihr netten Schweizer People, nett, daß ihr besucht, netter Besuch, aber so allein bin ich nicht, ihr seht mich einfach nur ganz nett allein, aber bildet euch nichts ein.«

20 Er konnte weder schreiben, noch schrieben die Umstände ihn, noch trieb der Schreibtisch zu irgendetwas an, noch vergriff er sich, weil der ja unnütz war, jemals am Schreibtisch. Sein Sein war die Zeit, und mehrheitlich näherte er sich von ihrem eitrigen Fluß, selbstverständlich samt den Kapriolen mit der zerstampften Banane, der geschälten Orange und dem Umherrücken des Westenstuhls. Essen wurde ihm nicht serviert, noch servierte er sich selbst welches. Während der Periode, wo ich ihn beobachtete, magerte er ab, verlor etwa fünf Kilogramm, im Gesicht sichtbar. Der Haarkranz zog sich vom Nadir des Schädels zurück, befreite die lange unter den Haaren gefangen gelegen habende Kopfhaut, welche einen, zwei Tage an der Sonne glänzte, sich dann schälte, worauf der Basler Herr weitere drei, vier Tage sich einen der bereithängenden Hüte aufsetzte. Bis auch dieses vorbei war und vorüber. Es ging stets vorbei und vorüber, diese anatomische Folge des Zurückweichens seines Haarkranzes, das nicht eigentlich ein ›Lichten‹ genannt werden konnte, weil die am Nadir verlorenen Haare sich um die Ohren herum, insbesondere südlich der Ohren, auf einmal wieder zeigten. All dies schaffte er ohne Nahrung, und ohne von den Grundstücksanzeigen der Baslerischen Zeitung aufzublicken, außer er stand vor der Fruchtschale und zögerte.

1 Er zögerte ziemlich lange, wenn er vor der Fruchtschale stand. Stand er aber einmal lange genug vor dieser messingnen Schale, wandte er sich fast immer um und warf, nur kurz und rasch vorübergehend, einen schmerzerfüllten Blick auf die Basler Straße, welche nach dem Mathematiker benannt worden war, der im fünfzehnten Jahrhundert, im sechzehnten Jahrhundert, im siebzehnten Jahrhundert so zur Stadt gehört hatte, daß er da raus

nicht mehr wegzudenken war und nur noch weggedacht wurde. Euler war für Basel vollkommen unwichtig geworden, und diese Unwichtigkeit zu ehren war die Eulerstraße zur Verbindungslinie zwischen dem östlicheren und etwas mehr mit Kirchen und Schlachtereien besäten Viertel und dem westlichen und ausschließlich dem Wohnen mit Vorgärtchen bestimmten anderen Viertel bestimmt worden, ohne daß sie die Exklusivität des Liaison-Bildens hätte gewinnen können. Sie war, an sich gesehen, ziemlich bedeutend, aber, im Vergleich gesehen, unbedeutend, grundsätzlich überflüssig und immer zuviel. Der schmerzerfüllte Blick dessen, der in seinem Herr-Sein zögernd vor dem gräulichen Messing der Fruchtschale stand, mit der Hand, die ihm gleich die zu zerstampfende Banane vor die Füße schleudern sollte, sich tief ins Gemächte gegriffen hatte und es gedankenlos und unverrichtet kraulte, der schmerzerfüllte Blick dieses Individuums an der Basler Eulerstraße, das Orangen schälte und seiner Weste beim Hängen zusah, zögerte nochmals lange, ehe er von neuem zögerte und zwischen den durchs Zögern herausgeschundenen Aufschüben im Zeitlichen und Kurzstops des ewigen Verfließens eine knappe Bewegung zur vorangegangenen Bewegung hinzugab, welche mich allmählich ahnen ließ, welche Bewegung er als nächstes ausführen würde.

22 Ich hatte in den Augenblicken seines Zögerns, welche ich oft mit jenen seiner vollkommenen – auch für die Rezeption vollkommen befriedigenden – Bewegungslosigkeit verwechselte, ich hatte in diesen Augenblicken unzulängliche, aber zwingende Bilder Basels aus dem neunzehnten Jahrhundert im Kopf, als ich noch klein und fraglich gewesen war. Die ungemachten, auf den Terrassen stehenden Betten des Wettsteiner Kinderheims sowie das Altersheim einige Häuser weiter, das gerade von den Baggern gefressen wurde, als ich hinschaute. Das Kinderheim schien ein Waisenhaus zu sein, der Waisenvater gleichzeitig der Theaterdirektor und der Anstreicher aller ungepflegten Basler Lattenwände. Diese bis in den späten Vormittag hinein ungemacht auf den Sonnenterrassen stehenden Waisenbetten erinnerten mich an

ein Kinderheim, in dem ich selber gewesen war, mit dick bestrichenen klebenden Marmeladeschnitten auf bekleisterten Frühstücksserviertabletts, und neben mir hatte ein Bursche namens Perry gestanden, Pickel an den beiden Mundwinkeln, Skifahren und Hinfallen, Furunkel am geschlagenen Gesäß, Taschengeld und kleinkarierte Schuldenabrechnungen. Wenn ich mir so weit ein auch wieder unerhebliches Kapitel meiner eigenen Vergangenheit vergegenwärtigt hatte, pflegte der in seinem Basler Herr-Sein Steckende auch schon die vor den Füßen liegende Banane zu Rinderbrei zermalmt zu haben mit dem wuchtig auf dem Teppich und auf dem Teppichfleck stampfenden Fuß.

23 Die Erinnerungen an mich selbst verschwanden mir. Ich lese, als beobachtete ich den Unsterblichen noch heute, meine damaligen Notizen zu seiner Erscheinung. Sie sind bündig, taugen ebenfalls etwas, ergeben aber ein anderes Close-Up.

24 Ich hatte geschrieben: »So blieb er bewegungslos, ohne daß ihm jemand ein Essen servierte. Auf den Schlag um fünf nachmittags verschwindet er durch sein Sandelholz – es muß da eine unsichtbare Tür geben, und ich kriege den Einsichtswinkel nicht – und ich höre über die Eulerstraße, womöglich durch einen Lüftungsschlitz, wie er sich ein Bad einlaufen läßt. In der Folge höre ich nichts mehr, weiß nicht, ob das Bad stattfindet. Er ist an demselben Tag meist nicht mehr zu sehen, erschien auch kaum jemals nach dem Bad unmittelbar darauf am selben Tag. Er verließ das Haus aber nicht, will sagen, sein Verschwinden bedeutete nicht, daß er die Stadt Basel aufgesucht hatte. Es bedeutete ebensowenig, daß jemand zu ihm auf Besuch gekommen war; die Vermutung einer angereisten Kusine wollen wir allmählich vernichten.«

25 Gegen zehn abends, wenn ich in der Badewanne Überstunden schuftete und mich auch beim Schuften langweilte (l'ennui du laboureur), war auch die Weste nicht mehr am aufgedunsenverwachsenen Stuhl aufgehängt. Pickwick-Syndrom. Kardiopulmonales Basler Syndrom der Adipösen, Erkrankung mit hoch-

gradiger Fettsucht, bei Möbelstücken anzutreffen, die mit ihrem alleinstehenden Besitzer altwerden. Die Lungenexpansion wird durch Zwerchfellhochstand eingeschränkt. Es kommt zu Hypoventilation, zu CO_2-Narkose. Am dicken Pickwick-Stuhl seines Basler Zimmers hing die Weste nicht mehr: er schien wieder in sie geschlüpft zu sein und sah durch ihre Augen. Am folgenden Morgen hatte er die Nähte seiner Doppelstoffstreifen aufgetrennt und war, wie zuvor, still im zeitlosen Zimmer.

Mördli

1 Die Schweiz ist das schöne Häuselchen (Hüsli) in einem reizenden Gärtelchen (Gärtli), gereinigt, gepflegt, alle Fenster mit robusten und in allen Wetterlagen sauber (suuber) wirkenden Geranien bekleidet, so, als sei schon eine Öffnung in der Hauswand ohne Verkleidung indezent.

2 Die Schweiz ist das Land des Lebensabends, für den Lebensabend (Auter). Die Friedhöfe sind immer landschaftlich am besten gelegen; jedenfalls vergleiche man einmal die topographische Lage, sagen wir, eines Mehrfamilienhauses samt Hunderten von Schweizer Familien, mit der topographischen Lage eines Friedhofes mit Tausenden von Schweizer Familien. Der Friedhof liegt, wo er auch liegt, immer schöner (es vil schöners Plätzli) als das Haus. Er ist aber auch größer.

3 Für eine Mehrheit der schweizerischen Einwohner bringt der Tod, und nicht der Genfersee, eine merkliche Verbesserung des Lebensstandards mit sich. Bei der Anlage von Begräbnisstätten wird darauf geschaut, daß diese »Aussicht haben«, also werden sie stark landschaftsperspektivisch erbaut. Dasselbe war beim Genfersee der Fall, der aber seit Jahrhunderten ohne Mehrheit bleibt.

4 Die Aussicht der Friedhöfe besteht in schneebedeckten hohen Gipfeln mit steilen Abfällen und verschluchtetem Mergel, oder aber, falls die Begräbnisstätte selbst schon erhöht angelegt ist, in grasbedeckten, mit Kies unterlegten, räumlich begrenzten und einigermaßen flachen, gegen grün sich neigenden, Ebenen. Auch die niederträchtigste Geistesanlage wird nicht behaupten wollen, das Sterben, der Tod, das Wechseln zum landschaftlichen Vorzugsplatz hätten hier etwas Nachteiliges, oder gar Schlimmes, an sich.

5 Irgendwie nimmt, nämlich, jeder sein Hüsli und sein Gärtli und sein Fenschterblümli in sein Jenseits mit. Es darf sogar recht eigentlich der genialische Zug der schweizerischen Todesverschönerung darin gesehen werden, daß jeder und jede, sterbend, schlechthin nichts dalassen, also: hier-, zurücklassen müssen, sondern alles, woran man sich mühsam oder gern oder gezwungenermaßen oder unbewußt gewöhnt hat, mitnehmen dürfen.

6 Der Schweizer stirbt unter einem Berg irdischer Pakete, unter welchen sein erstorbener Körper, dieser deutliche, aber auch einzige Beweis der furchtbar tödlichen Endlichkeit, begreiflicherweise nicht mehr wahrgenommen werden kann. Wenn es denn wahr ist, daß, wie viele (allerdings nicht Sterbende) anführen, das Land seine Bewohner umbringt (ckillt), so waltet doch über dem letzten Akt dieser zu besinnlichen Lehrstücken umgewandelten Tragödien aller beendeten schweizerischen Existenzen etwas ganz und gar Euthanasiehaftes; mit dem Akzent auf der Silbe *eu*; Gutes mithin, Mildes, Fürsorgliches, und die Kreppsohle halbheimlichen Abgangs.

7 Es ist ein liebes, der Gnade der schweizerischen Umgebung anheimgefallenes, Davongehen. Keiner und keine, die sich nicht freiwillig meldeten, auch wenn die Wartefristen unablässig zunehmen, die Warteschlangen vor den geographischen Vorzugsorten länger werden. Keine und keiner stirbt allein (elei), der Tod scheint keinesfalls endgültig, sondern eine Umnischung des oder der Aufgebahrten, flüchtiger Gleiswechsel, ein Rangement hin zur Einsicht in die Notwendigkeit. Der Tod ist, so notwendig er sein mag, im tiefsten Grunde abwesend; vom Genfersee gilt das Gegenteil.

8 Keiner und keine sterben allein. Der Tod scheint, obzwar unermüdlich eintretend, wie aufgehoben. Jede und jeder darf zumindest neben dem notwendigsten Päckli noch ein Blümli mitnehmen (Ehresach: ekei Granium), und auch sonst geschieht hiermit sodann ebenfalls alles, wes das Herz, als es noch schlug, überging.

Der Besuch des jungen Huldrych

1 Da ging ich wieder zu meinem Vater eine Zürcher Sardelle essen, abends, mein Vater bereitete sie selbst, ich machte mir Vorwürfe, daß ich Huldrych ihn aufsuchte, weil ich Huldrych dachte, man solle sich ans Gebot halten, alte Leute allein zu lassen, je älter sie sind, desto einsamer wollen sie auch sein, und dem sollte man niemals widersprechen, sie wissen was sie tun,

2 nachdem ich Huldrych aber Vaters Suppe gegessen habe, die vor seiner Zürcher Sardelle kommt, geht es mir besser, ich Huldrych sehe zum Beispiel, wie mein Kopfschmerz, mit dem ich Huldrych fast schreiend die Küche seiner bescheidenen Wohnung betreten habe, verschwindet, und dann denke ich mir, es hat doch etwas gebracht, du bist nicht vergebens freundlich zu ihm gewesen, auch wenn du ihn jetzt mindestens drei Jahre nicht mehr besuchst,

3 das nächste Mal läßt du einfach wen anderen mit deinem Kopfschmerz fertigwerden. Mein Vater, dies muß ich Huldrych hinzufügen, weil ich ihn, den Herrn, mit seinen Kinderfäustchen auf der Bügelfalte seiner gestreiften Hose vor mir stehen sehe, mein Vater hat mir immer und absichtlich das Gefühl höchster Überflüssigkeit vermittelt, nicht etwa seiner Überflüssigkeit, sondern meiner. Ich bin mir in seiner Nähe und bald auch fern von ihm immer wie eine höchst überzählige Verdoppelung seiner selber vorgekommen,

4 aber das Tragische, wenn auch Undramatische, war, daß ich Huldrych, obgleich eine ungefragte und höchst überzählige Kopie, keine ungefähre Kopie meines Vaters gewesen bin, weder zunächst in Basel, wo er in einem äußeren Stadtviertel allein lebte, spazierte und aß, noch in Zürich, wo er später näher beim Zentrum lebte, noch mehr spazierte und etwas weniger aß; sondern ich Huldrych bin ein genaues Abbild meines Vaters gewesen, aber etwas *kleiner*,

5 was selbstverständlich die Verschwendung deutlich gemacht hat, die darin besteht, daß es mich überhaupt gibt, geben darf; ich Huldrych will nicht auf den Ausdruck, Ein Kind Machen, genauer eingehen, er beschreibt womöglich einen Produktionsaspekt, der so gar nie wahrgenommen wird, und dennoch ist er von einer merkantilen Wahrheit, die jede Mehrwertdebatte abwürgt; daß aber das Universum, in der Gestalt meines Vaters natürlich, sich überhaupt soviel Mühe gemacht und soviel Energie investiert hat, mich herzustellen,

6 und dann war's erst noch nur eine Nachbildung, das habe ich nie verstehen können, wobei ich Huldrych hinzufügen muß, daß meine Möglichkeiten, etwas zu verstehen, mir wiederum ganz und gar von diesem Universum mitgegeben worden sind. Mein Vater, zeugte er, machte keine Kinder,

7 sondern Väter, Herren, und kam doch ein Kind, schuf er in jahrelanger Arbeit daraus einen Herrn, Vater, sodaß er, stirbt er, vierfach, fünffach, sechsfach, hundertfach überleben wird, ohne daß seine winzige Welt, welche die Welt schlechthin ist, in einen Mangel geriete; ganz im Gegenteil wird sie schon jetzt für sein einstiges Verschwinden überbelohnt,

8 eine kleine Nachbildung seines Vaters zu sein, alles so zu können wie er, nur ein wenig schlechter, diese Tatsache versetzt die größere und zuerst dagewesene Kopiervorlage, den Vater mithin, in einen Zustand unberechenbarer Gereiztheit, und ein gewisser, sehr bestimmter Ärger über die überflüssige und sich im Grund nicht ausgezahlt habende Mühe bricht sich Bahn, und es ist kein größerer Ärger für meinen Vater, den Herrn, denkbar, als der über einen Einsatz, der nicht mindestens eine ebenso große Ernte an Gegenleistung ins Haus bringt,

9 und die kleinere Kopie steht, so zu sagen, zuvorderst auf der Zielbahn der Kugeln, mit welchen ich Huldrych, böser Kegel, gestoßen werde; und Herrn Vaters Kegelbälle, geworfene und getretene,

10 nahmen immer mich zur Zielscheibe. Wir konnten nur eines: zusammen Zürcher Sardellen zu uns nehmen und uns anschweigen, und, mit dem Schlimmsten verglichen, was uns zustoßen konnte, war es die tiefe Seligkeit,

11 und die Tatsache der Stille zwischen uns wurde ebenso zäh weggeschwiegen. Irgendwo muß ich Huldrych auch ganz gern Zielscheibe gewesen sein, ich Huldrych glaube, das machte den spärlichen, höchst spärlichen, ständig spärlicher sickernden Kontakt zwischen uns aus, den ich Huldrych doch vielleicht eines Tages, warum nicht, durch seinen Tod beendet sehen möchte. Beim Tod der großen Kopie tritt die kleinere in ihre Rechte,

12 und sie verliert ihren Charakter, eine Kopie zu sein, weil mit der Zeit sich niemand mehr an den erinnern kann, dem ich Huldrych jetzt noch gleiche. Ich will es so darlegen, so:

13 »Sein Vater – keine Mutter da –, für den er kochte und mit dem er bis zu dessen Tod in einer mittelgroßen Fünfzimmerwohnung zusammenlebte, Raum Zürich, brachte ihm bei: ›Die Schattenseiten des Lebens müssen schmerzhaft sein, sonst lohnt sich das Durchleiden nicht.‹ Das hatte er sich so zu Herzen genommen, daß später, als er bemerkte, daß eines der fünftausendsiebenhundertsechsundneunzig huldrychen Geldinstitute, nämlich jenes, bei dem er angestellt war, Raum Baden, ihn zwei Jahrzehnte lang, will sagen von fünfunddreißig bis fünfundfünfzig, auf einen Prokuristenposten warten ließ, er nur das erhalten zu haben glaubte, was er ohnehin verdiene.

14 Vielleicht wirkte sich diese Haltung weiterhin verzögernd auf seine im Grunde mit der Zeit unumgänglich gewordene Beförderung aus.

15 Auf Abendeinladungen seines Direktors, zu welchen er, als Noch-Nicht-Prokura-Inhaber, seltsamerweise öfter, Raum Zollikon, ziemlich unhierarchisch mit eingeladen wurde, stellte ihm

der Direktor mehrmals die Frage: »Was meinen Sie zu Ihrer Stelle?« – und er hatte, verlegen ein glimmendes Buchenscheit in das mit weißgeädertem Carraramarmor umränderte Cheminee zurücklegend (heiß, mit bloßer Hand) geantwortet: »Herr Doktor, es ist alles gut so, wie es ist, ich Huldrych kann warten, und ich Huldrych möchte warten, es ist die Lust.« – »Sind Sie nicht ungeduldig?« fragte der Direktor Doktor, dem er alsbald auseinandersetzte, wie er täglich seinem Vater pünktlich das Mittagessen habe bereiten müssen und wie er nach dessen Tod (»langsam, aber doch plötzlich«) aus der Fünfzimmerwohnung in eine Dreizimmerwohnung gezogen sei, ohne Blick auf den See.

16 »Hm, sehr eigenartig«, murmelte der ein Brandyglas mit einem eingeschliffenen Widderzeichen in der kanarisch gebräunten Hand tragende und dessen Inhalt kreisum schwenkende Direktor Doktor, »wissen Sie, mein Vater, ich meine meinen eigenen, nicht Ihren –« – »Oh bitte, Herr, bitte«, wehrte er verlegen ab – »mein Vater, für den ich übrigens niemals gekocht habe, scheint mir die Botschaft mitgegeben zu haben, ›es mir zu holen‹, und auch, ›nie nachzugeben‹, also seltsam, daß der Ihre Ihnen gerade just genau das Gegenteil anempfohlen hat. Ich glaube, wir passen zusammen, wenn jeder seine Befehle lebt.«

17 Er verneinte nicht, weil ihm einleuchtete, was der Direktor Doktor erläuterte. – »Wir sollten zuwarten, bis im Raum Rapperswil etwas frei wird, in der Filiale achtundneunzig.« – »Wir wollen nichts überstürzen. Noch bin ich Huldrych nicht reif«, sagte er, als er mit einem perlmuttbezogenen Aschekratzer ins Cheminee fuhr und dort die Glut zu einem eckig grauen Häufchen schichtete.

18 »Aber doch ja, nein, reif bin ich ja auch nicht«, rief der Direktor Doktor, nahm nachspülend einen Schluck aus dem von selbst in seiner Hand schwingenden Glas und blies mit dem darauffolgenden geschwängerten Atem in das vom Wartenden zugerichtete Feuer, welches kurz lohte und herbstrote Glimmpartikel in den trichterförmig dunklen Abzug spie.

9 Weitere elf Jahre dieses Wartens, er zu werden, und des gleichzeitigen Gutheißens dieses Wartens, noch immer unter dem väterlichen Diktat, einer Art subliminalem Programm zur Ichverkleinerung – »Die anderen haben recht, wenn sie dich leiden lassen, du sollst bluten, also blute, es erwächst dir daraus etwas, du solltest ihnen vielmehr dankbar sein für die Haltung, die sie dir durch den erlittenen Schmerz aufzwingen, insbesondere Raum Zürich, da kommt deine Natur auf ihre Kosten« – weitere elf Jahre dieses von ihm gebilligten Wartens beugten ihn und machten ihn grau.

0 Sein Treppennachbar, ein friedlich beamteter Zisterzienser, löste ihm abends die Mappe aus seinen klammen Fingern, welche anschließend zum Aufknüpfen der Schuhe unfähig sich zeigten. Zuletzt rief er dem Busschaffner, der abends bei offener Hintertür in seinem langen blauen Wagen mit dem Löwen vor dem Bankgebäude wartete, zu: »Um Gottes willen, Sie werden mich doch nicht nachhause bringen wollen und mir *den* Gefallen tun. Bitte tun Sie mir diesen Dienst nicht an, sondern tun Sie das durch mich geschätzte Gute und fahren Sie mich immer dahin, wo ich Huldrych nicht hinwill.» – »Wohin?« – »Möglichst weit weg.«

1 Der ratlose, perplexe und auf seinem engen schwarzen Ledersitz eben gerade ziemlich knapp noch verlegen herumrutschende Schaffner

2 hatte sich diese oder eine ähnliche Rede allabendlich, Raum Bellevue, ganz und

3 bis zum Ende anzuhören, und zwar während etwa drei Jahren, bis, – wie es damals *ebenso* an der Abendeinladung vereinbart worden war – der abzulösende Mann mit der Prokura in Rapperswil eines Abends spät und unbetrunken vor einen von Zürich kommenden Zug fuhr, der ihn mitriß samt seinem Auto. Es handelte sich um dieselbe Marke, Raum Südostjapan, die er sich für seine Berufsfahrten zwischen Zürich und Rapperswil anschaffte, denn er durfte den anderen, der die Prokura gehabt

hatte, ersetzen, mochte aber seine eigene Dreizimmerwohnung und seine ererbte Gewohnheit, sich da selber Brot, Leber und Fisch zu kochen, nicht aufgeben. Am ehesten traf der gewöhnliche Bahnbenützer diesen Pendler, wenn überhaupt, morgens um 7 h 35, in seinem tarngrünen schnellen Stück Walzblech sitzend, auf der rechten morgens, auf der linken abends: Seite der Straße, mit dem ihm inzwischen gewordenen, bekannten Gesicht aus Kraft durch Erwerb durch Freude.

24 »Die Sardelle ist fertiggegessen«, sagte ich Huldrych zu ihm. »Sei nicht so verächtlich«, antwortete mein Vater, »du *hast* einen Kopf.« – »Und das ist die Moral«, schloß ich Huldrych und habe meinen Vater einen kurzen Kinobesuch lang in Zürich verlassen, ihn aber während der Pause angerufen und ihm vom einfarbigen Film genaueste Rechenschaft abgelegt.

Die Schweiz schweigt

1 Zdenek Schupfli saß im Raum. Der Raum war sechseinhalb Quadratmeter; wenn die Tür auf war, nahm sie einen Drittel Quadratmeter weg. Alles lag nahe bei Solothurn. Zdenek wußte nicht was denken über die Krankheit seiner Schwester.

2 Es war einmal ein Hartkäse gewesen, der war nicht rund gewesen, sondern eckig. Zdenek suchte den Grund dafür.

3 Es war einmal seine Mutter gewesen, die hatte ein Mädchen geboren, später einen Knaben. Er war jung, dachte Zdenek, und kein Leben stand vor ihm, und die Eisenbahn mochte er, und seine Schwester liebte er irgendwie, mal.

4 Alles lag bei Solothurn. Alles lag ununterbrochen bei Solothurn. Die Lokomotiven stießen rare Dämpfe aus und schnauften nach Zürich, wenn sie die Weichen erwischten. Manche fuhren in den Fluß und sanken. Die ersten fünf hatte man gehoben. Zdenek Schupfli saß in seinem Raum und sah ihnen nach. Das Fenster ging nicht mehr auf. Er wußte nicht, was soll ich davon halten.

5 Lokomotiven stießen da rare Dämpfe aus. Hartkäse durfte man nicht in die Dämpfe bringen. Eine Brücke führte über den stahlblauen und an den Ufern mit dunkelgelben Bläschen gezierten Fluß. Die Brücke war in der Mitte mit einer Falltür versehen. Tinte schien in den Fluß zu stürzen. Ein Fisch, Tigerbarsch, hüpfte dafür auf eine Ufermauer und blieb dort erstickt.

6 Alles tot und silbrig. Die Brücke war nach dem Vorbild der Befestigungen erbaut, fortlaufende Burgtürme, Brückenzollhäuser, schmaler Fußgängerübergang neben den Schienen. Die meisten Fußgänger schwammen hinüber. Geländer auf Kniehöhe, manchmal von höheren Laternenpfählen unterbrochen.

7 Zdenek überreichte seiner Schwester, als er groß geworden war, den eckigen Hartkäse, damals durfte er selber Lebensmittel einkaufen. Die Solothurner, die taten, was sie wollten und nur das, was nur sie wollten, hatten den Bahnhof ziemlich weit von des Knaben Wohnsitz errichtet.

8 Schupflis Mutter sah die Dampfwolken nicht ungern über den Dächern lagern.
»Schäpflis haben Backzeit.«
»Ist doch der ganz langsame nach Züri.« meinte Zdenek.
Dank dem eisernen Willen der Solothurner, also per Zufall, lag der Bahnhof nebenab, in etwas Distanz. Die existentielle Bedeutung der Stationslage war in den bisherigen Schriften über die Asynchronizität peripherer Provinz, zu deren Autoren Zdenek nicht zählte, ungenügend gewürdigt. Eine gewundene Straße führte zum Bahnhof, doch brauchte man nicht zum Bahnhof zu gehen. Schupflis blieben meist da, wo sie waren, also benützten sie die gewundene Straße nicht.

9 Im ersten Stockwerk des Hauses lag eine vorgebaute umfängliche Terrasse, von der aus Zdenek über den Fluß sah. Die Lokomotiven brausten über die Schwimmer, senkten ihre Dämpfe glockengestaltig über sie. Die Schwimmer hielten die Münder offen. Flußwasser schien durch sie hindurchzulaufen. Zdenek Schupfli betrachtete sein Inneres. Nichts regte sich. Er kam mit allen gut aus. Darum.

10 Über den Fluß blickte Zdenek und er blickte in die Fenster der Häuser auf der anderen Seite des Flusses. Die Fenster waren Tag und Nacht erleuchtet, da der Tag nie anbrach. Die Rahmen bildeten Vierecke, innerhalb welcher sich alles deutlich abzeichnete. Es blieb bei Zdeneks Betrachtungen kein Zweifel an Zdenek hängen. Zweifelten die Schupflis im allgemeinen, so war der Zweifel in Zdenek wie weggewischt, Menschen saßen in den Häusern, vor hohen Spiegeln, steckten sich ein ums andere Mal kleine und kurze Taschenmesser in die Gegend von Leber und Milz.

11 Über den Fluß blickte Zdenek und die Taschenmesser brachten den Menschen keine tiefen Verwundungen bei. Dies war auch nicht ihre Absicht. Das Stechen sollte ein Leben lang vorgenommen werden können, nicht etwa, daß eine Frist sich plötzlich verkürze und den vor dem Spiegel Stehenden und in sich Hineinstechenden vor seiner Zeit erlöse.

12 Menschen bewegten sich vor den hohen Spiegeln und kochten in Töpfen auf Herden, die hinter ihnen lagen, eine wächserne Pomade auf, die sie sich ins Gesicht strichen und dort zerrieben. Die Pomade trocknete rasch und wurde spröde. Unter ihr verschwand die Haut. Die Menschen fielen trotzdem nicht auseinander, sondern alles haftete an allem.

13 Aus den Vierecken winkten sie Zdenek zu, ein schneller Zug fuhr auf dem Flußufer vorüber und schaffte es über die Brücke. Die glänzenden Gesichter ließen grellfarben gemusterte Tücher hin und her pendeln und gaben dem ruhig schauenden Zdenek unruhige Signale. Er konnte sie nicht lesen, entschied sich aber bei Ungewißheit dafür, damit wollten sie ihm ausdrücken, sie würden gern von ihm noch länger beobachtet werden. Der Dampf senkte sich langsam.

14 Vor gewissen Fenstern waren schon vor Jahren undurchschaubare Tuchverhängungen heruntergelassen worden. In diese Fenster sah Zdenek nicht hinein.

15 Hinter diesen Fenstern, deren Scheiben wahrscheinlich geschlossen waren, gingen noch größere Dinge vor sich. Zdenek stellte sich alles im Bereich von Schweizer Taschenmessern vor, deren vollständige Sammlung, ein Messer-Set, im Schaufenster des örtlichen Messerhändlers prangte.

16 Ein kupfernes Zunftemblem schmückte den Giebel, die Vorder- und die Rückseite, den Keller, die Lukarnen und den ersten, zweiten, dritten, vierten, fünften und sechsten Stock des weißen

stattlichen Hauses auf dem großen Platz, der schräg abfiel und dessen eine Seite im Fluß versank. Da aufgestellte Blasmusiken glitten, wenn sie sich nicht mit einem linken, abgespreizten, Bein verankerten, während des Blasens und Paukenschlagens unaufhaltsam aufs schwärzliche Wasser zu. Dem Dirigenten war es vorbehalten, sein Stöckchen in den ersten Trompeter zu bohren, der in der Folge das Glied neu ausrichtete, von neuem in die Mitte klomm.

17 Unter dem kupfernen Zunftemblem hatte Zdenek Schupflis Schwester, bereits seit sie vier gewesen war, unter einem schweren Herzfehler gelitten. Ihre Speiseröhre war zudem mit der Luftröhre verbunden, wie überhaupt ihre Organe sich in ihrem Körper offenbar einsam fühlten und stets dann, wenn kein Arzt drohte oder kein Kraut diesen Organen gut zusprach, sich mit allen anderen Organen zu einem übergeordneten Gesamtorgan verbinden wollten, das, obschon im Körper von Zdeneks Schwester still liegend, eine Art Mund öffnen konnte, um Zdeneks Schwester von innen heraus zu verschlingen. Sie, die Schwester, hörte es mit offenen Augen in sich arbeiten.

18 Vor solchen gewissen Fenstern stand seine Schwester und sah ebensowenig hinein wie er. Ihre Augen öffneten sich da noch weiter, während seine sich allmählich schlossen. Sie wollte immer mehr sehen, er immer weniger. Während sie ihr Bewußtsein auch dem aussetzte, was ihr von Solothurn unsichtbar blieb, verschloß er sein Bewußtsein sogar vor dem, was Solothurn ihm enthüllte. Es handelte sich nicht bloß um Solothurn. Alles lag nahe bei Solothurn. Die Luftröhre der Schwester kreuzte sich, genau hinter dem natürlichen Graben, der zwischen ihren Rippen sich senkrecht nach unten zog, mit einer Schlagader. Die Schlagader blieb lange eine Schlagader, näherte sich dann der Luftröhre, um für eine kurze Strecke ihre Natur einer Schlagader aufzugeben, und auf derselben Strecke war auch die Luftröhre für kurze Zeit keine Luftröhre mehr. Was bei der Kreuzung entstand, war ein Knoten.

19 Stand seine Schwester vor solchen gewissen und verhangenen Fenstern, so dachte Zdenek mit Recht, was vor den Fenstern vorgehe, sei wahrscheinlich sehenswerter als jenes, das hinter den Fenstern insgeheim vor sich gehe, wahrscheinlich aber unterlassen werde. Es war in diesem kleinstädtischen Voyeurtum die anatomisch eigenwillige, kränkelnde, aber zutiefst gesunde Spionin der eigentliche Schlag ins Gesicht der Natur. Da saß der Hausarzt, ein Mann, der ein gewisses Alter hatte und darob ständig überrascht zu sein schien, neben ihr, wie sie einen harten Käse noch rasch hinunterwürgte, und der Hausarzt wunderte sich, wie der Käse für kurze Zeit in ihr Blut überging und dann sogleich, durch einen mikroskopischen Organismus, den vermutlich ihre ungeschwollenen Lymphdrüsen ausstießen, wieder aus dem Blut herausgenommen wurde. Kurz vor der Ankunft des Hausarztes hatte Zdenek seiner Lieblingsschwester, weil er ihr nichts vorenthalten konnte, von dem harten Käse zu essen gegeben. Sie hatte ihn dankbar, aber nicht laut dankend, angenommen; mußte ihn aber wegstecken, als der Hausarzt, ein Mann, der unter einem gewissen Alter litt, ihren Raum betrat und sie untersuchte.

20 Kaum hatte Zdenek ihr den Käse, den er von einem Laden in der Nähe der Schiffländte mit nach Hause gebracht hatte, zu essen gegeben, begab er sich in die Küche, aus der soeben ihrer beider Mutter verschwunden war, und sägte dort ein Stück Holz zurecht. Es handelte sich um ein längliches, aber klumpiges Brett, das er mit einem Hobel in ein dünnes, aber noch nicht biegsames Brett überführte. Aus dem, was die Schneide des Hobels vom klumpigen, dumpfen und plumpen Brett weggenommen hatte, konnte Zdenek ein zweites, etwas unter der Biegsamkeitsgrenze liegendes Brett herstellen, genau die Art Brett, die ihrer beider Mutter nicht leiden konnte, weil diese Art von Brettern sie, sobald sie in gewisser Weise zusammengenagelt waren, an ihrer beider Vater erinnerte, einen Solothurner Apotheker, der zeit seines Lebens sehr geschickt mit dem Pastillenmörser umgegangen war.

21 Das, woran Zdenek arbeitete, wurde ein längeres Brett. Dem Arzt machte sein gewisses Alter zu schaffen, aber er ließ es sich nicht anmerken, sondern gab vor, er habe kein Alter, und die Zeit existiere für ihn nicht; dabei hatten die Schupflis niemals einen Arztkörper gesehen, der derartig tief in der Zeit existierte und von ihr auch mitgenommen wurde. Es blieb diesem Arztkörper, angesichts des unübersehbaren Tatbestandes, wohl nur das absolute Leugnen.

22 Kaum wandte der Arzt sich von der Schwester ab, um die Tropfen, die er ihr zu verschreiben plante, selbst vorab einzunehmen, wie er im allgemeinen jedes Medikament, das er verschrieb, in unmäßigen Mengen selbst versuchte, da schluckte die Schwester hinter seinem schmalen und von den Tropfen geschüttelten Rükken ein weiteres Stück Hartkäse, das am Pfropfen, wo sich die Speiseröhre mit der Arterie kreuzte, scheiterte. Dank dem Pfropfen wurde sein Lauf aufgehalten, und ein Teil des Hartkäses floß ihr aufs Herz zu, wo ein Stillstand stattfand, der schmerzhaft empfunden worden wäre, wäre sie nicht zur selben Zeit – ihr Körper konzertierte sein jeweiliges Ende – erstickt; und alles, was die Schwester tat, führte jeweils den Tod herbei. Die arme Schwester drückte noch ihren Teddybären, an den Zdenek zurückdachte, als später eine seiner vielen jüngeren Schwestern diesen Teddybären im Fluß ertränkte.

23 Hinter Solothurn und hinter Solothurns Türmen und hinter Solothurns umrundenden Mauern stieg ein Hügel an, sanft, mit Wald, dicht, und mit Wind, stark, der darüberbrauste, wenn die Gelegenheit, seltene, ihn rief. Die Bäume: brachen lautlos. Einzelne Blätter dieses Waldes, kleinste Teile der Serenissima Natura, stachen auffällig aus dem Nadelgehölz hervor; überall nur dieses Nadelgehölz, dessen Nadeln der saure Regen glatt schliff und spitz.

24 »Muskeldystrophie und Verzwergung«, stellte der Hausarzt hochbefriedigt fest und versorgte zunächst sein Stethoskop, das es

ihm mitgeteilt, dann den Hörapparat, mit welchem er die Mitteilung des Stethoskopes wahrgenommen, sodann die Brille, mit der er den Hörapparat gefunden. Zdenek, der, mit der Handsäge in der Hand und mit dem Hobel gleichsam über die Schulter geschlagen, in der Schwester Raum gestürzt, erwartete alsobald, der von seinem Alter arg gebeutelte Hausarzt werde mit einem Zusammenpressen seiner Wangenknochen nun auch noch seine beiden Glasaugen aus dem Kopf in eine Glasschüssel schnellen lassen: die Glasaugen, mit welchen er durch die den Hörapparat für das die allgemeine Dystrophie entdeckende Stethoskop findende Brille hindurchgesehen hatte. Der Terror, der von Ärzten ausgeht, ist der des irischen Sinn Fein, dachte Schupfli. Der Hobel schlug ihm gegen die Schulter. Der Arzt wünschte sein Alter, das ihm den Brustkasten eindrückte, weiterhin zu überlisten mit einem energisch hervorgestoßenen: »Pustulöse, gelblich-weiße Läsionen der Schleimhäute in der Rachenhöhle, dazu eine geheimnisvolle unstillbare Encephalomalacie.«

25 In kürzester Zeit hatte sich der Raum der Schwester mit Hunderten von Chirurgen gefüllt, welche allesamt ähnliche Diagnosen in tiefen Stimmen sangen und die Schwester gleich herausschnitten aus allen Höhlungen, Knochen brechen ließen und der Schwester Zunge auf eine von einer Schwester an einer kleinen Kurbel gedrehte Rolle aufspulten. Ein Chirurg trat aus der brodelnden und im Schneiden tobenden Menge der anderen acht- oder neunundneunzig Chirurgen heraus und gab zu verstehen, solche Leidende würden nur zuhause behandelt, soweit Behandlung überhaupt in Frage komme, und falls Behandlung nicht darin bestehe, die Hausgenossen der so Erkrankten vor der schlimmsten Verzweiflung zu bewahren.

26 »Sie hatte trotz allem zu ihrer Zeit eine positive Tuberkulinreaktion«, teilte Zdenek den Herren mit. Sie nickten. Er fuhr mit dem Hobel in der Luft zweimal hin und her. Kehrte in die Küche zurück und verfertigte dort aus dem Restholz das dritte Brett. Fünf Chirurgen folgten ihm und betrachteten ihn längere Zeit.

27 In kürzester Zeit stand Zdeneks Mutter da, ebenso ungerührt wie alle anderen. Die Schwester hatte sich aus ihrem Leichnam zurückgezogen und aß in kurzen, schnellen Schüben am Küchentisch eine Hafersuppe, um gleich in ihren Leichnam zurückzukehren. »Sie hatte einmal Scharlach«, sagte die Mutter, »aber das sehen Sie bestimmt.« Die Herren nickten Frau Schupfli zu. Dann verteilten sie Medikamente an alle, außer an die Schwester. Es sind, sagte ein besonders Wetterfester unter den Nicht-Umzubringenden, dies die Mittel für die Gesunden.

28 Teilnahmslosigkeit, aber Froher Sinn sei für alle das beste. Und eine Hartkäsediät. Beim Wort Käse wandte Zdenek sich ab, blickte von seiner Spielzeugeisenbahn weg und ließ abgewandt einen Zusammenstoß bei Stellwerk VI vor sich gehen. Die Wagen wurden aus den Schienen gehoben. Die Puppen fielen in eine Mulde. Die Lokomotive stürzte als müdegeschleudertes Geschoß in einen halbvollen Mörser. Eine Puppe sank mit, verhängt ins Metall. Gleich kam sie, losgerissen, hohl, munter nach oben. Der Speisewagen kippte. Zdenek schob die Fingernägel in seine Fenster und gleiste ihn wieder ein.

29 Teilnahmslosigkeit: Zdenek kam mit dem Hobel in der Hand – und diesmal mit der Handsäge über der Schulter – wieder in ihren Raum und sah sie liegen. Es geschah regelmäßig so. Er schüttelte sie dreimal und sagte, Fahr aus dir heraus. Sie lag ihm sehr am Herzen, denn sie war seine Schwester gewesen. Für ihn schwankten die Empfindungen, während die Empfindungen für sie vollkommen eindeutig waren. »Ich will jetzt spielen!« schrie er ins erste Stockwerk hinauf, wo seine Mutter die Schlüssel der Hotelzimmer in Ordnung brachte.

30 In kürzester Zeit stand Zdeneks Mutter da, unten, und nahm seine Vorhaltungen mit jener Demut entgegen, die ihm immer neue Vorhaltungen entlockte, die sich zu Beschimpfungen, Verwünschungen steigerten, auf welche sie immer mit einer Geste oder einem kurzen Ton – kein Wort – antwortete, die es ihm

ermöglichten, die nächsten Zerstörungen zu finden. »Du wußtest doch genau, daß sie nicht lebensfähig ist!« und dies gleich nochmals, da »Fiiit!« die große Lokomotive pfiff und Zdeneks Postulate im Klacken der Räder und im Entweichen des Dampfes verwischte. Der Zug fuhr nach Zürich. Ein geringer Teil des gesamten Kesseldrucks fuhr durch die Pfeife beim Steuerfenster. Der Rest kam bei den Pleueln heraus.

1 Die Radstangen hoben und senkten sich. Auf der Terrasse des Hauses der Schupflis erhob sich ein Pfahl. An dem war eine Kette angemacht. An der Kette hing ein Stück des früheren Geländers, baumelte über dem Wasser. Brückenpfeiler waren Schiffsbugs, zerteilten die Fluten, schufen auf der Brücke Grund für eine Plattform (Zdenek Schupfli sah sie vom Raum aus), auf der etwa fünf oder sechs Solothurner standen, mit der äußersten Illusion einer kostenlosen Meerfahrt. Nichts wie weg von hier, bloß wenn Treibholz träge auf die Pfeiler zutrieb, stand das Schiff still. Der von seiner Schwester später ertränkte Teddybär schlug auf und klang topfig.

2 Zdeneks genauer Wohnort hatte keinen Eisenbahnverkehr. Einige Züge fuhren hin und wieder vorüber, und sie machten den Lärm, hinter dem ein Verkehr vermutet wurde. Es handelte sich um die allerregelmäßigsten Fahrten, doch niemals um so etwas wie Verkehr. »Sie ist nicht lebensfähig«, dachte er, »laß mich beim Wesentlichen bleiben: Sie war nie lebensfähig.« Ihr Tod hatte ihn gerührt, weniger seiner Hastigkeit wegen, als wegen seiner alles offen lassenden Endgültigkeit, wegen seines sämtliche Zeichen und sämtliche Erklärungen gleichsam ansaugenden Vakuums.

3 Solche Organzusammenhänge zu besitzen! Aber erst ihre Mutter! Und erst ihr Vater! Und erst Zdenek selber! Und erst jene hinter den verhangenen Fenstern! Immer angenommen, daß da, entgegen allen Vermutungen, etwas stattfand! Aber ihre Mutter hatte wirklich alle an sie herangelassen, hatte sich keinem in den Weg

geworfen, ja, die Schwester war, nachdem ihr letzter Widerstand erlahmt war, ohne Widerstand der Mutter allen sozusagen vorgeworfen worden. Ihr Tod berührte ihn, unter anderem allerdings auch seiner Hastigkeit wegen. Wunderbar war das Wort nicht, das diese Geschwindigkeit bezeichnete, aber beeindruckend konnte das Wort sein. »Mußte das sein?« fragte Zdenek sich schwermütig und rechtschaffen resigniert.

34 Zdeneks genauer Wohnort hatte keinen anderen Niedergeschlagenen zu bieten als ihn. Sämtliche anderen Solothurner schienen durch die sie umgebenden – und weitgehend von ihnen geschaffenen – Lebensumstände in einen leichtfüßigen Frohsinn getrieben zu werden, wie der Hausarzt – und später einer der neunundneunzig Chirurgen – ihn als die einzige Möglichkeit des Überlebens pries. Möglichkeit des Überlebens, unter der Voraussetzung, daß man ohnehin überlebte; etwa so wie eine Medizin, von einem Gesunden eingenommen, sehr oft die Gesundheit nicht stört, und darum eine gesunde Medizin ist. Da es keinen anderen Niedergeschlagenen gab, stand Zdenek allein und trank ein bißchen. Der Lebenswandel, regelhaft, war erträglich. Ein zweiter Fisch, Tigerbarsch: weiblicher, sprang auf die Plattform der Brücke. Die fünf sich abwechselnden Solothurner kreischten.

35 Auf der Plattform blieb der Fisch erstickt. Zdenek sah ihm beim Hüpfen zu. Der Fisch war mit dem, was er konnte, Schwimmen, unzufrieden und versuchte, was er, Hüpfen, nicht konnte. Er hüpfte besser als ein Eichhörnchen, aber noch immer nicht gut genug. Ein Eichhörnchen wäre, falls es Fisch gewesen wäre, niemals aus dem Fluß, in dem die unzähligen Lokomotiven lagen, auf die Plattform hochgehüpft. Nun war der Fisch allerdings kein Eichhörnchen, und das Eichhörnchen war kein Fisch. Zwischen den Grundsteinen der venezianisch am Wasser liegenden Zunfthäuser wuchs längst kein Moos mehr, da die Solothurner Mörtel dicht verstrichen hatten und die Ritzen verfugt.

36 Immerhin faßte Zdenek den praktischen Entschluß, den unmittelbaren Mörder seiner Schwester, nämlich den Hartkäse, loszuwerden, dies um so dringlicher, als er bei den übrigen Familienmitgliedern ähnliche Organzusammenhänge vermutete, eine übergeordnete Verzystung gewissermaßen, ein wasserblasiges Ineinander-Wachsen mit zeitweiligem Aufhören der Organe, die unvermutet durch ein anderes ersetzt wurden, besonders bei sich selber, dem sich selbst zerknirscht bemitleidenden Zdenek Schupfli, der ja bisher nur aus Zufall nichts vom Hartkäse geschluckt hatte oder in den Mund genommen. Auf der gewundenen Straße zum Bahnhof herrschte dichter Verkehr, Hupen, Girlanden, Straßenbahnen, wendige Motorboote und Feuersbrünste.

37 Höchstens sechs der abends beleuchteten Fenster schauten auf den Wald hinaus, in welchem Häher junge Rehe zerfleischten, der Rest der Fenster interessierte sich für den Bahnhof, wohin Zdenek den Mörder seiner Schwester treiben wollte. Hinter den verhangenen Fenstern war mehr Lärm als üblich, in den nichtverhangenen wurden mehr Taschenmesser eingestochen als an Pfingsten. Es gab eine unermeßliche, tief deprimierende Anzahl Häuser, und in jedem Haus eine unermeßliche Menge frohsinniger Menschen, und alles, was nicht Glasauge in der dunklen Höhle trug, blickte Zdenek nach. Ineinander geschachtelt, verwinkelt und strebsam gemeißelt flankierten die Häuser den endgültig gezähmten Fluß.

38 Etwas pfiff, weil es einem festen Gefäß entwich. Autobusse fuhren, gefolgt von schweren Motorrädern, Gemüsehändler hatten ihr Obst motorisiert und kurvten in rauchenden Äpfeln und Birnen herum. Eine Rinnsteinratte übertrug einen einzelnen syphilitischen Bazillus auf den Daumendrücker einer Fahrradklingel, die mit einem Motorboot zusammenstieß. Der Besitzer war Brot kaufen gegangen. Der Bazillus sprang aufs Boot über.

39 Zdenek stieß die Haustür auf und trieb den widerspenstigen Hartkäse wie einen Kreisel mit einer geflochtenen Peitsche vor

sich her. Seine Mutter prüfte die Angebote der Begräbnisinstitute. Nichts zu Billiges, auch nichts zu Teures, so gerade etwas Rechtes. Die Schwester hatte den Leichnam zur Einnahme ihrer Abendmahlzeit verlassen und kaute ab und zu einen Hotelschlüssel. Zdeneks Schlag fuhr auf den Hartkäse herab. Seine Mutter vergalt es mit einem Schmerzenslaut. Ehe er es sich versah, hatte sie sich an den Käse geklammert und war von ihm nicht mehr zu trennen. Zdenek, kurze Zeit im Zwiespalt, ob er den Mörder seiner Schwester loswerden oder seine Mutter in ihrem Haus belassen wolle, trieb kreiselartig den Käse weiter an. Die Schläge, die auf seine Mutter fielen, waren leiser.

40 Im Raum saß Zdenek Schupfli. Die Tür zu seinem Raum war jetzt offen und nahm den Drittel Quadratmeter Platz weg. Der eckige Hartkäse ließ sich nicht rollen. Zdenek hielt die letzte Ahnung von der Krankheit seiner Schwester fest, aber sie entwich in Richtung des Hügels. Er schaute ihr lange nach.

Vanitas

1 Die Zeit ist in ihrem unaufhaltsamen Fluß immer ein Gehsteig gewesen, von dem man unerbittlich in die Gosse runtertorkelt, sodaß man sich die Zähne an einem Gully einschlägt, besonders wenn man beim Pfirsichbüffet steht und sagt: das Leben ist eine von Fremden besetzte Gastwirtschaft, deren Speisekarte stündlich umgeschrieben wird.

2 Ist nicht die Zeit, die allumspannende, die, homerisch und gustavschwab'sch gesprochen, *sekundichte, minutichte* sowohl als stundichte, ein zu hochvoltig angeschlossenes Tonbandgerät, das piepsend quasselt. Manchmal möchte man etwas zweimal hören, doch das Leben ist ein Vorhang, der eine lange Reihe blutspritzender Tierschlachtungen verbirgt. Das Ende ist ein Zeugungsakt, aber er entzeugt. Wir waren stehengeblieben bei der Zeit, die eine besetzte Gastwirtschaft ist.

3 In ihrem jahrichten Lauf macht die Zeit das Essen immer schlechter, die Preise immer höher, besonders wenn man den Klavierdeckel aufschlägt und angesichts der schwarz-weiß gestreiften Tasten ausruft: die Künst ist ein Zebra, das Ende steht bereits fest, seine Botschaft aber ist versiegelt, und wer würde wagen den Gedanken, für die Enthüllung des Endens genüge ein geschliffenes Taschenmesser, silbricht, feucht, kanticht mit ausgeklappter Schweinsklinge, nämlich, um das Siegel von der letzten Botschaft abzulösen und sie dann einzusehen:

4 So ist der Mensch, nach dessen Leben die Zeit aufhöret und ihn diesem oder jenem Ende verfügbar machet, besonders wenn er sich auf einem Hocker räkelt und mit den Füßen gelangweilt die Quasten verschiebt. Das Leben ist kurz, aber wer schneidet es ständig ab? Der Mensch ist grausam, aber wer verkauft diese

künstlichen Zähne? Das Ende ist plötzlich, aber wer kurbelt an der Verlängerung?

Refrain
Die Zeit ist kurzweilig, deshalb wird man immer stärker seine eigene Nummer. Wer mag da noch lachen?, nja, vielleicht aus Freude, daß er's auswendig kann. Gelübde: Ich will nicht die verschimmelte Hühnerleiter der Selbstrechtfertigung runterrauschen, sondern auf dem elysischen Pfad des heiseren Tenors wandeln und stündlich regredieren zu einem mit Mund, Schwanz und Loch besetzten, knochenlosen, sechsunddreißig komma acht Grad warmen Stück Fleisch, das semper fidelis den Blues krächzt. In einem Nachtlokal, das mich als mich als Sax beschäftigt, bin ich als Stammgast bald entkräftigt; jetzt, alle, einstimmen ... (Refrain im Chor)

Vulva

1 Sie zeigt mir einen Schlüssel. Wie er ausschaut, weiß ich nicht mehr. Wir stehen an einem südlich gelegenen öffentlichen Platz. Erinnere mich an ein Wartehäuschen, an dem ein übergroßer gelber Briefkasten hängt. Ein zögernder Bach trottet unter viel weißem Schaum von Süden nach Norden, verschwindet kurz vor dem öffentlichen Platz in einer Röhre unter Grund.
»Bis heute abend muß der Schlüssel in einem dieser Dörfer sein, nur weiß ich nicht mehr, in welchem.«
»Rodersdorf? Nur Therwil? Sags mir. Ich habe den Wagen da und fahre dich hin.«

2 Ich stehe vor einem Möbelschaufenster, in dem lauter Schaukeln stehen, schwingen aber nicht. Denke, sie muß den Schlüssel letzte Nacht mitgenommen haben. Sie steht im Treppenhaus unten und ist schreiend geworden, weil Tür zu ist. Durch lautes Schreien will sie Nachbarn gegen mich aufhetzen. Das geht immer, Nachbarn dreschen auf den ein, bei dem es schreit, war vor hundert Jahren so, vor zweihundert, wird in hundert Jahren so sein, in zweihundert. Eine hellgrüne kurze Hose trägt sie, als sie die enge Leiter in die Scheune hochklettert. Der andere, von mir mit Altmännerneid bedacht, kommt auf einer Mitsubishi mit vier Zylinderköpfen. Kommt gleich nochmals, auf einem umgebauten 2 CV. Reißt ihr paar Haare Schläfe aus.

3 Sitze auf hohem Stuhl in Café. Sie serviert geschnittenen warmen Schinken mit schwarzem Rand. Wage nicht mehr, sie zu fragen, woher sie den Schlüssel hat. Zugleich weiß ich, da immer derselbe Film mit ihrer hellgrünen Hose abläuft, daß meine Vermutung stimmt. Im Zusammenhäng fällt das Wort »St. Tropez«. Ich sage ihr »Ruf doch gleich an«. Sie steht im Kiosk und will mir eine ganz uniform blaue Zeitschrift verkaufen. Ich nehme sie nicht an, da es nichts zu lesen gibt. Das scheint sie anzustacheln. »Was meinst

du, was kostet das?« – »Ist nicht schlimm, acht bis dreizehn Franken!«

4 Der Schlüssel kommt nicht mehr vor. Ich vermisse ihn nicht. Trotzdem: wie hat er so lange vorkommen können, obgleich ich nicht einmal wußte, wie er ausgesehen hat? Sie sitzt in meinem Zimmer, es ist ein Schlauch, alles oben eingerundet, lang, dünn, alles beugt sich den gebogenen Wänden entlang. Ich ahne, daß das Zimmer zusammengezogen werden kann, der Schlauch verengt sich, die Insassen werden zerdrückt wie liegengebliebene Scheiße im Colon. Das Zimmer droht uns unser Zerdrücktwerden nur an, wir beugen uns etwas, müssen uns aber nicht so stark zusammenfalten, wie wir es allenfalls noch könnten. Ich sitze gedrückt auf dem Teppich. Es ist ein lieblos hingeworfener Fetzen. »Setz dich doch«, sagt sie impertinent, will sagen, ich empfinde, was man als freundliche Aufforderung auffassen könnte, als impertinent. Offenbar geschwächt! Ich gehe nicht ins Zimmer, obschon ich bereits drin sitze, sondern schließe die Tür. Das gefällt mir, der ich auf dem Teppich sitze, drinnen überhaupt nicht. Durch die letzte Türspalte sehe ich, wie sie zu schluchzen anfängt. Es fängt mit einem Gelächter an, das in ein Gelächter übergeht. Also immer dasselbe, unwandelbar ein Gelächter. Aber kein Zweifel, sie schluchzt. Das beruhigt mich und ich schlafe ein.

5 Aufgeregt renne ich um den rechten Winkel herum, um eine Ecke eines klar erleuchteten Korridors. Hotel- oder Bürohaus. Ich möchte wissen, sind die Zimmer hinter den regelmäßig aufgereihten Türen für den privaten oder öffentlichen Gebrauch. Erfahre es nicht, öffne aber auch keine Tür, um es zu erfahren. Ich tue nichts, um es zu erfahren, bin tief unneugierig, es handelt sich um eine informationstechnische Anorexie, ein wunschloses Nichtwissenwollen, das begleitet wird von einem unendlichen Wissensdurst, der völlig abstrakt bleibt. Alles sehr fürchterlich, aber gut auszuhalten. Weiche Spannung, gut auszuhalten, aber wer Spannung so empfindet, ist selbst ein weicher Kuchen. Jetzt verhalte

ich mich geräuschlos, während ich vor der Ecke noch ziemlich laut geschlurft bin. Jedenfalls wußte ›man‹, daß ich da war, jetzt darf man es nicht mehr wissen. Der Korridor mündet in eine Eßhalle, dahinter, hinter einer dünnen und ständig brechenden Glasscheibe, eine Maschinenhalle. Die Maschinen sind entweder zum Kochen und Sieden da oder zu einer Verarbeitung, die mit dem Schwingen von Pleueln und Hebeln vor sich geht.

6 Schwach schräger Abhang, lauter rote Hüte auf der Grasnarbe. Ganz unten ein Bleistift, der hoch aufragt. Der mit der Mitsubishi kommt nochmals. Kann nicht sagen, wie er kommt, kann nicht sagen, er fahre, was ja, da er offenbar ein Motorrad hat, das nächstliegende wäre. Er hat aber auch kein Motorrad, sondern nur der Name »Mizzibizzi« assoziiert sich mit ihm. Nominales Träumen also, statt Konkretem erscheinen nur Substantive. Dann reiße ich aber etwas Gras aus, das kann ich ja bei Substantiven, die ›Gras‹ heißen, nicht. Ich stehe gerade vor einer Art Apotheke und befingere eine Tube mit fetthaltiger und mich ekelnder Nasensalbe. Der Absturz in die Trivialität muß hingenommen werden. Der mit der Mizzibizzi: »Wenn Sie ihr einen Siebziger zustecken, wird sie Sie schon sehen wollen.«

7 Will mich sehen. Alles erfunden. Wenn ich nur wüßte, was am Anfang gewesen ist. Wollte mich wohl sehen, sie. Alles zeitlos, will es eigentlich nicht wissen.

Gezwungene Oberin

1 Der Vorsteher ist alt geworden, trägt Frauennamen, Prostata, »die passiv zum Vorstehen gebrachte Oberin«. Er hat jetzt Schwellungen, die unerwartet kommen und gehen. Meist ist er unter einem gestreiften Hemd verborgen. Man sieht ihn kaum mehr.

2 Wer will, der kann ihn. Am frühen Morgen weint er stark. Eimerweise Tränen, werden zu den Abwässern gekippt. Der Vorsteher muß bald operieren, will sagen, man ihn. Auf seiner Haut bleibt eine kleine, tiefsitzende Narbe zurück. Einmal wurde ein Vorsteher zweigeteilt, aber der Chirurg machte es mit einem halben Hund wieder wett.

3 Muß man ihn einschläfern? Er ruht jetzt schon. Keine Bewegung erhebt Anspruch auf einen Einfluß, der über ihn hinausweisen könnte. Manchmal erhebt sich der Vorsteher, wenn Besuch kommt. Dann steht er verhärtet und unbeugsam an seinem Platz im Raum und rezitiert Rilke. Erlaube mir, zu meiner Spitze auszutreten.

4 Der Besuch fühlt sich verstanden, will sich aber für später aufbewahren. Das ungeheuer weite gestreifte Hemd, das er trägt, erlaubt ihm einen gefahrlosen Rückzug, ohne Verlust seines kleinerwerdenden Gesichtes. Als er jung war, hat er noch hell geschäumt. Nicht hell, aber zumindest heller. Es ist zum Weinen.

5 Da versteht jeder, warum der alte Vorsteher weint; immer noch besser als die am Kranz nestelnde Oberin. Er ist kalt geworden. Er hat jetzt Prellungen, die unbekümmert trommeln und schmerzen. Meist ist er hinter einer ausgestreckten Hand verborgen. Man fühlt ihn kaum mehr.

6 Wer brüllt, der darf. Am späten Abend bleibt er knapp. Leiterartig Zähne, werden wie mit Messern gelippt. Der Vorsteher muß bald an einen Klotz gebunden werden. Auf seiner Krause bleibt keine schiefsitzende Kerbe zurück. Wurde jemals ein Vorsteher abgefeilt, ohne daß der Handwerkmeister es mit einem gesunden Schluck geradegebogen hätte?

7 Küßt man das Euter eines Schafes, wenn man ihn kennt? Er wird schon jetzt. Keine Regung dreht sich um den Ausspruch Je länger je lieber, sondern die Bewegung ist Haltet den Dieb, den die Gelegenheit machte. Ein gutes Mahl zerlebt den Vorsteher, denn sein Fortgang wimmert. Dann regt er zu allerlei Härten an, denen Vergebung auf dem Fuße folgt.

8 Das Rezitieren gibt er mit der Zeit auf, weil er nichts mehr mit sich zu tun haben will. Entlaube mich, um meine Hitze möcht ich wetten.

9 Das gestreifte Hemd bleibt sodann sehr lange auf dem darunter sich in Erde verwandelnden Körper liegen. Das Gewebe ist kaum faulfähig, durch die Knopflöcher kriechen die Regenwürmer. Memento peccato, das Leben ist ein Kürbs. In einer langen Fastenzeit fast in Ewigkeit wird der Eitelschwüle für den Spiegelgebrauch wieder gut. Armer Verbraucher, wenn selbst dem Chirurgen das Verständnis dafür fehlt. Da weint letztlich jeder, weil der alte Vorsteher, die zur Leitung forcirte Oberin, ist Besuch da, klingelt, als wäre er der Fremde hier, und dann, bedachtsam im Geiste, zerschwebt.

Nach Arsheim bringen

1 Wir standen in einer Reihe, die am höchsten Gewachsenen ganz rechts. Ich meine, gewisse Fußspitzen ragten vor, aber die Fersen lagen auf Achse. Man rief etwas. Es war unverständlich. Es klang nach Gewaltanwendung. Das sagte genug. Sogleich trat ich vor. Als Folge des freiwilligen Vortretens war die Wahl auf mich gefallen. Sogleich trat ich ins Glied zurück und trippelte mikroskopisch-klein mit meinen Füßen, bis die Fersen wieder im Arrangement lagen.

2 Selber das unschuldige Opfer eines inneren, finsteren und unerträglichen Zwanges, hatte ich mich anerboten, so erfuhr ich, am Mittwoch einen Mieter aus seiner Wohnung in der Gemeinde Arsheim mit Gewalt auszuweisen. Notfalls, teilte man mir mit, und ich wußte, ich hatte damit richtig gehört, müsse ich zu körperlichen Verstümmelungen Zuflucht nehmen, wenn denn anders das Paroli-Bieten nicht zu enden sei. Mit meinem langen grauen Opel fuhr ich vor; hielt zwei Häuser, alles zweistöckige, weiter vorn; holte gleichnishaft zu Fuß Anlauf.

3 Ich hätte allein hingehen können. Mutig genug dazu war ich, da ich mir zutraute, auch mit seiner zögerndsten Abreise fertigzuwerden, indem ich das erprobte Mittel für die Abreise anderer einsetzte: meine Ankunft. Ich sollte, lautete mein Auftrag, einige Tage sodann verstreichen lassen und später bekanntgeben, die Ausweisung sei aufgrund eines Urteils des Kantonalen Obergerichtes veranlaßt worden, kürzeste Vollstreckungsfrist. Unerschütterlich genug wäre ich dafür gewesen. Solange es aber, wie ich feststellte, Arsheimer Gemeindebeamte gab, die untätig stierend an ihren Pulten herumsaßen und ihre paranoide Isolation still vor sich hin priesen, brauchte ich nicht allein hinzugehen, sondern konnte einige rekrutieren für die Eskorte.

4 Anlauf geholt; die zwei Häuser bis zu ihm hin zu Fuß zurückgelegt; ich klopfte ein Mal, das erste, an die Tür. Als ich ihn den Riegel vorschieben hörte, hatte ich bereits zwei Mal, die zweite Aufforderung, gepocht. Der Eintritt ins Treppenhaus war ohne Gegenwehr geschehen. Im zweiten Stock begegnet man im allgemeinen den ersten, widerspenstigen, Fährnissen. Er hatte die Insgesamt-Maßnahme, angefangen beim Urteil bis hin zu meiner Ankunft vor Ort, als »schreiend« bezeichnet; schien auf mich verzichten zu können, da er abschloß und versperrte. Äußere Zwänge waren mir noch unerträglicher, obschon ich bereits da mit einem ihn verstümmelnden leiblichen Zugriff hätte drohen können; einstweilen zog ich allerdings nur einen Türschlosser bei, zunächst mit Rat, der schlecht beraten ausfiel, dann mit Tat. Dazu mußte ich die beiden vorgelagerten Häuser in umgekehrter Richtung zurückgehen und so meinen Anlauf zerstören. Wenn ich auch über ein gewisses Talent im Verstehen ganz allgemein verfügte, klappte es doch nie mit dem Ertragen von Verständnis ganz allgemein; was dazu führte, daß ich mein Verstehen, glasklares und schneidend-schmerzhaftes Verstehen, für eine rasche Beseitigung des Unerträglichen zu Hilfe nahm; meine Pein mir so immerhin einseitig linderte; indem ich aus dem baufälligen, verkommenen, schmutzigen und – durchaus artgemäß – aus der Art schlagenden Chaos geordnete Verhältnisse schuf. Als sein Beauftragter lebte ich in einem Land, dessen bevölkernde Ursubstanz solches honorierte; ohne so etwas wird man nicht Ursubstanz.

5 Zu ihm hinein; deshalb besser beratenen Türschlosser suchen. Die Suche nach Türschlossern fiel mir umso leichter, als in Arsheim alle Türschlosser auf engstem Raum zusammengedrängt lebten; eine Anordnung, die sie wegen des starken Rückgangs der Einbruchsaufträge, aus Überlebensangst, freiwillig getroffen hatten; um, aus dem eigenen Schlüsselschleifraum hervorschießend, dem Nachbarn den neuen Schleifauftrag abzujagen; wie weise. Eine starke Commotion, innere und äußere Bewegung, bei den Türschlossern; auch dies hing mit meiner Ankunft zusammen; bis zur Arsheimer Nahrungsaufnahme und -abgabe, bis zu den ge-

ringsten Arsheimer Bedürfnissen, hing stets alles mit dieser selben Ankunft zusammen.

6 Hinter seinem Haus lag ein flaches, einstöckiges Gebäude unter Wellblech; in diesem saß einer der Türschlosser und wusch in einem Blechtrog mit warmem, rötlichem Wasser seine Schürze. Die ausgefranste färbte reichlich ab; Schwaden von Gewebefarbe ums Gewebe herum. Wenn ich auch einen Blechtrog unter dem Wellblech zu finden erwartet hatte – den einzigen in Arsheim noch übriggebliebenen –, so überraschte mich doch die zusätzliche Anwesenheit eines kläglich-zitternden Schlossers; ich mochte wetten, es war der letzte; zu oft war ich schon angekommen bisher; ihn mußte man sich greifen.

7 Ich faßte mich; die zwei Häuser, abermals den Anlauf einrichtend, mit ihm zurückgelegt; die Gemeindebeamten friedlich, ohne Drohung, ihn am Hemd piesackend; zusammen klopften wir, jeder drei Mal, die dritte Erinnerung; dies, nachdem der Türschlosser, ohne daß wir ihn losließen, mit Aale und Feile seltsamerweise keinen Nachschlüssel hergestellt, sondern die Füllung am Rahmen bearbeitet hatte; sodaß die Späne auf mich regneten und ich mich sorgfältig an seiner Schürze abzuwischen hatte. Meine Hosentaschen standen in Wülsten unten aus dem Stoff heraus; aufnahmebereite Gefäße; als schwere Beutel hingen sie an mir herab; hätten die Ausbuchtungen zweier hoch-oberschenkliger Ödeme sein können, ehe ich sie von den Spänen leerte; in seine Schürzentasche hinein; nachdem sein Feilen und Zustechen mit der Aale am Türrahmen Raum geschaffen hatte zum Durchkriechen einer Hand nach innen an die Klinke; was die Hand eines Subalternen zu tun geheißen wurde. In seiner versonnenen Losgelöstheit vom Rest der Menschheit gewahrte er die Gefahr nicht und drang mit der Hand unerschrocken durch.

8 Die Tür des Mieters war unbegreiflicherweise! nur angelehnt. Ich war vorher mehrmals dagegen angerannt, und sie hatte nicht nachgegeben; nun war sie auch ohne Hand zu öffnen; er mußte

sie, als ich einmal im Korridor zum Schwung-Holen zurückwich, leise entsichert haben. Als ich eintrat, beherzt als erster, stand ich plötzlich auf einem langen roten Lackschuh; der ihm als Keil gedient haben mußte, nachdem er den Riegel leise zurückgezogen hatte. Ein Riegel jedenfalls befand sich an der Tür und schaute an derselben heraus, aber das den Riegel zwecks Verriegelns aufnehmen sollende Kästchen im Rahmen fehlte; weshalb ich, die Tür zu hart aufstoßend und mitten in meinen Auftrag hineinstolpernd, über den Lackschuh fiel und dabei auf einen zweiten trat und längere Zeit taumelte. Ich meine, mir dabei gedacht zu haben, daß ich mich auch im Drehen und Absinken mit meiner Aufgabe zufriedenstellen könne. Er stellte mich auf die Füße und berührte mich leicht am Arm; den ich mir, da nun seine Kleidung nahe war, an seiner Kleidung abwischte.

9 Danach, es war nicht mehr viel geschehen und viele hielten viele mit unlöslichen Griffen fest, um ein Entweichen zu verhindern – danach ließ der Auszuweisende, wie ich mit schmalem Mißfallen feststellte, uns mit Hilfe der restlichen Gemeindebeamten, ohne daß er Widerstand entgegensetzte, die Möbel wegkarren; in sicherer Entfernung, jenseits der Arsheimer Gemeindegrenze, leicht vorgeschoben auf Luckener Gemeindegrund, bedeckten wir sie mit regendichten Persenningen; was ich persönlich überwachte; gemäß Auftrag schob ich meine durch mich wohlgelittene Person in den zahllosen Menschenmengen hin und her, lief gegen einige mit der Brust, ließ mich zweckdienlich-folgerichtig vernehmen; straff anliegend die Persenninge, als sein Fall erledigt war; später. Damals aber fragte mich der Türschlosser, den wegzuweisen nach dem Eindringen man vergessen hatte, »Warum?«.

0 Das hatte mir gefehlt. Ich reichte ihm, unter anderem, seinen schweren Schraubenzieher und bohrte vor seinen Augen die Aale da bis zum Griff ins Heft; und sandte ihn zurück zu seinem Wellblech, seiner Schürze, seiner Nahrung. Der Letzte in Arsheim, hatte er uns zum Zweitletzten verholfen und wußte nun,

daß wir, sollte unsere Ankunft ein weiteres Mal vorfallen, für sein Wellblech keinen zweiten Schlüssel benötigen würden.

11 Ich kann nur in meinem Wagen sitzend mit mir übereinstimmen; da ist sodann so etwas wie Haut; und ich darf nur Adern sein. Wie erinnerlich, war ich aus eigenem innerem Antrieb vorgetreten; überrascht sodann, wie grauenhaft ich beim Zuschauen leiden mußte. Immer habe ich bei der geringsten Gnade, oder beim verborgensten Zeichen einer unverdienten Huld gelitten wie ein heimtückisch, wider seine kotige Natur, gestreicheltes Schwein. Durch mein Wagenfenster sah ich mir von außen den jetzt im Schutz meines Wagens sitzenden Auszuweisenden an. Sein Schluchzen war zulässig; ich hielt es im Namen des Auftrags aus. Das Unerträglichste dabei war sein Atemholen. Es wirkte leicht komisch, da es regnete; weich platzende, sulzige Tropfenmasse; spritzend auf die Persenninge in Lucken drüben; und er, schluchzend und deshalb beschleunigt einsaugend die Luft, zog Regen, Regen, Regen ein sich in den Mund.

12 Mein Wagen war von schwarzen Schirmen umgeben, unter welchen es lachte. Den Arsheimern lag Zirkus im Blut, und der Zweitletzte, Auszuweisende grimassierte hinter dem Schutz meiner Windschutzscheibe. »Weg« schrie ich; hatte mir einen seiner Lackschuhe in der Wohnung geholt; die zwei Häuser abermals zurücklaufend, als ich zur Wagentür eilte; mich lange hinter dem Steuer, neben ihm, einnistete und mit dem Starter den Motor ertränkte; sodaß das Vergnügen nur kurz drehte.

13 Mit ihm verschwinden. Dünner Regen, der auch durch Geschlossenes drang. Ich deswegen triefend. Stieg noch einmal kurz aus und zog mir draußen das Hemd aus. In mir reifte es. Ich arbeitete an einem mündlichen Auftrag für unsere Frau. Legte sodann das Hemd zwischen uns, während der Fahrt. Einmal kräftig, aber locker, am Arm genommen, folgte er mir nachgehend ohne weiteres auf den Zweig »Exil« meiner Luckener Verwaltung, wo die anderen, von der Andacht zurück, bereits wieder für sich saßen

und ihn, mühelos Monologe haltend, laut musterten, indem jeder, was er sah, sich selber laut vorerzählte. Die Trostlosigkeit war so, daß ich lieber ihr noch gut lebendes Opfer als sie selber beseitigte: meine Sicht der Dinge.

14 Irgendwie erregte er sich sogar; die Hemmungslosigkeit hatte ich noch nie gesehen. Unsere Frau wird es an Ihnen vornehmen, sagte ich ihm. Der Frage des letzten Türschlossers widmeten wir eine kurzfristig einberufene Sitzung auf Gemeindeebene; Arsheim war, soviel ergab sich bei einem Blick auf die auf Lucken überschriebenen Katasternummern, von der Auszehrung bedroht. Unsere Frau hantierte und legte ihm die Hände auf die Handstutzer; von wo sie mit einem Hammer auf den Tisch geschlagen werden mußten, und die Handstutzer, eine Art Schnitzwerkzeug für Lärchenäste, hieben alles weg, was einer zugespitzten Form der Hände entgegenstand; Daumen und Kleine gingen über Bord, Mittelfinger litt kaum. »Er kann jetzt Bäume anbohren«, hieß es; damit war ein neuer Beruf gemeint, den er, sollte nach seiner Ausweisung nichts mehr da sein für ihn, als unabhängiger Kleinbetrieb, mit sich selber als Angestelltem, im Wald zum Vergnügen oder gegen Bezahlung ausüben konnte.

15 Er setzte sich auf einen freien Stuhl, vermutlich meinen, da ich hinter! ihm stehen blieb; es standen, nun er still blutete, andere Märsche noch in Aussicht. Unsere Frau verabreichte ihm um vier oder um sieben ein Bier und ein Schinkenbrot; die er beide wortlos verweigerte statt sie anzunehmen und ein Loch einzubohren.
Mit meiner Ankunft, nach der Sitzung, verbesserten sich Lage und Aussichten. Weshalb die wachsende Verehrung vor ihm, wenn ein einfaches, hoffentlich einschüchterndes Aufstampfen genügte? Nach dem Eingriff die Behandlung. Auf einmal dachte er an seine Wohnung.

16 »Meine Kommode und die Polstergruppe möchte ich vergessen« sagte er, als wir ihm den einen Lackschuh anbanden; wir verspra-

chen ihm, er dürfe vergessen; so überzeugend, daß er bei uns die Nacht, diese Nächte, verbrachte.

17 Als sich der Herbst mit rostroten Sträuchern an den Hängen anzeigte und die unaufhörlichen Regenfälle allen zur Marter geworden waren, war es deutlich geworden, daß meine Abreise sich an die seine knüpfte; zumindest teilweise. Nach Dunkelwerden zu wecken, aufzurichten und über die Grenze nach dem benachbarten Schoringen abzuschieben. Man rief etwas. Es war unverständlich. Ich hatte das Vortreten zu einer Gewohnheit gemacht und bekam die erratbaren Einzelheiten. Persönlich nahm ich mich der Erledigung so an, daß auch ich in Lucken während einer längeren Zeit nicht mehr gesehen werden konnte; und in Arsheim, bei einem Bekannten, noch etwa ein einziges weiteres Mal.

Hermann und die Bundespost

1 Hermann hat ein Gesicht, das sich seiner Prallheit wegen kaum in Falten legen kann, obschon es dieser Falten bedürfte. Feingeschnittene Züge – will sagen, als er ein Kind war – die sich wie mit scharfkantigen Werkzeugen ins Fleisch gegraben haben, ihren Ausdruck gegen das steigende Fett verteidigen und ihn teils halten können. Sehr dünne Lippen und in der Regel gutgekämmte Haare, einen sichtbaren Scheitel, ausgesprochenes Angehören einer anderen Generation, die ich verachte und die meine Sehnsucht ist.

2 Nie läßt sich Hermann zweimal um Geld bitten. Als weite Teile meines Unterleibes starben, war er der erste, der mir Beileid bezeugte und mir mit Geld über die Runde half, und ich benötigte damals eine große Menge Geld. Dies war sozusagen das einzige Mal, da ich seine Hilfe in Anspruch nehmen mußte. An das Sterben meines Unterleibes, das mich, sowie ich es überlese, fasziniert, erinnere ich mich leider kaum. Es ist undeutlich geworden, es sind nicht viele Wünsche geblieben, oder aber, sie müßten sich äußern, bemerkbar machen, wenn sie mich von ihrer Anwesenheit überzeugen möchten. Ich habe nicht viele Wünsche, und somit darf ich, was an Energie für ihre Erfüllung aufzuwenden wäre, für ihr Vergessen einsetzen. Ich darf von mir, anders als von Hermann, sagen, daß die innere Kaufmannschaft meiner Empfindungen nur mit bar bezahlten Rechnungen handelt. Meine Ökonomie stimmt, möge es jedem so ergehen. Hermann half mir in seinem Fall rasch und diplomatisch, ließ mich nicht hängen, brachte mich zu mir selbst, dämpfte ab und war von Nutzen.

3 Ich hatte seine Hilfe in dieser oder einer ähnlichen Angelegenheit später nicht mehr notwendig. In seinem Beruf ist er der tüchtigste und zuverlässigste Arbeiter, den ich kenne, aber müßte ich genau sagen, was er arbeitet, käme ich in Verlegenheit. Im weitesten

Sinne bringt er Leute zusammen, und plötzlich werden aus den Leuten Menschen, und die Menschen fangen an, Pakete voreinander aus dichten Verschnürungen zu schälen. Im weiteren Sinn wohl ein Dienstleistungsgewerbe, mit der Post muß es zu tun haben, Hermann ist auch schon befördert worden, Zusteller und Zugestellte beklagen sich mitunter, aber im großen Ganzen eine Tätigkeit, die man als ›nice‹ bezeichnen kann, seine aus New Jersey stammende Mutter bezeichnet diese Tätigkeit genau so.

4 Seine Mutter unterläßt es nie, mich zu küssen, wenn ich bei ihnen frühstücke. Dazu nähert sie sich mir von der Seite, und jedes Mal, wenn ich mich bemühe, aus der steinhart gefrorenen Butter das Beste zu machen und sie am Glasrand mit dem erhobenen und sich senkenden Messer abzustreichen, erhalte ich meinen Kuß, den ich bereitwillig erwidere, ohne daß ich von mir sagen könnte, ich hätte ihn erwartet und die Antwort darauf lange und vergeltungssüchtig vorbereitet.

5 Hermann, der seine Butter in den Handhöhlen aufwärmt, lächelt dazu, und ich fühle mich von einer Freundlichkeit umgeben, die auch durch die hartgesottensten Anwürfe nicht zu trüben ist, ebensowenig wie durch die straffen Portionen abgemessenen Wundeiters, den die beiden Leute, die manchmal Wesen sind und manchmal warme, nice Menschen – ich habe für mich die Bezeichnung unter der Aussprache ›neisse‹ als Beiwort ins Deutsche übergeführt – seltsamerweise sich gegenseitig zum Frühstück servieren, auf dem bloßen Tischtuch noch dazu, ganz so, als sei die Porzellanschüssel noch nicht erfunden oder längst von der Mutter der schlechten Kiste zerbrochen. Auch Hermanns Mutter ist noch jung, fast noch jünger als er, jedenfalls aber sehr jung, wenn sie sich mir nähert und ihm ein die weißliche Hautkrete seines Scheitels gegenläufig deckendes dunkelbraunes Haar wegstreicht.

6 Hermann betrachtet mich unablässig und wohlwollend, seine Augen schaffen die Milde, welche, als Atmosphäre und als Vor-

schlag genommen, es mir erträglich macht, daß ich mir keine Regung mehr durch die lautlos flitzenden, im Aufprall harten, Anwürfe mehr eintrüben lasse; sondern klar bleibe ich, durchlässig und von jener Offenheit, welche, indem sie zu allem einlädt, alles gleichermaßen abweist und gleichgültig macht. Diese beiden neissen jungen Leute – auch Hermanns Mutter ist noch sehr jung, beinahe noch jünger als er, sodaß sich die Frage stellt, ist sie seine Mutter, sich die Frage aber beantwortet mit, Ja, sie ist es, ehe sich die Frage wieder meldet mit, Aber sie ist doch noch so jung! – diese beiden jungen Leute haben nun einmal dieses lockere Gehen-Lassen an sich: daß sie sich zum Frühstück, an dem ich teilnehme, ihren Wundeiter servieren müssen.

7 Hermanns warmer Blick schafft in mir auch die Nachgiebigkeit, mit der ich, den Zeigefinger zuhilfe nehmend, seiner Mutter über die Stirn fahre. Ihre Stirn ist eher niedrig, doch rührt das von ihrem Haaransatz, der sich, seit ich die beiden kenne, um keine Fingernagelbreite nach oben, nach hinten, zurückgezogen hat, kämmt sie die Haare nun nach vorn, womit sie den Haaransatz endgültig verdecken – ganz anders als bei Hermanns weißlich hervorschimmerndem Scheitel – oder kämmt sie die Haare nach hinten, womit sie die Stirn zwar freimachen, den Haaransatz aber um keine Fingernagelbreite verrücken könnte. Ich fahre ihr also mit dem Zeigefinger über die Stirn, Hermann formt aus seiner Butter Modelle, die er auf den Tisch stellt, er hat einen öden Spürsinn für Stahlwerkzeuge, die, solange sie sich als Hämmer, Ambosse, Schraubenschlüssel in die Luft recken, noch nicht wissen, daß sie gleich geschmolzen zu einem Häufchen auf dem Tischtuch zusammensinken werden.

8 Bereits bin ich durch Hermann höhergekommen. An sich versteht sich das. Es wurde mir nicht auferlegt, vorzugeben, ich verstände das Treiben seiner postbeamtenähnlichen Angestellten, deren Wuseln ständig neue Pakete aufreißt und dann aufgerissen liegenläßt. Der oberste Beamte – der oberste nach Hermann – ist eine Frau, beinahe noch jünger als er, wahrscheinlich

sogar noch jünger als seine Mutter; bisweilen nennt auch sie sich seine Mutter, was er widerspruchslos hinnimmt, aber nicht bestätigt. In diesem Augenblick wird jeweils das von ihm geknetete Werkzeug von Anfang an ein Klumpen. Ist ein Stück Butter zu einem Klumpen geformt, so wird es allerdings dann, wenn es ohnehin in sich zusammenschmilzt, höchstens auch wiederum ein Klumpen, sodaß Hermann, sobald sie sagt, sie sei seine Mutter, auf einmal Endgültiges formt, das heißt, jene Formen aus seinen Händen entläßt, die dann auch ewigen Bestand haben. Mit dem neissen Begriff ›ewig‹ meine ich die Dauer unserer Frühstückspartien, bei welchen der Eiter fliegt.

9 Wir drei leben jetzt in einer langjährigen Freundschaft, aus der keiner mehr ausbricht, weil auch er schon gefügig ist, obschon er dies nur von den beiden anderen glaubt. Diese Freundschaft ist vor den entscheidenden Intimitäten stets zurückgeschreckt, auch wenn sie von Anfang an, wenn ich die Zeichen recht verstanden habe, auf der Tagesordnung gestanden sind, eigentlich unübersehbar, und mir ist unerklärlich, wieso wir sie haben übersehen können, und darum meine ich, wir schrecken einfach davor zurück.

10 Am Anfang und zu Ende des Frühstücks bewerfen wir uns mit dem in Kunststoffbeutel abgefüllten Wundeiter und fühlen uns stillschweigend glücklich – so etwas fühlt man, braucht man nicht zu sagen –, wenn die glatten Beutel auf unseren allesamt prallen, gut gefüllten Gesichtern zerbersten. Mein Gesicht, fürchte ich, ähnelt in gewisser Hinsicht jenem Hermanns, und nur seine Mutter sieht noch so aus, daß man sie, allgemeine Vorstellungen herbeiziehend, jung nennen könnte. Sehr richtig, allgemeine Vorstellungen kümmern uns grundsätzlich kaum, will sagen, kümmern uns gar nicht, aber in diesem Fall manchmal doch ein bißchen. Wir sind uns klar, daß wir drei allein noch keine Allgemeinheit ausmachen. Um eine Allgemeinheit auszumachen, müßten wir viel mehr sein. Und diese Mehrzahl zu unseren Ansichten zu bekehren fällt uns nicht leicht, ja, wir nehmen an,

daß diese Mehrzahl unsere Ansichten tief entrüstet und ohne die Spur einer möglichen Unsicherheit zurückweisen wird, und so versuchen wir es denn mit einer Mehrzahl schon gar nicht, und erst recht nicht mit einer Allgemeinheit. Aber diese Mutter ist, allgemein gesprochen, doch sehr jung, und alle ihre Gedanken sind ihr früh gekommen, ebenso wie sie auch von sich behauptet, sie habe schon vor dem Frühstück Gedanken; was wiederum Hermann und ich, der ich etwa drei Stufen unter ihm stehe, ärgerlich-lächelnd zurückweisen.

1 Kaum haben wir seiner Mutter klargemacht, daß wir keine Allgemeinheit sind, beschwichtigen wir unsere Furcht, in irgendeiner Weise ausgeschlossen zu sein, durch vermehrtes Wundeiterwerfen. Wir ziehen diesen Eiter aus allen möglichen Orten, wir werfen ihn in allen möglichen Stellungen. Schließlich handelt es sich nicht nur ums Werfen, sondern auch ums Ausweichen zur rechten Zeit. Die Beutel können rinnen, und das verändert die ganze Ballistik. Wer von uns weiß denn, neigt er sich nach geglücktem Ausweichen wieder über seinen Teller, sein Brot und seine kalte Milch, ob der Beutel, dem man beherzt und ausweichend-tauchend auswich, nicht bereits dort liegt, wo er eigentlich hingezielt worden ist, nämlich dort, wo man ihn, statt vom Gesicht abzukratzen, eben aufessen muß. Alles ist möglich, und alles wird gleichermaßen gern gesehen. Die Regeln unseres Sports erlauben etwa zehn Arten Wettkampf, und das Blut gerinnt uns in den Adern nicht.

2 Wir erkennen uns selbst nicht mehr. In den überall aufgehängten Spiegeln kommen wir nicht mehr vor, wir mögen uns davor bewegen, so hastig wir wollen. Manchmal verwechselt einer von uns, den anderen durch den Spiegel betrachtend, ihn mit einem grünspanigen Kupferbehältnis, das mit einem dampfenden Wasser gefüllt sei. Die Natur dieses Wassers bleibt unbestimmt, und der so Verglichene versinkt in tiefe Niedergeschlagenheit, aus der heraus er Vergeltung übt. Wer will schon ein dampfendes Wasser sein. Natürlicherweise haben wir uns ans Fehlen unserer Spiegel-

bilder gewöhnt, sei es auch nur deshalb, weil dies zwangsläufig geschehen mußte. Die Substanz, mit der wir bis zum Rand gefüllt sind und die, ziehen wir die Unterlippe etwas tiefer, munter und energisch, aber nicht vulkanisch, aus uns herausbricht, ist übrigens keine heiße, sondern eine durchaus kühle, ölige, wir nehmen an, es handle sich um eine gefräßige farblose Säure, die unmöglich die Wahrheit über uns aussagen kann. Neige ich mich vor, so stoße ich unverzüglich auf den Mund seiner Mutter, der von Geldgeschichten und von der Rückzahlung spricht, und ich meine, daß unsere Gesellschaft dabei auf der Stelle auseinanderbrechen muß, nehme diesen Mund, reiße ihn weg und beiße sie in die runde Wange.

13 Neige ich mich zurück, so bin ich beinahe todsicher, auf ein Butterbrot zu treffen, das Hermann, der mit dieser lächerlichen Gewohnheit noch vor meiner Beförderung angefangen hat, mit der bestrichenen Seite an meine Lehne geklebt hat. Er braucht eine bestrichene Seite, um das Brot anzukleben, und er bestreicht, klebt es, die andere Seite, damit auch ich am Brot, und damit an der Lehne, kleben bleibe. Selbstverständlich – ich kann nicht anders, als die Glattläufigkeit, Unbehindertheit, Widerstandslosigkeit unseres Tuns herauszustellen – selbstverständlich reinigen wir uns die Gesichtszüge, indem wir die überall gespannte Haut anheben; doch kaum verrichten wir, gesenkten Kopfes, die Zeremonie, fahren wir mit den Wangen in die Unreinlichkeiten des Tischtuches, die dort liegengeblieben sind und sich gehäuft haben. Mache ich den schüchternen, in seiner Hinterlist kenntlichen, Vorschlag, einmal Bestecke einzukaufen, so bringe ich die beiden gegen mich auf. Zu dritt, klar, geht es immer zwei gegen einen, und das fährt mit wechselnden Fronten so herum. Man könnte sich dabei aufhalten, manch Entzückendes darüber verlauten lassen – wie die eine Person, die kein Mensch mehr ist, plötzlich groß dasitzt und nachdenklich-despotisch die Schneide ihres Messers einmal über die Tischkante zieht, während sie bei der Gabel deren Zinken korkzieherartig verdreht beim Versuch, sie in die Tischfläche einzubohren; wie die beiden anderen Men-

schen, die keine Personen mehr sind, gebückt und eingebogen dasitzen und wie die Gehetzten ihren aufgeplatzten Wundeiter mit dem silbernen Löffelchen vom Tellerchen heben – manch Entzückendes: dies alles, es ist immer so gewesen, findet zwischen uns hemmungslos statt, und vielleicht deshalb wird so manches Entzückende nie bekannt und verbreitet werden, weil wir, daran längst gewöhnt, es nicht mehr wahrnehmen. Das Leben geht darüber hinweg, und was wäre das für ein Leben, das sich dabei aufhielte und seine eigenen Vorgänge zu erklären versuchte. Es wäre kein Leben, murmle ich und hebe mir eine Gesichtsfalte hoch, in die ich mit einem Stab, an dessen Ende etwas Watte befestigt ist, hineinfahre. Ich bin jetzt klein, denke an den Tod meines Unterleibes, der mir zu schaffen machte und gegen den mir Hermann geholfen hat mit einigem Geld, und die beiden Personen sind groß, und in ihrer Größe geht etwas gegen mich vor. Zusammen erheben sie sich, ziehen jeder einen Reißverschluß nach unten und geben mir mit Butterkugeln zu verstehen, daß der Tisch beim alten belassen wird; die Einrichtungen und Gewohnheiten genügen so, wie sie sind.

4 Hermanns Mutter küßt mich, einmal pro Frühstück, was ein Ansaugen bedeutet, ich entziehe mich der Aspiration nicht, aber womit sollte ich darauf antworten, manchmal möchte ich, es wäre mehr, manchmal, es wäre weniger, und hiermit sei es damit belassen.

5 Eine gewisse Abhängigkeit von Hermann besteht, da ist nämlich dieses ganze Personal. Eine zentrale Postversandstelle ist nichts im Vergleich zu diesem Personal. Meine erhöhte Stellung zeichnet dadurch sich aus, daß ich unter anderem nicht unmittelbar zu diesem Personal gehöre. Einmal wurde ich dazu angewiesen, diese ununterbrochen hereinströmenden und aufgerissenen Pakete wieder zuzuschnüren, so gut das gehe, aber man hat mich seither vergessen. Wenn Hermann sich nicht an meine Stellung erinnert, so ist das unter den gegebenen Umständen, wir waten knirschend in Verpackungsmaterial, Wellkartons, Strohwolle,

besser für mich, weil ich noch immer mein regelmäßiges Frühstück habe und dennoch nicht eingeteilt werde zum Dienst an der Erkenntnis des Inhaltes. Ich brauche Personen über mir, Personen mit prallem Gesicht, und wenn ich dafür die Eiterbeutel in Kauf nehmen muß. Ich erinnere mich an den Tod meines Unterleibes. Es fing ganz harmlos an.

16 Es ging weniger harmlos weiter. Es kamen Verhärtungen vor, die nicht wieder weich wurden. Ich erinnere mich an die Stellen schlecht. Es hat mich nicht sehr weitgehend verändert, aber ich rechne anders. Die inneren Börsianer meiner Empfindungen liefen eine lange Zeit in anhaltender Baisse herum und verschleuderten Wertpapiere an den Meistbietenden, der sich erst später als ein erbärmlicher Anbieter herausstellte. Jedenfalls bin ich in kurzer Zeit alles los geworden, habe damit nicht mehr zu wählen zwischen vielen Gesellschaften. Es liegt in der Natur dieses Todes, daß die Verhärtungen ihre natürliche Grenze finden und auf einmal eingedämmt scheinen. Dabei hatte alles ganz harmlos angefangen, nämlich so, daß es ganz harmlos anfing. Meine vorübergehende Gesellschaft, das weiß ich, ist nicht eben häufig anzutreffen, und auch jene, denen sie gilt, treffen sie nicht häufig an, denn ich gehöre zu der Gattung der ewigpräsenten Abwesenden, die allein durch die unausgesprochene Fürchterlichkeit, die ihre Erscheinung atmet, nicht so ausgelöscht werden können, wie sie es verdienen. Wir drei schrecken vor Intimitäten zurück. Hermann leuchtet für gewöhnlich und verbreitet um sich jene, noch nicht einmal selbstzufriedene, Milde, der ich vertraue – Vertrauen fordert er allerdings auch gebieterisch – ja, ich spreche es hier offen aus, gewisse Waschungen nimmt er selbst an mir vor, da ich es nicht mehr tun kann.

17 Es endete dann, nachdem es harmlos begonnen hatte, in einem ausgesprochenen Unfall, den ich nicht näher schildern kann. Es war auch zu lächerlich, ja, ich habe selber dabei gelacht. Und dennoch war es der Unfall, der einen mildtätigen Schlußstrich setzte unter mein Fahren. Ich fuhr damals ein schwarzes Automo-

bil, das vorn und hinten aufklappbar war, während der Motor sich unter dem Sitz des Fahrers befand. Der Zweck dieser Anordnung war, ähnlich wie bei einer Eisenbahnlinie mit unendlich langen Zügen, eine Steigerung der Transportfähigkeit auf das äußerste zu erreichen.

18 Vorn und hinten, in den aufklappbaren Luken, befanden sich die Pakete, noch in unaufgerissenem Zustand. Ein Dach gab es nicht, aber einen kleinen Neuigkeitenredner hinter Gittern, der die neuesten Meldungen vom Hauptquartier verkündete. In einigen Paketen hatten sich lebendige Tiere befunden, die in einem entsetzlichen Blutbad, nach einer wild-ausgelassenen mörderischen Jagd, durch die Schnüre und das ganze Verpackungsmaterial hindurch, zur Strecke gebracht wurden. Und mein kleiner Neuigkeitenredner posaunte dies gleich heraus, als ich noch auf dem Führerstand saß, meinen Unterleib über den Motor gesetzt, der unter meinem Sitz brummte. Friedlich knarrten die Tonnen und Abertonnen Pakete in der vorderen und hinteren aufklappbaren Luke. Ein Paket nun muß ein Scherzpaket gewesen sein. Ich befühlte gerade éine meiner alten, aber erst etwa ein Jahr alten Verhärtungen, als dieses Scherzpaket ein Gelenk, eine Art streckbares Bein ausfuhr, mit ungeheurer Kraft selbstverständlich, weil die Menschen die kräftigsten Scherze am liebsten haben, nachdem es sich herausgestellt hat, daß ein unkräftiger Scherz sehr oft nicht als ein solcher erkannt wird, sondern, im schlimmsten Falle, sogar noch als ein Scherz erklärt werden muß. Worauf man denn ruhig das Nudelholz aus dem Halfter ziehen mag, um die Adressaten damit unter den Armen zum Lachen zu kitzeln. Von solcher Stärke war das ausgefahrene Kunstbein des Scherzpaketes, das durch eine Trennwand hindurch in den kühlenden Ventilator des Motors fuhr, von dem sich alsbald ein Blatt löste und unglücklicherweise durch den Boden des Wagens raste, um vom Rand des Gehsteigs zurückgeworfen zu werden auf mich.

19 Ich habe seit meinem Unfall, nach welchem ich Hermanns finanzielle und diplomatische Hilfe in Anspruch genommen habe, auf

jede Bewegung meiner Arme verzichtet. Den Wundeiter schleudere ich mit zusammengebissenen Zähnen, die ich dann zu einem Laut öffne, und dabei fährt der Beutel dann los, den zwischen den Zähnen ich hielt, eine neisse Methode. Hermanns Mutter, aus, wie ich sagte, New Jerseys newyorknahen Wüsteneien stammend – ihn gebar sie nahe Zürich, genau so, wie alles, was sie und Hermann betrifft, immer nahe Zürich stattgefunden hat, obschon sie sich selten da aufhalten – Hermanns Mutter hieß mit Nachnamen Byrnes, ehe sie einen Longacre heiratete, was unmöglich wurde, und dann einen Verschmitzten namens Abramoff, dessen nachmaliges ›Don't mention it‹ über ihre zögernde, ungeschickte Art, mit der sie die Frühstücksstunden erzählte, ein Urteil faßte, fällte und umgehend vollstreckte. Eine ähnliche Bemerkung traf meinen Unterleib, den ich Abramoff von da an vorenthielt; auch an das vorgezeigte Ventilatorblatt mochte er nicht glauben, sondern nur sich annähern.

Höchstens noch an einem schweren, in die Achselhöhle gepaßten Stock bewege ich mich von der Garage zu Tisch, vom Tisch zur Garage, von wo aus ich im Wagen verschwinde, von Verpackungen umgeben. Frühstück wird dauernd angerichtet, was mich dank dem, was vorgesetzt wird, nicht stört. Ich bin frei, etwas dagegen zu sagen, hier wäre der Ort dazu, etwas dagegen sagen könnte ich, ohne Gefahr zu laufen, meinen Wagen oder meinen Stock verlieren zu müssen, allerdings auch ohne die Aussicht, das, was mir abhanden kam, wiederzuerlangen. Ich äußere mich nie, schweige und genieße Hermanns Milde. Bin ich von den Vorgängen unberührt, so scheint er sie schon gar nicht mehr wahrzunehmen, und agiere, agitiere ich mit der als müde Nachlässigkeit getarnten absoluten Teilnahmslosigkeit, so käme ein ähnliches ihm nie in den Sinn. Sein Eiter hat etwas Grausames, aber beileibe nicht zu sehr, Verschleiß ist täglich. Seine dünnen Lippen gleichen meinen. Es ist ein Fest zwischen uns, ein dauerndes freudenstarkes Fest, natürlich leise.

1 Ich habe den früheren Ehrgeiz nicht mehr, mich zu bewegen, ohne dringend dazu aufgefordert zu sein. Mein Gesicht steht den Würfen entgegen, und wenn der Umstand, daß ich es ungerührt hochhalte, ihnen ihre Verächtlichkeit nicht beweist, dann ist keinem mehr zu helfen. Einstweilen habe ich mich wohl nicht durchgesetzt. Ich muß auch nicht mehr aufessen, als meine Gesundheit es unbedingt verlangt, gern höre ich meiner behutsam vorgehenden Gesundheit zu. Vielleicht werde ich Hermanns Hilfe in einer zweiten, schwierigeren Angelegenheit brauchen können, doch im Grunde betrachte ich die Zukunft als erledigt, höchstens gibt es noch Perspektiven. Es gibt so viele Möglichkeiten, graziös krank zu werden. Ich kann nicht einsehen, weshalb ich nicht nach und nach, mit Hilfe meiner beiden Freunde, eine dieser Möglichkeiten nach der anderen ausschalten sollte, so daß ich davon nicht mehr betroffen bin. Der Sinn ist steinern. Hermann läßt sich, sicher bin ich, nie zweimal um Geld bitten, auch wenn es mehr Geld ist. Mit etwas Vorsicht und mit rechtschaffenem Warten kann mir nicht viel mehr geschehen, außer, umständehalber, einer wimmernd zappelnden Intimität. O'Shaugnessy, der Ire aus Rhode Island, der sie fast freite, ließ ähnlichen Sound klingen, bis ich fast barst.

2 Hermanns Lächeln – die depassionierte Schmalbewegung – wird auch damit fertig werden. Also esse ich und warte auf seine Mutter. Ich stieg aus, und sie waren noch nicht da, hatten sich noch nicht gesetzt. Werden sie im Aufzug unter den Tisch emporgehoben, voll Herrenchiemsee'er Vorrichtungen unser Schloß? Manchmal warte ich länger, manchmal muß ich eilen auf Aufforderung hin. Die neissen Personen sitzen da und lecken das Meißner. Unsägliches Geschrei und Gestupse der Angestellten um uns her, Rascheln, Pappetosen wie aufwärts fließende Wasserfälle, Strohfontänen. Kaum Blick für ihn, per Macht der Gewohnheit degradiert ist er. Quellender Wundeiter. Glubschglied aus Stein, aber Carrara, Marmor, geädert. Sie kommt, ich neige mich nach vorn, »und regne, daß du uns bescheren magst«, sie nimmt, noch ehe sie sich setzt, meinen Kopf zwischen ihre Hände und alles ist

gut oder wird gut und irgendwie neige ich mich dann zurück, irgendwie ist mir das noch jedesmal gelungen.

Das Weinen

1 Ein jüngerer, schon kahler, Mann mit randloser Brille, weint.

2 Er weint, der jüngere mit der Randlosen, sobald die Rede auf Krüppel kommt.

3 Es geht, dies die Situation, um ein Buch über Krüppel. Es sind echte, und Mitleid soll mitspielen, aber das nützt eigentlich nichts, auch wenn es natürlich unbedingt mitspielen soll, weil man nicht weiß, nützt es am Ende doch.

4 Alle wollen das Buch herausbringen in der Lektorenrunde. Da wurde abgestimmt und abgestimmt und die Minderheiten immer ausgeschlossen, bis sich mit dem Rest der Abstimmungsfähigen eine schrankenlose Mehrheit ergab, der sich die Minderheiten sogleich anschlossen.

5 Plötzlich erhebt sich der junge Mann und tut so, als wäre er der einzige, der für's Buch sei. Und er hält eine unendlich lange, vollkommen unverständliche und delirierend wirre Verteidigungsrede zum Buch von den Krüppeln.

6 Zum Beispiel: »Heute, nun wir ja doch alle schon mal zusammensitzen, kann es doch endlich sein, daß wir das und nichts anderes machen, weil immer eine Begründung sein muß, aber wozu denn, und ich weiß, ihr denkt immer an was anderes, aber ich möcht dies schon verteidigen, weil ich ja auch zusammengekommen bin mit euch.«

7 Alle denken, Was Will Er Denn, Haben Wir Etwas Falsch Gemacht?, ogott Laß Ihn Bald Enden, und der neulich mit dem grünen Filz, der für Billard und Fleiß und für Fleiß und Billard steht, bezogene Konferenztisch im hufeisenförmigen Lektorenraum wird von allen Rändern her angeknubbelt.

8 Knirscht dies einerseits wie die Kiefer einer Weinbergschnecke, die ein Salatblatt anbeißt, so fühlen sich – Abstimmungen getan und Ergebnisse gezählt – die Lektoren wie Päpste, die einer zum Katholizismus bekehren will.

9 Gleich darauf endet der Randlose, Junge, reckt sich kurz in die Höhe und bricht zusammen und fällt in ein entsetzliches Weinen, das tatsächlich etwas vom Entsetzlichsten ist, was die Runde je gehört hat, sie nimmt es therapeutisch, aber dies ist wie mit dem Mitleid, es hilft nicht recht.

10 Aber Willi, wir machen das Buch ja, sagt der oberste Lektor. Alle anderen knubbeln wie wahnsinnig am grünen Filz, der, als Belag, viel rascher verschwindet, als er auf den Tisch aufgetragen wurde; ganz abgefasert und in Fläuschchen zerdreht; wahnwitziger Fleiß genervter Motorik.

11 »Diese Krüppel! Grauenhaft!« schreit weinend der Junge, Kahle und schafft einen Schluck aus dem Rednerglas, das ihm die Kurie inzwischen hingestellt hat.

12 Später, viel später kommt aus, der Mann hat einen gelähmten Bruder, und seither kann er nur noch in Ausnahmesituationen mehr als zwei Worte hintereinander sagen. Dann kommt auch aus, daß Willi nur Lektor geworden ist seiner prägnanten, sehr kurzen Äußerungen wegen, die allesamt eine schneidende Kurzwertung enthielten.

13 Damals hatte man ihn mit diesem Buch schwer getroffen. Er reagierte überhaupt nicht schneidend, doch machte seine Rede das Buch augenblicklich unmöglich. Bereits begann es mit behutsamer Benommenheit hin und her geschoben zu werden auf der abgeknubbelten Tischplatte, auf der die Rasenmäher gearbeitet hatten.

4 Als man das Rednerglas vom Tisch nahm, lag darunter noch grüner Filz so groß wie der Glasfuß.

5 Willi aber konnte sich mit so etwas nicht messen. Er stürzte hinaus, ließ sich überfahren und von der Straße auf einer Notbahre wieder in den Konferenzraum tragen. Dort trug er es liegend abermals vor. Daraus konnte dann mit dem besten Willen und unter vielen Versprechungen gar nicht mehr viel werden. Dann stand er auch noch von der Bahre auf, nachdem bereits allen anderen die leidvollsten Tränen gekommen waren, und SCHLUG AUF DEN TISCH!

6 Da nahm man es dann weg, das Glas, und knubbelte den darunter liegenden Rest weg. Willi bekam sein Buch und lächelte bei den Zierfischen. Sie lächelten zurück. Die Runde war vollzählig.

SECHSTER CHORUS

Lasciatemi morire

1 Lieber Gott, hör mich an, ich habe eine Rötung. Ich leide unter einer starken Schuppung. Ich fühle eine ödematöse Schwellung der ganzen Haut. Mehr Wasser als sonst enthalte ich. Um die Knochen herum beult es sich auf. Ich schlüpfe unter ihr weg, der Haut.

2 Aus meiner Haut heraus bin ich, nicht herausgefahren; sondern herausgeschabt bin ich worden. Das tat nicht mehr weh als das Fahren. Nur leider ist meine Haut, bin ich aus ihr, noch nicht leer. Das könnte dir so gefallen.

3 Mit dem Spannungsgefühl werde ich fertig, falls es nicht noch wächst. Dann würde ich damit nicht mehr fertig. Das Spannungsgefühl will aber, daß ich mit ihm fertig werde. Unsere Abmachung ist: es darf, aber es darf nicht so viel, daß ich nicht mehr kann. Das Frösteln ist eine Überraschung. Wir hatten die Seele nicht vorgesehen. Ich schwitze lieber. Wann habe ich je an Frösteln gedacht? Schau meine ganzen Briefe an dich durch: immer nur wird geschwitzt, meist nicht einmal das. Gesprochen davon wird. Das soll entlastend sein.

4 Sich triefend veräußern. Mit der Welt per Feuchtigkeit verkehren, abgesonderter. Vorbehaltlich eines neuen Einsaugens, einer Zurücknahme dieser Feuchtigkeit. Dann ist der Kontakt secco, blättert ab. »Aus den eigenen Fingerspitzen zitzenflüssig wegfluten.«

5 »Was hast du sonst noch?« – Ich kann es dir leicht sagen. Ich brauche nur hineinzuhorchen in den Balg, den ich verließ und nicht mehr vertrete. Da hört man nämlich nichts. Also ist der Teufel los.

6 Vielleicht hilft ein leichtes Tasten. Nimm mir das ab.

7 Man wird tatenlos, wenn man weiß, es geht nicht mehr lange so lebendig weiter. Ich glaube schon, es liegt an der Haut. Die ist ja die Grundlage, aber die oberste. Es ist eine Schauspielerhaut, weißt du. Eine echte. Ich möchte aus ihr herausfahren.

8 Aber in dieser Haut wird geschauspielert, weißt du. Ich möchte hinaus, aber der Wunsch ist mir zugehörig. Ich bestehe aus dem Wunsch, die eigene Haut vor dem eigenen Fenster zu sehen oder etwas draufzuschreiben. Ich bin dennoch immer noch drin.

9 Das ist ein Gegensatz zu ... zum Beispiel ... ich sags dir nicht ... das steht nämlich im Gegensatz zu ... muß ich deutlicher werden? ... ich glaube, das entsteht aus einer Hautkrankheit heraus. »Nenn mir keine Namen, ich verzichte, Pschyrembels Nachtgebet. Auch die Heinzelmännchen leiden an Gonadendysgenesie.« O, nicht doch, lassen wir dich nicht im Dunkeln tappen. Sobald du fragst, wird geschwiegen, sobald du abwinkst, wird eingeredet auf dich.

10 Lymphogranulomatose zum Beispiel. Anzuführen ist Retikulose. Keine Ahnung, wo das liegt. Eine Spur Leukämie ist dabei, aber die heilt unter der Hand weg, widerlich.

11 Es könnte auch, sekundär, aus einer zunächst begrenzten Dermatose stammen.

12 Jedenfalls, sage ich dir, geht in solcher Gesellschaft diese Schauspielerhaut kaputt. Sie verbrennt, schrumpft, zieht sich zurück und legt den entkleideten, hautlosen Körper frei. Ich hab sogar im Telefonbuch einen Echten gefunden, der heißt Coerper.

13 Alteingesessener Familienname, etwa wie die Neins, David Nein nämlich, Vertreter für Levkojensamen und Außenmitarbeiter eines Gartenarchitekturberatungsunternehmens, das Garten-

zwerge in vorstädtischen Villenvierteln einwalzt oder mit speziellen Steinmähmaschinen ihnen die Füße absägt. Verstehst du mich? Der Gartenzwerg ist weg; übrig bleibt der begeisternde Nierentisch. Da ist eine entstehende Hitze der Neuzeit, der wir zu harren höchst verpflichtet sind.

14 Dies ist eine Theateraggression, aber Theateraggressionen sind die schlimmsten Realaggressionen, denn sie lassen nichts übrig, nichts zurück, nicht einmal sich.

15 Da ist zwar ganz natürlich nicht die geringste Aggression, aber auch nach diesem vollkommenen Verzicht auf jede Aggression ist das Angegriffene nicht mehr da. O Nein. O David Nein, du Vermittler. Vor dir rettet sich keiner. Du überwältigst dich selbst, du schmeißt dich in freundlichen Brei hinein.

16 Du lieber Gott. Du hast deine Altersvorsorge nicht gesichert. Du brauchst sie auch nicht. Ich erledige dich vorher. Nie kommst du bei meiner Lymphoglaruno ... wie heißt der Dreck? ... nie kommst du bis ins Pensionsalter. Ich erledige dich vorher. Durch reines Falschfühlen. Bei Gott, dich knirsch ich zu Sand.

17 Heinzelmännchen, zum Gürtel in Hustensaft gestellt, heilen doppelt.

Berlin

Die siebzehn Zentimeter lange Nase, die man den Keuschheitsverdächtigen drehen muß, wenn Theaterleute, eigens zusammengekommen, an die Zukunft des Theaters denken, ein Denken, das laut geschieht, sie denken immer an die eigene Zukunft, Parker Supersaxband, dann Picknick, Zweitladung verloren, Zweitladung gesucht, eine abgeschossen, die zweite nicht mehr da, Parkplatz am Grunewaldsee gefunden, Aufenthalt im Tiergarten verlängert, an der Siegessäule vorbei und sich unterliegend gefühlt, schlechteste Wurst Berlins gegessen, schadhafter Curry auf Nashornrhizomen, leichter Schlummer, ein Schwarzer schreitet aufs schwarze Klavier zu, der Lustgarten schießt in die Höhe, Hände spielen Gras, die Wohnung ist für ausgiebig Leidende, alles gepolstert gegens Rennen an die Wände, gehe hinaus, gerate in einem Scheinwerferlicht zum Halten, wird gelesen ein Stück, einer sitzt auf dem andern, das Sofa hat Glasaugen, die lesen und setzen sich während des Lesens aufeinander, auf den Augen strecke ich mich aus, Durst, Frieren, nichts zu essen da, mich ausfalten, nachdem ich tagsüber immer zusammengeknüllt, 1 Meter 55 müßt man geboren sein, ein Drittel davon Pimmel, sie zeichnet einen leptosomen sogenannten Giraffenhund, wichtig, welches Tier oben und welches unten, das andere würde eine Hundegiraffe, wonach bestimmst du das Wortende, das die Gattung ist, hä, sag mir das, aha, nach dem Endtier, das endendere der beiden Tiere (was sagst du damit?) steht auch am Ende und gibt die Gattung, Zweitfuhre verspritzt, ans schwarze Klavier gesetzt, spielt Moonglow herrjeh, wie alt schon, Hamptons Solo, der Lustgarten senkt sich, der Schwarze ragt hinaus, Schlaf, Durst, Frieren, Electrolaladen, Ode an Mingus, das machen sie alle nach, Mingus' orchestrales Rasen, das bereits überholt worden ist, auch nicht mehr neu, was ist noch neu, der Postmoderne ist die Post abgefahren, Peitsche, Stahlpeitsche, mit jener, welche Artmann vorm Stefansdom zum Peitschen der Schreibmaschine diente, jagte Mingus Dolphy im Village Gate zu jenem großen Septimensprung eine Sexte überm höchsten Ton des Alt, an der Siegessäule vorbei und sich so überlegen gefühlt, Nachbarschaft der Vergangenheit, unablässig diese toten Zeitgenossen, die vor dir den Zimmerschlüssel in deiner Pension abhängen, nie triffst du sie in deinem Bett, sind immer im Badezimmer soeben, waschen sich, entfliehen dann durchs Fenster, Berlin die Stadt der Väter, zum Interviewer gesprochen, rosa Getränke im Laden, Lebensmittelfarben einzeln eingeworfen, Kehle zusammengezogen, Ausdruck »ungläubigen Staunens«, das dennoch tief gläubig ist, auf welche Weise, na reizvoll doch, und was noch, na amüsant doch, was soll man tun, weiß ich nicht, kommst mir nach, ist schon dunkel, lieber nicht, wo gehst denn hin, was erleben nu, in Berlin Fragezeichen, die Bezirke Ausrufezeichen, ich bin so, daß ich Diamantkernbohrer bin, etwas marode, oft schwermütig, mich stark verlangsamend, aufs schwarze Loch zu, aufs schwarze Klavier zuschreitend, Zweitfuhre rausgeschossen, muß mich auf den Weg machen, alles unmöglich geworden, du zuerst, Blasen zur inneren Sammlung, Jäger o sammelt euch vor dem erlegten Zwölfender oder werdet selbst ein solcher, ja rennt nur, die gefütterten Wände fangen euch auf, klappen über euch zusammen, melancholisch, oft bewegungslos, ja tiefste Bewegungslosigkeit, Grunewald undenkbar jetzt, Unfähigkeit sich rasch zu bewegen, na Bewegungslosigkeit doch, dann Anwachsen der Schwärze und sowas na nun merken, auch noch merken. Gefühl, nja schlupp, daß alles mir entweicht, ich beginne zu beginne zu vergessen, auch das Elementare, nun auch noch die Mauer, bitte, die Mauer, alles wird hier geteilt, mit andern geteilt, ich bin so, daß mich das Klima ansteckt, muß mich auf den Weg machen, uralte Stadt, viel Spaß, komm Lied, Porkpie Hat.

Walk your thoughts

1 Am Morgen um 08.15 Uhr verließ ich mein Hochhaus.

2 Ich ging drei Blocks bis zur U-Bahn und fuhr nach Süden, zum Battery Park.

3 Weiter südlich ging's in Manhattan nicht, es war auch völlig unwichtig, ob es weiter südlich gegangen wäre.

4 Ich ging langsam durch den Park hindurch, an Chinesen und an solchen, die Blätter aufstachen, vorbei, ans unterste Ufer, wo Manhattans Fortsetzung einfach Wasser hieß.

5 Dort stellte ich mich Front leicht westlich hin, brachte eine Flanke bewußt in Gebetsstellung, wie es überzeugte, vom Protestantismus beeinflußte Atheisten gern tun, und sah ein Fährschiff vorbeiziehen, dann, gleich darauf, ein Feuerwehrschiff voller Mannschaft.

6 Sie trugen dunkelgraue Uniformen, waren nicht fröhlich und hatten ihre Helme auf dem Oberdeck in eine Reihe gehängt, jeder Helm im Zentrum eines weißroten Rettungsrings.

7 Später fuhr ein weiteres Schiff mit verhängten Fenstern und schwarz angemalten Bullaugen von einer der offiziellen Amts-Inseln, die dem Besucher auf ewig unzugänglich bleiben, zu einer anderen Amts-Insel, die offensichtlich militärischen Zwecken diente: Falls denn die Invasoren übers Wasser kommen sollten.

8 Die Chinesen waren noch im Park. Sie hatten sich, seit ich ihn betreten hatte, nicht bewegt. Sie bewegten sich nur abends, wenn sie »verrichteter Dinge« nachhause gingen, und morgens, wenn sie, lange vor 08.15 Uhr, ankamen und sich mit nichts als sich

selber in Hand und Kopf auf die Bänke setzten und ziemlich entspannt, aber krumm, dasaßen.

9 Ich war geneigt, ihnen ihre Krümmungen als Einsicht in etwas Höheres abzunehmen. Ich kann noch heute keinen Chinesen von sonst jemand da hinten unten unterscheiden. Ich verteile die ihnen durch mich zugeschriebene Weisheit gleichmäßig auf sie alle. Sitzen als vita activa: Sie hatten dem bei Max Weber mit leichten Anflügen von Resignation festgestellten Erwerbstrieb Goodbye gesagt.

0 Aus Wall Street toste es leise, wie immer.

1 Zehntausende arbeiteten, kein Mensch zu sehen, sie ließen sich ihre Unsichtbarkeit etwas kosten. Ich habe niemals im Leben eine Wirkung des Wirkens von Bankbeamten feststellen können. Dort vielleicht: daß die Ufer freiblieben und die Spaziergänge unteilbarer bleiben durften.

2 Ich fuhr gegen 14.45 Uhr zurück in mein Hochhaus, die U-Bahn nach Norden benützend, an der jetzt ein Rad lauter klapperte, nicht so, daß es wesentlich geworden wäre.

3 Zuhause stellte ich mich vor den Spiegel, ließ einen Eiswürfel gegen die Quecksilberwand schlagen und sagte »Lieber zuhause bleiben« (I'd rather stay here), was, obgleich an sich richtig, unter den Umständen, in die ich geraten war, das Hastigste und Falscheste blieb, was ich finden und sagen konnte.

4 Es war die Art Ausspruch, die irgendwann, nach fünf Jahren etwa, nützt, weil man es dann sogar selber befolgt; lieber aber unterläßt man solches Sagen und unterläßt es auch meist.

5 In einzelnen der hohen leeren weißen Zimmer des Hochhauses stand zu der Zeit eine erlöschende Abendsonne, und eine schwarze, tickende Katze, die zur Uhr geformt war und deren

Schwanz pendelschlagend die Zeit maß, gab an der Wand ein unterdrücktes, quietschendes Klingeln von sich, mit dem die Stunde, und die Sekunde, gemeint waren.

16 Man konnte nichts machen, oder alles anders. Jedenfalls, meine ich in vertrautem Irren, ist, was vom Glück bleibt, so.

Anna mit Leid

1 Das erste Kapitel ihres Romans, sagte sie mir, habe sie mit dreizehn Jahren geschrieben und betrachte es als ihr bestes bis dreiundzwanzig, da sei das Alter gewesen, wo sie sich angeschickt habe, ihren Roman zu vollenden, getrieben zweifellos durch die äußeren biographischen Umstände ihres Lebens, die, rückblikkend gesehen und ganz ohne daß sie auf genauere Inhalte eingehen wolle, eine tiefe innere Hoffnungslosigkeit durch das Zerstören alter Ideale bewirkt hätten. Sie sei, erzählte sie mir, Miß Achtzig, bitte keinen Heiratsantrag machen, sie ertrage keine Zweier.

2 Sie könne so nicht weiterleben, es rechtfertige eine literarische Beschäftigung mit irgendwas, das durchaus auch sie selber sein könne, bloß nicht allzulange, da langweile sie sich nämlich und fange von wem anderen an zu reden, der sie aber sehr bald auch langweile, und so schlage sie sich schreibend durch. Ich wagte nicht ihr zu sagen, auch ich begänne mich gleich mit ihr zu langweilen; weil solche Menschen wie sie äußerst empfindlich bei sich selber auf Dinge waren, die sie wenn sie nach außen blickten, tief verspotteten. Überall, wo sie eine Hänselei anbrachte, konnte ich sie, indem ich dieselbe Hänselei auf sie selber bezog, tief verletzen. Ich tat es gern; sie wurde nicht ungern verletzt. Wir hatten unseren Spaß.

3 Natürlich sei sie selbst diese im Roman auftretende, aber zu spät auftretende Anne, welche immer wieder ihren eigenen traurigen Augen diese Welt auftische und sie zu sich nehme als ein anspruchslos-giftiges Festmahl zum Tode, eine Art makabren Äsop gewissermaßen, bei dem die Flöhe sich zu Millionen auf den stolzen Löwen stürzten und ihn zunächst verseuchten und dann auffräßen, um dann an seiner Seuche, die sie mit aufgefressen hätten, zugrundezugehen, aber eben: als Flöhe; millionenfach

zwar, aber kaum bemerkt, wenn nicht gar zu ihrem Ende beglückwünscht; soweit der sich ins Verbissene gewendet habende Äsop.

4 Sie sei diese Anne, kurz gesagt, genau just diese Anne. Und sie habe diese Anne bis zur Restlosigkeit auf sich, auf sieselber, hingeschrieben, und sie versichere mir, es bleibe kein Rest zurück, denn wenn diese Figur ein Mantel sei, dann liege sie vollkommen an. Nerzmantel, ein unauffälliger Nerzmantel, versuchte ich einzuwenden, aber wer wendet in solcher Lage schon etwas ein? Sie leide auch an genau demselben wie diese Anne, nämlich am brennenden Wunsch, sich mit etwas, oder seltener: mit jemandem, zu identifizieren, eins zu werden mit einem Ding, das sie sich nicht lange aussuchen könne, sondern das auf sie einstürze und entweder sie selber werde, das sei die Invasion des Dinges über die Maginotlinie ihrer Identität, oder aber sie setze sich ab ins Ding hinein, dies sei die Evasionslinie über den Alcatràzinselrand ihrer Selbstzugehörigkeit.

5 »Siehst du dort das Metro-Ticket«, hatte sie mir eines Tages gesagt, als wir in der jahreszeitlos heißen Haltestelle warteten, »ich könnte so sein wie es, ich könnte es sein, reines Pech, daß ich nicht es bin.« »Ein Glück«, wandte ich ein, aber wer macht immer diese Einwände, die so herablassend klingen, wenn der sie äußert, der nicht leidet? Ich bemerkte, daß der Wunsch oder die Furcht, ein Ding zu sein, sie stärker beschäftigte, als sie wahrhaben wollte. »Und so ergeht es mir mit jedem Ding, insbesondere und gerade mit dem kleinsten.« sagte sie. Sie war zu der Zeit – ich würde es gern verschweigen – ganz mit Gott identisch, der sich in die geringste Korpuskel setzt und sie beseelt, obschon es der Korpuskel nicht viel nützt, zumindest, soweit ich es immer gesehen habe. Dies war so und nicht anders in ihrer kirchlichen Periode, wo sie auf öffentlichen Straßen und Plätzen allen Ernstes den Ärmsten der Armen eine Volkssuppe ausschenken lassen wollte, in der viel Festes schwimmen sollte, welches die Ärmsten der Armen nähren sollte. Sich selbst sah sie schon in

weißer Schürze und mit dem adretten Schwesternhäubchen als eine überlebensgroße Hulda zwischen glutig rauchenden Kochkesseln.

6 Ich konnte dies nicht ganz ernst nehmen. Wer hat schon immer recht? Gott jedenfalls blieb sie eine Weile, eine unbeirrbare Weile lang, ein bescheidener, unprämierter Gott, der da war, aber nicht zu finden war, also demnach keine so recht greifbare Evidenz schaffte, und meine regressive Gewöhnung an die Berührung wünschte sich nur noch greifbare Evidenzen. Ich versicherte ihr, ich würde sie als Metro-Ticket genau so lieb haben wie als Gott, in keinem Fall werde es vorkommen, daß ich ihr weglaufe und irgendwo ein eigenes Geschäft eröffne. In ihrem Kopf mischte sich das Erhabene mit dem noch Erhabeneren, das allerdings zunächst lächerlich klang. Ich klage sie nicht an, verteidige sie nicht.

7 »Ich möcht von jetzt an viel mehr schreiben«, sagte sie mir, als die Tageszeitung des östlichen Großviertels eine ihrer Bildhauerei-Kritiken veröffentlicht und eine neue solche bei ihr bestellt hatte. Sie berechnete im voraus das Zeilenhonorar, nämlich damals, als sie nachmittags bei mir war und bei mir durchs Fenster in den Hof schaute, wo unten die berufliche Kunstmalerin eine neue Ausstellung ihrer neuen Werke vorbereitete und beim benachbarten Drucker, wie bereits hunderte von Malen zuvor, neue Einladungskarten für die neue Ausstellung und die neuen Kunden neu hatte drucken lassen, fleißige Arbeitsbiene, deren Töpfchen allmählich sich füllte und prall ward.

8 Damals setzte sie sich vor meine immer frei und ungebraucht herumstehende grüne Schreibmaschine, spannte sich mit meiner Hilfe ein Blatt ein und tapste elefantenhaft über die Tasten trottend den Titel hin: Anne ou le deuil. (»Brauchst nicht so zu hauen, meine Maschine schreibt fast von selbst.«) Und betrachtete mich danach verschmitzt, alles Tiefe war weg, prüfte meine Reaktion. Ich zeigte schlicht und einfach keine. Ich habe niemals

eine Reaktion zeigen können, wenn jemand mir sagte, er oder sie schreibe, habe geschrieben, wolle schreiben, würde wohl schreiben, wenn ... oder schreibe soeben gerade. Nicht daß es mich nicht interessierte: ich hielt und halte Schreiben stets für etwas Zweitklassiges. Die Art, zu der wir gehören, hat nichts Besseres erfunden, und noch niemals hat das Schreiben jemand, der auch nur die geringste transzendentale Bestrebung damit verband, im geringsten zufriedenstellen können. Je besser man schreibt, desto größer dieser Mangel. Darum wird er so selten empfunden.

9 Was würde ich tun? Sie: als Romancière, an schweren, hölzern oder ziegelsteinern wirkenden Trumms schreibend gar? Bereits ein halbes Jahr später seufzte sie »Weißt du, was die Sagan macht, ist ja irgendwie schon Mist, aber meins ist noch hundertmal schlechter, ich bin viel zu sentimental und ich kann mir das nicht abstellen«. Darauf las sie mir das Gespräch eines Paares im Bett vor, »danach«, sehr bohrend, ich hatte den Eindruck von tiefer Trauer, war aber selbstverständlich als beruflicher Transzendentalist diesen finsteren Alltagsempfindungen nicht gewachsen. Ich bin zeit meines Lebens ein höchst trivialer Mensch gewesen und habe mich nur insofern ausgezeichnet, als ich vor dieser, mir umfassend scheinenden, Trivialität immer in höchster Geschwindigkeit geflohen bin. Damals als sie mir dies vorlas, muß ich niedergeschlagen dagesessen sein und werde mir ein Glas Wasser aus dem Hahn gefüllt haben. Meine Gesten sind sparsam, klar und vieldeutig und, vor allem, immer genau dieselben. Da gibt es, so habe ich es mir vorgenommen, nichts Neues mehr. Einmal muß man sich setzen, einmal muß man wer werden.

10 Ich tat gar nichts, nippte an meinem Glas und füllte es immer, wenn ich daran genippt hatte, gleich nach, und fragte: »Du schreibst also einen Roman, schau an. Wie ist das denn genau mit dem Titel, also dieses ›und‹ zwischen den Substantiva hab ich schon zu oft gesehen, aber du wirst ja wohl auf deinem Titel beharren.« Ich beging da denselben Fehler, den ich immer und mit zunächst höchstem Vergnügen, dann mit tiefster Verlegen-

heit, aber einfach immer begehe, nämlich, daß ich die Eigenschöpfung eines Menschen, wenn sie mir vorgelegt wird, sogleich vollkommen ernst nehme. Die Schöpfung, welcher Qualität sie auch sei, strahlt sogleich vor mir im hellsten Licht, den Schöpfer oder die Schöpferin aber behandle ich äußerst zurückhaltend, mit leichter – der tiefe mich heimsuchende und bedrängende Ernst erlaubt sie mir – Ironie, damit er oder sie nicht gleich meine, es sei nun etwa gar eine besondere Erfindung geschehen und ich gäbe dies auch noch zu. Erfindungen gestehe ich selbstverständlich nur mir selber zu, und daß man sie nicht anerkennt, ist, da es nur Menschen genau wie ich selber gibt, grundsätzlich selbstverständlich. Wie du andere behandelst, so behandelt man dich, und an diese sportliche Fairneß der Welt habe ich immer zutiefst geglaubt. Mit ihr diskutierte ich alle Möglichkeiten, die sich ihr zu einer sorgsamen und druckfertigen Ausführung ihres Projektes boten. Was immer du schreibst, ich liebe dich. Dies schien ihr zuzusagen, weil sie es brauchte. Unnötig zu sagen, daß mich niemals jemand wegen dem, was ich schreibe, im mindesten geliebt hat. Hier, in dieser Einzelheit, *verbessere* ich die Welt, auf die ich treffe. Ich liebe alle jene, welche schreiben, interessiere mich etwas weniger heftig für sie als ich sie liebe, und finde endlich die prekärsten Möglichkeiten, es ihnen auf Umwegen doch noch zu vergelten.

1 Sie war über meine Ausführungen tief erschrocken und versorgte hastig ihr Manuskript, das sie der Öffentlichkeit von da an auf keinen Fall mehr zukommen lassen wollte. Schick doch das Ding ab, schaden kann's nicht, du schaffst eine Absage leicht mit einer Portion Gegenmut, die genau so groß sein muß wie das Manuskript selber. Man sollte diese Belehrungen nicht geben; was anders heißt: gibt man sie, stellt sich der erwünschte Effekt ein. Ich brachte dann noch etwas Lustiges, nämlich nannte sie ›Feigling‹ oder ›Jetzt enthältst du alles deinem Publikum vor‹. Sie zog sich zusammen und ließ sich nur mit Mühe zu meinem Lehrsatz, ein Glas Wasser besänftige alles, bekehren. Aber schließlich trank sie doch.

12 Als sie sich gebührend zusammengezogen hatte – nur, um mich zu beeindrucken; womit sie einen riesigen Erfolg hatte, nämlich, mich ganz klein vor sich sah – teilte sie mir knapp und präzis mit, daß der Roman selbstverständlich nicht fortgesetzt werde, denn sie sei halt eben nur am Zustand der Figuren kurz danach interessiert, und was die zwei Liebhaber sonst noch vollbringen könnten, wolle sie weder wissen noch etwa gar aus der Nichtneugierde heraus mitteilen. Ich sagte noch, »Ich finde es sehr schön, daß du die Welt durch Annes Subjektivität hindurch sichtbar machen willst. Zweifellos strebst du eine endgültige Klärung der uns alle verwirrenden Beziehungsgeflechte an«, was sie dazu veranlaßte – auch sie hatte ihre etwas mechanischen Apparenzen – mich ungläubig anzusehen und den Eindruck zu erwecken, eigentlich müsse sie mich zum Weinen finden.

13 Später schwenkte sie auf Swift ab, bei dem sie immer so furchtbar lachen müsse; ob ich ihr nicht etwas Swift'sches liefern könne. »Du bist der größte und nur leider erschöpflichste Humor in deiner Welt«, sagte sie mir dann etwa drei Monate später unvermutet, als ich eine Reihe, etwa dreihundert, Gedichte geschrieben und der Reihe nach weggeworfen hatte. Ich knüllte Gedichte beim Wegwerfen nie zusammen; sie taten mir sehr leid; doch man bereut, insbesondere wenn man es rechtzeitig wegwirft, nie, ein Gedicht versucht oder gar niedergeschrieben zu haben. Unter den Büchern, die allerorten unaufhörlich und selbstverständlich ausschließlich in den Köpfen verbrannt werden, befinden sich nie Gedichte. Dies hat mir immer zu denken gegeben, aber ich will nicht behaupten, dieses Denken habe zu einem Ergebnis geführt. »Immer wenn du mit meinem Schreiben zu tun hast, ist dein Humor halt schon ziemlich schnell fini«, sagte sie. Ich schaffte es, daß mir die Kraft zufloß, dies für ein Kompliment zu halten und mich an diesem von mir mit positiver Strahlung aufgeladenen Wechselbalg auch noch zu stärken. Es sind diese an Huttricks grenzenden Verfahren, für welche ich mich in meinen besten Augenblicken irgendwie hoch achte. Ich kann dann bis zu zehn Sekunden vor einem Spiegel stehen bleiben, ehe der hautechte

Dorian Gray sich, ohne daß ich mir ins Haar griffe, an seiner eigentümlich eiternden Kopfwunde zu kratzen anfängt.

4 »Nein nein,« sagte ich zu ihr, »im Augenblick habe ich wirklich nichts zu lachen, denn ich habe ja dich.« Auf diese Aussage folgte einer unserer größten gemeinsamen Lachanfälle, und genau genommen haben wir uns nie mehr davon erholt. Wir treffen uns und lachen los. Wir wollen uns aneinander annähern, aber vor lautem Lachen geht es nicht. Wir möchten nocheinmal alte Zeiten wiederholen, wie die Welt das so tut, wie es vor dreißig Jahren war!, wie vor zwanzig Jahren!, wie vor zehn!, aber das allgemeine Lachen hindert uns. Es ist eine nicht nachlassende und für den vollkommen falschen Zweck geschehende Anspannung der Bauchmuskeln; eine Anspannung, der wir, kaum sehen wir uns von weitem im Restaurant – wir essen beide nicht nur, wir schlingen gern – ausgesetzt werden. Manchmal besuche ich sie in ihrer Wohnung. Sie ist immer gerade dann abwesend. Ich hole mir einen Bissen aus dem Kühlschrank. Von ihrem Roman habe ich nichts mehr gehört, und ich habe auch darauf verzichtet, wie ich es sonst immer tue, alle ihre Schubladen nach Manuskripten zu durchwühlen. Vielleicht gibt es keine mehr, und das möchte ich auf keinen Fall erfahren.

Alcowyn Hotel, Massachusetts

1 Diese Unterkunft schied wieder einmal aus; doch die Nacht war schon angewürgt, und logiert werden mußte in dem, was sich bot; es bot sich denn auch an; eine insgesamt verfehlte und räumlich zerquetschte Jugendstil-Wartehalle mit erbärmlichem Althotelkomfort und welligen, ja, wasserbett-böigen Polsterungen unter grauen Schmutzdeckchen, überall diese Schmutzdeckchen, die gegen den Schmutz gedacht waren, aber ihn sammelten und als schreckschwarzes Sediment des Gebrauchs vorwiesen.

2 Die Hinterwand des großen Hotelsaals war ein getönter Spiegel, erhebst du dich, erhebt sich dein Gegenspieler mit; ein Stierkopf Marke Wasserbüffel mit nach vorn gesenkten Hörnern über dem türkisch gewölbten und vernischten Entrée rundete den Ort der beklagenswerten Glitschig-Fressalien und fettgewebehaltigen Ölmark-Schmiersaucenmittel zum länglichen Körpersaft-Auswurf-Viereck-Trichter ab. Kein Ausgehen war mehr möglich, denn man klebte; ging zwar noch zur zersplitterten Tür hinaus, ließ aber große Stücke von sich da; und es garottierte die Nacht den einsamen Wanderer.

3 Und erst die Klosetts. Gelbliches schwadete und dünstete aus den Abtritts-Wegschwemm-Löchern, Zeitungsjahrgänge aus den frühen dreißiger Jahren hinter der Schüssel, kurzes exkrementales Geplänkel, um sie zu lesen, Kultur-Leselinie verschwand immer im Bereits-Gebrauchten, Abklappern der silbernen Vorratsdose mit dem Schlitz, wo ich noch ein unvernütztes Papiertaschentuch fand, über mir eine dicke, grünlich sinternde Röhre mit zugedrehtem Schraubverschluß, ein einwärts spiralig gerolltes Schamhaar (einsam, anno Yeti) auf dem gurgelnden Wassertank, der sich alle drei Minuten von hinten über die Halbschuhe ergoß, die sodann hochschnellten und den in der Mitte entblößten Rumpf auf den scharfen, brillenlosen Schüsselrändern das Gleichgewicht halten

ließen, kein Knopf zum Ziehen des Stöpsels der Spülung, keine Schwemme bußfertigen Säuberns, dennoch alles naß, klamm, steilhoher Eckraum, kegelförmig.

4 Ich brachte zur Anwendung die bewährte Beinzange, deren Rezept, ortsgebunden, unter Notsport firmiert: dreh dich um im Sitzen, stütz dich mit den Armen da ab, wo vorher deine Füße saßen, heb die Beine (die von der gesenkten Hose ineinander verknoteten, hammerfesten) über das Denken, den Kopf mithin, laß sie dreimal von oben ganz scharf auf den Kanister hinter dir sausen; überschüttet er aus Rache deine Schuhe nochmals, dann trifft er da ja nur noch deine Hände, da du regelrecht verkehrt dich gedreht hast, nun in beiden Armen eine Stütze findest, die zwar den Boden, der nicht ganz antiseptisch, berühren muß, dafür aber – Entgelt muß sein – hast du in den ungefügen hochgehobenen Beinen einen zänkisch-fetzenden Schlaghammer, mit dem du, Bedürfnis zur Neige jagend, deinen Wasserschwall aus allen Behältern und Zubringern herausklopfen darfst.

5 Platzende Knälle erschütterten sodann das Kabinett, wenn der Aufzug gegenüber in die Höhe gejagt wurde und, so schien mir, durch seinen Glasausguck (mit Feilen und Nägeln abgekratzte Milchglasschicht, ergo transparent bis Daumengröße!) den Hochfahrenden einen Ausblick auf die in jedem Stockwerk in den übereinanderliegenden Kabinetten ihre Kanister mit den Füßen behämmernden Sitzer und Zeitungsleser gewährte. Gäste strömten von der Straße herein, dort schneite es, sie liefen zusammen, bildeten Kugeln, Breie und Melassen, aus denen Extremitäten ragten, ein mit Hundert multipliziertes Schuhabklopfen an metallenem Rost auf der Althotelschwelle; dann herein, arabesk-blumig, in den Jugendstil, an dessen herausragenden Details sich Regenmäntel so vorzüglich aufhängen ließen.

6 Durchs entkratzte Milchglas und durch Risse in den Tapeten sowohl als in den entfärbten, von den Burberries zugehängten Klimtreproduktionen sahen alle meinen Endkampf mit der gich-

tig grauverkrusteten Schwemm- und Spülmechanik. Zurück auf meinem Zimmer sah ich, daß auf den braunschwarzen Kopfkissen Löwenzahn wuchs; so waren die Kissen nämlich gefüllt, mit Feld- und Waldsamen, nachdem sich jahrhundertelang jeder Übernachter am jeweils folgenden Morgen, wenn die Garotte der Nacht nachließ, eine herausgezupfte Entenfeder durch den Unterleib gestoßen haben mußte, um die unterm Denken wühlenden Därme ruhig zu stellen.

7 Vergitterte Innenleuchten, Korridorwinkellaternen trieben mich mit kanalisiertem Licht ins Gefängnis meiner Netzhaut. Zwar stelltest du dir krankhaft wehleidig etwas anderes vor, wäre es auch nur gewesen ein Türkisches Bad mit den in den sudschwiemelnden Dämpfen umherschießenden blau-fünfeckigen Lavendelseifen, oder ein Rauchlokal, in welchem die durch die eingeatmeten Opiate in der Lunge unverzüglich abgetrennten Türkenbronchien an die weißlich glitzernd hingegossenen Klimtgräfinnen gehustet werden sollten. Hätten sie doch, wären sie doch! Der Raum aber, in dem ich jetzt kabinettgleich saß, diesmal zum Frühstück, und in welchem ich mir schreibend und unablässig graphoaktiv meine Brötchen durch Bestellung von Kaffee (»Nickx!«) und Sahne (»Wa?«) verdiente, kam über mich, färbte mich ein; war immer ein sensorisch kleinradialer Mensch, ich; bis mich vom xeroxierten Jugendstil nichts mehr unterschied; höchstens schlürfte ich laut, wo er, auch in der Kopie noch, seine Trichterwinden begoß und dem vom Molybdän abgelösten Vegetationsskelett ein liebes »Komm wieder!« nachrief.

8 Kein Unterschied mehr. Ich der Raum. Osmose. Leider war meine Außenwand so dünn, daß alles herein und alles hinaus. Das Hotel befahl mir. Allzu sehr machte mich jeder Sessel mit dem Ahnherrn Loos zum Chamäleon, als daß ich mich hätte beherrschen können; sogar die Schmutzdeckchen rückte ich in eine Reihe, als nähme ein beflissener Mondsüchtiger die Parade ab. Darin, in diesem Vollzug, ging ich auf und erblühte

wie die aus Rotz und Spucke frech hervorschießende Orchidee, auf dem eigenen Dung. Dazu noch –

dieses Schlimmste stimmte mich keineswegs nachdenklich – gab mir das hier fast schmerzenslos und mit viel Körperfunktion ersessene Zerfallserlebnis einige dringliche Parolen ein, welche ich, sobald ich mein mit nervösen Schnörkeln vollgezucktes Notizpapier aufgebraucht hatte, heimlich auf die Untertassen schrieb, sämtliche Todeswüchse aufs Mal; bis die elektrischen Kerzen mit den verkohlten Sockeln in den Wandlüstern ausgingen, die Garotte der Nacht durch den Spanischen Schuh des Morgens verdrängt wurde, das Licht aber noch nicht so stark war, daß es mir eine Wiederholung meines Sonntags gestattete; nämlich, mit dem Aufzug hochzufahren, um nachzuspähen, wo überall man saß, mit der Absicht, mich selbst da hinzusetzen; weiße brillenlose Schüsseln, auf welchen das Denken von selbst reichlich kam. »Der Hund ist ein glänzender Politiker«, wird Gogol in seinem Tagebuch eines Wahnsinnigen zu beweisen nicht müde. Ich glaube ihm kein Wort, aber sonst alles.

Ein bescheidener Vorschlag des Gerald R. Thirsby

1 Wenn der Mensch, sagte Thirsby, sich vollständig von den eigenen Exkrementen ernähren kann, wird er endlich unabhängig, dieser Autonomiegedanke ist verzehrend in seiner Schlüssigkeit und gibt bei den ernsthaftesten Autoren und Schriftgelehrten – die ich, Thirsby, niemals lese – zu den ausschweifendsten koprophilen Fantasiearbeiten Anlaß; insonderheit widmen nunmehr hunderte und aberhunderte, ja, soweit es die Kombination des Sprachmaterials zuläßt, das eben gerade noch zum Reimen gebracht werden kann –

2 neuere Untersuchungen ergeben, daß im Englischen sich 23% aller Wörter mit weiteren 23% allenfalls reimen können, z. B. pig auf whig, im Deutschen beträgt das Verhältnis 18% zu 18%, darum ist das Dichten im Deutschen ebenso leicht wie im Englischen, das reine Reimen, z. B. drücken auf Perücken, aber bedeutend schwieriger, weil die Suche nach konsonierenden Endungen härter ist und numerisch von weniger Erfolg gekrönt wird; was dazu führt, daß Englischsprachige mit gereimtem Material viel sorgloser umgehen als Deutschsprachige; dies aber übersteigt den Horizont des Ernährungsexperten, als der ich mich, allerdings mit Nebenfach Sprache, äußere –

3 insonderheit widmen sich aberhunderte, ja, tausende bis zehntausende von Limericks der Frage des »Essens als wärs ein Teil von mir«, das sie so lösen: Der Mensch, so Thirsby nach Lektüre der ersten dreihundertachtzig Limericks, scheidet zu verschiedenen Anlässen mit verschiedener Konsistenz aus, und jede neue Konsistenz, Dichtigkeit, ist zu einer anderen Speisenfolge wiederum brauchbar, auch bei den Ärmsten der Armen, welche sonst für das Braten ihrer bescheidenen Hackfleischklöße auf den Rückgriff auf fossile Energieträger angewiesen sind, siehe, so Thirsby,

die erschütternden Untersuchungen über den Betrieb von Holzkohlegrills im Oberniger.

4 Der Mensch, sagte Thirsby, ist zwar ein koprophages Ekel, aber er langweilt sich mit den eigenen Werken wenigstens nicht; eine Schwierigkeit beim Lösen des Ernährungsproblems bringt ein bizarrer und sehr devianter Limerick zur Sprache, indem er gleich zur Sache kommt, und wenn schon überhaupt übers Ganze, so Thirsby, dann wollen wir unerschrocken auch über diese Einzelheit sprechen, nämlich, wieso konnte ein Mr. Dyke aus Southampton sein Sandwich aus Durchfall nicht essen?

5 Ganz einfach, er hatte seine Diarrhöe auf einen Toast geschmiert, und gleich darauf wurde der Toast ohnmächtig, und Mr. Dyke, der es »mal so« versucht hatte, mußte zum Southamptoner Landziegen-Milkenlunch zurückkehren. Damit ist, sagte Thirsby, wegen einer lumpigen Toastscheibe, die nun wirklich nichts begriffen hat, der Traum des autarken Hominiden ein weiteres Mal ausgeträumt, und es ist nicht anzunehmen, so Thirsby nach Lektüre weiterer hundertzwanzig Limericks, daß ein Mr. Procter aus Schenectady bei New York, wie die der miserabeln aber notwendigen Frage ihr Leben widmenden Amerikaner es uns erzählen wollen; daß ein Mr. Procter mit seinen Würstchenkrabben mehr Erfolg gehabt haben soll.

6 Im Gegenteil; alle diese Pioniere auf dem Gebiet der Selbstversorgung, welche auf ihrer Heimaterde sich üben, ihre Erkenntnisse und Fähigkeiten an die arme Welt weiterzugeben, und die dabei selbstverständlich scheitern aber nicht mutlos werden; sie alle enden als krankhafte Normalspeisensüchtige, die für ein spätbürgerliches Mittagessen ohne jede Exkrementenbeimischung, für pure Bratkartoffel mit etwas Gemüse und mit einem länglichen Stück Bratfleisch samt Rettich ihre eigene Zimmerwirtin umbringen und sie, ohne sie essend anzurühren, liegenlassen würden.

7 Und ihren Auftrag, den Menschen vom Menschen essen zu lehren, sagte Thirsby ergeben, ausgebrannt und mit einem leisen Unterton von Rankúne und von auf später verschobenem Rachewillen; ihren Auftrag, den Menschen nur noch essen zu lassen vom Menschen, indem sie seinen Geschmack an Eigenem fördern, vernachlässigen sie bis zu dem Punkt, wo ihnen nichts anderes übrigbleibt als ihn, den Auftrag und damit den armen Menschen, ganz liegenzulassen. Damit, so Thirsby, sind wir einigermaßen weit abgekommen von den 23% Engländern, die sich mit weiteren 23% geschriebener Engländer allenfalls reimen können, wenn man will, doch dieses Weit-Abkommen von etwas heißt doch nur, daß alles mit allem zusammenhängt, z.B. whig mit pig, aber pig auch mit whig.

8 Und der verhängnisvollen Dichotomie, Zweiteilung, so Thirsby, Dichotomie zwischen eßbarer Außen-Nahrung und ebenfalls zukünftig eßbar sein sollendem Ergebnis ihrer Verdauungs-Verarbeitung verhelfen sie zu einem schlimmen Neuaufschwung; so daß nämlich ein jeder unbekümmert weiterißt, was er immer gegessen hat, ganz so, als gebe es uns, die ratenden, und zu unmittelbar geschlossenem Kreislauf ratenden, Experten nicht; bösartiger und hinterhältiger ist alles noch; an der Außen- und Frisch-Nahrung wird festgehalten, als wolle der Mensch insgesamt, indem er uns beim Essen unverfroren zuwiderhandelt, unsere Voraussichten später einmal doch wahr werden lassen: daß es nur noch Menschen geben wird, und zwar so viele, daß alles, worauf der Blick dann noch fallen wird, immer nur Mensch ist und niemals mehr etwas Fremdes; sodaß nichts Fremdes mehr übrigbleibt zwischen den Quadrilliarden wuselnder und allesamt mehr oder weniger laut schreiender und selbstverständlich, so Thirsby, mangels Baumwolle splitternackter Menschen, die sodann gemäß unseren Aussagen, so Thirsby, nur noch vom Menschen essen können müssen und nicht mehr von etwas Fremdem dürfen.

9 Und wenn sie nicht vom lebendigen Menschen essen wollen, da ihnen ja ohnehin nichts bleibt als diese Quadrilliarde oder diese Quintilliarde oder Sextilliarde mit annehmbarer Lautstärke schreiender nackter Körper, dann müssen sie vom toten Menschen halt eben essen.

10 Besser, sie essen braun und warm und werden koprophil, so Thirsby, besser dies als Schlimmeres und viel Schlimmeres und am Ende gar das Schlimmste. Aber sie handeln uns mit der unbedachtesten Hartnäckigkeit zuwider, und immer wieder mit Kartoffeln, Reis oder gebackenen Teiggebilden. Gegen so etwas, schloß Thirsby, sind sogar die 23% Limericks, die wir hier als Orientierungsrahmen verwendet haben, im Recht, weil sie – zitiert seien hier nur der bedeutungslose Mr. Dyke und die Ohnmacht, der er sich konfrontiert sah, und der unerhebliche Mr. Procter und die verschönerte Speise, die er teuer verkaufte – weil sie die einzigen Reime sind, welche dies alles mit einem bescheidenen Vorschlag zur kulinarischen Güte, solange Zeit dazu bleibt, ganz entscheidend, nämlich ungeheuerlich, verbessern wollen.

Mysterienspiel, Ricercare

B sagt zu A:
»Bald kommt einer zu Ihnen, der Tod.«
C hört zufällig mit, kommt bald darauf zu A und sagt:
»Ich bin der Tod. Sie sollten mitkommen. Besser für Sie.«
A, gutgläubig und durch B vorbereitet, folgt dem C.
Unterwegs treffen sie D, der meint, C sei der lebende C. C aber teilt D mit einem Augenzwinkern mit, daß er den Tod spielt (»Habe Sense zuhause vergessen«). Weiter geht's. C wählt Weg durch Ligusterhecken. Als nächsten treffen sie X, der nur A kennt, ihn für den lebenden A hält; C aber kennt er nicht. Dessen Augenzwinkern ist vergeblich. X fragt A, was er da tue, und A sagt nicht ohne Urvertrauen:
»Ich folge dem Tod.« Und zeigt mit dem Taschentuch auf C.
»Sehr erfreut«, sagt X, verneigt sich, küßt C die Hand.
Der nächste Einwohner kommt heran. Es handelt sich um B. Der brüllt schon von weitem:
»Hallo C! Endlich sehe ich dich wieder! Erinnerst du dich noch an die Zeiten, wo wir im selben Postfach erzeugt und erzogen wurden?«
C beugt sich reverenziös, zwinkert mit den Augen, um B seinen Zustand klarzumachen. Er schält etwas Haut unter seinem Auge weg (»Bin nur'n Schädel«).
Doch B wendet sich alsbald A zu:
»A! Seltsam, dich hier zu treffen, dazu noch neben C, meinem Kindheitszwilling. Ach, ich vergesse, ihr kennt euch ja nicht! A, ich stelle dir C vor, einen alten Teilhaber am ganzen Drumherum.«
A's Gesicht wird kalkweiß, alles restliche Blut fließt ihm in die Füße.
»Sie sind ja gar nicht der Tod!« heult er C an.
C ist ebenfalls kreideweiß und fragt B:
»Wieso erzählen Sie A, was Sie ihm erzählt haben?«

»Tz tz, C!« tadelt B, »du hast mitgehört, als ich A vor dem Tod gewarnt habe. Nächstesmal spreche ich leiser!« Dann fährt B dem A mit der Hand in ein Knopfloch, das er aufreißt, zieht ihn zu sich, bis er seinen Atem riecht, und flüstert:
»Wir zwei haben unsere kleinen Geheimnisse, nicht?«
A nickt. B läßt ihn los und windet die Hand aus dem Knopfloch. Dann hakt A den B unter. Plötzlich fangen sie an zu laufen und verschwinden in den Hecken.
C geht weiter, etwas ratlos. Stößt wieder auf X und sagt:
»Helfen Sie mir, meinen Toten einzufangen. A ist mir entwischt. A ist dem Tod entkommen. Das Gegenteil wäre besser für ihn.«
X hat nur den letzten Satz gehört:
»Besser für ihn? Der Tod? Großer Knochen nochmal«, schreit X und geht mit C auf die Suche nach demjenigen, von dem er nur weiß, daß er C irgendwie kennen muß. X ahnt dunkel, daß er A, sollte er ihn finden, dem C übergeben muß und ihn damit ausliefert. Das will X jetzt nicht so genau wissen. Untergehakt kommen sie dem D entgegen, der an der Ligusterhecke herumschnippelt, »um Durchlässe zu schaffen, mehr Durchlässe«.
»Guten Tag, Tod«, sagt D zu C. C reibt sich befriedigt das Kinn. D sagt zu X: »Ach so, dich hat er also jetzt auch?« Und zwinkert C zu. Ganz glaubt er ihm seine Rolle nicht.
»Niemand hat mich«, sagt X, »ich helfe ihm, A zu suchen. A ist ihm entwischt.«
X übersieht, daß D zwinkert. Sie gehen weiter, über hohe Treppenstufen, die hochführen, dann wieder herunter. Der Weg ist gerade und flach, aber irgendwer hat eine Treppe eingebaut. Ab und zu hält C schwer atmend an und hebt sich etwas Haut vom Knöchel und betrachtet sinnend seinen Fußgelenksaufbau. D ist hinter ihnen zurückgeblieben. Plötzlich hören sie Schreie. Sie kommen näher. Es ist B, der ihnen nachläuft.
»Irgendwo A gesehen?« fragt ihn X.
»A ist, wo er sein soll, in seinem Alter«, sagt B väterlich.
»Gerade eben nicht!« ruft X, »er ist entwischt.«
»Entwischt! Du grüne Sense.« B ist so erstaunt, daß er X und C

begleitet. Zunächst ist er etwas langsamer als sie. Dann haken sich alle unter, bilden so ein Fangnetz, eine menschliche Reuse, der keiner entgeht.
Es bleibt nur A's Wohnung. Sie gehen durch die Hecken und sehen das flache Haus mit dem steilen, dünnen Kamin. Sie dringen gleich durch die Tür herein. Kein Feuer brennt im Kamin. Ein Durcheinander von Konservenbüchsen herrscht, ganz zuhinterst im Raum unter dem Dach ein zerrissener Bettüberwurf auf einem Messinggestell, darunter eine Schwellung.
»Da ist er ja!« ruft B.
»Heraus mit dir, zum Tod!« brüllt X, der seine Angriffslust so gut unterdrückt, daß sie ihn doppelt ergreift. Fährt unter den Bettüberwurf, kriegt A am Fuß zu fassen, denn A ist kopfvoran ins Versteck gekrochen. X reißt mit aller Kraft.
»Was denn!« schreit X und zerrt und dreht am Fuß, »du gehst zum Tod, und zwar sofort!«
»Aber wo ist er denn?« fragt A.
X fällt plötzlich nach hinten, weil er A's Fuß die Haut abgezogen hat, und mit dem schlaff herunterhängenden Lederstück in der Hand findet er sich sitzend in der Asche des Kamins wieder.
B hat alles begriffen und fährt dem A mit der Hand ins erweiterte Knopfloch.
»Ich hab ein Geheimnis für dich«, zischt er A zu, »hier, der da, C, ist der Tod.«
»Ha ha.« A wirkt müde und so, als möchte er ins Bett zurück und bis zum Abend schlafen und dann auf einen Spaziergang.
»Aber das ist doch C, einer deiner Freunde!« ruft A, »ein Mensch wie ich.«
»Woran siehst du das?« zischt B.
»Er steht mitten in meinen Konserven!« schreit A.
Alle lachen hysterisch. C zieht sich die Haare aus und setzt sich auf einen Schürhaken. Der sticht ihn. Er schiebt eine Kaltnadelradierung unter.
»Du bist reif! Komplett hinüber!« schreit X. Alle Mienenspiele verzerren sich zu haltlosem, aber stillem Gekreisch. Mit einem Fingernagel, der ihm immer wieder abbricht, bohrt A eine Dose

auf, um alle gebührend zu bewirten. Sie enthält gute Brühe. Plötzlich sagt er zu B:

»Warum hältst du mich noch fest? Ich kann ja gar nicht weg.«

B zieht die Hand aus A's Knopfloch zurück.

69 Arten, den Blues zu spielen

1–69 Man hackte ihm mit spitzen Eisen zwei Kerben in die Schläfen. Dann wurde er auf den Kopf gestellt. Ein lackiertes Brett hielt ihn, während seine Füße auf Widerlagern ruhten. Mittag. Man ging essen und ließ ihn in Lage. Er hing an den Füßen bis drei Uhr, aber rückwärtige Schiene half stützen. Dann öffnete sich endlich der Boden. Die Zange erschien und packte ihn bei den Kerben. Der Schädel platzte nicht. Die Zange war aus demselben Metall wie die Kerbeneinlagen. Spitz, rasiermesserdünn an Greifern und starr. Sie zog ihn hinunter. Sie kamen vom Essen und schoben den Boden drüber.

Mahlerscherzo, Kehraus, vivace

1 Personen hungerten, bis sie zugrundegingen, den Hunden ein Fraß zum Auswerfen, sich selbst ein Ekel Stolz zahlte sich nicht aus. Später flocht man ihn aufs Rad, legte ihm Daumenschrauben an, er schrie Fenster öffnete sich. Das Gespenst schlitterte herein, legte ihm den Finger auf die Brust und fragte Schönheitswasser verderben den Teint über den Backenknochen, um den Hals herum, verstopfen den Tränenkanal Hals abgeschnitten, große rote Wunde.

2 Rote Wunde: Aus der das Blut in efeuartigen Schwaden floß, mitten auf dem Richtplatz, im Gesicht verzerrte sich, die Zunge trat heraus, die Mundwinkel ließen Speichel, die Augen blieben Sonne und Wind fuhren ihr durch die Haare. Sie wußte, woran er dachte. Da brach es aus ihr heraus.

3 Aus ihr heraus: Feindin, eine Amazone zur Feindin, einbrüstig und bogenbewehrt reitet sie auf mich zu, da flattert Haut wie Kokosnuß, Milch unter den Brauen, bunte Steine unter den Fingernägeln, Fragranzien wie Altarkerzen Freies Berlin, was heißt, ein Picknick im Freien, was nicht sagen will, eine Rasenruhe im Grünen, sondern einfach Feuer versengte die Schnüre. Die Zirkulation in den Gliedern war unterbrochen. Trotzdem erhob er sich. Verderber! rief Haut und Krähenfüße soigniert dank Greazoy, dem neuen Augen- Haar- und Verhärtungsfett, das, auf beliebige Körperzimmer zu verkaufen, mit Inhalt, als da wäre: Dunst nach verkochten Karotten, die bissige Stimme des dicken Wirtes Aufstehen, brüllte der Korporal. Zerschlagen rasen wir vor die Betten, in welchen es weiteratmet.

4 Weiteratmet: Nur ich schlummere weiter. Die Augen zur Decke gerichtet, die samtenen Hände auf dem letzten Hemd gefaltet, so

lag der Aufsichtsratsvorsitzende auf einer spottbilligen Matratzentöchter und Angestelltenschule mit zuverlässigen Lehrkräften an der heilsamen Engadinerluft, in der Nachmittagsarbeit wurde nicht bezahlt, obgleich man uns über Mittag dabehält.

5 Mittag dabehält: Einer der Kollegen pronasiert, und so, schloß der Erbprinz, wurde der arme Zwerg, gegen Ende seines dürftigen Lebens, ein glücklicher Hände, im Hintergrund Arkaden, besetzt mit Sandelhölzern, auf welche preziöse Ikonen genagelt, die gewaltigen, nach Stein und Staub riechenden Seitenhemd.

6 Seitenhemd: Der Schuhfettvertreter ergriff seine Taschenlampe und begab sich in den Keller. Als er die Treppe hinabstieg Szene verprügelt. Wir möchten ein weiteres Mal darauf hinweisen, daß wir gegen Prügelszenen, wenn auch nicht gegen Prügel sind, besograf der König, hatte nichts mehr zu wünschen, nahm sich das schönste aller Mädchen zu Lande. Aber Prinzipal. Dann kam er auf mich zu.

7 Auf mich zu: die Hand um den Alpenstockknauf gespannt, die Brauen unheilverkündend Geschichte endlos dahin. Die Charaktere sind flächig gezeichnet. Anna zum Beispiel ist die Karikatur Graf verarmte, ließ seine Burg fremden Reisenden zur Besichtigung, duldete Dreier und Vierer und Fünfer im Park, eine Handlung, die derartig durchgeflochten ist, daß der Landvermesser nie bis an die Sache verhandelt. Habt ihr, Bürger und Bürgerinnen von Wyhl, dem etwas hinzuzufügen. Wenn ja, so steht der Wurstwagen, wie es zu kommen pflegt.

8 Kommen pflegt: die unverwertlichen Teile wie Knorpel, Schwanzborsten und Inneres der Augenhöhlen und Wimpern Trab bringen, oder das Zuckerbrot absichtlich weit wegrücken, um die Peitsche desto sicherer mitten in den Zucker knallen zu können auf dem Fuhrwerk wie der Teufel leibhaftig. In seiner rasenden Durchfahrt durch Oberägeri stieß er auf den Landjäger, den Gemeindekassier und auf das Pferd, aber der Dorn war nicht

herauszuziehen, so tief war er schon eingedrungen und durchs frische Fleisch geglitten, ganz leicht und ohne Widerstand.

9 Ohne Widerstand: Jeden Tag nehmen wir Stoppelfeld und Brachacker. In einem Schritt. Hoch die Stiefel. Regnet es aber im März, so kommt in den vier folgenden Monaten wenig herunter, und bleibt die Sturmflut im März aus, so bleibt die Lunge auch den Rest des Jahres weg, sodaß St. Penifazius dafür die Landstraße mit frischem Grieß besät.

10 Grieß besät: Dadurch werden die alten Dellen und Schründe aufgefüllt und eingeebnet und wir sehen, daß der Umstand des märzlichen Feuchtwerdens keine Bedeutung hat; es wandeln die Sturmfluten so oder so; nämlich niemals. Von der Rauchsäule stieg von der Hochebene auf, dennoch war ihre Quelle nicht zu finden, wer wußte. Jung-Hornhirsch legte ein Apachentuch übers Feuer, schnitt einen Rauchbalken aus der endlosen Rauchlinie, fügte dunkle Rauchpunkte an und morste flammend, nahm das Apachentuch weg, riß es auf die Asche, legte es Windbüchse, drückte ab und schoß den Edelmann links in die Stirn, neben die Nasenwurzel, oder ein Brandloch in der Haut und ein Loch in der Unterhaut stellten sich Attestat aus, mit der Bemerkung des Feldschers, freilich der Inhaber dieses Dokumentes sei nicht in jedem Fall Stümpfchen oder Teilchen davon übrigbleibe.

11 Davon übrigbleibe: Er dürfe es freilich nicht verlieren, sondern müsse Sorge dazu tragen. Der Bauer versprach's, drohte aber mit gekreuzten Fingern hinterm Rücken Liebeshändel oder sonstige Störungen der Amtmannschaft; mannbar er, mannbar sie, die Fenster nach Einbruch der Dunkelheit nicht mehr zu öffnen und Grille, so gut es geht. Wie gut ging's denn bisher? Ich weiß es nicht, ich habe es. Bei einem Abendessen, das ihm das bisher prunkvollste zu sein schien in der langen Reihe, stellte Boswell im Mowar-Castle auf den Orkneys fest nach einigen Präambeln und mählichen Einschweifungen aufs Thema hin, geniert my subject-

matter durch die Anwesenheit eines larvierten Scharivari mit seinem ungestümen mandibularen Blasen, das den schweren Gast an die Wand wehte und an die Händewasch-Vorrichtung drückte. Die schönen Reichsteller fielen von den Gestellen und selbst Kienfackel.

12 Selbst Kienfackel: Armschwenken, aus der Wand der dünnen schlauchigen Gänge heraus, durchstießen Mörtel und Putz. Scharren von Hufen. Aufstoßen eines grauen Käuzchens, zu dessen Füßen Rollaugen eine blutig tote Maus lag, auch sie sehr weiß und mit ausgerissenen Beinchen. Ächzen von Schwerverletzten. Schweißgeräte stellten bläuliche Flammen schräg.

13 Flammen schräg: Überall die Spuren eines unterwartet in karge menschliche Feindseligkeit ausgearteten Lunches. Er einreibt Schnurrbart. Doch nicht mit Talg, entrüstete sich Wwe. Watzenhoven, je steifer, desto Sippe, die zeitlebens alle Mitglieder in der näheren Umgebung des Urvaters ansiedelt Witwen und Waisen, überplötzlich in die Stadt Staub gezogen Mattigkeit und Überdruß. Weg von der Stadt, doch ich half wie seltsam der jungen, klammen Frau. Gebet mir euer Körblein mit den gepflücketen Beerlein, ich trag es Euch nachhause, wo wohnt Ihr denn hier oder Bus weit weg. Du gutes Knie gebrochen, Frauenknochen, Femurfissur, oben schräg schützt Blase. Ein anderer als ich hätte sich den Arm gebrochen. Ein anderer als ich dieser andere würde sich die Knöchel wundgeschürft, wie der Kapitän der Galeone den Eisenhaken statt Hand und Finger lutschte.

14 Finger lutschte: dieser Haken war so grauenhaft, daß wir beim ersten Ton, den sein Reiben an des Käptns Zähnen verursachte, wie aus einer Kehle aufschrien und wie ein junger Hund öffnet er den Rachen, um einen rohen Happen, den er von einem Verhungernden erhalten hat Skorbut und Eingefallensein und den letzten Happen, doch sie geben ihm nichts ins Totenhaus. Der Gräber macht sich düstere Gedanken. Hamlet perorierte und bildete Wortclusters, mit der dänischen Faust aufs Tastenbrett, daß die

Dostgarnelen Gischt springen weiß und zerstiebend. Es ist was Maul. Andere Fische verhaspelten sich in den nachgezogenen zylindrischen Netzen, der Schlepper tuckerte, baumelten über dem Wasser, gähnten lautlos mit aufgerissenen Kiemen, als man sie Gehsteig weg.

15 Gehsteig weg: Ich bin nicht dabei und gefangen. Ein unaussprechlicher Kretin mittelländischer Abstammung fällt in den Schlamm, der sich im Regen Straßenrändern angesammelt hat. Unverzüglich erhebt er sich daherrutschend und gibt seinem Begleiter Läutwerk abgestellt und Kontakt unterbrochen, oder er drehte den damit verbundenen Knopf. Die Zeit war gekommen. Fatal. Die Einbrecher rollten das Hochhaus von unten her auf, gleichzeitig waren sie mit dem Helikopter auf der Dachterrasse gelandet.

16 Dachterrasse gelandet: Germaine hatten sie auf dem Gewissen, die Tür fiel auf sie und Splitter verletzten. Dieser Kerl war der reinste Crippen, wie auch keiner auf die Vermutung kam im Lauern auf ein Plus im Raum, vierte sie will ihm das Geld abnehmen, das er dank dem Betrieb eines kleinen Reisebüros auf ein Konto mit der Münze, eckig, mit einer durchs Zentrum gezogenen Halskette. Wie viele Lügen – und Lügen der altmodischen Art – hatte dieser Mensch nicht während seines kurzen und verworfenen Lebens, das ihm Etikett die Nachbarn Tag für Tag beurteilten, und am Gewinde schrauben, drauf schauen, daß es stets gut gereinigt und die Dreckspäne mit den bloßen Nägeln herauskratzen.

17 Nägeln herauskratzen: Alle fuhren wir auf und salutierten am Fußende der Pritsche. Rasierwasser neben mir. Ich fuhr mir an die Mehrwert. Der Besitzer des Produktionsunternehmens egal welcher Gattung bereichert sich, während ich, der ich bei ihm angestellt bin, spüre, wie ich verarme und wie der Nutzen, den ich daraus nicht ziehe, ihm zugutekommt, meine Lebenskraft dahingeht und in ihn einfließt mit dem Schlürfen, Saugen, Aufgabeln,

Salzen, Kauen und Schlozen, leider auch Zeit und Ewigkeit sich gegen meine Geburtstagstorte entscheiden. Fortan sind mir Feinde sicher Lieber.

18 Sicher, Lieber: Aureole, die uns Collegae die Bewunderung unserer Gläubigen einträgt. Im Hintergrund Arkaden, benagelt mit pornophagen Ikonen, oft Gebete, sinnlose Rituale, Knierutschen Teppichausrollen Weihrauchanbrennen, Dämpfung der individuellen Regungen, pausenlose Mortifikationen, erbauliche Kneifdichs, Weichschlagen und mit dem Hammer obendrauf, den Nagel auf den Taufe, den Blümel ins Holz.

19 Ins Holz: das Schilf wird anwachsen, nachdem herbeigeholt werden wird, hierher herübergeholt. Zum Ort hergeholt, den es siebt, den es nicht blieb, falls man Aufweis dieses Merzbaus, sobald ein blähender Wirt eintritt. Das Kapitel gliedert sich wie folgt: erstens Brief an die Freier, die die Strickarbeiten Feldstecher beobachten und zweitens Brief an Telemach, der nichts kann und zu jung ist für den Ableger des Vaters, der ihn unausstechlich straft und mahlt, und drittens späh eine Kette, die Einguß Glieder entfernt zusammengeschmolzen zum Lumpen, Dunst nach verkochten Myzelen, aber Sicht ist unter dem Papphut mit der breiten Krempe, jagen, jagen, nachlassen nicht, er ist um die Ecke des turmhohen Brauses, jenseits der Verschwindibusecke eine beleibte Straße, in der wir untergehen. Nachdem ich.

20 Ich: furchtsam und immer ewig täglich bleibe aber Himmel nahebei, nämlich, nach Art des Referates: Präkordialangst ist eine Beklemmung in der Herzgegend, die durch Plaudern und Kauen nicht schwächer wird. Ich bin ein Präkordialer, somit nicht herzhaft, ich sei dazu Prognath, sagt mir ein jeder, mein Kinn stehe vor und sei für seine blau angelaufenen Bluter selbst verantwortlich, mündiges Kinn, dem der Bruch neben der Zunge wieder herausfällt.

21 Wieder herausfällt: ein Ventilator möchte ich sein, mich möglichst der mähig drehenden Maschine anverwandeln. Den ganzen Tag mich drehen und Kühle um mich verbreiten, Pulse sänftigen, ein Bergsee sein, sommers und winters randvoll Wasser, sommers Spazierfänger, winters Schilferpaare in mir ertrinken sehn, selbst die Forelle in meinen Fluten sein, die auf dem Jadeteller des Ghoratschamanen landet. Dort trennten goldene Messer mir den Kopf von den Kiemen, ein Stück Schlachtvieh möcht ich werden, da würd ich den Schächter anmuhen, ehe er mich sticht, ihn zum kurzen Zögern reizen. Zucken wäre mein Wunsch, bescheiden ausgedrückt. Wieso nicht mich falten, wieso aber doch noch gefallen nieder.

22 Gefallen nieder: Dämonisches Winden meines und erdrückendes Eingraben desselben haarigen Körpers, Ratschläge. Verteilen, wo harte Ratten am Platz sind um. B zu tun, zunächst aber A zu tun, unter Berücksichtigung der Gefahren, die sich aus C. Immer ergeben sein und Rücklinge backen. Notfalls sich mit D zerfellzwerchen, denn es hätte mit E Schlemmer geregnet. Ein Blick um mich, bitte einen Blick um mich werfen in die Lust.

23 Die Lust: Staubreste in der eigenen Nabelöffnung entmutigen jeden Nabelschauer, auch wenn er zur auswürgendsten Gattung der Familie, den Alemannen gehört, die allein schon ihr gesunder südwärts verwehrter Schwarzwaldverstand auf den eigenen fleischlosen beliebigen Körper fixiert tot. Tote Fliegen im Waschbecken, angedrehter Wasserhahn spuckt weitere aus, Waschbekken voll. Tote Fliegen im Schaum Waschbecken, öffne das Fenster, sogleich zugespitzte Birkenzweige, die hängen herein und zerstechen mir die Finger, auch wenn ich Kuppen zurückziehe, wo ich kann.

24 Ich kann: Aufgestaut, einfach losschreien. Zum Sieden abberufen, weil Fassung verliert Fruchtfalte, Blatt auf Blatt, mit Nummernstempeln bedruckt eines, färbt aufs andere ab sodaß Blut durchsickert bei Fließblättern und schwammigen Tellerunterla-

gen welchen Teller Mitte genau. Jägersoße fleckt und bekleckert Vermutung daß auch. Kann nichts liquidieren an. Hängen bleibt's an mir jede Masche gegen Risse abgedichtet, besser als Spermwale. In diesen Tieren ist alles beisammen da sie nach Zutaten nicht trennen innerlich schreie vergesse. Verschwiegene Ablagerung in der selbstgegrabenen Grube im eigenen Garten aufwärts steigend, wo bleibt Pfleger Schreber aber auch. Abgelagerter Schmutz an der Klappwand und längst gerissene Schampapiere geben jeden Durchblick in Koje frei und so entsteht ein Mund wo. Spüle heiß. Denn spüle heiß, um Geschwürbildungen vorzubeugen, heißt hier heiß, wo Hitze hernehmen ohne geheizte Quelle, und wo Quelle, fühle keine Quelle ich früher. Warme Quellen um mich sprühten glucksten keine Quelle mehr jetzt.

25 Mehr jetzt: Auch die Felsen fehlen hängende. Brocken, deren schmetterndes Walzen befreien mich könnte, würde mit Finger sie anstoßen, o Unglück, o tiefes Unglück, o Schrecken mit planer Sahne, obgleich Galadîner. Diplomatenfräcke in der großen Stubenecke. Reih und Glied, alles in Reih und Glied, Reih und Glied, alle in Reih und Glied, Galadîner in Reih und Glied, Aufstellung: Reih und Glied, immer alle in Reih und Glied, alle Schwalbenschwänze aller Diplomatenfräcke in Reih und Glied, Galadîner, Felsen fehlen, alles aufs natürlichste von der outrierten Botschaft arrangiert am Fenster tote Fliegen am Fenster.

26 Am Fenster: Tote Fliegen. Muß hingehauen haben jemand. Alle Fliegen getötet, alles sonst ebenfalls getötet am Fenster, nach dem Hinhauen, starkes Hinhauen, alles tot, getötet, oder getroffen, nicht mehr lange dran, fühle die eigenen Fliegen, Leichen heben Besitzverhältnisse nicht auf, reizen sie bloß zu neuen Friedhöfen. Sind Sie tot?, lautet die Frage am Puls eines jeden aus dem Rhein Herausgezogenen, welche ihr feuchtes Vorurteil bestätigt finden will Mann, sieh dich vor. Tote Fliegen in der Kälte. Natürlich im Winter. Weihnachten mit schneidenden Engelshaaren am Nadelsaum und mit dem Derben, das der Handelsmann mit dem

ausladend-breiten Hund so an sich hatte, wenn er kam und handelte und der Hund dazu Ringe aus gestampfter Leber fraß. Trug einen viereckigen Kopf.

27 Viereckigen Kopf: dazu kam ein Hüpfen des Hundes und der Handelsmann trug eine weiß der Teufel wozu Fahne ließ sie, kreiste die Fahne und die steilen Schluchten hallten von seiner tänzerischen Kunstfertigkeit wider mehr nur. Sich selbst jagende Steinböcke, in die Berge hineinbeißend, fünf Achtel des Ganzen nur.

28 Ich habe immer wissen wollen, ob die einen die andern und alle einen Schal trügen oder bloß einen weißlackierten Karton oder. Das Wichtigste aber, Was geht in ihren Köpfen, was geht in ihrem Denken vor? Ganz einfach: Karton würde als Rockaufschlag genommen, Rockaufschlag als Wolldecke, Wolldecke als volles Rohr, dann die Fortpflanzung unter denselben ohne Ausziehn der einreihigen Diplomatenfräcke länglich, im hellbrau betäferten Empfangsraum mit den gesteppten Tischschonungsdecken mit den Rüschen, an deren gespitztestem Ende eine Bommel hängt. Im unendlich langen hellgraunen Raum, der hinten in einer Fünfzwanwattbirne verschwindet, sich seitlich in begräbnishaft bunten talgfarbenen Vasensträußen verliert. Höchste Zeit für Aufträge.

29 Für Aufträge: Zeit, die nächste Folter heranzufahren, mit welcher die Mittel des Gemüts in nächsten Säckel umgeschichtet nächsten Ekel wo. Ich habe Haut und wo ich Haut habe habe ich Augen obgleich mir Lider ebenso fehlen wie Gedächtnis, ich wette, es ist kein Gedächtnis da, aber doch eine Klebstelle geprüft und daran bleibt es kleben und kann erinnert werden im Bruchstück beide. Wären alle bei sinkendem Stern immer notwendiger um Ausblicke und einfache Natur, in die einfache Natur, die Natur vereinfacht, in die allervereinfachteste Natur, die von aberwitzig weitgereister Komplexität heruntergeschraubt ist zu höchster anhänglicher Einfachheit nämlich einfacher schlichter

unschnippisch-glücklicher Natur verströmend das Hoch, hingegen wächst mir über die Augen keine Haut, nur eine dünne Haut um Ausblicke, Kräuterbüschel Ziegenkraut, Kugeln der Kiesel im Strom, Haut von letzten Muskelpaketen zu verdunkeln es war einmal.

30 War einmal: In einer Stadt, die nicht freundlich ist, drei schweißnasse herbeigeweilte Händepfoten zu schütteln und sagen. Ihr Tiere, Euretwegen bin Ich hergekommen, aber marschiere durch hinten Birne verschwindenden Saal in Reih und Glied und besuche den Bazar, letzteres als Lohn fürs Heranfahren auf stillen genesenden Gummirädern meiner Folter doch genügt das Heranfahren einer solchen? Klemmen müssen mitherangefahren werden, die das Ganze aktenfertig bündeln, weit. Flatternde umständliche Winterhose mit Fliege, jedes Karo des Mutters ein Eigenleben, strafend umarmt das Gebein den Bergsee, schöpft ihn mit Sturzlöffeln aus, zwei Weißfische pro Schöpfung teurer Stoff, weite Knie.

31 Weite Knie: Mich an diese quer durch den Nabel verlaufende Falte zu erinnern. Ende einer spasmophilen Nuß läßt sich entkernen. Vor den gyroskopisch im Kreis schwimmenden Fliegen im Waschbecken stehe ich und drehe dem tropfenden Hahn die Gurgel um, der tränkt es mir ein. Auf einmal Sonnwende irgendwas. Es tut sich Tag und Nacht, tut sich Tag und Nacht, Tag und Nacht tut es sich, verlängernd, verkürzend. Plötzlich finster geworden. Wie verlautbart im angeregten Zirkel. In mooriger Untiefe festgeschriebener Schlamm anorganischer Herkunft, Forelle kiemauf mit beschwerendem Blei in der Rückenflosse schwebt aber Ufer. Natürlichst, fast zuviel Anfall aufs Mal. Immer finstriger. Geschieht recht, Finstrigkeit, reiße ein Mietfenster auf, heimtückische schnellen Igelzweige schnellen herein. Wie ich geschützt bin, nämlich sozusagen, für den Rest sind sie besorgt.

32 Sie besorgt: Sehen Sie selber, meine Mühle brütet über Steinen, Farbe, ja, ihre sprunghaft wechselnde Farbe, tödliche Schwingung im einfachen Naturoszillogramm, Bahre für den Bluthochdruckschamanen, und, natürlich, ein beisitzend komaspähender gleichzeitig klagender steinerner Keltenchor zupft an stumpfsinnigen Ouds und sängert sein reibendes Urchrom. Was hat sich getan mit dem Licht, ein optischer Turm weniger, Forelle, Martello, mag sein, was mag sein alles.

Verbrennung

1 Läßt so eine Einsamkeit, die die meine ist – läßt eine solche Einsamkeit, die doch eine gesellschaftliche Wesentlichkeit darstellt, plötzlich eine Figur ein, allen Absperrungen zum Trotz, dann springen Sie vom Ort des Gesprächs, in das Sie mit sich selber vertieft sind – springen Sie vom Orte Ihres Monologes weit weg, um meine neu eintretende Figur mit einer Flinkheit zu umarmen und anzusprechen, die mein Wesen zutiefst überrascht, weil es sich dies alles mit ansehen muß.

2 Man glaubt ganz allgemein, genau so, wie es sich herumgesprochen hat – und man glaubt es, ohne die Wendungen zu ändern –, daß es ganz unmöglich sei, einen in seiner Einsamkeit Befangenen, nachdem er sich endlich mit harter Arbeit von allem Schmutz der Freundschaft abgelöst hat, jemals wieder zum Ansprechen eines Störenfriedes zu bewegen, der seine Isolation durchstößt; aber Irrtum; der Verinselte stürzt sozusagen auf ihn zu, küßt ihn heftig ab, liest ihm aus der Tageszeitung vor; als schätze er ihn und das, was er tut, das Eindringen nämlich.

3 Und dann richtet der Abgesperrte eine Salve von aufgeknöpften Fragen, auf welche er, der Aufgestörte, sich die Antworten aus lauter Aufgeregtheit selber gibt, an den armen Eindringling, dem damit, kaum ist er eingedrungen in das vom Schmutz der Freundschaft gereinigte Geviert, seine ausgesprochene Nutzlosigkeit vor Augen geführt wird. Es gibt keinen Dialog, weil der Fragende keine guten Bremsen eingebaut hat, sondern stets in den Freiraum der Replik des anderen hineinsaust und durchfährt, ohne zu halten. Der andere darf nie ans Steuer, wird bestenfalls mitgenommen, aber an seinen Stationen hält man nicht.

4 Niemand weiß nach einer gewissen Zeit, wer der Einsame denn eigentlich ist. Seine Identität hat sich verwischt; es ist viel Hoch-

nebel über seine Persönlichkeit gekrochen; und nach längerer Zeit wird sein Name vergessen, er ist nur noch Umriß und Gegenwart, kann, obschon er dies müßte, nicht gelöscht werden, sondern das Ergebnis des Löschaktes, nämlich das Verschwinden, tritt hinter der unablässigen, raschen Schwammbewegung zurück; fahr drüber, Schwamm, fahr drüber; aber der Name setzt sich dann fest, nämlich er ist ›Der Rührige mit dem Namensschwamm, der ewige Fuchtler mit dem eigenen Löschwasser, der Mann, der seine schwarze Tafel sauber hält‹; ein bescheidener Preis für den, dem sein Verschwindenkönnen Lohn genug wäre; allenfalls stiftet sein durch Hunderte von Menschengenerationen weitergehändigter Vorname noch eine bescheidene Legende des Menschloswerdens, des reinen Fürsichseins, des abseitsstehenden, verächtlichen Kapseltums.

5 Und viele sind dem Einsamen erst einmal böse gewesen, gerade weil er niemals jemandem böse gewesen ist, keiner Fliege hat er etwas zuleide tun können über ihre Beine hinaus, immer ist er nur im unvorstellbar flüchtigsten Sinn ein bißchen böse gewesen zu jemandem, der ihm als Entgegnung stets äußerst böse gewesen ist, Saldo ungerecht.

6 Was ist denn in Ihnen am Geschehen und Brauen, daß Sie so geradezu mit niemandem zusammensein können und doch jeden, auch den Geringsten, auch den mit der bravourösen Lepra hinterm Schlitzohr, ersehnen mit der Kraft Ihrer blinden Augen und der Spannweite Ihrer asthenischen Arme? Es muß ein böser, widersprüchlicher Geist sein, der da braut, Ihr Bier, von dem Sie sich nur reinigen können, wenn Sie sich stärker absondern. Noch sind Sie nicht einsam genug; viel zu sehr in der Nähe verblieben; noch dringt jeder zu leicht zu Ihnen vor; Sie glaubten eine Mauer um sich gebaut zu haben und sahen nicht, wie die Drehtüren dazukamen, alle geliefert, umsonst.

7 Bauen Sie endlich die Mauer. Ohne Türen. Schließen Sie sich mit etwas Nahrung – nicht zuviel, es soll nicht ewig dauern, nur so

lang wie das, was bleibt –, einer dicken Zeitung und zwei stämmigen, nicht abfärbenden Büchern ein und setzen Sie sich auf einen Stuhl, auf dem Sie sanft genug sitzen, um die nächsten Jahrhunderte hindurch nicht mehr aufstehen zu wollen, etwas kürzere Fristen gehen auch. Es ist leicht, keinen mehr um sich haben zu wollen, wenn man nicht beliebt ist.

8 Sie aber sind der von allen Geliebte. Nun wird es schwerer; Sie können erst von Meisterschaft in der Disziplin der Alleinigkeit sprechen, wenn Sie es geschafft haben, desto alleiniger zu sein, je mehr man Sie sehen und mit Ihnen sprechen will. Es gibt fürs Alleinsein und den Willen dazu gute Gründe. Es muß nicht der sein, daß Sie diesen oder jenen Eremiten aus dem Guinness Buch der Menschheitsrekorde hinauswerfen wollen. Man will Sie, umgekehrt ist auch gedacht, desto dringender sprechen, je fortgeschrittener in der Alleinigkeit Sie sind. Ehe ich Ihnen nach diesem ohnmächtigen Intro etwas Neues erzähle, will ich Sie darauf hinweisen, daß Hexen, wenn sie zum Sabbath abheben auf den langen Besenstielen, sich mit einer Salbe einreiben. Hans Baldung Grien weiß eine, die sitzt auf einem mähnigen Ziegenbock und hält die Salbe in eine Astgabel geklemmt vor sich hin.

9 Aus der Salbe ragen zwei Gänsebeine, deren Kniegelenke bis auf die Knochen abgenagt sind, o, nichts Erwähnenswertes, bedeutet auch nichts, Straßburg fünfzehnhundertvierzehn, erstaunlich, wie lange das schon spukt, nicht wahr? Da meine Hexen Sie anziehen – wir wollen doch, ach Lieber, nicht bei dieser dümmlichen Alleinigkeit verweilen! –, will ich unaufgefordert in Ihrem Interesse weiterhandeln. Ich schiebe einen Altarflügel, wenn ich ihn im Nebel finde, drei Zentimeter nach rechts. Sie werden sich fragen: was soll's, schon wieder?, erlahm doch endlich!, muß er das tun?. Ich sage, es verändert die Kapelle, und damit unsere Gebete.

10 In aller Bescheidenheit. Drei Altarflügelstützen sind keine vier Bilsenkrautzauberinnen. Diese vier sind vierzehnhundertsieben-

undneunzig von Dürer festgehalten worden, damit sie keinen mehr loslassen. Sie haben kummervolle Antlitze. Zauberläuse sind ihnen über die vier Lebern gekrochen, jedoch haben alle einen ruhigen Zauberfloh im Ohr. Erschlaffung der Halsmuskulatur läßt die greinenden Schädel schräg auf den Schultern liegen. Abermals: Hauben über die Augen, davon brauche ich nicht mehr zu reden. Wissen Sie, was mich bewegt? Alle vier sind – bis auf die Hauben – splitternackt und aufgerundet zur nächsthöheren Größe hin.

11 Wenn wir schon bei Zauberinnen sind; haben Sie seither eine entkleidete gesehen? Es bringt mich immer wieder auf abgespannte Gedanken, wenn ich mir vergegenwärtige, welche Allgewalt Dürer in die Gesäße legt. Die Hinterbacken werden im Rang befördert, zu einem eigenständigen Körperteil, der von den übrigen Partien durch tiefe Hauteinschnitte zeitlos abgetrennt ist. Ein Fetischist, der Ernst machte, würde die Exemplare sogleich ablösen und in Holundersirup tun und sie durchs runde Glas anstaunen. Die vorderste Zauberin hat ihren Zopf über dem Rücken hängen. Im Türrahmen lauert ein Bärtiger, der seine verschwiegene Courage daraus bezieht, daß er noch verruchter ist als die Zauberinnen. Stöhnen! War das schwer! Der Altarflügel ist nach rechts gezerrt!

12 Spricht man von Hexen, so helfen sie nach. Beweist man sie, so greifen sie ein. Schauen Sie mich an, wie ich schwebe. (Ich schwebe kurze Zeit zehn Zentimeter über dem Boden und senke mich lächelnd ab.) Gute Beziehungen, weiter nichts. Bewiesen wären sie. Walpurgisnächte tiefster Einsamkeit beschreiben sich leichtfüßig und kurz, nämlich: Auch ich freue mich, und zwar auf die Minute, in der sie alle von mir gegangen sein werden.

13 Dies ist kein leerer Wunsch, dahergesagt im geborstenen Stuhl, auf dem ich sitze und von dem ich mich nicht mehr erheben will; es ist eine hellhörige Erkenntnis dessen, was ist; und ich

glaube, diese Botschaft ungeachtet ihrer Eignung für eine Lüge unverstellt weitergeben zu müssen an die letzten Hörbereiten.

14 Ich freue mich insbesondere auf die Sekunde, in der ich selbst von mir scheide; am meisten liegt mir an der Stunde – ES, dies weiß ich, ES dauert etwa eine Stunde –, in der alles, was um mich herum wuselt und krabbelt, mich endlich verläßt und ich zu den vielen, vielen unter den Teppich gekehrt werde.

15 Meine Freude ist eine in die Zukunft gewandte, sie übt sich an etwas, das nicht nur kommen wird, sondern das einen anderen Zustand zurücklassen wird als den, unter dem es angetreten; was nämlich geschehen soll und wird, heißt Leerung, Verminderung an Leben, Wachstum von Stein und verhärtetem Schwammgewebe, auf daß zum Schluß weniger vorhanden sei als es am Anfang der Fall war; auf daß es gelinge, jenes Wegkriegen, das jetzt so schwer geworden ist wie früher das Produzieren; auf daß er den Minuenden packe, der Subtrahend, und ihn auf Null drücke; auf daß wir unserem Ziel, in aller Gemächlichkeit viel loszuwerden, um eine bescheidene Stufe näherrücken, sowie uns in der Bestätigung ES LICHTET SICH endlich erkennen dürfen.

16 Darf ich mich lichten? Darf ich als Subtrahend – jene mathematische Größe, mit der ich seinerzeit das Prinzip einfachen Rechnens durch Gnade von oben verstehen lernen durfte – darf ich mein allerbescheidenstes, untertäniges Ich abziehen von jener unendlichen Größe, die mit mir und ohne mich, ohne mich und mit mir, genau so unverrückbar gleich bleibt, wie sie gleich bliebe, sollte ich mich von ihrer absoluten Größe still entfernen?

17 Darf ich mich damit wenden an Sie? Es ist nicht, mein liebster Nebenan, so darf ich Sie doch nennen, hochachtungsvoll der Ihre, es ist nicht etwa so, daß Sie schlechten Geruch hätten oder daß mich ihre Dauerhaftigkeit, die Unwegbringbarkeit Ihrer kontrollierenden Anwesenheit in Haß auf Sie versetzte; ich möchte mich nur entfernen von Ihnen.

18 Ja; ich möchte Sie einwenig los werden; ohne allerdings es Ihnen deutlich-störrisch sagen zu müssen; verduften Sie für die Dauer eines Hauches, so lange, bis ich von Ihnen gegangen bin; überbrücken Sie durch Wegtreten die Zeit bis zu meinem Wegtreten; für das Ihre verspreche ich Ihnen das baldige meine; bitte kein Mißverständnis. Ein Handschlag besiegelt den Handel, aber, daß ich Ihnen die Hand berühre, können Sie von mir, aus der Natur unseres Handels heraus, nicht verlangen. Denken wir uns einen Handschlag und besiegeln wir uns, bitte schön, Gnade folgt, Verzeihung für Umstände wird gewährt.

19 Ich verspreche, kein Paradox auszuschöpfen. Ich bleibe nicht da, indem ich mich weghebe. Oder gar: ich kann keinesfalls nun stärker anwesend sein, nachdem ich mich bald energisch in die Abwesenheit gestürzt haben werde. Ich freue mich ja schon so lange darauf! An Ihnen liegt mir bestimmt nichts; das gewährleiste ich doch schon mit allem, was ich Ihnen bisher antat! Sie brauchen das noch nicht einmal zu wissen, es sei Ihnen auch gleich wieder vorenthalten, bei Ihrer Vergeßlichkeit sind nicht einmal meine Versprecher verräterisch.

20 Bitte sterben Sie nicht so bald, daß es ausschaut, als würden Sie meines Weggehens halber sterben. Lassen Sie sich Zeit. Ich werde und will es nicht erfahren. Ich habe Sie aufgegeben; bei Ihnen wird mir zwar warm, aber dies ist das Hassenswerte; bei Freundschaft denke ich an die Aluminiumzelle und den Hydranten, der die Zelle freispült von Abfällen.

21 Das früher Unvorstellbare geschieht, und reizvollere Menschen als ich einer bin, wären stimmlos und überrascht; ich erhebe mich vom Gekröse meines Stuhls, dem mein ewiger Entschluß galt. Lasse ihn unter mir zu Staub zerfallen, ausgerechnet jetzt, da die ersten Ersteigerer in der Auktion sich damit abgefunden haben, den Stuhl nur mit dem skelettierten Sitzenden zugeschlagen zu bekommen. Es lichtet sich, und daß ich meinen Anteil daran leisten durfte, freut mich brünstig. Hören Sie mir bitte zu. Ich

möchte ein Beispiel machen für das, was ich zu sagen habe. Da liegt mir schon wieder der Jäger im Sinn, der kein Jäger ist, sondern ein Gerippe, wehe, der Pfeil liegt ihm in der Knochenhand, und der gewesene menschliche Jäger liegt vor den Augen seiner Familie da.

22 Frau mit Haube, zwei schreiend (oder spielend) liegende Knaben, Jäger liegt mit einem zweiten Pfeil im leeren Brustkorb tot auf dem Rücken. Sein Skelett hat just dort Fleisch, damit der Pfeil steckenbleiben kann. Dies findet natürlich vor dem Apfelbaum statt, der ist auch schon seit fünfzehnhundertvierzehn verwittert. Höchst eigentümlich, daß der sodann die Bildfläche betretende Tod dem ohnehin schon toten Jäger doppelt bewehrt entgegentritt. Nicht nur trägt der Tod ein noch schnelleres und sophistizierteres Tötungsinstrument, den Bogen, sondern auf der linken Schulter ruhend auch die Sense.

23 Der Tod ist ein ritueller Klassiker; ohne Sense gibt's kein Mähen bei ihm, für die Liquidation per Pfeil mußte er lange überredet werden, handhabt sie jetzt ebenfalls mit Geschmack. Der aufgewecktere der beiden liegenden Knaben gibt sich einer kleinen, der kleinsten Tätigkeit anheim: er versucht zu kriechen. Will wohl wegkriechen, weil er was riecht, kriecht aber peinlicherweise auf den Tod zu. Ich weiß, der Tod mag das gern, wenn einer noch auf ihn zukriecht. Er ist kein Skelett, sondern trägt eine Art Pferdemantel mit Lammfellkragen und Taschen, die wie zu hoch angesetzte Stiefelstulpen aussehen.

24 Hinter dem Apfelbaum – gestatten Sie – äugt ein Hase auf die Szene. Warum ein Hase? Ich sage Ihnen, im Augenblick läuft alles durcheinander. Ach ja, die Natur im Hintergrund, noch nicht gezähmt, fleischfressend, aber doch meist vegetarisch. Hinterm Apfelbaum beginnt nämlich ein Stück Wald. Wie schön, wie unvelwechserbar, alles seit fünfzehnhundertvierzehn auch schon beendet. Aber die Natur, in ihrem hergebrachten Zustand, kann Hintergründe von hoher Schmuckkraft bilden, da sie, während der Tod vorn mäht, hinten selig weitermacht.

5 Ein Hirsch hüpft wohlgemut auf die Hinterbeine, und ein zweiter Hase springt traulich an ihm empor. Jetzt hören Sie das Beispiel, was? Das ist auch schon viel, dieser Hase, während der andere Hase leicht verstimmt dem obwaltenden bogenschießenden Tod zuschaut beim Geschäft.

6 Nun ist es meine traurige Pflicht, Ihnen, ehe Sie weiterlaufen in Eile, mitteilen zu müssen, daß der Hirsch darum sich aufbäumt, weil ein Pfeil ihm in den Bug drang, und der zweite Hase ist ein Windhund, der den Hirsch auch nach des Jägers Tod noch zur Strecke bringen wird. Vor uns liegt-halb – steht-halb – eine Pyramide der Aufträge: der Jäger schoß den Hirsch an und setzte seinen Hund auf ihn an, dann schoß der Tod den Jäger an und hetzt die Ewigkeit auf ihn, dann, als wäre nichts geschehen, hetzt der Hund auf den sterbenden Hirsch zu und wird seinen Herrn nicht wiederfinden. Des Todes Sense, mit der er nachstößt, ist gezackt – wo sind Sie denn hin?

7 Wo sind Sie denn auf einmal? (murmle, murmle) Alles scheint wichtiger zu sein als diese Ansichten aus dem sechzehnten Jahrhundert. In welcher Zeit leben wir denn? Ziemlich viel würdiger schon, ich meine, der Aufwand läßt sich sehen. Müssen die Kerle immer diese Beispiele vor mich hinlegen? Bitte, ich beschreibe ja nur. (gehe in verärgertem Zustand ab) Während andrerseits, sehen Sie, ein Jäger, er kann oft nicht anders, und dann ist er halt ein Skelett. Ich fühle mit dem äußersten Ende meines behavioristischen Instinktes, daß es das ist, was die Kerle mir mit ihrer Erklärung sagen wollten.

8 Wenn ich mir das so erzähle, hoher Herr, dann erinnert es mich an eine Miniatur in einer Mailänder Handschrift, wo verfluchte Seelen von ihren stinkenden Geistern zur Stätte ihrer Strafe getragen werden. Es ist ein einziges kommunales Miteinander-Auskommen; die Seelen und die Teufel helfen sich in der Handschrift gegenseitig auf den verdienten Pfad. Wenn ich kurz wiedergeben

darf, dann sehe ich da einen zottigen Teufel, auf dem rittlings eine nackte weibliche Seele sitzt.

29 Über den Kopf des Teufels weg reicht sie einem zweiten Teufel auf dem Boden die Hände. Dies findet vor einem Torbogen statt, der für alle etwas zu niedrig ist; gebückt kugeln sie sich unten durch, erstarren, können sich nicht mehr aufrichten. Was Sie in mir alles erwecken, wenn Sie die Gnade haben, dies *mir* zu erzählen! Rechts nämlich liegt in der Miniatur ein aufgesperrter Drachenschlund, und ein zweiter, griesgrämiger, ältlich-zerfaserter Teufel stürzt eine eselsohrige zweite weibliche Seele wie einen Kornsack über seine Schulter in den siedenden Höllenabgrund hinein, und da sind wir schon beim dritten Teufel.

30 Er hilft der verdammten weiblichen Seele nach. Die Mailänder, sehen Sie, waren im vierzehnten Jahrhundert von der Höllenwürdigkeit alles Weiblichen tief durchdrungen. Zumindest lief ein solches System von Geburt an. Die Zähne des nach oben geöffneten Drachens lodern als Flämmchen der Verdammnis. Die enge Zusammenarbeit der Instanzen ist herzerwärmend. Fast wäre ich in eine Handschrift des dreizehnten Jahrhunderts hineingerutscht, welche die Kerle auch schon offen vor mich geschoben haben; in welcher zwei neue Teufel einen pragmatischen Mönch im Tiber ertränken. Einer der Teufel gleicht einem Löwen; an Stelle der Mähne wachsen ihm Fledermäuse zu den Ohren heraus, und sein Genital – es steht, weil sein Träger unter Strafe steht, nicht mehr unter Strafe – ist fortwährend leergesogen. Vielleicht der Sünder letzte Sühne.

31 Und der zweite Teufel, wie komisch!, stürzt beim Hineinwerfen des pragmatischen Mönches, der wahrscheinlich nur kühlen, aber zweckmäßigen Glaubens war, beinahe selber in den Tiber. Merken wir uns für heute: mit dem Werfen lebender Gegenstände hat es zu tun, sowie mit deren schlechter Landung dort, wo sie hingeworfen werden. Da bin ich tatsächlich noch redselig geworden. Mein Thema, verzeihen Sie, hoher Herr, es richtet sich gegen Sie,

aber unmerklich. Manche beschweren sich ja – klar! – über die Vereinzelung ihrer Mitmenschen. Aber sie wünschen sich von denen gar kein Heraustreten aus der Vereinzelung. Sie wollen einen einsam haben und sie wollen einen in der eigenen Einsamkeit glücklich wissen. Gesellschaft wäre betäubendes Unglück, jeder Hinzutretende ein zweibeiniges Todesurteil.

32 Es kommt diesen Scheißkerlen auf die Absonderung, die Vereinzelung, auf die Vereinsamung anderer sehr an. Diese haben Angst daß jene sich wehren könnten, indem sie sich zusammentun. Also ist es geschickter, sie zum vornherein auf einsame Posten klettern zu lassen. Wer nicht klettert, wird nach oben gestoßen; lauter zusammengezwungene Pyramiden der laufenden Auftraggeber. Alles ist höchst furchtbar. Die einsamen Schreie hallen durch die Wolken der Nacht. Auch die Finsternis des fehlenden Lichtes ist nur eine weitere Sonderbarkeit des Lichtes. Die Nacht hat sich abgesondert vom Tag und führt, so behauptet alles, ihr eigenes Leben. Aber sie wäre nichts ohne das, was sie hinter sich gelassen zu haben vermeint; mit dem Licht bin auch ich verlorengegangen.

33 Ich aber will lieber ein glücklicher Einsiedler unter der Sykomore als ein trauernder Massenmann im Hallenschwimmbad sein; lieber mit mir allein zusammen und auf eigene Faust trüb auf Krükken, als zu zweit vor dem Strandhaus und nicht einmal den hereinbrechenden Abend verstehen, geschweige denn jene, die mit mir den Abend betrachtet und mir eine Miete desselben Hauses fürs nächste Jahr vorschlägt, damit ich sie noch einmal vollkommen mißverstehen kann, nur um das Gefühl zu haben, wieder einmal mit ihr gesprochen zu haben; kein Haus; kein nächstes Jahr; bitte ohne sie, nur mit der Philosophie; und Fluch über ihre ganze Gattung; ohne Frau sein; kein nächstes Jahr erleben müssen; bitte nicht auch noch das.

34 Wer beschwert sich da, ich sei viel zu allein? Ich beschwere mich nicht.

35 Ich habe es für mich aufgegeben, ein verständiger Mitmensch zu sein. Also bin ich kein Mitmensch mehr, und bald auch kein Mensch mehr; mein Ehrgeiz hat sich nie darauf gerichtet; wem nützt mein Zustand? Ihr bestimmt nicht; allerdings soll er ihr ja auch schaden, so meine ich es; mir selbst nützt mein Zustand zwei bis drei Stunden, dann bin ich übersättigt; soviel aufs Mal von mir selber hinunterschlucken zu müssen trübt die Innigkeit mit mir selbst; esse gern Fisch, erbreche zuviel Fisch; nach einer gewissen Zeit wäre ich ja schon ganz zufrieden mit jemandem, unter einer Bedingung: ich darf es selbst nicht mehr sein; diese Sicherungsstufe, daß es mir nämlich, noch ehe ich hell sehe, schwarz vor den Augen wird, hat es mir ermöglicht, um die allerseismographischst endogene, höchste Empfindsamkeit herumzukommen und Klotz zu bleiben, dumpf-geschlossen zu strahlen, nichts zu merken, wo andere längst vierunddreißig Paragraphen über nichts und alles an die Wand schlagen. Insbesondere ihr soll es schaden, das, was ich tue. Ich hoffe, meine Rache trifft sie.

36 Ich bin nicht der, der sich wehrt, indem er sich mit anderen zusammentut. Der Mutwillige ist am gefährlichsten allein. Ich hasse noch heute ihren geradewegs vom Oberschenkel ausgehenden Zeh, der im hellen Sand herumbohrte, während ein Mund mit Sandwich zögernd fragte: »Was hältst du von mir? Nächstes Jahr nochmals?«

37 Ich kann meinen tiefen Haß nicht sagen, nun ich aber allein bin, brauche ich ihn nicht mehr zu sagen. Bitte nichts mehr sagen zu mir! Bitte jeden Zwang, mich auszudrücken, von sich zu werfen! Ich rede mich neuerdings mit »bitte« an, ein Ersatz, seit ich mir die Ausführungen größerer Gefälligkeiten für mich selbst und jedermann sonst verboten habe. Möglicherweise halte ich nicht durch, erweiche mich; es darf noch ein paar logische Patzer in mir geben, zwei, drei Fehlerchen sind zum Überleben bestimmt. Mit ihr, jener, hätte ich nie ins Strandhaus verreisen dürfen, denn ihr lag an meiner – mir widerwärtigen – Gesellschaft. Wie konnte sie bloß –? Ich habe sie nie verstanden; soviel ist mir jetzt, nach

meiner durchgeführten Vereinzelung, herrlich verständlich. Ich will versuchen, dies zu verdeutlichen. Nürnberg kennen Sie ja. Solide und liberal. Ganz anders als die süddeutsche Stadt Ulm, die über einem zur grenzenlosen Engbrüstigkeit neigenden Protestantismus schier aus sich selber heraus fällt und ihr Ende da vermutet, wo endlich ihr Anfang sein könnte, sowie umgekehrt, ihren Anfang dort sieht, wo sie geradewegs ihr Ende erleben muß, liegt und atmet Nürnberg unter einer unerbittlichen Freizügigkeit und wird zu der Schwärze gezwungen, die im Inferno herrscht, wenn der Strom ausfällt und die Teufel die Notbeleuchtung nicht in den Griff bekommen.

38 Durch die näheren Umstände einer Gegenreformation hatten die Protestanten in Nürnberg endlich Gelegenheit, zu einer bestimmten Zeit als das Hassenswerteste der ganzen Welt mit den Juden in einen Topf geworfen zu werden. Stellen Sie sich vor das noch durchaus Vorstellbare. Die Lutherischen und die Kinder Abrahams sitzen halbversenkt in einem tief in die Erde eingelassenen Loch, das eine Bratpfanne sein will, und den glatten Außenwänden dieses Loches entlang züngeln die Flammen, die auf unserem Holzstich etwas festgefügt aussehen; süddeutsch gefinkelte Werkstücke. Der Eindruck entsteht, als hätte ein fleißiger Schreiner das Feuer gezimmert und den Hassenswerten zugerufen: »Kinder, betretet gefälligst mein Holz!« Tatsächlich ist anzunehmen, daß kaum einer jemals freiwillig ein Loch betritt, in dem ein Feuer züngelt, wie auch kaum einer, sobald er seine Füße brennen gesehen hat, nicht geflohen ist unter Geheul.

39 Von Züngeln zu sprechen heißt, der starren Zeichnung ein Leben zu verleihen, das ihr eingesägter Schrecken nicht mehr atmet. Die Protestanten tragen abermals eine selten noch, auf Trödlermärkten allenfalls, zu findende Haube, die Juden Mosesbärte und verzwirnte Käppis, allen steht der Mund offen, aber die Erstarrung der gesägten Zeichnung läßt sie gewissermaßen singen, einen Chor anstimmen zur höheren Ehre Gottes und Nürnbergs, und alle dürfen hoffen, daß sie die zweite Strophe auswendig

wissen. Woher ich das weiß? Ich muß natürlich schreiben, wenn ich so etwas weiß. Man kann, weiß man so etwas, nur noch schreiben, während es unten züngelt.

40 Das Feuer im Loch wäre allerdings bald ausgebrannt, weil diese Fleische ja nicht lange brennen, aber siehe da, auch daran denkt die Nürnberger Zeichnung, denn ganz vorn steht ein katholischer Knappe vor der in die Erde gewühlten Bratpfanne. Unbewegt und angeregt wirft er Reisig nach.

41 Dies alles wäre kaum erwähnenswert, wenn nicht mitten in den hölzern wirkenden, emporgezimmerten Flammen und mitten in den – zum belustigend ausschauenden Schmerzenschor geformten – Mündern ein alter, unheimlich breiter Jude zusammen mit einer geradezu uralten, schrumpligen und flachgesichtigen (gehobelten!) Lutheranerin herausragte, die sich beide auf die anzüglichste Weise zulächeln.

42 Es ist, mitten in der Hölle, ein befriedigendes Geheimgegrinse, und es ist anzunehmen, daß sie das sehr lange durchhalten können, falls nicht der Knappe von den beiden – neben ihm liegenden – Steinen Gebrauch macht. Sie sind je so groß wie ein Kopf, und tatsächlich gehören sie, geworfen, da hin.

43 Ebenso wie die Ironie dem bestimmten Ernst, so unterliegt das perlende Lachen dem mitten in es geworfenen kopfgroßen Stein. Ich liebe diese friedvollen Stilleben; da hat sich ein längst verstorbener und vergessener Künstler die bittere Mühe gemacht, alles nocheinmal, trauernd, nachzuerleben, indem er sich mit dem Zeichenstift, will sagen, mit Hobel und Feile, die Staffage abermals aufbaut; dies ist Größe; und was ich geschildert habe, ist viel eindrücklicher als das, Ihnen leider erspart gebliebene, andere holzgeschnitzte Mal, auf dem sie bloß aufs Rad geflochten werden und an den Handflächen angezündet. Erstaunlich bleibt – und darum wirft der Knappe die Steine auch nicht, sondern läßt die wahren Gewinner lächeln – daß sie sich so einmütig da unten

versammelt haben, stillhalten und einfach hinnehmen, was da noch kommt; was unausweichlich ist. Ein kräftiger Protestant, der sechste von rechts, schaut dem Knappen in die aus Holz gebohrten Augen: Junge, es geht zwar gegen mich, aber du leistest ganze Arbeit.

4 Fortschritt muß sein, sage ich, die Summe des Leidens tendiert nach unendlich, da wird man sich eine große Sühne einfallen lassen müssen, damit die Bücher wieder stimmen. Irgendwann wirft der Knappe einige größere Dinger, und dann bleibt nur der Ernst übrig, weil die vor lauter getroffenem Gesicht nicht mehr können. Wer sind die? Eja, wie menschenleer ich dies alles schildere. Aber vielleicht liegt in dieser naturgetreuen Einsamkeitswiedergabe ein Stück weitere Vereinsamung, und das wäre bereits ein Fortschritt zu der von mir geduldig angestrebten absoluten Leere.

5 Mein Fortschreiten ist der Gang zurück; eine Leere, in der ich das einzige atmende Wesen bin; wobei es mich am meisten freuen müßte, wenn auch dieses Atmen bald aufhören dürfte.

6 Alle Fibern in mir sind zur Mitarbeit aufgerufen, um dieses Atmen zum Aufhören zu bringen, und wirklich, ich sage mir, wir werden es schaffen; ich werde herstellen, was ich zum Existieren brauche, Tod, Vita Mortis, Thanatos; und was übrig bleibt, davon sollen die Schalen abfallen, bis der Kern bloßliegt, und der Kern soll zersprengt werden in unsichtbare Teilchen, und die Teilchen werden ins All hinausgeblasen. Nur nichts hier belassen, nichts in der Nähe übriglassen, die Fibern sollen arbeiten am hohen Ziel; allein sein, unmöglich werden, dann sich verunmöglichen; die einzige menschenwürdige Umgebung heißt Leere, das fortwährende Enthobensein jeder Gegenwart, insbesondere der eigenen. Hoher Herr, ich habe genug, hoher Herr, ich bin satt, hoher Herr, hier brach ich ab.

Obduktionsbericht

Es besteht Candides seelische Gereiztheit, quae begleitet wird von einer Schwellung et Druckschmerzhaftigkeit der oberen Schlüsselbeingrube, dazu additionaliter treten Spannungsgefühle und Muskelkontraktionen im Nacken-Schulter-Bereich, et sobald die erste Schwächung da ist, ita, schlägt der Körper zu mit parietalem, temporalem und orbitalem Kopfschmerz, post festum folgen Schwindel und starke Benommenheit morgens nach dem Aufstehen und In-Die-Welt-Hinein-Schreien, es geht auf den Tod zu, mors incipit, sed nochmal schlägt er zu, der sich jetzt selber folternde Körper, mit verschwommenem Sehen, Schmerzen an den seitlichen Körperpartien, simultan bleibt der starke orbitale Kopfschmerz erhalten und steigert sich zweimal, bis, am Tag zu brüllenden Exzessen, ut brennen die Netzhäute fast von selber durch, eine große Schwärze überschwemmt den armen Patienten, qui non habet patientiam, und der paulo ante, noch bis jetzt mit einem Flimmerskotom davonzukommen geglaubt hat, sequitur, dann tritt der Tod ganz unerwartet und fast indolor, schmerzlos, ein, aber Dauer, lange Dauer wird festgestellt, unmittelbar post dem unauffälligen Anzeichen einer Spannung im Bereich des unteren Rippenbogens, qui kurz vor dem Exitus krachend bersten kann, aber nicht muß.
Im letzteren Casus birst zunächst, in einem lautlosen Funkenregen, die Seele, anima, quae sich in einer Aequidistanz von etwa dreieinhalb Metern oder »zwei Scheitel an Fuß aneinandergelegte mittlere Menschen« vom Körper entfernt aufhält und sich breviter, kurz, vor dem Bersten mit einem leisen Klicken, more mechanico, entleert hat, et gleich darauf bläst sich gewissermaßen die Schwellung an der Schlüsselbeingegend wie angeschlossen an einen mit zusammengedrückter Luft gefüllten Kelch, calix, von innen, ex interiore, blähend auf und läßt das Fundament des Kopfes an zu großem ausgeübtem Druck platzen, ut, sodaß der Patient, qui nunc obtenet patientiam, mit starken Schäden am

Kinn der Fähigkeiten des Kauens verlustig geht et, selbst nach monatelanger artifizieller Ernährung, eingeleitet ins untere, übriggebliebene und verschonte Drittel, Sub-Tertium, der Speiseröhre, für gewöhnlich an einem schmerzenden, sed nicht zum Schreien bringenden Tumor des Magenausgangs zugrunde gehen muß, postquam, nachdem sich die seelische Gereiztheit für kurze Zeit auf eine Nähe von sechseinhalb Fuß, aut »ein mittlerer Mensch, qui sich die Hand spitz auf den Kopf stellt« an den sterbenden, und nur per seine eigene Zerstörtungsapparatur sterbenden Körper herangewagt hat, um seelisch, animaliter, nachzuschauen, was denn körperlich, in physicis, geschehe.
Si, wenn nichts mehr geschieht, nihil, kann unter diesen obwaltenden Bedingungen mors corporis festgestellt werden, et gleichzeitig damit die stroboskopische Verlangsamung des Flimmerns im Skotom bis zum Eintreten einhelliger Finsternis, conventio ut fiat nox, Nacht. Candide, der Meister Frank-Aufrecht, ist dahin, und das Zeitalter seiner Rückgängigmachung, anullatio, darf anbrechen, was, quod uns zum Bedauern gereicht und uns beim Begräbnis, eum humamus, wehrlos weinen läßt.

Treppenwitz

1 Kennen Sie den? Gestern überschritt ich den Gehsteig, in bester Absicht, unsere Ausfallstraße in der Nähe eines Fußgängerstreifens zu überqueren. Ich gestehe, nicht auf dem Fußgängerstreifen ging ich hinüber, sondern irgendwo in der Nähe.

2 Den kennen Sie noch nicht. Plötzlich war die Straße vor mir zuende, und ich fiel in eine tiefe Grube. Meine Überraschung wurde überschattet von der ungeheuren Kraftanstrengung, mit der ich mich langsam aus dem Trichter wieder heraushob, indem ich mich an seinen schotterhaltigen Wänden einkrallte. Sie gaben nach. Immer rieselten runde, silberglänzende Steinchen neben mir in die Tiefe. Vielleicht kennen Sie den. Als ich oben wieder hinausstieg, war die Straße weg, der Fußgängerstreifen war weg, die Autos waren weg. Alle Menschen fehlten. Es gab nur noch die Grube, sonst nichts. Ein Rotlicht, das weiter auf Grün und zurück wechselte, war in der Nähe eines Lindenbaumstumpfes übrig. Ich hatte sogleich die Erklärung. Den Fußgängerstreifen hätte ich benützen sollen, wie es unsere Polizei befiehlt, die gestützt wird von jeder anderen Polizei. Meinetwegen hatten die dann als kollektive Strafe die ganze Gegend verschwinden lassen und mich hineingestürzt, um mich beim Herausklettern auf immer einsam sein zu lassen.

3 Ich frage Sie: Ist das verhältnismäßig. Kannten Sie den? Die Pointe ist, daß nach etwa dreißig Minuten alles alles wieder da war. Ich hatte aber nicht aufgepaßt, wo es abermals hergekommen war, so habe ich nicht gesehen, wo sie es, um mich zu traumatisieren, hingesteckt hatten, während es für mich nicht mehr da war. Es muß, denke ich, heraufgestiegen sein aus dem Trichter, während ich nicht aufmerksam war. »Nur eine kurze Warnung«, dachte ich, »das nächste Mal gehorchst du ihnen besser.« Ich bin diesen Weg nie wieder gegangen und rate eindringlich davon ab. Sonst bleibt nichts anderes übrig.

Erster Chorus

Zweiter Chorus

Dritter Chorus

Vierter Chorus

Fünfter Chorus

Sechster Chorus

suhrkamp taschenbücher
Eine Auswahl

2/1/8.86

2/2/8.86

2/3/8.86

2/4/8.86

2/5/8.86

2/6/8.86

2/7/8.86